KB143622

왕부지의 중용 읽기

동아시아
자료총서 | 15

왕부지의 중용 읽기

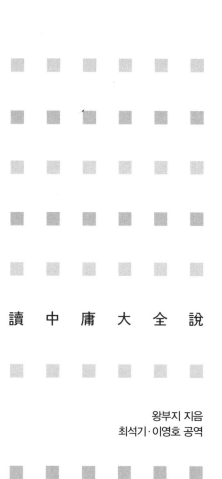

讀 中 庸 大 全 說

왕부지 지음
최석기·이영호 공역

동 아 시 아 자 료 총 서 15

성균관대학교
출 판 부

| 차례 |

해제 · 7

중용서 · · · · · · · · · · · · · · · · · · · 23
명편 대지(名篇大旨) · · · · · · · · · · · · · 24

제1장 · 37
제2장 · 112
제3장 · 121
제4장 · 127
제6장 · 132
제7장 · 136
제8장 · 139
제9장 · 143
제10장 · · · · · · · · · · · · · · · · · · · 156
제11장 · · · · · · · · · · · · · · · · · · · 160
제12장 · · · · · · · · · · · · · · · · · · · 169
제13장 · · · · · · · · · · · · · · · · · · · 183
제14장 · · · · · · · · · · · · · · · · · · · 197
제16장 · · · · · · · · · · · · · · · · · · · 208

제17장 · 215

제18장 · 222

제19장 · 228

제20장 · 243

제21장 · 317

제22장 · 329

제23장 · 343

제24장 · 355

제25장 · 368

제26장 · 388

제27장 · 401

제28장 · 416

제29장 · 422

제30장 · 428

제31장 · 436

제32장 · 440

제33장 · 459

해제

1 왕부지(王夫之, 1619-1692)의 자는 이농(而農), 호는 강재(薑齋)이다. 왕부지는 1619년 9월 1일 호남성(湖南省) 형양(衡陽)에서 왕조빙(王朝聘)의 셋째 아들로 태어났다. 그는 만년에 호남성 형양현 곡란(曲蘭)의 석선산(石船山)에 은거하여 '선산유로(船山遺老)'라 자칭하였기 때문에 후인들이 그를 '선산 선생(船山先生)'이라 불렀다.

왕부지의 생애는 크게 세 시기로 나누어 볼 수 있다. 제1기는 30세 이전으로, 독서를 하며 과거시험을 준비하던 시기이다. 제2기는 1647년부터 1657년까지 30대로 반청복명(反淸復明)의 기치를 내걸고 청나라에 저항하며 유랑하던 시기이다. 제3기는 1657년 이후로 형양에 돌아와 은거하며 연구와 저술에 전념하던 시기이다.

왕부지의 부친 왕조빙은 국자감에서 독서한 인물로 경사(經史)에 박통하였으며, 당시 유행하던 양명학을 추종하지 않고 정주리학(程朱理學)을 존숭하였다. 또한 숙부 왕정빙(王廷聘), 형 왕개지(王介之)·왕참지(王參之)는 모두 경학에 치력한 사인(士人)들이었다. 이를 보면 그의 집안은 정주학을 가학으로 한 호남 지방 사대부 가문이었음을 알 수 있다.

왕부지는 네 살 때부터 집안에서 형들에게 글을 배웠고, 7세 때 십삼경을 다 읽었으며, 14세 때 부친에게 오경의 경의(經義)를 배웠으며, 16세 때 음운학을 배우고 경사자집을 두루 열람하였다. 20세 때인 1638년 장사(長沙)의 악록서원(岳麓書院)에 가서 독서하였다. 24세 때 무창(武昌)의 향시에 응시하여 『춘추』 1등, 전체 5등으로 합격하였다. 그해 겨울 북경의 회시(會試)에 응시하러 가다가 이자성(李自成)·장헌충(張獻忠) 등이 이끄는 반란군에 의해 길이 막혀 남창을 경유해 형양으로 돌아왔다. 1644년 청나라 군대가 북경을 함락시키자, 100운의 비분시를 지었다. 이해 형산(衡山) 흑사담(黑沙潭) 쌍계봉(雙髻峯) 밑에 속몽암(續夢庵)을 짓고 은거하였다. 1645년 청나라 군대가 남경을 함락시키자, 다시 속비분시를 지었다.

1647년 청나라 군대가 호남까지 점령하자, 왕부지는 관사구(管嗣裘) 등과 형산에서 의병을 일으켰다가 패하였다. 그는 반청복명의 꿈을 실현하고자 남명(南明) 계왕(桂王)에게 투신하여 행인사(行人司) 행인개자(行人介子)에 임명되었다. 그러나 남명 정권의 부패한 실상을 보고 권간들을 탄핵하다가 도리어 화를 당해 겨우 살아났다. 이후 그는 반청운동을 하던 구식사(瞿式耜)에게 의탁하여 그를 도왔다. 오래지 않아 계림(桂林)마저 함락되고 구식사도 체포되자, 왕부지는 성명을 숨기고 영릉(零陵)·상녕(常寧) 등지의 산간을 떠돌며 3년 동안 유랑생활을 하였다. 그는 유랑생활을 하면서도 『주역』·『춘추』를 강설하고, 『주역외전』·『노자연(老子衍)』·『황서(黃書)』 등을 저술하였다.

청나라의 반군에 대한 탄압이 완화되자, 왕부지는 1657년 4월 형양의 속몽암으로 돌아왔다. 왕부지는 이때부터 반청투쟁을 접고 전통문화를 연구하는 쪽으로 노선을 바꾸었다. 그는 속몽암에 거주하다가, 1660년 상서(湘西) 금란향(金蘭鄕) 고절리(高節里)에 패엽려(敗葉廬)를 짓고 이주하였다. 그리고 1669년에는 관생거(觀生居)에,

1676년 이후에는 상서초당(湘西草堂)에 거처하며 저술활동을 하였다.

왕부지는 전란으로 혼란스런 시대를 살았고, 또 거처가 안정되지 못하여 여러 차례 이주하였지만 학문을 게을리 하지 않고 부지런히 전통문화를 연구하였다. 그의 방대한 저작 가운데 경학 관련 저술을 살펴보면 다음과 같다.

- 주역류 : 『주역내전(周易內傳)』·『주역내전발례(周易內傳發例)』·『주역대상해(周易大象解)』·『주역패소(周易稗疏)』·『주역고이(周易考異)』·『주역외전(周易外傳)』
- 서경류 : 『서경패소(書經稗疏)』·『상서인의(尚書引義)』
- 시경류 : 『시경패소(詩經稗疏)』·『시경고이(詩經考異)』·『시광전(詩廣傳)』
- 예기류 : 『예기장구(禮記章句)』
- 춘추류 : 『춘추패소(春秋稗疏)』·『춘추가설(春秋家說)』·『춘추세론(春秋世論)』·『속춘추좌씨전박의(續春秋左氏傳博議)』
- 사서류 : 『사서훈의(四書訓義)』·『사서패소(四書稗疏)』·『독사서대전설(讀四書大全說)』

이외 사부(史部) 저술로는 『독통감론(讀通鑑論)』·『송론(宋論)』·『영력실록(永歷實錄)』·『연봉지(蓮峯誌)』 등이 있으며, 자부(子部) 저술로는 『장자정몽주(張子正蒙注)』·『황서(黃書)』·『노자연(老子衍)』·『장자해(莊子解)』 등이 있으며, 집부(集部) 저술로는 『초사통석(楚辭通釋)』·『강재문집(薑齋文集)』 등이 있다.

그의 유서는 1865년 증국번(曾國藩)에 의해 57종 288권의 『선산

유서(船山遺書)』로 간행되었고, 1933년 상해 태평양서점에서 72종 358권의『선산유서』를 출간하였다.

2 왕부지는 명나라가 망하고 청나라가 들어서는 전환기에 명나라 회복을 도모하다가 실패한 뒤 명나라의 유민(遺民)으로 일생을 산 불우한 학자다. 그는 의병을 일으켜 반청운동을 하다가 투옥되기도 하였으며, 중년 이후에는 산림에 은거하여 연구와 저술에 전념한 경학가다.

왕부지에 대한 평가는 풍우란(馮友蘭)이 '왕부지는 후기 도학의 주장(主將)으로 전기 도학의 주장인 주희와 어깨를 나란히 할 수 있다.'(풍우란,『중국철학사신편(中國哲學史新編)』)고 지적한 것처럼, 도학과 경학 분야에서 주희와 쌍벽을 이룰 만한 인물이다. 근래 왕무(王茂) 등이 저술한『청대철학』(김동휘 옮김)에서는 왕부지의 경학사적 위상을 다음과 같이 보다 구체적으로 논평하였다.

청초 초년의 학자들 속에서는 대유가 배출되었는데 세상 사람들은 고염무(顧炎武)·왕부지(王夫之)·황종희(黃宗羲)·방이지(方以知)를 일대 종사로 추대하고 있다. 그러나 철학을 논한다면 왕부지를 첫 자리에 놓아야 한다. 고염무는 경학·사지(史地)·음운 분야에서 저명하였고, 황종희는『명유학안』·『송원학안』으로 뭇 유학자들의 영수 지위를 차지하였고, 방이지는 학식이 연박하고 철학과 실측에 정통하여 그 박학과 청조(淸操)로써 천하에 이름을 날렸다. 그러나 그들은 모두 왕부지처럼 중국 고전 철학의 유산을 전면적으로 총화하지는 못하였다. 왕부지는 철학의 유산에 새로운 시대정신을 융합시켜 범위가 넓고 의미가 심각하고 사상이 완비한 기일원론의 논리 체계를 축성하였다. 이리하여 사람들은 왕부지를 청초 제일대가라 불렀는데, 이는 사실 과분한 찬양이 아니다.

여기서 우리가 주목할 만한 점은 왕부지가 종래의 유학을 전면적으로 재평가했다는 것과 종래의 사상에 새로운 시대정신을 융합시켰다는 것이다. 이러한 지적처럼 왕부지는 명대까지 이어진 송·명대의 학문적 전통을 계승하면서 이를 전면적으로 재검토하여 새로운 시대정신으로 융합시킨 거유(巨儒)라고 하겠다. 따라서 그를 장재(張載)의 학문을 계승한 기철학자(氣哲學者)로만 보는 시각은 교정될 필요가 있다.

3 왕부지는 송대 정주학(程朱學)을 비판적으로 계승한 학자로서 다방면에 걸쳐 방대한 저술을 남겼는데, 특히『독사서대전설(讀四書大全說)』은 그가 47세 때인 1665년에 저술한 대표적인 저작이다. 본 번역서는 이 가운데 권2와 권3에 수록된『독중용대전설』을 역주한 것인데, 속수사고전서(續修四庫全書)에 실린『독사서대전설』을 번역 대본으로 하고, 대만 하락도서출판사(河洛圖書出版社)에서 중화민국 63년(1973)에 간행한『독사서대전설』을 참조하였다.

사서대전(四書大全)은 명나라 영락 연간(永樂年間)에 황제의 칙명으로 호광(胡廣) 등이 편찬한 책으로, 주희(朱熹)의 사서집주(四書集註)의 주를 대주(大註)로 하고, 주자 및 주자학파의 설을 간추려 뽑아 소주(小註)로 하여 편찬한 책이다. 이 책은 15세기 세종 연간 우리나라에 유입되어 줄곧 교과서로 읽혔고, 지금까지도 사서를 배우는 사람들은 이 대전본을 텍스트로 삼고 있다.

『독중용대전설』은 주희의 주를 대주로 하고 주자학파의 설을 소주로 한『중용장구대전』을 읽고 비판적으로 논평하면서 자신의 견해를 개진한『중용』주석서다. 왕부지가 주희의 설을 비판한 대목이 많기 때문에 얼핏 보면 주자의 설에 반대한 것처럼 보이지만, 자세히 들여다보면 주희의 설을 긍정하고 지지한 견해도 다수 발견된다. 따라서 왕부지는 주희 및 주자학파의 설을 비판적으로 수용하는 시각에서『독중용대전설』을 저술한 것인데, 그 내용에는 전인들이 발명하지 못한 점을 발명한 것이 다수 눈에 띈다. 그러므로 그의『독중용대전설』은 주희의『중용장구』를 비판적으로 계승하며 미비점을 보완한 해석서라고 보는 것이 객관적인 평가일 것이다. 이런 점에서『독중용대전설』은『중용』해석사에 빼놓을 수 없는 중요한 위치에 있는 저술이라 하겠다.

4『독중용대전설』에는 자의(字義)를 면밀히 고증해 주요 어휘의 개념을 명확하게 해석하는 경향이 뚜렷이 나타난다. 이러한 성향은 명말청초에 대두된 고증학의 영향에 의한 것으로 여겨진다. 이러한 주요 어휘의 개념 정의 속에는 전대의 설과 다른 주장을 하고 있는 것이 많다. 특히『중용』의 요지인 중용(中庸)에 대한 개념 및『중용장구』제1장의 키워드에 해당하는 천명(天命)·성(性)·도(道)·교(敎) 등에 대한 개념 정의는 종래의 설을 비판적으로 계승하면서 독자적인 주장을 편 것이 많아『중용』해석사에서 매우 주목된다.

왕부지는 중용의 명칭에 대해, "그 이름이 성립된 측면에서 말하자면 성인이 하늘의 뜻을 이어 만물을 다스릴 적에 위로는 자신을 닦고 아래로는 백성들을 다스리기 위해 크게 법도를 세워 표준을 만들고 백성들에게 그 표준을 내려준 것으로써 붙여진 것이다.……분명이 중용은 예로부터 이런 가르침이 있어서 오직 그럴 만한 사람을 기다려 행한 것이지, 모든 군자의 도에 헛되이 나아가 그것을 찬양하여 '치우치지 않고 의지하지 않고 지나침도 없고 모자람도 없는 것이 중(中)에 능한 것이고, 평상을 유지해 바꾸지 않는 것이 용(庸)이다.'라고 말한 것은 아니다."라고 하였다.

이는 주희가 중(中)을 불편불의 무과불급(不偏不倚無過不及)으로, 용(庸)을 평상(平常)으로 해석한 설을 따르지 않고, 중(中)은 본체, 용(庸)은 작용으로 풀이한 것이다. 그는 또 이런 관점에서 '성(性)'·'도(道)'는 중(中)이고 '교(教)'는 용(庸)이라고 해석하였다. 그리고 다시 "대체로 이른바 '중용(中庸)'이란 천하 사물의 이치로서 일상 속에서 조처하는 것이다."라고 하여, 중용의 의미를 주희처럼 심(心)의 문제로만 보지 않고 일상적인 일로 해석하였다. 일상적인 일로 중용의 개념을 정의한 것은, 심성의 문제에만 천착하는 종래 정주학의 틀에서 벗어나 현실의 실제적인 행사에 시각을 둔 것으로 실학적 사유가 드러나 있다.

또 왕부지는 '천명(天命)'에 대해, 주희가 "명(命)은 영(令)과 같다."고 한 것이 동중서(董仲舒)가 올린 대책(對策)에 "하늘의 명령을 명(命)이라 합니다."라고 한 말에 근본을 둔 것이라고 보고서, 실제의 일로 그 의미를 궁구하면 '월령(月令)'·'군령(軍令)'처럼 하늘이 스스로 정령(政令)을 행하는 것이라 하였다. 그리고 북계 진씨(北溪陳氏, 陳淳)가 "명은 분부와 같으니, 그에게 명령하는 것과 같은 뜻이다."라고 한 설은 크게 어긋난다고 비판하였다. 이는 천명을 하늘이 마음대로 조정하며 부린다는 의미의 명령으로 보는 것이 아니고, 마치 조정에 법전이 있어서 적임자에게 관직을 제수하는 정령과 같다는 뜻으로 본 것이다. 이러한 해석 역시 실제의 일로 보았다는 점에서 그의 사상이 어디에 기반하고 있는지를 보여준다.

왕부지는 주희가 『중용장구』에서 성(性)과 도(道)를 해석하면서 사람[人]과 생물[物]을 포괄하여 말한 것은 어폐가 있다고 지적하며, 『중용혹문』에서 사람 위주로 말한 설이 타당하다고 하였다. 그는 그 이유를 "이 생물을 사람과 함께 말하면, 사람은 사람의 도를 행하고, 생물은 생물의 도를 행한다. 곧 생물에는 생물의 본성이 있다고 말할 수 있지만, 끝내 생물에는 생물의 도가 있다고 말할 수 없다. 그러므로 경전에는 생물의 도[物道]를 말한 것이 없다. 이 점이 바로 어지럽힐 수 없는 인간의 기강인 것이다. 지금 한 마디 말로 포괄해 말하면 '생물은 도가 없다.'고 하겠다."라고 하였다. 즉 성(性)과 도(道)는 사람을 두고 말한 것이지 다른 생명체까지 모두 포함하여 말한 것이 아니라는 것이다. 이러한 설은 주희가 사람과 다른 생물을 모두 포함하는 것으로 본 것과 다른 것으로, 그의 시각이 인도(人道)에 중점을 두고 있음을 알 수 있다.

주희는 『중용장구』에서 "성인이 사람과 생물이 마땅히 행해야 할 바를 따라 각각의 경우에 맞게 절제해서 이 세상에 법도를 만드셨으니, 그것을 교(敎)라 한다."라고 해석하여, 교(敎)를 도를 닦은 성인의 말씀으로 보았다. 그리고 그것은 바로 예(禮)·악(樂)·형(刑)·정(政) 등이라고 하였다. 이에 대해 왕부지는 주희가 『주례』·『의례』·『예기』보다 위에 『중용』을 올려놓기 위해 예만 말하지 않고 악·형·정을 더하여 배합한 것으로 보았다. 이러한 해석은 주희가 『중용』을 예보다 더 중시한 점을 드러낸 것이다.

왕부지는 도(道)와 교(敎)의 관계에 대해서도 그 덕의 본체와 작용으로 말하면 중용(中庸)이고, 성인이 도를 세워 천하를 균제(均齊)하는 것으로 말하면 교(敎)며, 지극한 덕을 가진 사람에게 그 도를 갖추는 점에서 말하면 성인지도(聖人之道)이고, 덕을 닦는 사람에게 그 도를 모이게 하는 점에서 말하면 군자지도(君子之道)라고 하였다.

5 주희는 「중용장구서(中庸章句序)」에서 자신이 만든 『중용장구』의 해석 원칙을 '지분절해(支分節解)'와 '맥락관통(脈絡貫通)'으로 제시하였다. 지분절해는 구조를 분석한 것이고, 맥락관통은 논리의 접속을 말한 것이다. 그리하여 그는 전체를 33장으로 나누고, 주요 장의 말미에 구조 분석과 논리 접속에 관해 언급해 놓았는데, 후대 학자들은 이를 통해 주희가 33장을 4대지(大支)로 나누어 해석한 것으로 파악하였다. 그런데 『중용장구대전』에 실린 「독중용법(讀中庸法)」에는 6대절(大節)로 나누어 보는 주희의 설이 실려 있어, 후대 학자들은 이에 대해 의문을 갖게 되었다.

한편 정이(程頤)는 『중용』의 구조에 대해 "처음에는 일리(一理)를 말하고, 중간에는 흩어져서 만 가지의 일이 되었다가, 끝에는 다시 합하여 일리가 되었다."라고 하였는데, 후대 학자들은 정이와 주희의 설을 겸하여 『중용』의 논리 구조를 파악하려 하였다.

이에 대해 조선시대 학자들은 처음에는 「독중용법」의 6대절설을 추종하다가, 주자학에 대한 이해가 깊어지는 17세기 말에 이르면 「독중용법」의 6대절설은 주희의 초년설로 보아 폐기하고, 각장 말미에 있는 장하주(章下註)의 설에 의해 4대지설을 주희의 만년 정설로 보았다. 19세기 영남의 일부 학자들이 4대지설과 6대절설을 하나로 합하여 통합적 관점에서 해석을 하기도 하였지만, 대다수 학자들은 4대지설을 주장하였다.

이러한 『중용장구』의 구조 분석에 대해 왕부지는 『독중용대전설』에서 이설을 제기하지 않고 있다. 다만 그는 "『중용』은 제1장에서 요지를 끝까지 다 언급하고, 제2장 이후로는 다시 그 내용을 펼쳐 조용하면서도 넓게 말하였으니, 덕이 있는 사람의 말이다. 자연스럽고 관대하고 화락한 대목은 또한 이 책을 만든 사람의 조리가 반드시 그러했던 것이다."라고 하여, 제1장에 요지를 다 언급하고 제2장 이후로는 그 내용을 부연한 것으로 구조를 파악하였다. 왕부지가 『중용장구』의 구조 분석과 맥락 관통에 대해 독자적인 설을 펴지 않은 것을 보면, 주희의 『중용장구』 체제를 그대로 수용한 것을 알 수 있다. 이런 점에서 왕부지는 주희의 설을 전면적으로 반대한 것이 아님을 알 수 있다.

6 문자학과 성운학에 조예가 있었던 왕부지는 송학(宋學)의 논거 없는 의리주의적 해석을 극복하기 위해 문자의 본래 의미와 문맥 속에서의 의미를 치밀하게 읽어내려 하였다. 예컨대, 그는 『중용장구』 제3장 "중용, 그것은 지극한 것이로다![中庸 其至矣乎]"에 대해, 북계 진씨(北溪陳氏)가 '지(至)' 자를 해석하여 "천하의 이치 가운데 그 위에 더할 것이 없다.[天下之理 無以加]"라고 한 것을 비판하면서, 『대학』에서 '지선(至善)'이라고 한 것처럼 '선(善)'이라는 한 자를 덧붙여야 그 의미가 극진하게 된다고 하였다. 또 그는 '지(至)' 자에는 '지극하다[極]'는 의미와 '이르다[到]'는 의미가 있는데, 주희의 주에는 '이르다'는 한 가지 의미로만 해석하고, '지극하다'는 의미로는 해석하지 않았다고 비판하면서, "행하는 것이 말하는 바에 이르면, 일과 이치가 합하여 천리가 되고 인심이 되어 서로 조응하고 연관된다. 마치 연(燕)나라로 떠나 연나라에 도착하면 연나라의 풍물이 자기의 귀·눈·살갗에 절실하여 자기가 말하고 행하는 것이 모두 연나라에서 시행될 수 있는 것과 같다."라고 하여, 형이상학적 이치로만 해석하는 것을 지양하고, 실제 일상의 일과 연관해 해석하고자 하였다.

또한 그는 이런 관점에서 "이 중용의 덕은, 위로는 천지·귀신에까지 도달하고, 아래로는 부부(夫婦)·음식에까지 이르러 모두 그의 성실하여 망령됨이 없는 이치와 서로 통합된다. 예컨대, 활을 쏘는 자가 정곡을 맞추어 화살촉이 과녁을 뚫고 들어간 뒤에는 화살이 허공을 날지 않는 것과 같으니, 서로 가깝지만 실제로는 멀기 때문에 '지(至)'라고 한 것이다. 『논어』에 '지혜가 거기에 미치고도[知及之]'라고 한 구의 급(及) 자와 『중용장구』 제12장의 찰(察) 자가 이 지(至) 자의 주석이 될 수 있다."라고 하여, 지(至) 자의 의미를 실례를 들어 심도 있게 해석하였다.

　왕부지는 이처럼 자의(字義)를 심층적으로 파악하여 해석하였는데, 여러 곳에서 빛나는 성과가 드러나 있다. 예컨대, 제23장 '치곡(致曲)'을 해석하면서 "'곡(曲)'이라고 한 것은, 산의 한 굽이[山一曲]나 물의 한 굽이[水一曲]를 말할 때의 곡(曲)이지, 한 지방[一方]·한 모퉁이[一隅]를 말하는 것은 아니다. 이는 종적(縱的)인 측면에서 말한 것이지, 공간적인 측면에서 말한 것이 아니다. 이 도가 유행하여 그치지 않는데, 곡(曲)은 그런 속에서 눈앞에 보이는 한 부분을 말하는 것으로, 전체가 유행하는 속의 일부분이다."라고 하여, 도가 전체적으로 유행하는 속의 일부분을 곡(曲)이라고 해석하여 종래에 찾아볼 수 없는 독창적인 설을 제기하였다.

　7 왕부지는 송대 정이(程頤)·주희가 『예기』에 들어 있던 「중용」을 표장한 것에 대해 "정자·주자 두 선생은 『예기』 가운데서 추출한 한 편의 이 글을 가지고 맹주(盟主)를 삼아 불교·노장을 억지하였다."라고 하면서, 주희가 『중용장구』 제1장의 주에서 "사람들은 자기 몸에 성(性)이 있는 것을 안다.[人知己之有性]"라고 한 한 단락은, 주희가 『중용』을 빌어 도리를 말해서 이단을 분변한 것이라고 하였다. 이처럼

왕부지는 정주학에 대해 그 의의를 폄하하지 않았다.

또한 그는 "『중용장구』의 해석이 정밀하다."라고 하거나, "이런 점을 구차하게 읽어서는 안 된다. 주자는 이 점에 대해 진실하게 살펴서 전개하는 설이 신중하니, 조급한 마음으로 쉽게 헤아릴 수 있는 바가 아니다."라고 하여, 주희의 설에 대해 높게 평가하기도 하였다. 이런 점을 보면, 그는 주희의 설을 반대한 것이 아니라 비판적으로 계승한 것을 알 수 있다.

그리고 왕부지는 주희의 『중용장구』와 『중용혹문』을 비교 검토하면서 『중용장구』의 주에 대해 문제를 제기하기도 하고, 『중용혹문』의 설이 『중용장구』의 주보다 더 낫다고도 하였다. 예컨대 그는 『중용혹문』 제2장과 제3장의 해석에 대해 풀이하면서, "『중용혹문』에는 제2장·제3장에 대해 모두 '갑자기……에 미치지 않았다.[未遽及]'는 말이 있다. 이는 주자가 한 부의 『중용』을 완전히 이해해 가슴속에 품고 있어서 자연히 표출된 절목이니, 구절을 따라 해석한 한(漢)나라 때 학자들이 미칠 수 있는 바가 아니다. 그런데 하물며 글자에 유혹되고 구절에 혼미한 후인들이 함부로 사악된 해석을 하는 것은 말해 무엇하겠는가?"라고 하여, 『중용혹문』의 해석을 높이 평하였다.

8 이상에서 살펴본 것처럼 왕부지의 『독중용대전설』은 주희의 『중용장구』·『중용혹문』 이후 『중용』 해석의 최고의 결작이라고 할 수 있다. 우리나라에서는 종래로 주희의 주석만을 읽었기 때문에 주희의 설과 다른 설에 대해 거부감을 드러내는 경우가 많다. 그러나 주희의 설에 왕부지의 설을 겸하여 읽는다면 『중용』에 대한 이해가 한 걸음 더 깊어질 것이다.

조선 후기 경학자 성호(星湖) 이익(李瀷)은 '당대에 『중용』을 아는 사람이 없다.'고 했다. 또 그의 문인 신후담(愼後聃)은 『중용』을 1만 번 이상 읽었다고 한다. 또 북송 초의 학자들은 공맹의 본지를 파악하기 위해 『주역』·『중용』·『맹자』를 즐겨 읽었다고 한다. 이런 점을 감안해 보면, 『맹자』는 인간을 중심에 두고서 심성을 말한 책이고, 『주역』은 우주 자연을 중심에 두고서 천리(天理)를 말한 책이고, 『중용』은 인간을 중심에 두고서 천인(天人)의 관계를 해명한 책이라고 할 수 있다. 그러므로 인간 존재의 본원이 천리에 닿아 있는 점을 말할 경우 이해하기 어려울 수밖에 없다. 왕부지의 『독중용대전설』은 이런 난해한 부분을 구체적으로 이해하는 데 큰 도움을 준다.

성호 시대에도 『중용』을 아는 사람이 없었는데, 우리 시대는 말할 것도 없다. 『중용』의 문구에 대한 해석도 제대로 못하고 있는 실정이다. 그러나 공맹의 도가 끊어진 지 1천 년 뒤 정자(程子)가 서책 속에서 공맹의 본지를 읽어내 도를 밝혔듯이, 주희와 왕부지의 책을 통해 중용의 도를 다시 이 땅에 밝힐 사람이 반드시 나올 것이다.

역자를 대표하여 최석기(경상대 한문학과) 씀

왕부지의 중용 읽기

讀中庸大全說

중용서(中庸序)

보는 것을 따라 명백하게 분별하는 것을 앎[知]이라 하고, 마음에 접촉하여 깨닫는 것을 지각[覺]이라 한다. 보는 것을 따라 명백하게 분별하면 당연한 이치를 일컬을 수 있고, 마음에 접촉하여 깨달으면 그러한 까닭이 나에게 은미하게 밝아져 일컬을 수는 없더라도 이미 절로 명료해진다. 앎은 본말이 구비되어 비추는 것이고, 지각은 아프고 가려운 곳을 절로 살피는 것과 같다. 앎이 혹 엉성할지라도 지각은 반드시 친근하며, 지각이 은미할지라도 앎은 능히 드러난다. 조격암(趙格庵)[1]은 앎과 지각의 공효에 의거해 말했을 뿐이니[2], 의미에 미진한 점이 있다.(隨見別白日知 觸心警悟日覺 隨見別白 則當然者可以名言矣 觸心警悟 則所以然者微喻於己 卽不能名言而已自了矣 知者 本末具鑒也 覺者 如痛癢之自省也 知或疎而覺則必親 覺者隱而知則能顯 趙格菴但據知覺之成效爲言耳 於義未盡)

---

1) 조격암(趙格庵) : 남송 말의 경학가인 조순손(趙順孫 1215-1276)을 말한다. 격암은 그의 호이고, 자는 화중(和仲)이며, 절강성 처주(處州) 사람이다. 저술로『사서찬소(四書纂疏)』와『근사록정의(近思錄精義)』등이 있다.

2) 조격암(趙格庵)은……뿐이니 :『중용장구대전』「중용장구서」 소주에 보이는 격암 조씨의 설에 "知是識其所當然 覺是悟其所以然"이라고 한 설을 가리킨다.

명편 대지(名篇大旨)

『중용』의 명칭은, 그 이름이 성립된 측면에서 말하자면 성인이 하늘의 뜻을 이어 만물을 다스릴 적에 위로는 자신을 닦고 아래로는 백성들을 다스리기 위해 크게 법도를 세워 표준을 만들고 백성들에게 그 표준을 내려준 것으로써 붙여진 것이다.─이 문장에서 두 개의 '극(極)' 자는 중(中)을 뜻하고, '건(建)' 자와 '석(錫)' 자는 용(庸)을 의미한다.─ 그러므로 "중용, 그것은 지극한 것이로구나! 백성들 가운데 그것에 능한 자가 적어진 지 오래 되었구나."[3]라고 하고, 또 "중용은 능할 수가 없다."[4]라고 한 것이다. 분명 이 중용은 예로부터 이런 가르침이 있어서 오직 그럴 만한 사람을 기다려 행한 것이지, 모든 군자의 도에 헛되이 나아가 그것을 찬양하여 "'치우치지 않고 의지하지 않고 지나침도 없고 모자람도 없는' 것이 중(中)에 능한 것이고, '평상을 유지해 바꾸지 않는' 것이 용(庸)이다."[5]라고 말한 것은 아니다.

---

3) 중용은······되었구나 : 이 문장은 『중용장구』 제3장에 보이는 공자의 말이다.

4) 중용은······없다 : 이 문구는 『중용장구』 제9장에 보이는 공자의 말이다.

5) 치우치지······용(庸)이다 : 이 문구는 주자가 중용을 정의한 말로 『중용장구』 편제에 보인다.

천하의 이치는 하나의 중(中)에 통일된다. 인(仁)·의(義)·예(禮)·지(智)를 합하여도 하나의 중이고, 인·의·예·지를 나누어도 하나의 중이다. 합한[合] 것은 섞이지 않으니[不雜], 양의(兩儀)[6]·오행(五行) 및 건(乾)은 남자가 되고 곤(坤)은 여자가 되는[乾男坤女][7]것 등이 하나의 태극(太極)에 통합되어 혼란스럽지 않은 것과 같다. 분리된[離] 것은 외롭지 않으니[不孤], 오행·남녀가 각각 하나의 ○[8]이 되지만 실상 태극의 ○와 다름이 없는 것과 같다. 이 점을 살피면 중화(中和)의 중(中)은 시중(時中)의 중(中)과 균일하여 두 가지 뜻이 없게 된다. 주자는 이미 이를 분리하여 두 가지로 했다가 다시 합하여 관통하게 하였으니, 이는 옳다. 그러나 주자가 전적으로 중화의 중으로 본체[體]를 삼은 것은 옳지만, 시중의 중으로 작용[用]을 삼은 것은 미안한 바이다.

본체만을 말해도 거기에는 반드시 작용이 있게 됨을 알 수 있지만,─미발(未發)을 말하면 반드시 발(發)이 있게 된다.─ 작용만을 말할 경우에는 본체를 족히 볼 수 없다.─시중(時中)의 중(中)의 경우, 무엇이 본체가 되겠는가?─ 시중의 중은 작용만을 말하는 것이 아니다. 중(中)은 본체이고, 그때그때 알맞게 조처한 뒤에 그것이 작용이 된다. 희로애락(喜怒哀樂)이 발하지 아니하였을 때는 본체이고, 발하여 모두 절도에 맞으면 또한 본체가 아니라고 말할 수 없다. 그러한 까닭은, 기쁨[喜]에는 저절로 기쁨

---

6) 양의(兩儀) : 음(陰)과 양(陽)을 말한다. 태극이 동하면 음과 양으로 나뉜다.

7) 건(乾)은……되는 : 『주역』「계사전 상(繫辭傳上)」에 보이는 "건도(乾道)는 남자가 되고, 곤도(坤道)는 여자가 된다."는 말을 가리킨다.

8) ○ : 원문에 그렇게 표기되어 있다. 이 부호는 원(圓)을 뜻하는 것으로 태극(太極)을 의미한다. 아래의 '○'도 마찬가지다.

의 본체가 있고, 노여움[怒]에는 저절로 노여움의 본체가 있으며, 슬픔[哀]과 즐거움[樂]에도 저절로 슬픔과 즐거움의 본체가 있기 때문이다. 기뻐서 상을 주고, 노여워서 형벌을 내리고, 슬퍼서 상심하고, 즐거워서 음악—음이 악(岳)이다.—을 하는 것은 작용이다. 그렇지만 상을 주는 데도 저절로 상의 본체가 있고, 형벌을 내리는 데도 저절로 형벌의 본체가 있으며, 상(喪)을 당했을 때도 저절로 상의 본체가 있고, 음악을 하는 데도 저절로 음악의 본체가 있으니, 이 또한 결국 본체에서 분리된 것이 아니다. 『서경』에 "진실로 그 중도를 잡아라.[允執厥中]"9)라고 하였는데, 여기서의 중(中)은 본체이고, 이 중을 잡은 이후가 작용이다. 공자는 "군자로서 그때그때 중도에 맞게 한다.[君子而時中]"10)고 하였으며, 또 "백성들에게 그 중도를 쓴다.[用其中於民]"11)라고 하였는데, 여기서의 중은 모두 본체이다. 그리고 그때그때 알맞게 조처하는 희로애락의 사이에서 백성들에게 중도를 쓰는 것은 작용이다. 이로써 보면, 중(中)을 말한 것은 모두 본체이지 작용이 아님을 알 수 있다.

주자(周子)12)는 "중(中)이란 화(和)이다."13)라고 하였는데, 이는 '발

---

9) 진실로……잡아라 : 이 문구는 『서경』「대우모」에 보인다.

10) 군자로서……한다 : 이 문구는 『중용장구』 제2장에 보인다.

11) 백성들에게……쓴다 : 이 문구는 『중용장구』 제6장에 보인다.

12) 주자(周子) : 북송 때 학자 주돈이(周敦頤 1017-1073)를 말한다. 자는 무숙(茂叔), 호는 염계(濂溪), 시호는 원공(元公)이며, 호남성 도주(道州) 사람이다. 저술로 『태극도설(太極圖說)』·『통서(通書)』 등이 있다.

13) 중(中)이란 화(和)이다 : 이 문구는 『근사록(近思錄)』 권11, 「교학(教學)」 등에 보인다.

하여 모두 절도에 맞는 것을 화(和)라 한다.[發而皆中節 謂之和]'[14]고 할 때의 화를 말한 것이다. 이 중이 본체가 되는 점에 나아가, 『중용』을 지은 사람이 절도[節]로 삼은 것이다. 아직 발하지 아니하였을 때[未發]에는 작용이 있지 않지만, 이미 발하였을 때[已發]에는 본디 그런 본체가 있다. 그러니 '중화(中和)'의 화는 하나의 중(中)에 통합되어서 본체가 있는 것이지, 단지 중만 본체가 되고 화는 본체가 아닌 것은 아니다. '시중(時中)'의 중(中)도 화(和)를 겸해 말한 것이다. 화(和)는 참으로 본체가 되니, '시중'의 중도 단지 작용이 될 뿐만이 아님이 명백하다.

중(中)은 어디를 간들 본체가 되지 않음이 없다. 아직 발하지 아니하였을 때에는 치우치지 않고 의지하지 않는다. 그러니 전체(全體)의 본체는, 사람이 사지(四肢)를 가지고 있지만 함께 일컬으면 하나의 몸이 되는 것과 같다. 그러나 발하여 지나치거나 미치지 못함이 없는 것은, 사람이 사지를 가지고 있으면서 각각 한 부분을 일컫는 것과 같다. 참으로 분리할 수는 없지만 그것을 본받아 작용이 되는 것은 본체가 아닌 것이 된다. 주자가 이발(已發)의 중(中)으로 작용을 삼아[15] '지나치거나 미치지 못함이 없는[無過不及]' 것과 구별한 것과 같다면, 그가 조처하여 모두 적의하게 한 뒤로부터 그 지나침이 없는 것을 보고서 지나침이 없다고 칭찬을 하고, 미치지 못함이 없는 것을 보고서 미치지 못함이 없다고 칭찬할 것이다. 이는 허구적으로 가미한 말이지, 하나의 지극한 도가 있어서 실제로 중용이 된 것은 아니다. 고금

---

14) 발하여……한다 : 이 문구는 『중용장구』 제1장 제4절에 보인다.

15) 주자는……삼아 : 『중용혹문』 첫머리 '或問名篇之義……' 아래의 소주에 "朱子曰 未發之中是體 已發之中是用"이라는 말이 보인다.

천하의 사람들을 살펴보건대, 중간 자질 이하의 사람이 한 번의 행동을 제대로 하여 지나침도 없고 미치지 못함도 없을 경우, 이런 명칭을 돌릴 수 있다. 그런데 공자는 무엇 때문에 "백성들 가운데 중용에 능한 자가 적어진 지 오래 되었구나."[16]라고 하고, 또 "시퍼런 칼날은 밟을 수 있지만, 이 중용의 도는 능할 수 없다."[17]라고 하였을까? 이 중용의 도는 불가능한 것인가?

실제로써 그 뜻을 찾아보면, 중(中)은 본체이고, 용(庸)은 작용이다. 미발의 중은 치우치지 않고 의지하지 않은[不偏不倚] 것으로 본체를 삼는데, 군자가 존양(存養)해서 성인의 두터운 교화[敦化]에 이르는 것이 모두 작용이다. 이발의 중은 지나치거나 미치지 못함이 없는[無過不及] 것으로 본체를 삼는데, 군자가 성찰(省察)하여 성인의 냇물처럼 갈라져 흐르는[川流][18] 도에 이르는 것이 모두 작용이다. 미발 시에는 작용이 있지 않지만, 군자는 겉으로 드러나지 않으며 공손함을 돈독히 하는 작용을 절로 가지고 있다. 이발 시에는 이미 작용이 이루어지지만, 천리(天理)는 위와 아래에 드러나는[19] 본체를 참으로 가지고 있다. 중(中)은 본체가 되기 때문에 "중도를 세운다.[建中]"[20],

---

16) 백성들……되었구나 : 이 문구는『중용장구』제3장에 보인다.

17) 시퍼런……없다 : 이 문구는『중용장구』제9장에 보인다.

18) 냇물처럼…흘러가는 : 이 문구는『중용장구』제30장에 보인다.

19) 위와……드러나는 : 이 문구는『중용장구』제12장 "詩云 鳶飛戾天 魚躍于淵 言其上下察也"에서 나온 것으로, 하늘에서 날고 있는 솔개와 연못에서 뛰는 물고기를 통해, 천리가 위와 아래에 드러난다는 뜻이다.

20) 중도를 세운다 : 이 문구는『서경』「중훼지고(仲虺之誥)」에 보인다.

"중도를 잡는다.[執中]"[21], "그때그때 중도에 맞게 한다.[時中]"[22], "중도를 쓴다.[用中]"[23]라고 한 것이다. 온전히 중에 있는 것은 크게는 온갖 이치와 변화가 그 속에 있고, 작게는 한 가지 일과 물건이 그 속에 있지 않음이 없다. 용(庸)은 작용이 되니, 중이 희로애락의 중에 유행하면서 그 절도에 맞는 문장[節文]이 되고, 그 등급(等級)과 감쇄(減殺)가 되는 것이 모두 용(庸)이다.

그러므로 '성(性)'과 '도(道)'는 중(中)이고, '교(教)'는 용(庸)이다.[24] "도를 닦은 분의 말씀을 가르침이라 한다.[修道之謂教]"고 한 경우, 이 용(庸)은 모두 중(中)을 써서 본체에 작용하는 것이다. 중(中)을 쓰는 것으로 용(庸)을 삼았으니, 곧 본체로 작용을 삼은 것이다. 그러므로 『중용』 한 편은 덕에 근본을 해서 도를 이룩하는 것에 관계되지 않는 것이 없다. 중(中)의 덕 됨은 천덕(天德)―성(性)과 도(道)를 말함.―에 근본하고, 용(庸)의 도 됨은 왕도(王道)를 이룩하는 것이기 때문에 천덕과 왕도가 하나로써 관통하는 것이다. 그러므로 천명의 본성은 한 번 움직이고 한 번 고요한 사이에서 분리되지 않아, 희로애락이 성(性)에 근본하고 정(情)에 나타나는 것은 천지 만물의 이치에 통할 수 있다. 만약 그렇지 않다면, 군자의 존양은 작용이 없게 되고, 군자의 성찰은 본체가 없게 되어 확연히 둘로 나뉠 것이다. 그러니 무엇으로써 그것을 하나로 합하여 천지가 제자리를 잡고 만물이 거기에서 길

---

21) 중도를 잡는다 : 이 문구는 『서경』 「대우모」에 보인다.

22) 그때그때……한다 : 이 문구는 『중용장구』 제2장에 보인다.

23) 중도를 쓴다 : 『중용장구』 제6장에 "執其兩端 用其中於民"이라 하였다.

24) '성(性)'과……'용(庸)'이다 : 이는 『중용장구』 제1장의 "天命之謂性 率性之謂道 修道之謂教"의 성(性)·도(道)·교(教)를 가리킨다.

러지는[25] 공을 이룩할 수 있겠는가?

수족(手足)은 본체이고, 몸을 지탱하고 행동하는 것은 작용이다. 이 점을 얕게 말하면, 단지 수족을 말한 것일 뿐 몸을 지탱하고 행동하는 작용은 아직 없다고 말할 수 있다. 그러나 '바야흐로 수족이 몸을 지탱하고 행동하면, 드디어 수족은 작용이 된다고 일컫지 본체가 된다고 일컫지 않는다.'라고 말할 수 있을까? 오직 중(中)이라는 뜻은 오로지 본체에 나아가 말한 것이지만, 중이 작용이 되면 용(庸) 자로써 그 뜻을 드러내지 않을 수 없다. 그러므로 신안 진씨(新安陳氏)[26]가 『중용(中庸)』의 중(中)이 중(中)의 작용이 된다.'[27]고 한 말은, 그 잘못이 절로 드러난다.

용(庸)의 뜻에 대해, 『설문해자(說文解字)』[28]에는 "용(庸)은 작용[用]이다."라고 하였다.─'용(庸)' 자는 '경(庚)' 자를 따르고 '용(用)' 자를 따랐으니, '쓰는 것이 다시 새로워져[更新] 궁색하지 않다.'는 말이다.─ 그리고 『상서(尙書)』[29]에 용(庸)을 말한 경우는, 작용[用]이라는 뜻과 같지 않은 것이 없다. 주자 이전에는 이 용(庸) 자에 대해 평상(平常)의 뜻으로 해석한 경우가

----

25) 천지가……길러지는 : 『중용장구』 제1장에 보이는 "致中和 天地位焉 萬物育焉"을 말한다.

26) 신안 진씨(新安陳氏) : 송말원초의 학자 진력(陳櫟 1252-1334)을 말한다. 자는 수옹(壽翁), 호는 정우(定宇)·동고(東皋)이며, 안휘성 휴녕(休寧) 사람이다. 저술로 『사서발명(四書發明)』·『상서집해찬소(尙書集解纂疏)』·『예기집의(禮記集義)』 등이 있다.

27) 신안 진씨(新安陳氏)가……된다 : 이 문구는 『중용장구대전』 명편(名篇)에 대한 해석 중 '중(中)' 자에 대해 언급한 소주에 보이는데, 그 원문은 다음과 같다. "新安陳氏 曰 不偏不倚 未發之中 以心論者也 中之體也 無過不及 時中之中 以事論者 中之用也"

28) 『설문해자(說文解字)』 : 후한 말 허신(許愼 58-147)이 저술한 문자학 관련 사전이다.

29) 『상서(尙書)』 : 오늘날의 『서경』을 말한다. 고대에는 서(書)로 불렸고, 그 뒤에는 주로 상서(尙書)로 불렸으며, 후대에 서경으로 일컬어졌다.

없었다.—『장자(莊子)』에 "그것을 용(庸)에 붙여 둔다.[寓諸庸]"³⁰⁾라고 하였는데, 여기서의 '용(庸)'은 작용의 뜻이다.— 『주역(周易)』「계사전(繫辭傳)³¹⁾에 "용언(庸言)을 믿으며, 용행(庸行)을 삼간다.[庸言之信 庸行之謹]"³²⁾라고 한 것 역시 '작용이 있는 행동, 작용이 있는 말'을 의미한다. 대체로 용(庸)을 일용(日用)의 뜻으로 보는 것은 가능하지만—일용(日用)도 다시 새로워지다[更新]라는 뜻이다.— 일용(日用) 밑에 심상(尋常)이라는 두 자를 덧붙이면 군더더기가 된다. 도가 사물에 나타나는 것은 날마다 써도 궁핍하지 않으니, 평상(平常)에 처하면 평상이 되고, 변화에 처해서는 변화가 된다. 이는 우리 본성이 얻은 바의 중(中)이 그 본체가 되어 작용에 나타나는 것이지, 단지 기이함이 없는 평상으로 말한 것이 아님이 분명하다.

주자는 용(庸)을 평상(平常)의 뜻으로 해석하고서, 은(殷)나라 탕왕(湯王)이 하(夏)나라 걸왕(桀王)을 내치고, 주(周)나라 무왕(武王)이 은나라 주왕(紂王)을 정벌한 것도 평상에서 그친 것이라고 하였다.³³⁾ 임금을 내치고 군주를 정벌하였는데 지나치거나[過] 미치지 못한[不及] 것이 아니라고 말하는 것은 괜찮다. 그러나 '그 일은 평상으

---

30) 그것을……둔다 : 이 문구는 『장자』「제물론(齊物論)」에 보인다.

31) 「계사전(繫辭傳)」 : 원문에 「계사전」을 의미하는 '계(繫)'로 되어 있는데, 이는 문언(文言)의 잘못이다. 대만 하락도서출판사에서 간행한 책에는 '계사전'이 '문언'의 잘못임을 밝혀 놓았다.

32) 용언(庸言)을……삼간다 : 이 문구는 『주역』 건괘(乾卦) 문언에 보인다.

33) 주자는……하였다 : 이 말은 『주자어류-중용』에 보이는데, 이와 관련된 문구는 다음과 같다. "問 中庸之庸 平常也 所謂平常者 事理當然而無詭異也 或問言 旣曰當然 則自君臣父子日用之常 以至堯舜之禪授 湯武之放伐 無適而非平常矣 竊謂堯舜禪授 湯武放伐 皆聖人非常之變 而謂之平常 何也 曰 堯舜禪授 湯武放伐 雖事異常 然皆是合當如此 便只是常事"

로 기이함이 없다.'고 굳이 말한다면, 이 세상에 어떤 일을 기이한 것이라고 말할 수 있겠는가? 반드시 이단(異端)의 가르침을 따른 뒤에야 그것이 기이하다고 한다면, 양주(楊朱)·묵적(墨翟)의 아비를 무시하고 임금을 무시하는 설도 그 의미를 가득 채워 극진한 데 이르러야 죄명을 뒤집어씌울 수 있을 것이다. 그러나 오히려 이들은 임금을 내치고 군주를 정벌하는 등 놀랄 만한 일을 하는 데까지 이르지는 않을 것이다. 그러므로 이단에 대해서는 그들이 중(中)으로 용(庸)을 삼지 않는 점을 단지 질책할 수 있지만, 기괴하여 평상이 아니라는 이유로 질책할 수는 없다. 하물며 『중용』 한 편은 원래 양주·묵적과 대적하기 위한 것이 아니었으니, 자사(子思)가 살던 시대에는 양주·묵적의 설이 아직 창성하지 않았었다. 또한 공자가 "백성들이 중용의 도에 능한 자가 적어진 지 오래되었구나."라고 하였으니, 『중용』의 가르침은 옛날 도가 같고 풍속이 한결같던 세상으로부터 나타난 것이다. 그때에는 이단이 일어나지 않았으니, 어찌 물리칠 만한 기괴한 일이 있어서 하나의 평상의 조목을 내세울 필요가 있었겠는가?

공자가 과불급(過不及)을 말한 것[34]은, '현명한 자는 자기만 못한 자를 굽어보며 나아가고, 불초한 자는 앞서가는 자를 바라보며 따라가라.'고 말한 것과 같다. 즉 희로애락을 쓰는 것이 실정보다 지나치거나 실정보다 미치지 못하여, 민자건(閔子騫)[35]과 자하(子夏)[36]가 옷을

---

34) 공자가……것 : 이 말은 『논어』 「선진」 제15장에 보이는 "子曰 過猶不及"을 가리킨다.

35) 민자건(閔子騫 BC.536-BC.487) : 이름은 손(損)이며, 자건(子騫)은 자이다. 춘추시대 노나라 사람으로, 공자의 문하에서 덕행과 효성으로 이름이 났다.

36) 자하(子夏) : 성명이 복상(卜商 BC.507- ?)이며, 자하는 그의 자이다. 춘추시대 하남성 온현(溫縣) 사람으로 공자의 문하에서 문학으로 이름이 났다.

벗고 거문고를 탄 것과 같을 뿐이다. 소인의 도는 기탄이 없어 분명하지만 날로 없어지는 것과 다른 점을 분변해 보면, 대체로 소인의 도는 하늘이 명한 이치를 살펴서 고요할 때 존양(存養)하고 움직일 때 성찰(省察)하는 공부를 극진히 하지 않고, 관중(管仲)[37]이나 상앙(商鞅)[38]의 무리처럼 강제로 정교(政敎)를 세워서, 법을 만든 것이 가혹하고 세밀하며 적확하고 분명하여 이치를 어기고 인정을 거역해서 이 세상에 오래 행할 수 없을 따름이다. 어찌 민자건·자하가 기탄없이 칼을 삼키고 불을 토하며 바람을 몰고 항아리 속으로 들어가는 환술(幻術)을 행하여 탕왕(湯王)이 걸왕(桀王)을 내치고 무왕(武王)이 주왕(紂王)을 정벌한 일보다 더욱 기이한 일을 하였던가?

주자는 불교와 노장사상이 극성한 뒤에 태어났으니, 그런 부류들을 극단적으로 말해 불교·노장을 믿는 사람들을 기탄없는 소인으로 생각한 것은 불가할 것이 없다. 불교·노장의 망령된 점은 우리 인간 본성의 중도를 알아 그것을 충족시키는 것을 작용으로 삼지 않은 것일 뿐이다. 그러므로 그들의 가르침은 천박하고 비루하여 속인을 움직일 수 있으나 끝내 기이한 것은 아니다. 그렇다면 평상(平常)이라는 이름을 세워 우리 도의 보루를 수립하는 것을 일삼을 수 없다.

더구나 세상 사람들이 '기이함이 없으면 용(庸)이 된다.'고 하니, 여기서의 용(庸) 자는 본래 고용인[傭]의 의미다. 말하자면, 남에게 사역을 당하는 사람은 식견이 비루하고 행실이 비천하니, 『중용』에 '능

---

37) 관중(管仲 ? -BC.645) : 이름은 이오(夷吾)이며, 자가 중(仲)이다. 춘추시대 제(齊)나라 사람으로 환공(桓公)을 섬겨 패자가 되게 하였다.

38) 상앙(商鞅 약BC.390-BC.338) : 공손앙(公孫鞅) 또는 위앙(衛鞅)이라고도 한다. 전국시대 위(衛)나라 사람으로, 진(秦)나라에서 벼슬하여 상군(商君)에 봉해졌다. 형명학(刑名學)을 주로 한 사상가이다.

히 맛을 아는 자가 적다.[鮮能知味]'고 한 것처럼 하류의 사람들이다. 군자가 도를 닦고 가르침을 세우면서 남의 일이나 하는 고용인이 된다면, 하늘의 도에 배합하고 하늘의 도에 도달하기를 바라는 대덕(大德)과 거리가 먼 것이 아니겠는가? 그러므로 중용(中庸)이라고 말한 것은, 중(中)의 작용[用]을 말하는 것임을 알겠다.(中庸之名 其所自立 則以聖人繼天理物 修之於上 治之於下 皇建有極 而錫民之極者言也 (二極字是中 建字錫字是用) 故曰 中庸其至矣乎 民鮮能久矣 又曰 中庸不可能也 是明夫中庸者 古有此教 而唯待其人而行 而非虛就舉凡君子之道而贊之 謂其不偏不倚 無過不及之能中 平常不易之庸矣 天下之理統於一中 合仁義禮知而一中也 析仁義禮知而一中也 合者不雜 猶兩儀五行 乾男坤女統於一太極而不亂也 離者不孤 猶五行男女之各爲一〇 而實與太極之〇無有異也 審此 則中和之中 與時中之中 均一而無二矣 朱子旣爲分而兩存之 又爲合而貫通之 是已 然其專以中和之中爲體則可 而專以時中之中爲用則所未安 但言體 其爲必有用者可知 (言未發則必有發) 而但言用 則不足以見體 (時中之中 何者爲體耶) 時中之中 非但用也 中 體也 時而措之 然後其爲用也 喜怒哀樂之未發 體也 發而皆中節 亦不得謂之非體也 所以然者 喜自有喜之體 怒自有怒之體 哀樂自有哀樂之體 喜而賞 怒而刑 哀而喪 樂而樂 (音岳) 則用也 雖然 賞亦自有賞之體 刑亦自有刑之體 喪亦自有喪之體 樂 (音岳) 亦自有樂之體 是亦終不離乎體也 書曰 允執厥中 中 體也 執中而後用也 子曰 君子而時中 又曰 用其中於民 中皆體也 時措之喜怒哀樂之間 而用之於民者 則用也 以此知夫凡言中者 皆體而非用矣 周子曰 中也者 和也 言發皆中節之和 卽此中之所爲體撰者以爲節也 未發者未有用 而已發者固然其有體 則中和之和 統乎一中以有體 不但中爲體而和非體也 時中之中 兼和爲言 和固爲體 時中之中不但爲用也

明矣 中無往而不爲體 未發而不偏不倚 全體之體 猶人四體而共名爲
一體也 發而無過不及 猶人四體而各名一體也 固不得以分而效之爲
用者之爲非體也 若朱子以已發之中爲用 而別之以無過不及焉 則將
自其已措咸宜之後 見其無過焉而贊之以無過 見其無不及焉而贊之以
無不及 是虛加之詞 而非有一至道焉實爲中庸 胥古今天下之人 乃至
中材以下 得一行焉無過無不及 而即可以此名歸之矣 夫子何以言民
鮮能久 乃至白刃可蹈 而此不可能哉 以實求之 中者體也 庸者用也 未
發之中 不偏不倚以爲體 而君子之存養 乃至聖人之敦化 胥用也 已發
之中 無過不及以爲體 而君子之省察 乃至聖人之川流 胥用也 未發未
有用 而君子則自有其不顯篤恭之用 已發既成乎用 而天理則固有其
察上察下之體 中爲體 故曰建中 曰執中 曰時中 曰用中 渾然在中者
大而萬理萬化在焉 小而一事一物亦莫不在焉 庸爲用 則中之流行於
喜怒哀樂之中 爲之節文 爲之等殺 皆庸也 故性道 中也 教 庸也 修道
之謂教 是庸皆用中而用乎體 用中爲庸而即以體爲用 故中庸一篇 無
不緣本乎德而以成乎道 則以中之爲德本天德 (性道) 而庸之爲道成王
道 天德王道一以貫之 是以天命之性 不離乎一動一靜之間 而喜怒哀
樂之本乎性 見乎情者 可以通天地萬物之理 如其不然 則君子之存養
爲無用 而省察爲無體 判然二致 將何以合一而成位育之功哉 夫手足
體也 持行 用也 淺而言之 可云但言手足而未有持行之用 其可云方在
持行 手足遂名爲用而不名爲體乎 夫唯中之爲義 專就體而言 而中之
爲用 則不得不以庸字顯之 故新安陳氏所云中庸之中爲中之用者 其
謬自見 若夫庸之爲義 在說文則云 庸 用也 (字從庚從用 言用之更新而不
窮) 尚書之言庸者 無不與用義同 自朱子以前 無有將此字作平常解者
(莊子言寓諸庸 庸亦用也) 易文言所云庸行庸言者 亦但謂有用之行 有用
之言也 蓋以庸爲日用則可 (日用則更新意) 而於日用之下加尋常二字 則

贅矣 道之見於事物者 日用而不窮 在常而常 在變而變 總此吾性所得
之中以爲之體而見乎用 非但以平常無奇而言審矣 朱子旣立庸常之義
乃謂湯武放伐 亦止平常 夫放君伐主而謂之非過不及 則可矣 倘必謂
之平常而無奇 則天下何者而可謂之奇也 若必以異端之教而後謂之奇
則楊墨之無父無君 亦充義至盡而授之以罪名 猶未至如放君伐主之爲
可駁 故彼但可責其不以中爲庸 而不可貴之以奇怪而非平常 況中庸
一篇元不與楊墨爲敵 當子思之時 楊墨之說未昌 且子言民鮮能久 則
中庸之教 著自古者道同俗一之世 其時並未有異端起焉 則何有奇怪之
可闢 而須標一平常之目耶 子所云過不及者 猶言賢者俯而就 不肖者
企而及 謂夫用其喜怒哀樂者 或過於情 或不及夫情 如閔子子夏之釋
服鼓琴者爾 至其所辨異於小人之道無忌憚而的然日亡者 蓋亦不能察
識夫天命之理 以盡其靜存動察之功 而強立政教如管商之類 爲法苛細
的然分明 而違理拂情 不能久行於天下而已 豈其無忌憚也 果有吞刀
吐火 御風入甕之勾術 爲尤異於湯武之放伐也乎 朱子生佛老方熾之
後 充類而以佛老爲無忌憚之小人 固無不可 乃佛老之妄 亦唯不識吾
性之中而充之以爲用 故其教亦淺鄙動俗 而終不能奇 則亦無事立平
常之名 以樹吾道之壘也 況世所謂無奇而爲庸者 其字本作傭 言如爲
人役用之人 識陋而行卑 中庸所謂鮮能知味之下游也 君子之修道立
教而爲傭焉 其以望配天達天之大德 不亦遠哉 故知曰中庸者 言中之
用也）

제1장

하늘이 명한 것을 성(性)이라 하고, 성을 따르는 것을 도(道)라 하고, 도를 닦아 놓을 것을 교(敎)라 한다. 도라는 것은 잠시도 벗어나서는 안 되니, 벗어날 수 있는 것이라면 도가 아니다. 그러므로 군자는 그 눈으로 보지 않는 바에서도 경계하고 삼가며, 그 귀로 듣지 않는 바에서도 두려워하고 두려워한다. 은밀한 곳보다 더 잘 나타나는 것이 없으며, 미세한 일보다 더 잘 드러나는 것이 없다. 그러므로 군자는 자기 혼자만 알고 있는 바를 삼간다. 희로애락(喜怒哀樂)이 아직 발하지 않은 것을 중(中)이라 하고, 희로애락이 발하여 모두 절도에 맞은 것을 화(和)라고 한다. 그러니 중(中)이라는 것은 천하의 큰 근본이고, 화(和)라는 것은 천하의 두루 통하는 도이다. 중화(中和)를 극진히 하면 하늘과 땅이 제자리를 잡고 만물이 길러진다.

天命之謂性 率性之謂道 脩道之謂敎 道也者 不可須臾離也 可離 非道也
是故君子 戒愼乎其所不睹 恐懼乎其所不聞 莫見乎隱 幕顯乎微 故君子
愼其獨也 喜怒哀樂之未發 謂之中 發而皆中節 謂之和 中也者 天下之大
本也 和也者 天下之達道也 致中和 天地位焉 萬物育焉

1

『중용장구』의 주에 "명(命)[39]은 령(令)이다."라고 하였다. 소주(小註)에서 주자는 "명은 조정에서 관리를 차임해 제수하는[差除] 것과 같다."[40]라고 하였으며, 또 "명은 황제의 고칙(誥勅)과 같다."[41]라고 하였다. 이는 조정에 관리를 차임해 제수하는 법전이 본디 있어 적임자를 만나면 그에게 관직을 제수하고, 관직을 제수 받은 자는 이 고칙을 수령해 가지고 가서 그 지위에 스스로 거처하여 그 일을 맡는 것과 같은 점을 말한 것이다. 이로써 비유해 보면, 하늘은 무심하고 사람이 재능을 이룩함이 있는 것이 분명하다.

　동중서(董仲舒)[42]가 올린 대책(對策)에 "하늘의 명령을 명(命)이

---

39) 명(命) : 『중용』첫머리의 "天命之謂性"의 명(命)을 가리킨다.

40) 명은……같다 : 이 문구는 『중용장구대전』제1장 제1절의 주 '命猶令也' 아래의 소주 주자의 설에 보인다.

41) 명은……같다 : 이 문구도 『중용장구대전』제1장 제1절의 주 '命猶令也' 아래의 소주 주자의 설에 보인다.

42) 동중서(董仲舒 BC.179-BC.104) : 전한(前漢) 때의 유학자로, 경제(景帝) 때 박사

라 합니다."라는 말이 있는데, 주자의 말[43]은 이 말에 근본을 둔 것이다. 실제의 일로 그 의미를 구해 보면, 동중서의 말이 더욱 정밀하다. '영(令)'은 월령(月令)·군령(軍令)이라고 하는 것처럼 하늘이 스스로 정령(政令)을 행하는 것이다. 이는 애초 이 사람이나 이 사물에 명하는 것을 인해서 베풀어지는 것은 아니지만, 사람들은 그 영을 받아 명으로 삼는다. '영(令)'은 이 경우 거성(去聲)으로 읽는다.[44] 북계 진씨(北溪陳氏)[45]가 "〈명은 분부와 같으니〉 그에게 명령하는 것과 같은 뜻이다."[46]라고 한 설과 같다면, '영(令)'을 영(零)과 같은 의미로 읽어야 하니[47], 크게 어긋난다. 사람이 부여받은 성품은 모두 하늘이 부리는 것이지만, 사람은 허수아비와 같고 하늘이 끌고 당기며 마음대로 조정하는 것과 같은 것이겠는가?

하늘은 음양·오행이 유행하며 양자 간에 출입하는 것일 뿐이니, 어찌 세세하게 이처럼 부리겠는가? 반드시 사람을 따라 부린다면 한 사

가 되었으며, 무제(武帝) 때 제자백가를 물리치고 유학만을 존숭할 것을 건의하였다. 저술로『춘추번로(春秋繁露)』가 있다.

43) 주자의 말 : 주자가『중용장구』에서 '천명(天命)'의 명(命)을 령(令)으로 해석한 것을 가리킨다.

44) '영(令)'은……읽는다 : '영(令)'을 거성으로 읽으면 명령(命令)의 영(令)이 되지만, 평성(平聲)으로 읽으면 '하여금'·'부리다'·'가령' 등으로 해석된다.

45) 북계 진씨(北溪陳氏) : 송나라 때 학자 진순(陳淳 1159-1223)을 말한다. 자는 안경(安卿), 호는 북계, 시호는 문안(文安)이며, 복건성 용계(龍溪) 사람이다. 저술로『북계자의(北溪字義)』·『논맹학용구의(論孟學庸口義)』·『엄릉강의(嚴陵講義)』등이 있다.

46) 명은……뜻이다 : 이 문구는『중용장구대전』제1장 '天命之謂性' 아래의 소주 북계 진씨의 설에 보이는데, 원문은 다음과 같다. "命猶分付 命令他一般"

47) '영(令)'을……하니 : 영(令)을 영(零)과 같이 읽는다는 것은 평성(平聲)으로 읽는 것으로, 그 뜻이 '명령(命令)하다'가 된다. 저자는 '명(命)'을 '명령하다'는 뜻으로 보는 것이 아니라, '정령(政令)을 행하다'는 의미로 보고 있다.

람에 하나의 사령(使令)이 있어야 할 것이니, 이는 바로 석가(釋迦)가 이른바 생사(生死)를 분단(分段)한다[48]고 한 설이다. 하늘은 이에 나아가 본체를 삼고, 이에 나아가 조화[化]를 삼는다. 하늘이 사람에게 명하여 단지 부리기만 한다면, 명은 하늘의 기지(機智)·권모(權謀)의 일단일 뿐이다. 이와 같이 설을 세우면, 무엇으로써 하늘과 사람의 관계를 알겠는가?(章句言命猶令也 小註朱子曰 命如朝廷差除 又曰 命猶誥勅 謂如朝廷固有此差除之典 遇其人則授之 而受職者領此誥勅 去 便自居其位而領其事 以此喩之 則天無心而人有成能 審矣 董仲舒 對策有云天令之謂命 朱子語本於此 以實求之 董語尤精 令者 天自行 其政令 如月令軍令之謂 初不因命此人此物而設 然而人受之以爲命 矣 令只作去聲讀 若如北溪所云分付命令他 則讀令如零 便大差謬 人 之所性 皆天使令之 人其如傀儡 而天其如提猦者乎 天只陰陽五行 流 盪出內於兩閒 何嘗屑屑然使令其如此哉 必逐人而使令之 則一人而 有一使令 是釋氏所謂分段生死也 天卽此爲體 卽此爲化 若其命人但 使令之 則命亦其機權之緒餘而已 如此立說 何以知天人之際)

2

『중용장구』의 주에는 성(性)·도(道)에 대해 모두 사람[人]과 생물

48) 생사(生死)를 분단(分段)한다 : 불가의 육도윤회설(六道輪回說)에 의하면, 육도를 윤회하는 육신은 업인(業因)에 따라 수명에 한계가 있고, 형체에 구별이 있는데 이를 분단신(分段身)이라고 한다.

[物]을 겸하여 말하였는데, 『중용혹문』에서는 갖추어 말하기도 하고, 나누어 소통시키기도 하였다. 예컨대, 명(命)에 대해서는 "만물에 부여했다."[49]라고 겸하여 말하고, 성(性)에 대해서는 "내가 이 명을 얻어 태어났다."[50]라고 하였다. 또 명(命)에 대해서는 "모든 사물의 온갖 변화가 이로 말미암아 생겨난다."[51]라고 말하고, 성(性)에 대해서는 '만물·만사의 이치'[52]라고 하였다. 일의 유형으로써 말하면 이치[理]라고 말하니, 사람이 알고 있는 바와 조처하는 바로써 말한 것이다. 그 이치가 도에 대해서는, 조수(鳥獸)·초목과 호랑이·이리·벌·개미 등에까지 널리 미치지만, 끝내 "천명의 본연은 〈애초 간격이 없으니, 이른바〉'도라는 것도 여기에 있지 않음이 없다.'는 것을 알 수 있다. 〈그러니 어찌 인위적인 것을 기다림이 있으며, 어찌 사람이 할 수 있는 것이겠는가?〉"[53]라고 하였으니, 이는 유별로 통하는 점을 드러내 우리가 응하는 바의 사물을 증명한 것이다. 그 이치는 본디 하나지만, 인간과 생물을 일괄 통합하여 하나로 할 수 있는 것은 아니다.

『중용장구』의 주는 본디 정자(程子)로부터 나온 것이다. 그 설이 이

---

49) 만물에 부여했다 : 『중용혹문』제1장 해석에 "盖天之所以賦與萬物而不能自已者命也"라고 하였다.

50) 내가……태어났다 : 『중용혹문』제1장 해석에 "吾之得乎是命以生 而莫非全體者性也"라고 하였다.

51) 모든……생겨난다 : 『중용혹문』제1장 해석에 "故以命言之 則曰元亨利貞 而四時五行 庶類萬化 莫不由是而出"이라 하였다. 원문에는 "庶物萬化 緜是以出"로 되어 있다.

52) 만물……이치 : 『중용혹문』제1장 해석에 "以性言之 則曰仁義禮智 而四端五典 萬無萬事之理 無不統於其間"이라 하였다.

53) 천명의……아니겠는가 : 『중용혹문』제1장 해석에 "尤可以見天命之本然 初無間隔 而所謂道者 亦未嘗不在是也 是豈有待於人爲 而亦豈人之所得爲哉"라고 하였다.

편의 "만물을 길러준다.[萬物育焉]"[54], "모든 생명체의 본성을 극진히 한다.[盡物之性]"[55]라는 뜻을 따르기는 했지만, 간혹 그 실상을 저버렸다는 비난을 면치 못한다. 그러니 정자·주자가 이 1절의 문자에 대해 단장취의하여 성(性)·도(道)의 통서(統緖)와 종지(宗旨)를 발명한 설은, 『중용』의 뜻에 모두 합치되지 않는 점이 있다. 이 두 선생은 도리를 통합해 말했으니, 그 설을 완전무결하게 하고, 또 가슴속에 갖추고 있는 일단의 경륜을 처한 상황에 따라 드러내어 고인의 말씀을 빌어다 자기의 설이 옳다는 것을 증명해야 할 것이다.

자사(子思)는 첫머리에 이 세 마디 말[56]의 본지를 말하고, 곧장 내려가 계신공구(戒愼恐懼)·신독(愼獨)으로 그 연기(緣起)를 삼았다. 대체로 이른바 '중용(中庸)'이란 천하 사물의 이치로서 일상 속에서 조처하는 것이다. 그렇다면 군자도 사물에서 중도를 구하여 일상에서 저절로 시행할 수 있을 것이다. 그러나 불능한 자가 있는 것은, 교(敎)는 수도(修道)를 따라 베풀어지고, 도(道)는 한결같이 성(性)·명(命)에 따르는데, 한 번 움직이고 한 번 고요할 적에도 그 성심(誠心)과 기미(幾微)를 살펴─고요할 적에는 성심(誠心)을 보존하고, 움직이면 기미(幾微)를 연구한다.─ 하늘의 법칙[天則]으로 돌아가지 아니함을 용납하지 않기 때문이다. 사물에 행해지지만 모두 은밀한 데에서 자신의 허물을 고쳐 새롭게 하는 것은, 나의 은밀히 간직된 마음에 근본을 하니, 하늘이 큰 중도의 작용을 나에게 부여해 준 것이다. 이 점을 살핀다면, 이른바 성

---

54) 만물을 길러준다 : 『중용장구』 제1장에 보인다.

55) 만물의……한다 : 이 문구는 『중용장구』 제22장에 보인다.

56) 세 마디 말 : 『중용』 첫머리에 보이는 "天命之謂性 率性之謂道 修道之謂敎"를 말한다.

(性)·도(道)란 오로지 사람을 두고 한 말로 생물에 미치지 않는 것이
분명하다.

하늘이 사람에게 명한 것은 사람의 본성이 되고, 하늘이 생물에 명
한 것은 생물의 본성이 된다. 지금 '생물에는 본성이 없으니 하늘이
명한 것이 아니다.'라고 말할 수는 없다. 그러나 생물의 본성을 극진히
하는 것 또한 내 본성 안에 모두 갖추어진 생물의 본성을 극진히 하여
사욕(私欲)으로 하여금 그 본성을 해치지 않고, 사의(私意)로 하여금
그 본성을 거역하게 하지 않는 것이다. 그러므로 존양(存養)·성찰(省
察)의 공부가 제기되는 것이다.

반드시 생물의 본성을 관찰하여 그것을 극진히 하려 하면, 존양·성
찰의 공부와 격물치지의 학문[57]이 서로 준거하지 않게 된다. 그러므로
『중용혹문』에는 이 점에 대해, 박학지(博學之)·심문지(審問之)·신사
지(愼思之)·명변지(明辨之)의 학문[58]을 덧붙여 놓았으니, 이는 『대
학』의 격물(格物)의 의미를 억지로 취해 존양·성찰의 공부 위에다
베풀어 놓은 것이다.[59] 『중용』 첫 장과 마지막 장에는 덕으로 들어가
는 문을 깊이 밝혀놓았으면서도 격물치지에 대해서는 언급하지 않았
다.—『중용장구』 제20장에 박학지·심문지·신사지·명변지를 말했는데, 이는 이런 것들로써 도
(道)의 비(費)[60]를 말한 것일 뿐이다.— 그렇다면 번양 이씨(番陽李氏)[61]가 말한

---

57) 학문 : 존양·성찰은 심성수양에 관한 공부이고, 여기서 말하는 '학문'은 『중용장
구』 제20장에 보이는 '博學之 審問之 愼思之 明辨之'의 지적탐구에 관한 것을 말한다.
58) 박학지(博學之)……학문 : 『중용장구』 제20장에 보이는 지적탐구에 관한 공부로,
여기서는 존덕성(尊德性)의 공부와 대가 되는 도문학(道問學)의 공부를 말한다.
59) 『중용혹문』에는……것이다 : 이 내용은 『중용혹문』에 보이지 않는다. 아마도 저자
가 『중용혹문』에 보이는 내용을 간추려 자신의 말로 쓴 듯하다.
60) 도(道)의 비(費) : 『중용장구』 제12장에 보이는 비(費)와 은(隱) 가운데, 도의 비

"『중용』은 도를 밝히는 책이고, 가르치는 자의 일이다."[62]라고 한 설이 통하게 된다. 또한『중용』의 내용은 사물의 이치가 이르고[物格] 나의 앎이 지극해진[知致] 뒤로부터 말한 것이니, 하학상달(下學上達)의 이치는 참으로 격물치지에서 돌이켜 구하기를 기다리지 않는다.

하물며『중용』에 '사람의 본성을 극진히 하고 나서 다른 생명체의 본성을 극진히 한다.[盡人之性 盡物之性]'[63]고 한 것은, 내가 접하는 사람이나 내가 쓰는 사물에 대해 도를 갖추어 가르침을 이룩하는 것이니, 이를 위해서는 지식이 밝고 조처함이 타당해야 천지의 화육(化育)을 도울 수 있다. 동해의 큰 물고기, 남산의 검은 표범, 집 주위의 개미, 먼 물가의 마름풀과 같은 것들은 천하의 지극히 성스러운 분이라 할지라도 공력을 쓰거나 베풀 바가 없을 것이다.『중용』의 도는 곧 아비와 자식, 임금과 신하 사이의 도리를 말하는 것으로, 천자[王]가 아니면 체(禘)제사[64]를 지내지 않으며, 친함이 다하면 조묘(祧廟)[65]에 모시며, 임금의 예우가 쇠해지면 신하는 떠나고, 지위가 낮으면 말이 고원한 것에 미치지 않는다는 것 등이다. 의지[志]가 기(氣)를 움직일

(費)를 말한다. 비는 도가 일용지간에 쓰이는 용(用)의 측면에서 드러난 것이고, 은은 도의 체(體)를 말한 것으로 드러나지 않고 은미한 이치를 말한다.

61) 번양 이씨(番陽李氏) : '번양(番陽)'은 '번양(番易)'으로도 쓰는데, 지명이다. 대전본 소주에는 '번양 이씨(番易李氏)'로 되어 있다. 이름은 정옹(靖翁)이며, 생애는 자세치 않다.

62) 『중용』은……일이다 : 이 문구는『중용장구대전』제1장 소주 '番易李氏曰'에 보인다.

63) 남의……한다 : 이 문구는『중용장구』제22장에 보인다.

64) 체(禘)제사 : 제왕이 자신의 시조를 하늘에 배향하는 제사를 말한다.

65) 조묘(祧廟) : 가묘(家廟)에서 옮긴 신주를 합사(合祀)하는 사당으로, 멀어진 조상들의 신위를 함께 모시는 사당을 말한다.

수 있고 기가 의지를 움직일 수 있다는 것[66]은 그 정성을 극진히 하는 것이지, 상관할 수 없는 경지에서 그를 위해 이치를 조화시키는 것은 아니다. 그러므로 이치는 하나이지만 나뉘면 각각 달라지는 이치[理一分殊]가 인(仁)이 지극하고 의(義)가 극진한 가운데 저절로 유행하는 것이다. 울타리를 뚫고 나가 하나의 본성에 사람과 사물을 혼합하는 것을 어찌 일삼겠는가?

정자(程子)의 이 말씀[67]은 알선하는 데 공력을 크게 허비하였다. 그리하여 여씨(呂氏)[68]의 설[69]이 본지를 얻은 것만 못하다. 그러므로 주

<hr />

66) 의지[志]가……것 : 이는 『맹자』 「공손추 상」 제2장에 보인다. 『맹자』의 문구는 다음과 같다. "旣曰 志至焉 氣次焉 又曰 持其志 無暴其氣者 何也 曰志壹則動氣 氣壹則動志也 今夫蹶者趨者 是氣也而反動其心"

67) 정자(程子)의 이 말씀 : 『중용혹문』에 보이는 정자의 '솔성(率性)'·'수도(修道)'에 대한 설을 말한다. 『중용혹문』 "○日率性修道之說 不同 孰爲是邪……" 아래의 소주에 정자의 설이 보이는데, 그 내용은 다음과 같다. "程子日 生之謂性 人生而靜以上 不容說 纔說性時 便已不是性也 此理此命也 順而循之 則道也 又曰 天降是於下 萬物流形 各正性命者 是所謂性也 循其性 是所謂道也 此亦通人物而言 循者 馬則爲馬之性 又不做牛底性 牛則爲牛底性 又不做馬底性 此所謂率性也"

68) 여씨(呂氏) : 북송 때의 학자 여대림(呂大臨 1040-1092)을 가리킨다. 자는 여숙(與叔), 호는 남전(藍田)이며, 섬서성 남전(藍田) 사람이다. 장재(張載)·정이(程頤)에게 배웠으며, 사량좌(謝良佐)·유작(游酢)·양시(楊時)와 함께 '정문사선생(程門四先生)'으로 일컬어졌다. 저술로 『역장구(易章句)』·『맹자강의(孟子講義)』·『대학중용해(大學中庸解)』 등이 있다.

69) 여씨(呂氏)의 설 : 여대림(呂大臨)의 설은 『중용혹문』 "呂氏良心之發以下……" 아래의 소주에 보이는데, 그 내용은 다음과 같다. "藍田呂氏曰 性與天道 本無有異 但人雖受天地之中以生 而梏於叢爾之形體 常有私意 小知撓乎其間 故與天地不相似 所發遂至乎出入不齊 而不中節 如使所得於天者不喪 則何患乎不中節乎 故良心所發 莫非道也 在我者 惻隱羞惡辭遜是非 皆道也 在彼者 君臣父子夫婦昆弟朋友之交 亦道也 在物之分 則有彼我之殊 在性之分 則合乎內外 一體而已 是皆人心所同然 乃吾性之所固有 隨喜怒哀樂之所發 則愛必有差等 敬必有節文 其所感重者 其應也亦重 所感輕 則其應也亦輕 自斬至緦 喪服異等 而九族之情 無所憾 自王公至皂隷 儀章異制 而上下之分 莫敢爭非 出於性之所有 安能致是乎"

자도 여씨의 설이 정밀함을 인정하였다. 그러나 주자는 그의 '솔성(率性)'에 대한 해석에는 막힌 점이 있다고 하였으니, 잠실 진씨(潛室陳氏)[70]가 "인성(人性)만을 말하면 두루 넓어질 수 없다."[71]라고 한 것과 같지 않다.

정자가 "말[馬]은 말의 성품을 따르고, 소[牛]는 소의 성품을 따른다."[72]고 한 것은, 본성을 말한 것이 천박하다. 저런 동물들에 대해 그들이 타고난 것을 성품이 아니라고 말할 수는 없지만, 이미 말의 성품과 소의 성품이 된 점을 달리 말한 것이다. 하늘에서 명을 받은 것은 근원을 함께 함이 있다고 말할 수 있지만, 나에게 주어진 성품은 이치를 달리할 리 없다고 말할 수 있겠는가? 정자는 이에 대해 고자(告子)의 '살아 움직이는 것을 성이라 한다.[生之謂性]'는 설[73]을 공공연히 수용하여 지각(知覺)·운동(運動)으로 성(性)을 삼아 말·소에도 모두 이런 도가 있는 것으로 여겼다.[74]

---

70) 잠실 진씨(潛室陳氏) : 남송 때의 학자 진식(陳埴 ? - ?)을 말한다. 자는 기지(器之), 호는 잠실이며 절강성 영가(永嘉) 사람이다. 정주학을 위주로 하였다. 저술로『우공변(禹貢辨)』·『홍범해(洪範解)』 등이 있다.

71) 인성(人性)만을……없다 : 이 문구는『중용장구대전』제1장 소주에 보이는 잠실 진씨의 설을 저자가 간추려 언급한 것인 듯하다. 소주에 보이는 잠실 진씨의 설은 다음과 같다. "潛室陳氏曰 率性不要作工夫 看人率循其人之性 物率循其物之性 此卽人物各各當行道理 故謂之道"

72) 말[馬]은……따른다 :『중용혹문』"〇日率性修道之說 不同 孰爲是邪……"아래의 소주에 정자의 설이 보이는데, 그 내용은 다음과 같다. "又曰 天降是於下 萬物流形 各正性命者 是所謂性也 循其性 是所謂道也 此亦通人物而言 循性者 馬則爲馬之性 又不做牛底性 牛則爲牛底性 又不做馬底性 此所謂率性也"

73) 고자(告子)의……설 :『맹자』「고자 상」제3장에 보인다.

74) 정자는……여겼다 :『중용혹문』제1장에 대한 해석 중 "〇日率性修道之說 不同 孰爲是邪……"아래의 소주에 보이는데, 그 내용은 다음과 같다. "程子曰 生之謂性 人生而靜以上 不容說 纔說性時 便已不是性也 此理此命也 順而循之 則道也 又曰 天降是

사람이 말을 부려서 타고 다니며, 소를 부려서 밭을 가는 것은, 인도(人道)의 당연한 것이다.─사람이 그들에게 명하는 것이지, 하늘이 그들에게 명하는 것이 아니다.─ 말의 성품이 어찌 사람이 타지 않는다고 잃어버리겠는가? 소의 성품도 어찌 밭을 갈지 않는다고 떨쳐버리겠는가? 파두(巴豆)[75]가 변비를 치료하는 약품이 된다는 것은 사람들을 위해 말한 것이니, 쥐가 파두를 먹으면 살이 찐다. 그러니 사람의 경우가 아닌 다른 동물의 입장에서 말한다면, 파두의 성품은 변을 잘 보게 하는 것이지 보양하는 것은 아니라고 어찌 말할 수 있겠는가?

하늘이 명한 것에 돌이키면 하나의 근본이지만, 엉키어 성품이 되면 만 가지로 다르다. 일반인에게 있어서는 일반인을 말하고, 군자에게 있어서는 군자를 말한다. 그러니 존양(存養)하고 성찰(省察)하여 내 성품의 중화(中和)를 극진히 하는 데 나아가는 것이지, 두루 널리 다른 생물과 화합하고 함께 하여 고양이·개·국화·푸른 대나무에서 성(性)·도(道)를 구하기를 기다리지 않는다.[76]이점에 대해서는 『중용혹문』의 설을 정설(正說)로 삼아야 한다. 그리고 남전 여씨(藍田呂氏)가 오로지 인간의 성품을 말한 설[77]을 가볍게 의논하지 말아야 할

於下 萬物流形 各正性命者 是所謂性也 循其性 是所謂道也 此亦通人物而言 循性者 馬則爲馬之性 又不做牛底性 牛則爲牛底性 又不做馬底性 此所謂率性也"

75) 파두(巴豆) : 대극과(大戟科)에 속하는 상록 관목(灌木)으로, 씨는 변비 치료제로 쓰인다.

76) 두루……않는다 : 이 시각은 사람의 성품과 동물·식물의 성품이 같지 않다는 점을 단적으로 말한 것이다. 이는 정자(程子)가 '순성(循性)'을 도(道)라 하며, 이 도는 인간과 생물을 통틀어 말한 것이라는 관점과 다른 것이다.

77) 남전 여씨(藍田呂氏)가……설 : 『중용혹문』 제1장을 해석한 것 중 "呂氏良心之發以下……" 아래의 소주에 보이는 여씨(呂氏)의 설로, 그 내용은 다음과 같다. 여씨는 북송 때 정이천의 문인 여대림(呂大臨)을 가리킨다. "藍田呂氏曰 性與天道 本無有異 但人雖受天地之中以生 而梏於叢爾之形體 常有私意 小知撓乎其間 故與天地不相似 所發

것이다.(章句於性道 俱兼人物說 或問則具爲分疏 於命則兼言賦與萬
物 於性則曰吾之得乎是命以生 於命則曰庶物萬化緣是以出 於性則
曰萬物萬事之理 與事類言而曰理 則固以人所知而所處者言之也 其
於道也 則雖旁及鳥獸草木 虎狼蜂蟻之類 而終之曰可以見天命之本
然 而道亦未嘗不在是 則顯以類通而證吾所應之事物 其理本一 而非
鑿統人物而一之也 章句之旨 本自程子 雖緣此篇云育物 云盡物之性
不容閒棄其實 則程朱於此一節文字 斷章取義 以發明性道之統宗 固
不必盡合中庸之旨者有之矣 兩先生是統說道理 須教他十全 又胸中
具得者一段經綸 隨地迸出 而借古人之言以證己之是 若子思首發此
三言之旨 直爲下戒懼愼獨作緣起 蓋所謂中庸者 天下事物之理而以
措諸日用者也 若然 則君子亦將於事物求中 而日用自可施行 然而有
不能者 則以教沿修道而設 而道則一因之性命 固不容不於一動一靜
之間 審其誠幾 (靜存誠 動研幾) 而反乎天則 是行乎事物而皆以洗心於
密者 本吾藏密之地 天授吾以大中之用也 審乎此 則所謂性道者 專言
人而不及乎物 亦明矣 天命之人者爲人之性 天命之物者爲物之性 今
卽不可言物無性而非天所命 然盡物之性者 亦但盡吾性中皆備之物
性 使私欲不以害之 私意不以悖之 故存養省察之功起焉 如必欲觀物
性而以盡之 則功與學爲不相準 故或問於此 增入學問思辨以爲之幹
旋 則強取大學格物之義 施之於存養省察之上 乃中庸首末二章 深明

遂至乎出入不齊 而不中節 如使所得於天者不喪 則何患乎不中節乎 故良心所發 莫非道
也 在我者 惻隱羞惡辭遜是非 皆道也 在彼者 君臣父子夫婦昆弟朋友之交 亦道也 在物
之分 則有彼我之殊 在性之分 則合乎內外 一體而已 是皆人心所同然 乃吾性之所固有
隨喜怒哀樂之所發 則愛必有差等 敬必有節文 所感重者 其應也亦重 所感輕 則其應也
亦輕 自斬至緦 喪服異等 而九族之情 無所憾 自王公至皁隷 儀章異制 而上下之分 莫敢
爭非 出於性之所有 安能致是乎"

入德之門 未嘗及夫格致 (第二十章說學問思辨 乃以言道之費耳) 則番陽李氏
所云 中庸明道之書 教者之事 其說爲通 亦自物旣格 知旣致而言 下學
上達之理 固不待反而求之於格致也 況夫所云盡人物之性者 要亦於
吾所接之人 所用之物以備道而成教者 爲之知明處當 而贊天地之化
育 若東海巨魚 南山玄豹 鄰穴之蟻 遠浦之蘋 雖天下至聖 亦無所庸施
其功 卽在父子君臣之間 而不王不禘 親盡則祧 禮衰則去 位卑則言不
及高 要於志可動氣 氣可動志者盡其誠 而非於不相及之地 爲之變理
故理一分殊 自行於仁至義盡之中 何事撤去藩籬 混人物於一性哉 程
子此語 大費幹旋 自不如呂氏之爲得旨 故朱子亦許呂爲精密 而特謂
其率性之解 有所窒礙 非如潛室所云 但言人性 不得周普也 至程子所
云馬率馬性 牛率牛性者 其言性爲已賤 彼物不可云非性 而已殊言之
爲馬之性 牛之性矣 可謂命於天者有同原 而可謂性於己者無異理乎
程子於是顯用告子生之謂性之說 而以知覺運動爲性 以馬牛皆爲有道
夫人使馬乘而使牛耕 固人道之當然爾 (人命之 非天命之) 若馬之性則豈
以不乘而遂失 牛之性豈以不耕而遂拂乎 巴豆之爲下劑者 爲人言也
若鼠則食之而肥矣 倘舍人而言 則又安得謂巴豆之性果以剋伐而不以
滋補乎 反之於命而一本 凝之爲性而萬殊 在人言人 在君子言君子 則
存養省察而卽以盡吾性之中和 亦不待周普和同 求性道於貓兒狗子
黃花翠竹也 固當以或問爲正 而無輕議藍田之專言人也)

3

　『중용장구』의 주에 "사람들은 자기 몸에 성(性)이 있는 것을 안다.[人知己之有性]"[78)고 한 한 단락은, 주자가 『중용』을 빌어 도리를 말해서 이단을 분변한 것이다. 그러므로 『중용혹문』에 불교·노장·속유(俗儒)·제자백가의 유파를 다 거론하여 그 설의 잘못을 실증하였다.[79)] 그리고 "그러나 학자들이 지적한 바를 능히 따라 자신에게 돌이켜 그 점을 징험하면……"이라고 하였는데, 이는 분명 자사(子思)의 본지는 아닐 것이다. 소주에 실려 있는 '원본(元本)'[80)]은 본문의 대의를 해석하여 아래 문장의 장본을 삼은 것이다. 그 가운데 "〈학자들이 이 점을 알면 학문하는 데 있어서〉 힘쓸 바를 알아서 스스로 그만두지 않을 것이다."라고 한 것은 본문의 "그러므로 군자는……[是故君子……]"이라는 두 단락과 이치[理]·일[事]이 상응하는 의미가 대낮처럼 분명하다.

정자·주자 두 선생은 『예기』 가운데서 추출한 한 편의 이 글을 가지고 맹주를 삼아 불교·노장을 억지하였다. 일부러 한 구를 뽑아내어 따끔한 일침을 놓은 것이니, 학자들이 분별해 살피면 그 뜻을 터득할 것이다. 자사의 시대에는 장자(莊子)·열자(列子)가 아직 출현하지 않았고, 노자(老子)의 학문도 드러나지 않았으며, 불교는 애초 중

---

78) 사람들은……안다 : 이 문구는 『대학장구』 경1장 제1절의 주에 보인다.

79) 그러므로……실증하였다 : 『대학혹문』에 다음과 같은 구절이 있다. "蓋有得乎天命之說 則知天之所以與我者 無一理之不備 而釋氏所謂空者 非性矣 有以得乎率性之說 則知我之所得乎天者 無一物之不該 而老氏所謂無者 非道矣 有以得乎修道之說 則知聖人之所以敎我者 莫非因其所固有而去其所本無 背其所至難而從其所甚易 而凡世儒之訓詁詞章 管商之權謀功利 老佛之淸淨寂滅 與夫百家衆技之支離偏曲 皆非所以爲敎矣"

80) 소주에……원본(元本) : 『중용장구』 제1장 제1절 말미의 소주에 실린 다음과 같은 문장을 가리킨다. "朱子此總斷之語 元本云 蓋人之所以爲人 道之所以爲道 聖人之所以爲敎 原其所自無一不本於天而備於我 學者知之 則其於學 知所用力 而自不能已矣 故子思於此 首發明之 讀者所宜深體而黙識也"

국에 들어오지 않았다. 사람들 중에 중용에 능한 자가 적어져 스스로 음식을 먹으면서도 그 맛을 모르는 것처럼 되었다. 구차하게 가르침을 따를 뿐 이른바 성(性)·도(道)라는 것이 있는 줄을 까마득히 모르지만, 이는 성·도를 잘못 인식한 폐단은 아니다. 자사는 이 점에 대해 은밀하게 숨어버린 중용의 도를 밝히고 드러내어 군자의 내외가 일관된 학문을 보여준 것이지, 이단과 더불어 시비를 논쟁할 겨를이 없었다.

다른 판본에는 모두 원주(元註)를 사용하였으니 절로 바꿀 수 없다. 그런데 오직 축씨(祝氏)[81]의 판본에만 유독 구별하였다.[82] 이는 그가 논변해 놓은 것을 주자가 보고서『중용』을 인용해 증명한 것이지, 바로『중용』의 이 장을 해석한 말은 아닌 듯하다.『중용장구대전』을 집록(輯錄)한 자가 그 말이 문호를 건립하기에 충분한 것을 기뻐하여 축씨 판본의 말[83]을 사용한 것이지, 선인의 가르침을 잘 계승하여 전서(全書)를 완성한 것은 아니다. 한결같이 원본(元本)을 따르는 것이 절로 타당하다.(章句人知己之有性一段 是朱子借中庸說道理 以辨異端 故或問備言釋老俗儒雜伯之流以實之 而日然學者能因其所指而反

---

81) 축씨(祝氏) : 남송 말의 학자 축경(祝涇)을 가리키는 듯하다. 생애가 자세치 않다.

82) 축씨(祝氏)의……구별하였다 :『중용장구』제1장 제1절 말미 "朱子此總斷之語……"라고 한 문단의 중간쯤에 "他本多依元本 惟祝氏附錄 從定本耳"라 한 말이 보인다.

83) 축씨 판본의 말 :『중용장구』제1장 제1절 말미의 소주 "朱子此總斷之語……" 중간부터 끝까지 이어지는 다음과 같은 말을 가리킨다. "蓋嘗論之 前聖如舜 首言道言敎 而未言命性 至商湯君臣 始言天之明命 又曰 上帝降衷于民 若有恒性 克綏厥猷 雖包涵 命性道敎之意 未始別白融貫言之 至孔子傳易曰 各正性命 一陰一陽之謂道 繼善成性 習敎事敎 思無窮 然言命自命 性自性 道敎亦然 至子思子 始言性本於命 道率乎性 敎修 乎道 前聖未發之蘊 以開示後世學者於無窮 朱子於此三言 旣逐字逐句 剖析於先 復融 貫會通於後 元本含蓄未盡 至定本 則盡發子思之意 無復餘蘊 故今一遵定本云"

身以驗之 則亦明非子思之本旨也 小註所載元本 乃正釋本文大義 以
爲下文張本 其曰知所用力而自不能已 則是故君子二段理事相應之義
皎如白日矣 程朱二先生從戴記中抽出者一篇文字 以作宗盟 抑佛老
故隨拈一句 卽與他下一痛砭 學者亦須分別觀之始得 子思之時 莊列
未出 老氏之學不顯 佛則初未入中國 人之鮮能夫中庸者 自飮食而不
知味 卽苟遵夫敎 亦杳不知有所謂性道 而非誤認性道之弊 子思於此
但以明中庸之道藏密而用顯 示君子內外一貫之學 亦無暇與異端爭是
非也 他本皆用元註 自不可易 唯祝氏本獨別 此或朱子因他有所論辨
引中庸以證之 非正釋此章語 輯章句者 喜其足以建立門庭 遂用祝本
語 非善承先敎 成全書者也 自當一從元本)

4

　이른바 성(性)이란 중(中)의 본체이고, 이른바 도(道)란 중화(中
和)의 큰 쓰임[大用]이고, 이른바 교(敎)란 중용이 능함을 이룩한 것
이다. 그러나 이 뒤로 도를 말한 모든 것은 가르침[敎]을 설명한 것이
다. 성인은 도를 닦아 가르침을 세우고, 현인은 가르침을 말미암아 도
로 들어간다. 성인이 태어난 뒤로는 앞의 성인이 닦아 놓은 것은 가르
침이 된다. 그런데 그것을 '가르침'이라 말하지 않고 '도'라고 하는 것
은, 가르침으로 법칙을 세우면 도가 곧 가르침에 있기 때문이다. 성인
이 닦아 밝힌 것은 그 도를 한결같이 하는 것으로 그 위에 더할 것이
없다.
　그러므로 정자(程子)는 "세교가 쇠미해진 뒤에 백성들이 도를 행

하려는 마음을 일으키지 않았다."[84]라고 하였으니, 도를 행하는 자들이 한결같이 이 가르침을 따라야 함을 밝힌 것이다. 그렇지 않다면, 각자 자기의 본성이 가지고 있는 것을 따라가면 곧 도가 될 것이니, 이 도가 천하에 유행하여 그치지 않을 것이다. 그런데 무엇 때문에 '도가 밝혀지지 않는다. 도가 행해지지 않는다.[不明不行]'[85]라고 말하였겠는가? 행해지지 않고 밝혀지지 않은 것은 가르침[敎]에 관한 것이다. 가르침은 곧 중용(中庸)이고, 바로 군자의 도이며, 성인의 도다.『중용장구』의 주와『중용혹문』에서는 예(禮)·악(樂)·형(刑)·정(政)을 말하면서도 '중용(中庸)'이란 글자를 끌어내지 않았다. 이는 중용을 가르침을 돕는 것으로 여긴 듯하니, 성인의 말씀과 다르다. 그러나 '일상에서 쓰는 사물[日用事物]'[86]이라 하였고,─이는 용(庸)을 말한 것이다.─ '과(過)하거나 불급(不及)한 자로 하여금 중도를 취하게 함이 있다.[過不及者 有以取中]'[87]라고 하였으니,─이는 중(中)이 용(庸)이 되는 까닭이다.─ 이는 분명 중용이 가르침이 된 것이다.

　　3구(句)[88]가 곧장 이어지다 '도를 닦은 것을 가르침이라 한다.[修道之謂敎]'에 이르러 바야흐로 중용(中庸)을 드러냈으니, 이것이 '머

<hr>

84) 세교(世敎)가……않았다 : 이 말은 주자의『논어집주』「옹야」제27장 주에 보이는데, 그 전문은 다음과 같다. "程子曰 不偏之謂中 不易之謂庸 中者 天下之正道 庸者 天下之定理 自世敎衰 民不興於行 少有此德 久矣"

85) 밝혀지지……않는다 : 이 2구는『중용장구』제4장에 보인다.

86) 일상에서……사물 : 이 문구는『중용장구』제1장 제1절의 주에 "人物各循其性之自然 則其日用事物之間 莫不各有當行之路 是則所謂道也"라고 한 것의 '日用事物'을 가리킨다.

87) 과(過)하거나……있다 : 이 문구는『중용혹문』제1장을 해석한 "修道之謂敎 言聖人因是道而品節之……"의 중간쯤에 보인다.

88) 3구(句) :『중용』첫머리의 "天命之謂性 率性之謂道 修道之謂敎"를 말한다.

리의 한 혈(穴)에 이르렀다.'는 것이다. 이씨(李氏)[89]는 "'도(道)' 자가 세 마디 말의 강령이 된다."라고 하였으며, 진씨(陳氏)[90]는 "'도(道)' 자는, 위로는 '성(性)' 자를 포함하고, 아래로는 '교(敎)' 자를 포함한다."[91]라고 하였다. 모두들 아래 구절의 '도야자(道也者)'가 '도(道)' 자만을 거론한 것에 의혹을 품었는데, 이는 두 개의 '도(道)' 자[92]가 글자는 같지만 뜻이 다른 줄 몰랐기 때문이다. 여씨(呂氏)[93]는 '솔(率)' 자에 대해 공부를 말하였으니[94], 이는 잘못이다. '솔성지위도(率性之謂道)' 1구는 맥락(脈絡)이니, 여기에서 급히 공부를 찾아서는 불가하다. 제2구 '솔성지위도'를 강령으로 인식한다면, 그 아래 '수도지위교(修道之謂教)' 1구는 거의 사족이 되지 않겠는가?(所謂性者 中之本體也 道者 中和之大用也 教者 中庸之成能也 然自此以後 凡言道皆是說教 聖人修道以立教 賢人緣教以入道也 生聖人之後 前聖已修之爲教矣 乃不謂之教而謂之道 則以教立則道卽在教 而聖人之修明之者 一肖夫道而非有加也 故程子曰世教衰 民不興行 亦明夫行道者之一循夫教爾 不然 各率其性之所有而卽爲道 是道之流行於天下者不息 而何以云不明不行哉 不行不明者 教也 教卽是中庸 卽是君子

---

89) 이씨(李氏) : 『중용장구대전』 제1장 제1절의 소주에 보이는 '번양 이씨(番易李氏)'를 가리킨다. 이름은 정옹(靖翁)이며, 생애는 자세치 않다.

90) 진씨(陳氏) : 『중용장구대전』 제1장 제1절의 소주에 보이는 '신안 진씨(新安陳氏)'를 가리킨다. 신안 진씨는 송말원초의 학자 진력(陳櫟 1252-1334)을 말한다.

91) '도(道)' 자는……포함한다 : 이 문구는 『중용장구대전』 제1장 제1절 소주에 보인다.

92) 두 개의 '도(道)' 자 : '率性之謂道'의 道와 '道也者'의 도(道)를 가리킨다.

93) 여씨(呂氏) : 북송 때의 학자 여대림(呂大臨 1040-1092)을 가리킨다.

94) 여씨(呂氏)는……말하였으니 : 여씨의 설은 『중용혹문』 제1장 제1절의 해석에 보인다.

之道 聖人之道 章句或問言禮樂刑政 而不提出中庸字 則似以中庸贊
教 而異於聖言矣 然其云日用事物 (是說庸) 云過不及者有以取中 (是中
之所以爲庸) 則亦顯然中庸之爲教矣 三句一直趕下 至修道之爲教句 方
顯出中庸來 此所謂到頭一穴也 李氏云道爲三言之綱領 陳氏云道字
上包性字 下包教字 皆爲下道也者單擧道字所惑 而不知兩道字文同
義異 呂氏於率字說工夫 亦於此差 率性之謂道一句是脈絡 不可於此
急覓工夫 若認定第二句作綱 則修道句不幾成蛇足耶)

5

『중용장구』의 주에 "하늘은 음양·오행으로 만물을 화생한다.[天以
陰陽五行化生萬物]"[95]라고 한 구절에서 '이(以)' 자는 '용(用)'의 뜻
이니, 곧 '이 음양·오행의 본체를 쓴다.'는 말이다. 이는 "사람은 눈으
로써 보고, 귀로써 듣고, 손으로써 잡고, 발로써 걷고, 마음으로써 생
각한다."라고 말한 것과 같다. 이를테면 컴퍼스[規]를 가지고 원을 만
들고, 곡척[矩]을 가지고 네모를 만들며, 육률(六律)을 가지고 오음
(五音)을 바로잡을 적에, 본체를 번다하게 허비하지 ─'비(費)' 자는 '소비함
이 번다하다.[費煩]'고 할 때의 '비(費)'의 뜻이다.─ 않으면서도 작용이 별도로 이루
어지는 것과 같다. 천도는 운행하여 쉬지 않으니, 이것이 본체이고 작
용이다. 북계 진씨(北溪陳氏)[96]는 "하늘[天]은 '상천(上天)'의 천(天)

---

95) 하늘은……화생(化生)한다 : 이 문구는『중용장구』제1장 제1절의 주자 주에 보
인다.

이니, 곧 리(理)다."[97]라고 하였으니, 하늘의 존재함이 있는 줄 모른 듯하다. 그는 또 "〈하늘은〉 음양·오행의 기를 빌려 〈유행하며〉[藉陰陽五行之氣]"[98]라고 하였는데, 이 구절에서 '자(藉)' 자는 '빌리다[借]'는 뜻이니, 하늘 밖에 음양·오행이 있어 그것을 빌려 쓴다는 말이다.

사람은 인(仁)·의(義)·예(禮)·지(智) 밖에 별도로 인심(人心)이 있지만, 하늘은 원(元)·형(亨)·이(利)·정(貞) 밖에 별도로 천체(天體)가 없다. 마단림(馬端臨)의 『문헌통고(文獻通考)』에 "형체가 있는 하늘이 아니다.[非形體之天]"라고 하였으니, 더욱 가소로운 말이다. 하늘이 어찌 형체가 있겠는가? 도는 하늘에 있으면 상(象)이 되고, 땅에 있으면 형체[形]가 되는 줄 모른 것이다.

『중용』에서 '하늘[天]'이라고 한 것은, 상(象)이 이루어진 것으로부터 말한 것이지만, 형체가 발하는 것을 겸하고 있다. 『주역』에 "위대하도다! 건원(乾元)이여. 만물이 이를 바탕으로 비롯된다.[大哉乾元 萬物資始]"[99]라고 하였으며, 또 "지극하도다! 곤원(坤元)이여. 만물이 이를 바탕으로 생겨난다.[至哉坤元 萬物資生]"[100]라고 하였으니, 하늘과 땅이 하늘과 땅이 된 까닭에 근거하여 비롯되고 생겨난다는 것이다. 또 "이에 천덕을 통섭(統攝)한다.[乃統天]"[101]라고 하였으니, 하

---

96) 북계 진씨(北溪陳氏) : 송나라 때 학자 진순(陳淳 1159-1223)을 말한다. 자는 안경(安卿), 호는 북계, 시호는 문안(文安)이며, 복건성 용계(龍溪) 사람이다. 저술로 『북계자의(北溪字義)』·『논맹학용구의(論孟學庸口義)』·『엄릉강의(嚴陵講義)』 등이 있다.

97) 하늘은……리(理)다 : 이 문구는 『중용장구대전』 제1장 제1절 소주에 보인다.

98) 하늘은……유행하며 : 이 문구도 『중용장구대전』 제1장 제1절 소주에 보인다.

99) 위대하도다!……비롯된다 : 이 문구는 『주역』 건괘(乾卦) 단사(彖辭)에 보인다.

100) 지극하도다!……생겨난다 : 이 문구는 『주역』 곤괘(坤卦) 단사에 보인다.

101) 이에……통섭(統攝)한다 : 이 문구는 『주역』 건괘 단사에 보인다.

늘이 하늘 된 것은 그에 근거하여 비롯된 만물을 통섭한다는 말이다. 형체가 있건 있지 않건, 상이 있건 있지 않건, 통섭하는 것을 하늘[天]이라 하면, 건순(健順)하여 본체가 없더라도 본체가 없는 것이 아니고, 오행이 형체를 갖더라도 형체에 곤궁하지 않는다. 이는 인간 존재를 이해하는 것이 쉽지 않음을 구한 것일 뿐이다.(天以陰陽五行化生萬物 以者用也 卽用此陰陽五行之體也 猶言人以目視 以耳聽 以手持 以足行 以心思也 若夫以規矩成方員 以六律正五音 體不費(費煩之費) 而用別成也 天運而不息 只此是體 只此是用 北溪言 天固是上天之天 要卽是理 乃似不知有天在 又云 藉陰陽五行之氣 藉者借也 則天外有陰陽五行而借用之矣 人卻於仁義禮智之外 別有人心 天則於元亨利貞之外 別無天體 通考乃云 非形體之天 尤爲可笑 天豈是有形底 不見道在天成象 在地成形 乃此所云天者 則又自象之所成爲言 而兼乎形之所發 大哉乾元 萬物資始 至哉坤元 萬物資生 卽資此天地之所以爲天地者以始以生也 而又曰乃統天 則天之爲天 卽此資始萬物者統之矣 有形未有形 有象未有象 統謂之天 則健順無體而非無體 五行有形而不窮於形也 只此求解人不易)

6

나누어 보면 음양(陰陽)·오행(五行)이라 부르니, 음과 양의 두 가지 다름이 있고, 또 다섯 방위 오행의 다름이 있다. 그러나 합하여 보면 하늘[天]이라 부른다. 이는 귀·눈·손·발·심사(心思)를 합하여 사람이라 하는 것과 같다. 귀·눈·손·발·심사가 온전하지 않은 바깥에서 다시 귀·눈·손·발·심사를 사용하는 경우가 있던가? 그렇다면 어찌 음양·오행 바깥에 별도로 음양·오행을 사용함이 있겠는가?(拆着便叫作陰陽五行 有二殊 又有五位 合着便叫作天 猶合耳目手足心思卽是人 不成耳目手足心思之外 更有用耳目手足心思者 則豈陰陽五行之外 別有用陰陽五行者乎)

7

『중용장구』의 주에 "사람과 생물은 각각 행해야 할 길이 있다."[102]라고 하였는데, 이 말은 절로 어폐가 있으니,『중용혹문』에서 사물의 당연함을 말한[103] 것만 못하다. 대체로 '사물'이라 하면, 사람이 응하는 바의 일[事]과 접하는 바의 물체[物]을 말한다. 이 물체를 사람과 함께 말하면, 사람은 사람의 도를 행하고, 물체는 물체의 도를 행한다. 곧 물체에는 물체의 본성이 있다고 말할 수 있지만, 끝내 물체에는 물체의 도가 있다고 말할 수 없다. 그러므로 경전에는 물체의 도[物道]를 말한 것이 없다. 이 점이 바로 어지럽힐 수 없는 인간의 기강인 것이다.

지금 한 마디 말로 포괄해 말하자면 "물체는 도가 없다."라고 하겠

---

102) 사람과……있다 : 이 문구는『중용장구』제1장 제1절의 주에 보인다.
103) 사물(事物)의……말한 :『중용혹문』제1장 제1절에 대한 해석 중 '率性之謂道'를 해석한 대목에 다음과 같은 말이 있다. "率性之謂道 言循其所得乎天以生者 則事事物物莫不自然各有當行之路 是則所謂道也" 이는『중용장구』에서 "人物各循其性之自然 則其日用事物之間 莫不各有當行之路 是則所謂道也"라고 한 것과 다르다.

다. 예컨대, 호랑이·시랑이[豺狼]의 부자 관계에 있어, 그들에게 어찌 한 줄기 길이 있어 이와 같이 전해 내려온 것이겠는가? 그들은 이와 같은 점을 어렴풋이 보았을 뿐이다. 이에 대해 어쩔 수 없이 억지로 이름을 붙일 경우에는, 덕(德)이라 할 수 있다.─예컨대, 호랑이·시랑이의 인(仁)이나 벌·개미의 의(義)를 말할 때가 그런 경우이다.─ 그러나 반드시 도라고 할 수는 없다.

소가 밭을 갈고 사람이 말을 타는 것은, 사람이 그런 동물을 이용하는 바의 도다. 이런 도를 이루지 못한 경우, 소·말은 그와 같이 할 수 있을지라도, 얼룩소를 끌어다 말안장을 얹을 수 있겠는가. 만약 사람이 소를 부려 밭을 갈지 않고 그것을 타거나, 말을 부려 그 말을 타지 않고 밭을 갈게 한다면, 이는 그 사람이 당연한 도리를 잃은 것일 뿐이니, 그 소·말에 무슨 상관이 있겠는가? 심지어 누에가 생사(生絲)를 만들고, 돼지가 음식이 되는 경우, 저들이 어찌 사람에게 은혜를 베풀어 자신의 몸을 버려 사람들이 쓰도록 하고, 당연한 것을 위해 반드시 그렇게 하는 것이겠는가? 그렇다면 물체에 도가 있다고 하는 것은 사람이 일에 응하고 물체에 접하는 도리일 따름이다. 그러므로 도는 오로지 사람의 입장에서 말한 것이다.(章句人物各有當行之路 語自有弊 不如或問言事物之當 蓋言事物 則人所應之事所接之物也 以物與人並言 則人行人道 而物亦行物道矣 卽可云物有物之性 終不可云物有物之道 故經傳無有言物道者 此是不可紊之人紀 今以一言蔽之曰 物直是無道 如虎狼之父子 他那有一條逕路要如此來 只是依稀見得如此 萬不得已 或可强名之曰德 (如言虎狼之仁 蜂蟻之義是也) 而必不可謂之道 若牛之耕 馬之乘 乃人所以用物之道 不成者牛馬當得如此拖犁帶鞍 倘人不使牛耕而乘之 不使馬乘而耕之 亦但是人失當然 於牛馬何與 乃至蠶之爲絲 豕之充食 彼何恩於人 而捐軀以效用 爲其所當

然而必繇者哉 則物之有道 固人應事接物之道而已 是故道者 專以人
而言也)

8

 '교(敎)'의 뜻은 『중용장구』의 주에 "예(禮)·악(樂)·형(刑)·정
(政)의 등속이다."[104]라고 하였으니, 그 의미를 가능한 넓게 말한 것
이다. 그러나 내 생각으로 살펴보건대, 주자는 『중용』이 『소대기(小
戴記)』[105]에서 나온 것을 감안해 삼례(三禮)[106]보다 위에 『중용』을 올
려놓으려 한 듯하다. 그러므로 주자는 예만 말하는 것을 피하고, 악·
형·정을 더하여 배합한 것이다.

 『중용장구』 제27장에 "예의(禮儀)가 3백 조항이다.[禮儀三百]"라
고 하였으며, 공자는 "은(殷)나라는 하(夏)나라의 예를 따랐다.[殷因
於夏禮]"[107]라고 하였으며, 한선자(韓宣子)는 "주(周)나라의 예가 노
(魯)나라에 있다.[周禮在魯]"[108]라고 하였으니, 이 모두 통치할 적에

---

104) 예(禮)……등속이다 : 『중용장구』 제1장 제1절의 주에 보이는데, 그 전문은 다음
과 같다. "性道雖同 而氣稟或異 故不能無過不及之差 聖人因人物之所當行者 而品節之
以爲法於天下 則謂之敎 若禮樂刑政之屬 是也"

105) 『소대기(小戴記)』 : 지금 전하는 『예기』를 말한다. 이 책은 한나라 때 대성(戴聖)
이 대덕(戴德)이 만든 『대대기(大戴記)』 85편을 다시 산정(刪定)하여 49편으로 만든
것이라 전해진다.

106) 삼례(三禮) : 『주례(周禮)』·『의례(儀禮)』·『예기』를 말한다.

107) 은(殷)나라는……따랐다 : 이 문구는 『논어』 「위정」 제23장에 보인다.

108) 주(周)나라……있다 : 이 문구는 『춘추좌씨전』 소공(昭公) 2년 조에 보인다. 이

정형(政刑)을 가르친 것인데, 천리(天理)를 말미암아 각각의 경우에 맞게 드러낸 것을 예(禮)라고 한 것이다. 악(樂)이 예와 합한 경우는 경전에 분명한 문장이 있으며, 악(樂)과 형(刑)·정(政)을 나누어 말할 수 없는 점도 분명하다. 『중용혹문』에 친함·소원함이 줄어드는[親疏之殺] 것을 분변한 네 단락[109]은, 하나의 예를 드러내 구분해 놓은 것이 얼마나 정밀하고 절실한가! 여씨(呂氏)[110]의 "느끼는[感] 바가 무거우면[重] 응하는[應] 것도 무겁고, 느끼는 바가 가벼우면[輕] 응하는 것도 가볍다."[111]는 한 단락의 글은, 모두 『중용』과 서로 바로잡아주는 역할을 한다. 『중용장구』의 주에 '품절(品節)'이라고 한[112] 것은 "예는 천리의 품절한 문장이다."[113]라고 한 것과 마찬가지의 뜻이다. 다만 의도적으로 회피하는 바가 있어 직설적으로 말하지 않았을 뿐이다.

그 덕의 본체와 작용으로부터 말하면 '중용(中庸)'이라 하고, 성인이 이 도를 세워 천하를 균제(均齊)하는 것으로부터 말하면 '가르침

말은 진(晉)나라 한선자(韓宣子)가 노(魯)나라에 사신 가서 태사씨(太史氏)에게 서책을 구해 보고서 한 말이다.

109) 네 단락 : 『중용혹문』제1장 제1절 해석 중에 보이는 다음과 같은 문장을 말한다. "盖有以辨其親疏之殺 而使之各盡其情 則仁之爲敎 立矣 有以別其貴賤之等 而使之各盡其分 則義之爲敎 行矣 爲之 制度文爲 使之有以守而不失 則禮之爲敎 得矣 爲之 開導禁止 使之有以別而不差 則知之爲敎 明矣"

110) 여씨(呂氏) : 북송 때의 학자 여대림(呂大臨)을 가리킨다. 『중용혹문』제1장 제1절 해석 중에 보이는 '여씨(呂氏)'로, 소주에는 '남전 여씨(藍田呂氏)'로 되어 있다.

111) 느끼는[感]……가볍다 : 이 문구는 『중용혹문』제1장 제1절 해석 중 "呂氏良心之發……" 아래의 소주 남전 여씨(藍田呂氏)의 설에 보인다.

112) '품절(品節)'이라고 한 : 『중용장구』제1장 제1절 주석 "修 品節之也"의 품절(品節)을 가리킨다.

113) 예는……문장이다 : 이 문구는 『논어집주』「학이」제12장의 주에 보인다.

[敎]'이라 한다. 지극한 덕을 가진 사람에게 그 도를 갖추는 점에서 말하면 '성인지도(聖人之道)'이고, 덕을 닦는 사람에게 그 도를 모이게 하는 점에서 말하면 '군자지도(君子之道)'다. 그것이 하늘에서 나와 일상생활 속에서 드러나는 점은 '예(禮)'라고 말할 따름이다. 그러므로 예는 인(仁)·의(義)의 쓰임[用]을 낳으니, 군자는 하늘[天]을 알지 않을 수 없다. 이는 또한 이것이 중용의 지극함이 되는 점을 밝힌 것이다.(敎之爲義 章句言禮樂刑政之屬 儘說得開闊 然以愚意窺之 則似朱子緣中庸出於戴記 而欲尊之於三禮之上 故諱專言禮而增樂刑政以配之 二十七章說禮儀三百 孔子說 殷因於夏禮 韓宣子言 周禮在魯 皆統治敎刑政 緣天理以生節文者而謂之禮 若樂之合於禮也 經有明文 其不得以樂與刑政析言之 審矣 或問親疎之殺四段 顯畫出一個禮來 何等精切 呂氏感應重輕 一段文字 俱與一部中庸相爲隄括 章句中言品節 亦與禮者天理之節文一意 但有所規避 不直說出耳 自其德之體用言之 曰中庸 自聖人立此以齊天下者 曰敎 自備之於至德之人者 曰聖人之道 自凝之於修德之人者 曰君子之道 要其出於天而顯於日用者 曰禮而已矣 故禮生仁義之用 而君子不可以不知天 亦明夫此爲中庸之極至也)

9

『중용장구』의 주에 "〈도는 일용사물에서 행해야 할 이치이니〉 모두 성(性)의 덕으로 마음에 갖추어져 있다."[114]라고 하였는데, 이는 본문의 '하늘이 명한 것을 성이라 한다.[天命之謂性]'를 따라 말한 것이다.

그리고 『중용장구』의 주에 위의 문구를 이어 "어느 사물이든 있지 않음이 없고, 어떤 때인들 그렇지 않음이 없다."[115]라고 하였으니, 이 또한 '가르침[教]'에 나아가 말한 것이다. '도야자(道也者)' 이하 세 구절과 '막현호은(莫見乎隱)' 이하 두 구는 모두 첫 문장의 세 구를 따라 맥락을 전개한 것으로, 하늘과 사람의 관계에서 한 차례 고요하고 한 차례 움직이는 사이에도 천명(天命)을 보기에 부족함이 없다는 점을 말한 것이니, 도를 본체로 하여 가르침의 근본을 삼은 것이다.

『중용』에 "자신이 눈으로 보지 못하는 데에서도 경계하고 삼가며, 귀로 듣지 못하는 데에서도 두려워한다.[戒慎乎其所不睹 恐懼乎其所不聞]"[116]라고 한 것은 『주역』 태괘(泰卦)의 도다. 태괘에 "먼 미래의 일을 빠뜨리지 않고 붕당을 없애면 중도를 행하는 데 짝할 수 있을 것이다."[117]라고 한 것은 천덕(天德)에 배합한 것이다. 『중용』에 "그 혼자만 아는 바를 삼간다.[愼其獨]"[118]고 한 것은 『주역』 복괘(復卦)의 도다. 복괘에 "잘못된 것이 멀리 가지 않아서 돌아오니, 후회하는 데 이르지 않을 것이다."라고 한 것과 「계사전(繫辭傳)」에 "〈안회(顔回)는〉 자신에게 불선이 있으면 모른 적이 없었고, 그 점을 알면 다시는 불선을 행한 적이 없었다."[119]고 한 것은 천심(天心)을 본 것이다. 도(道)·교(敎)는 성(性)·명(命)을 인하니, 군자의 공부는 이와 같이 하

---

114) 도는……있다 : 이 문구는 『중용장구』 제1장 제2절의 주에 보인다.

115) 어느……없다 : 이 문구는 『중용장구』 제1장 제2절의 주에 보인다.

116) 눈으로……두려워한다 : 이 문구는 『중용장구』 제1장 제2절에 보인다.

117) 먼……것이다 : 이 문구는 『주역』 태괘(泰卦) 구삼효(九三爻) 효사(爻辭)에 보인다.

118) 그……삼간다 : 이 문구는 『중용장구』 제1장 제3절에 보인다.

119) 안회(顔回)는……없었다 : 이 문구는 『주역』 「계사전 하」에 보인다.

지 않고서는 터득할 수 없다.(章句皆性之德而具於心 是從天命之謂性
說來 無物不有 無時不然 則亦就教而言之矣 道也者三句 與莫見乎隱
兩句 皆從章首三句遞下到脈絡處 以言天人之際 一靜一動 莫不足以
見天命 而體道以爲教本 戒愼不睹 恐懼不聞 泰道也 所謂不遐遺 朋亡
得尚於中行 所以配天德也 愼其獨 復道也 所謂不遠復 无祗悔 有不善
未嘗不知 知之未嘗復行 所以見天心也 道教因於性命 君子之功不如
是而不得也)

10

　주자가 "눈으로 보는 바에서 경계하고 삼가지 않으며 귀로 듣는 바
에서 두려워하지 않음을 말하지 않고, 눈으로 보지 않는 데에서 경계
하고 삼가며 귀로 듣지 않는 데에서 두려워한다."[120]라고 한 언급은
생동감 있는 말로, 오로지 고요할 곳에서만 공력을 기울이고 움직일
적에는 자연에 맡겨둔다는 설을 격파한 것이다. 그러나 눈으로 보는
바와 귀로 듣는 바에서 경계하고 삼가며 두려워하는 것은 아래 문장
에 이른바 '신독(愼獨)'이 그것이다. 숨어 있거나[隱] 미세한[微] 것도
알 수 있게 된 뒤로부터는 대체가 이를 따라 순행할 따름이니, 매우
두려운 생각을 지울 수 없다.

120) 보는……두려워한다 : 이 문구는 주자의 글에 보이지 않는다. 아마도 저자가 주자
가 해석한 것을 요약해서 말한 것인 듯하다. 다만 이와 비슷한 내용으로 『주자어류-중
용』에 "所謂不睹不聞者 乃是從那盡處說來 非謂於所睹所聞處不愼也"라는 구절이 있다.

후세 사람들은 주자의 이런 말을 보고서 한 구절을 첨가하여 "눈으로 보지 않고 귀로 듣지 않는 데에서도 그러하니, 보는 바와 듣는 바에서는 경계하고 삼가며 두려워하는 것을 더욱 알 수 있다."라고 말한다. 그렇다면 이는 아래 문장의 신독공부가 이면에 포함되어 있는 것이니, 『중용혹문』에서 곧장 설파해 내려간 설[121]과 비교해 보면 더욱 어긋난다.(朱子所云 非謂不戒懼乎所睹所聞 而只戒懼乎不睹不聞 自是活語 以破專於靜處用功 動則任其自然之說 然於所睹所聞而戒懼者 則卽下文所謂愼獨者是 而自隱微可知以後 大段只是循此順行 亦不消十分怯蕫矣 後人見朱子此語 便添一句說不睹不聞且然 則所睹所聞者 其戒懼益可知 則竟將下愼獨工夫包在裏面 較或問所破一直串下之說而更悖矣)

11

성현이 이른바 도라고 한 것은, 원래 사물에 붙어 있는 것이다. 그런데 사물이 귀·눈에 접하는 것과 귀·눈이 사물과 만나는 데는 한계가 있다. 그러므로 『중용혹문』에서는 '눈이 보는 데 미치지 못하는 것'

---

121) 『중용혹문』에서……설 : 『중용혹문』제1장 제2절 해석 중 다음과 같은 말을 가리키는 듯하다. "此因論率性之道 以明由敎而入者 其始當如此 蓋兩事也 其先言道不可離 而君子必戒謹恐懼乎其所不睹不聞者 所以言道之無所不在 無時不然 學者當無須臾毫忽之不謹 而周防之以全其本然之體也 又言莫見乎隱莫顯乎微而君子必謹其獨者 所以言隱微之間 人所不見而己獨知之 則其事之纖悉 無不顯著 又有甚於他人之知者 學者尤當隨其念之方萌而致察焉 以謹其善惡之幾也"

과 '귀가 듣는 데 미치지 못하는 것'으로 말했다.[122] 주자는 또『상서 (尙書)』의 "보이지 않는 데에서 이에 도모하라.[不見是圖]"[123]는 말 을 인용하여, 이를 증명하였다. 사물이 나에게 교접할 적에, 보기는 하 지만 듣지 못하는 경우도 있고, 듣기는 하지만 보지 못하는 경우도 있 다. 또한 한 시각에 보고 듣는 것이 둘 다 지극하지 못하게 되는 경 우가 반드시 있는 것은 아니다. 그러나 눈은 대개 보는 바가 없고 귀 는 대개 듣는 바가 없다고 어찌 말할 수 있겠는가? 그렇다면 운봉(雲 峰)[124]이 〈보지 않고 듣지 않는 것은〉 잠깐 사이일 뿐이다.[特須臾之 頃]"[125]라고 한 것은 그 말이 매우 잘못된 것인 줄 알겠다. 이는 대체 로 햇수[年數]를 많이 지나다 보니, 보지 않고 듣지 않는 바가 있는 것이다. 이와 같기 때문에 그 도에서 잠시라도 벗어나서는 안 되는 것 이다.

아버지가 앞에 있고 임금이 앞에 없다면, 임금은 그가 보지 않는 바 이다. 아버지의 명은 듣고 임금의 명은 듣지 않았다면, 임금의 명은 그 가 듣지 않은 바이다. 그러니 어떻게 그가 임금을 섬기며 충성을 다하 는 도를 느낌에 따라 통할 수 있겠는가? 이 어찌 임금을 보지 못했을

---

122) 『중용혹문』에서는……말했다 : 『중용혹문』경일장 제2절 '道也者 不可須臾離 也……'의 주석에 "是以君子戒愼乎其目之所不及 恐懼乎其耳之所不及聞……"라고 하 였다.

123) 보이지……도모하라 : 이 문구는『서경』「오자지가(五子之歌)」에 보인다.

124) 운봉(雲峰) : 『중용장구대전』소주에 보이는 '운봉 호씨(雲峰胡氏)'를 가리킨다. 운봉 호씨는 원나라 때 학자 호병문(胡炳文 1250-1333)으로, 자는 중호(仲虎), 호는 운봉이며, 강서성 무원(婺源) 사람이다. 저술로『사서통(四書通)』·『대학지장도(大學指 掌圖)』·『서집해(書集解)』·『춘추집해(春秋集解)』등이 있다.

125) 보지……뿐이다 : 이 문구는『중용장구대전』제1장 제2절 소주 '雲峰胡氏曰……' 에 보인다.

때 미리 임금을 섬기는 마땅한 도리를 추측함이 미리 있을 수 있겠는가? 그리고 임금을 섬기는 도가 또한 어찌 여기에서 벗어나 바야흐로 섬기기를 기다린 뒤에 비로소 도모할 수 있는 것이겠는가?

군자의 학문은 내 본성이 소유한 바를 아는 것일 뿐이니, 그런 일이 없더라도 그 이치는 틈이 생기지 않는다. 먼저 그 이치를 가려버리면[蔽] 인욕(人欲)이 드디어 개입하여 도가 그 때문에 은미해진다. 그러므로 이때 인욕이 가리는 것을 힘써 방지해야 한다. 주자가 "그 인욕이 오는 길을 막아야 한다.[塞其來路]"126)라고 한 것은, 그 이치를 가려버림이 그로 인해 생기지 않도록 한다는 말이다.

그러나 이치가 드러나지 않았을 적에는 인욕도 자취가 없으니, 하나의 인욕을 미리 헤아려 제방을 만들 수는 없다. 주자가 '그 인욕이 오는 길을 막아야 한다.'고 한 것은, 그 틈을 자세히 살펴 그것을 막는 것이 아니다. 그러므로 존양 공부는 거의 손쓸 곳이 없을 듯하다. 교봉(蛟峰)127)이 "천리를 보호하고 지킨다.[保守天理]"128)라고 한 것은, 애초 천리가 각자 명목(名目)을 가지고 있다는 말이 아니다. 주자가 "〈계신(戒愼)·공구(恐懼)는〉 경(敬)을 유지하는 것입니까?"라는 문인의 물음에 답하면서 "또한 옳다.[亦是]"129)라고 하였으니, 쌍봉(雙

---

126) 그……한다 : 이 문구는 『주자어류-중용』 "問戒愼乎其所不睹……" 아래에 보이는데, 그 전문은 다음과 같다. "不然 只謂照管所不到 念慮所不及處 正如防賊相似 須盡塞其來路"

127) 교봉(蛟峰) : 송말원초의 학자 방봉신(方逢辰(？-1291)을 말한다. 초명은 몽괴(夢魁), 자는 군석(君錫), 호는 교봉이며, 강서성 순안(淳安) 사람이다. 저술로 『학용주석(學庸注釋)』·『격물입문(格物入門)』·『상서석의(尙書釋疑)』 등이 있다.

128) 천리를……지킨다 : 이 문구는 『중용장구대전』 제1장 제3절 아래의 소주에 보이는데, 그 전문은 다음과 같다. "蛟峰方氏曰 戒懼是保守天理 愼獨是檢防人欲"

129) 또한 옳다 : 『주자어류-중용』 '戒愼恐懼是未發……' 아래에 보이는데, 이에 관한

峯)[130] 등 여러 사람들이 경(敬)을 계신·공구에 해당시킨[131] 것과는 같지 않다.

군자가 계신·공구에 대해 참으로 일삼음이 없는 것은 아니다. 천리에서 터득함이 있는 것은, 일이 눈앞에 나타나지 않는다고 갑자기 잊어버리는 것이 아니다. 이 모양은 정밀하고 찬란하여 어둡지 않고 나태하지도 않다. 그러니 정신을 기울여 기미가 서로 어긋남이 없도록 해서, 그것이 회통함을 살펴서 그 도가 생길 수 있는 바를 확립해야 한다. 오로지 한쪽으로만 흘러 치우치게 되어 대중(大中)을 잃음이 없으면, 자연히 천리가 모두 갖추어져 뱃속에 가득 차게 되어서 어둡지 않고 밝게 빛나 조리가 모두 드러날 것이다. 그러면 인욕이 오는 길을 막는 것도, 인욕을 몰아내는 일이 없더라도 자연히 인욕이 불쑥 일어나 침범하지 않을 것이다.

능히 그렇게 되면 보고 듣는 바는 여기에 있고, 저기에 있는 일찍이 보지도 듣지도 못한 것들이 비록 만 가지나 되는 많은 사물일지라도 모두 무관하게 버려두는 바가 없을 것이다. 움직이지 않았을 때의 경(敬)과 말하지 않았을 때의 신의[信]는 강물이 고여 있으면서 물길이

주요 내용을 적출해 보면 다음과 같다. "或問 恐懼是已思否 曰 思又別 思是思索了 戒愼恐懼 正是防閑其未發 或問 卽是持敬否 曰 亦是 伊川曰 敬不是中 只敬而無失 卽所以中 敬而無失 便是常敬 這中底便常在"

130) 쌍봉(雙峯) : 남송 말의 학자 요로(饒魯 ? - ?)를 가리킨다. 자는 백여(伯輿), 호는 쌍봉(雙峯)이며, 강서성 여간(餘干) 사람이다. 저술로『오경강의(五經講義)』·『학용찬술(學庸纂述)』·『학용십이도(學庸十二圖)』·『논맹기문(論孟紀聞)』등이 있다.

131) 쌍봉(雙峯)……해당시킨 :『중용장구대전』제1장 제3절 소주에 보이는 쌍봉 요씨의 설은 다음과 같다. "雙峯饒氏曰 戒愼恐懼 便是愼獨之愼 詳言之 則曰戒愼恐懼 約言之 只是愼之一字 道者 率性之謂 其體用具在吾身 敬者 所以存養其體 省察其用 乃體道之要也 戒懼 存養之事 愼獨 省察之事 中庸始言戒懼愼獨 而終之以篤恭 皆敬也 中庸以誠爲一篇之體要 惟其敬 故能誠"

터지기를 기다리는 것과 같으니, 실상이 없으면서 그런 이름을 얻은 것은 아니다. 보지 않고 듣지 않을 경우에도 사물은 본래 절로 삼엄하여 천하의 큰 이치를 극진히 하고 있다. 그런데 모두 잠시도 자기에게서 벗어나지 않기 때문에 보고 듣는 바에 의지해 서로 어긋나거나 해치게 되지 않을 수 있는 것이다.

계신·공구의 공부는 이런 점을 삼가는 것이다. 한 가지 일이 보기를 기다리고 듣기를 기다림이 있어서 잠시 쉬는 것도 아니며, 또한 하나라도 보는 바가 있어서 드디어 보지 않음이 없는 것도 아니고, 하나라도 듣는 바가 있어서 드디어 듣지 않음이 없는 것도 아니다. 반드시 암실에 처해 음향이 끊어진 뒤에야 보지 않고 듣지 않는 때가 된다. 그런데 하물며 운봉(雲峰)[132]이 말한 "〈보지 않고 듣지 않는 것은〉 잠깐 사이일 뿐이다.[特須臾之頃]"[133]라고 한 말은, 더욱 불교에서 '전광석화(電光石火)'를 말하는 것과 같다. 성인의 은미한 말씀이 끊어진 뒤로 성학(聖學)을 증험할 길이 없는데, 대로를 버리고 샛길을 찾으니, 참으로 탄식할 만한 일이로다!(聖賢之所謂道 原麗乎事物而有 而事物之所接於耳目與耳目之得被於事物者 則有限矣 故或問以目不 及見 耳不及聞爲言 而朱子又引尙書不見是圖以證之 夫事物之交於 吾者 或有睹而不聞者矣 或有聞而不睹者矣 且非必有一刻焉爲睹聞 兩不至之地 而又豈目之槩無所睹 耳之槩無所聞之謂哉 則知雲峰所云 特須臾之頃者 其言甚謬 蓋有多歷年所而不睹不聞者矣 唯其如是 是

---

132) 운봉(雲峰) : 『중용장구대전』 소주에 보이는 '운봉 호씨(雲峰胡氏)'를 가리킨다. 운봉 호씨는 원나라 때 학자 호병문(胡炳文 1250-1333)이다.

133) 보지……뿐이다 : 이 문구는 『중용장구대전』 제1장 제2절 소주 '雲峰胡氏曰……' 에 보인다.

以不可須臾離也 父在而君不在 則君其所不睹也 聞父命而未聞君命
則君命其所不聞也 乃何以使其事君而忠之道隨感而遂通 此豈於不睹
君之時 預有以測夫所以事之宜 而事君之道 又豈可於此離之 待方
事而始圖哉 君子之學 唯知吾性之所有 雖無其事而理不閒 唯先有以
蔽之 則人欲遂入而道以隱 故於此力防夫人欲之蔽 如朱子所云塞其
來路者 則蔽之者無因而生矣 然理既未彰 欲亦無跡 不得預擬一欲焉
而爲之隄防 斯所謂塞其來路者 亦非曲尋罅隙而窒之也 故此存養之
功 幾疑無下手之處 而蛟峰所云保守天理 初非天理之各有名目 朱子
答門人持敬之問 而曰亦是 亦未嘗如雙峰諸人之竟以敬當之 乃君子
之於此 則固非無其事矣 夫其所有得於天理者 不因事之未卽現前而
遽忘也 只恁精精采采 不昏不惰 打迸着精神 無使幾之相悖 而觀其會
通 以立乎其道之可生 不有所專注流倚 以得偏而失其大中 自然天理
之皆備者 撲實在腔子裏 耿然不昧 而條理咸彰 則所以塞夫人欲之來
路者 亦無事驅遣 而自然不崛起相侵矣 使其能然 則所睹聞在此 而在
彼之未嘗睹未嘗聞者 雖萬事萬物 皆無所荒遺 而不動之敬 不言之信
如江河之待決 要非無實而爲之名也 要以不睹不聞之地 事物本自森
然 盡天下之大 而皆須臾不離於己 故不可倚於所睹所聞者 以致相悖
害 戒愼恐懼之功 謹此者也 非定有一事之待睹待聞而歇之須臾 亦非
一有所睹遂無不睹 一有所聞遂無不聞 必處暗室 絶音響 而後爲不睹
不聞之時 況如雲峰所言特須臾之頃者 尤如佛氏石火電光之謂乎 微
言既絶 聖學無徵 舍康莊而求蹊間 良可歎也)

『대학』에서 '신독(愼獨)'을 말한[134] 것은 마음을 바르게 하는 군자를 위해 말한 것이고, 『중용』에서 '신독(愼獨)'을 말한 것은 존양(存養)하는 군자를 위해 말한 것이다. 자기 마음을 바르게 하고자 한 뒤에야 남들이 알지 못하는 지경에서 선을 알고 악을 아는 것이 자신에게 있게 된다. 보지 않고 듣지 않는 바에서 경계하고 삼가며 두려워한 뒤에야 숨어 있는 것이 나타나는 줄을 알고, 미세한 것이 드러나는 줄을 알게 된다. 그러므로 『중용장구』의 주에 "군자는 항상 경계하고 삼가며 두려워한다."[135]라고 하였으며, 『중용혹문』에서도 "이미 이와 같이 되면[夫旣已如此矣]"[136]이라고 하였다. 존양 공부를 하지 않은 사람은 남들이 알지 못하는 지경에서 자신이 혼매하여 선악이 끝나는 바를 분변하지 못하니, 신독(愼獨)하고자 하더라도 불능한 점이 있다는 것을 밝힌 것이다.

사람이 생각을 일으킬 적에는 간혹 선을 향하기도 하고, 우연히 스치는 총명을 잠시 타기도 한다. 만약 안개 속에서 꽃을 본다면 그 선이 드러나는 것을 알 수 없다. 한 생각이 악을 향하게 되면 분주히 구하여 그 욕심을 채우려 한다. 응당 얻어야 할 이치에 근거하여 행하되, 혹 남몰래 도모하여 은밀히 성취하는 것을 다행스럽게 여기기도 하지만, 범람한 데까지는 이르지 않는다. 또 이보다 더 못한 경우는 위

---

134) 『대학』에서……말한 : 『대학장구(大學章句)』 전6장 성의장(誠意章)에 '신기독(愼其獨)'이라고 한 말이 두 번 보인다.

135) 군자는……두려워한다 : 이 문구는 『중용장구』 제1장 제3절의 주에 보인다.

136) 이미……되면 : 이 문구는 『중용혹문』 제1장 제2절·제3절의 해석 중에 보인다.

태로운 상황을 편안히 여기고, 재앙을 이롭게 여기며, 망하는 원인을 즐거워한다. 심지어 남들의 귀와 눈에 훤히 드러나는데도 자신은 오히려 그것이 어디서 일어나는지 모른다. 그러면 집안·마당 밖의 바깥 일에 대해서는 꿈속처럼 까마득하게 될 것이다. 혼자만 아는 지경에서 숨어 있는 것보다 더 잘 나타나는 것이 없으며, 미세한 것보다 더 잘 드러나는 것이 없다는 사실을 어찌 알겠는가?

오직 일찍부터 존양 공부에 종사한 자는 마음이 선에 익숙하여 한 생각이 발하여 선이 되면 선 속의 조리로써 천하 사람들을 감동시키더라도 남음이 있다는 사실을 남들은 모르지만 자신은 안다. 마음이 선에 익숙하여 악이 평소 가지고 있는 것이 아니면, 악이 선을 버리고 떠나가서 서로의 간격이 멀어지고, 길흉(吉凶)·득실(得失)이 상호 현격해질 것이다. 그러면 저절로 생기는 것과 반드시 이르러야 할 것에 대해 남들은 모르지만 자신은 알게 될 것이다.

군자의 경우는, 바야흐로 움직일 즈음에 귀·눈이 임시방편의 도를 타면 물욕에 끌려가게 된다. 그럴 때 털끝만큼이라도 물욕을 극복하지 못할 경우, 인욕이 점점 자라 끝내 천리를 이기게 된다. 이에 대해 분명히 알고 있을지라도 다시 그런 일을 하게 된다. 그러므로 이에 대해 더욱 삼가는 노력을 기울여야 한다. 그런 뒤에야 평소의 마음을 속이지 않게 되어, 존양 공부도 그렇게 움직이는 쪽으로 향하여 도를 잃지 않게 된다. "불선이 있을 경우 알지 못함이 없었다.[有不善 未嘗不知]"[137]라고 한 것은, 『중용』의 "숨어 있는 것보다 더 잘 나타나는 것은 없으며, 미세한 것보다 더 잘 드러나는 것은 없다.[莫見乎隱 莫

---

137) 불선이……없었다 : 이 문구는 『주역』 「계사전 하」에 보이며, 공자가 안회(顏回)를 칭찬한 말이다.

顯乎微]"[138]는 것을 말한 것이며, "그 점을 알면 다시는 그런 일을 행한 적이 없었다.[知之 未嘗復爲[139]]"[140]고 한 것은, 『중용』의 '신독(愼獨)'[141]을 말한 것이다. 존양 공부를 미리 하지 않았다면 어찌 숨어 있고 미세한 것을 일찍 깨달을 수 있겠는가? 이 점은 주자가 근원을 철저히 궁구하여 이보다 더 나타남이 없고[莫見] 이보다 더 드러남이 없는[莫顯] 경지를 탐구한 것이다. 그러니 여씨(呂氏)[142]가 "인심은 지극히 신령스럽다.[人心至靈]"[143]는 한 마디 말로써 두루뭉술하게 전체를 포괄하는 말을 한 것과는 같을 뿐만이 아니다. 정자(程子)는 백개(伯喈)[144]가 거문고를 탄 고사를 가지고 그것[145]을 증명하여, 사람들이 일찍 보고 들어서 아는 바가 드러나고[顯] 나타나는[見] 것이 된다고 하였다.[146] 『중용혹문』에 두 설을 모두 보존하는 말이 있지만[147],

138) 숨어……없다 : 이 문구는 『중용장구』 제1장 제3절에 보인다.

139) 爲 : 『주역』 「계사전 하」에는 '복(復)' 자로 되어 있다.

140) 그……없었다 : 이 문구는 『주역』 『계사전 하」에 보이는데, 공자가 안회를 칭찬한 말이다.

141) 신독(愼獨) : 『중용장구』 제1장 제3절에 보인다.

142) 여씨(呂氏) : 『중용장구대전』에 소주에 보이는 '남전 여씨(藍田呂氏)로, 북송 때 학자 여대림(呂大臨)을 가리킨다.

143) 인심은……신령스럽다 : 이 문구는 『중용장구대전』 제1장 제3절 해석 중 "曰程子所謂隱微之祭……" 아래의 소주에 보이는데, 그 전문은 다음과 같다. "藍田呂氏曰 此章明道之要 不可不誠 道之在我 猶飲食居處之不可去 皆外物也 誠以爲己 故不欺其心 人心至靈 一萌之思 善與不善 莫不知之 他人雖明有所不與也 故愼其獨者 知爲己而已"

144) 백개(伯喈) : 한나라 때 학자 채옹(蔡邕)의 자이다. 『중용장구대전』 소주에 실린 정자(程子)의 설에는 '백개(伯喈)'라고 명시하지 않고 '석인(昔人)'이라 하였다.

145) 그것 : 『중용장구』 제1장 제3절의 "莫見乎隱 莫顯乎微"를 말한다.

146) 정자(程子)는……하였다 : 『중용장구대전』 제1장 제3절 해석 중 "○曰程子所謂隱微之際……" 아래의 소주에 보이는데, 그 내용은 다음과 같다. "程子曰 人只以耳目所見聞者 爲顯見 所不見聞者 爲隱微 然不知理却甚顯也 且如昔人彈琴 見螳螂捕蟬 而聞

『중용장구』에서는 그들[148]의 설을 따르지 않았다.[149]

전하는 바 백개(伯嗜)가 거문고를 탄 고사는 소설에서 나온 것이니, 다 믿을 수 없다.—소설에 공자가 거문고를 타다가 살쾡이가 쥐 잡는 것을 보자 안연(顔淵)이 의심스러워하며 물러나 피했다는 일이 있는데, 사마귀[螳螂]가 매미를 잡는 것을 보고서 백개의 거문고 소리에 살벌한 소리가 있었다는 고사와 같다. 요컨대 이 모두 일 꾸미기를 좋아하는 자의 말이다.— 또한 기(夔)[150]·광(曠)[151]처럼 음률에 밝은 사람이 아니면, 그 마음과 손이 서로 통하는 미묘한 소리를 살필 수 없을 것이다. 거문고를 타는 사람과 듣는 사람이 서로 어렴풋한 지경에서 만났을 적에는 '이보다 더 잘 나타남이 없고[莫見] 이보다 더 잘 드러남이 없다.[莫顯]'고 말할 수 없다. 바야흐로 거문고를 탈 때, 백개가 매미 잡는 사마귀를 보고 느낀 마음이 거문고를 타는 손가락에 전해지지 않았다면, 자기는 모르는 바인데 남이 그것을 안 것이다. 그렇다면 '신독(愼獨)'의 독(獨) 자의 뜻과는 서로 배치되어 상통하지 않게 된

者以爲有殺聲 殺在心 而人聞其琴而知之 豈非顯乎 人有不善 而自謂人不知之 然天地之理 甚著不可欺也"

147) 『중용혹문』에……있지만 : 『중용혹문』제1장 제3절 해석 중 소주에 보이는데, 그 내용은 다음과 같다. "問程子擧彈琴殺心處 是就人知處言 呂(藍田呂氏)·游(廣平游氏)·楊氏(龜山楊氏)所說 是就己自知處言 章句是合二者而言否 朱子曰 有動于中 已固先自知 亦不能揜人之知 所謂誠之不可揜也"

148) 그들 : 『중용혹문』소주에 실린 남전 여씨(藍田呂氏: 呂大臨)·광평 유씨(廣平游氏: 游酢)·구산 양씨(龜山楊氏: 楊時)를 말한다.

149) 『중용장구』에서는……않았다 : 『중용장구』제1장 제3절의 주에 "隱 暗處也 微 細事也 獨者 人所不知 而己獨知之地也 言幽暗之中 細微之事 跡雖未形 而幾則已動 人雖不知 而己獨知之"라고 한 것을 가리킨다.

150) 기(夔) : 중국 고대 순임금의 신하로, 음악을 담당하던 관원이다.

151) 광(曠) : 흔히 '사광(師曠)'이라고 일컬어지며, 춘추시대 진(晉)나라 사람으로 음률에 밝았던 인물이다.

다. 더구나 남이 아는 것을 두려워하여 악을 행하는 것을 꺼린다면, 회남(淮南) 사람들이 급암(汲黯)[152]에 대한 경우나 조조(曹操)가 공융(孔融)[153]에 대한 경우와 같아서, 잠시 한 때의 사악함을 숨길 수는 있지만 끝내 그 외람된 짓을 금하지는 못할 것이다. 군자의 성찰이 어찌 이와 같겠는가?

제1장에 "숨어 있는 것보다 더 잘 나타나는 것은 없고, 미세한 것보다 더 잘 드러나는 것은 없다.[莫見乎隱 莫顯乎微]"라고 한 것은, '청명함이 몸에 있고 지(志)·기(氣)가 신과 같은' 사람의 가슴속에서 스스로 알고 느끼는 것이다. 곧 천리가 유행하는 것을 보고 바야흐로 움직여 혼매하지 않아서, 본성 속의 혼매하지 않은 참된 본체가 그것을 따르게 되어 도가 거기에 있는 것이다. 이는 단지 본성을 잃는 일을 할 수 없다는 점으로 말한 것이다. 그렇다면 희로애락의 절도는 군자가 기미를 움직이는 즈음에 찬란하게 갖추어지고, 아직 발하지 아니한 가운데서도 지극히 고요한 경지에서 순수하고 온전함을 관통하고 있는 것이다. 다만 고요할[靜] 적에는 선·악에 기미가 없고 보편적으로 차이가 없기 때문에 사람의 사악함[邪]·정직함[正]으로 도가 있느냐 없느냐를 판단할 수 없으니, 천명이 그치지 않는 까닭이다. 그런데 움직이면[動] 인간의 일이 임시방편적인 도리를 타게 되어 혼미함이 일어나기 쉽다. 그러므로 존양 공부가 있음을 기다린 뒤에야 숨어 있고 미세한 것이 드러나고 나타남[顯見]이 갖추어짐을 알게 되니,

---

152) 급암(汲黯) : 한(漢)나라 때 이름난 신하로, 회남 태수(淮南太守) 등을 지냈다.

153) 공융(孔融 153-208) : 후한 말기의 인물로 공자의 20세손이다. 문학으로 이름이 났으며, 건안칠자(建安七子) 가운데 한 사람이다. 조조(曹操)와 사이가 좋지 않았는데, 뒤에 그에게 피살되었다.

본성을 따르는 도[率性之道]는 행하지 아니한 상태에서는 밝게 드러나지 않는 까닭이다. 이 첫 장의 수미(首尾)에 있는 큰 뜻[大義]과 은미한 말[微言]은 상호 드러내줌이 이와 같다. 『중용장구』의 해석이 정밀하다.(大學言愼獨 爲正心之君子言也 中庸言愼獨 爲存養之君子言也 唯欲正其心 而後人所不及知之地 己固有以知善而知惡 唯戒愼恐懼於不睹不聞 而後隱者知其見 微者知其顯 故章句云君子旣常戒懼 或問亦云夫旣已如此矣 則以明夫未嘗有存養之功者 人所不及知之地 己固昏焉而莫辨其善惡之所終 則雖欲愼而有所不能也 蓋凡人起念之時 閒向於善 亦乘俄頃偶至之聰明 如隔霧看花 而不能知其善之所著 若其向於惡也 則方貿貿然求以遂其欲者 且據爲應得之理 而或亦幸陰謀之密成 而不至於汎濫 又其下焉者 則安其危 利其災 樂其所以亡 乃至昭然於人之耳目 而己猶不知其所自起 則牀第階庭之外 已漠然如夢 而安所得獨知之地 知隱之莫見 微之莫顯也哉 唯嘗從事於存養者 則心已習於善 而一念之發爲善 則善中之條理以動天下而有餘者 人不知而己知之矣 心習於善 而惡非其所素有 則惡之叛善而去 其相差之遠 吉凶得失之相爲懸絶者 其所自生與其所必至 人不知而己知之矣 乃君子則以方動之際 耳目乘權 而物欲交引 則毫釐未克 而人欲滋長 以卒勝夫天理 乃或雖明知之 猶復爲之 故於此尤致其愼焉 然後不欺其素 而存養者乃以向於動而弗失也 有不善未嘗不知 莫見乎隱 莫顯乎微之謂也 知之未嘗復爲 愼獨之謂也 使非存養之已豫 安能早覺於隱微哉 此朱子徹底窮原 以探得莫見莫顯之境 而不但如呂氏以人心至靈一言 爲儱侗覆蓋之語也 若程子擧伯喈彈琴之事以證之 而謂爲人所早知爲顯見 或問雖有兩存之語 章句已不之從矣 所傳伯喈彈琴事 出於小說 旣不足盡信 (小說又有夫子鼓琴 見狸捕鼠 顏淵疑而退避事 如螳蜋捕蟬事同 要皆好事之言) 且自非夔曠之知 固不能察其心手相通之妙

是彈者之與聞者 相遇於微茫之地 而不得云莫見莫顯 且方彈之時 伯
嗜且不能知捕蟬之心必傳於絃指 則固己所不知而人知之 又與獨之爲
義相背而不相通 況夫畏人之知而始憚於爲惡 此淮南之於汲黯 曹操
之於孔融 可以暫伏一時之邪 而終不禁其橫流之發 曾君子之省察而
若此哉 莫見乎隱 莫顯乎微 自知自覺於淸明在躬 志氣如神者之胸中
卽此見天理流行 方動不昧 而性中不昧之眞體 率之而道在焉 特不能
爲失性者言爾 則喜怒哀樂之節 粲然具於君子之動幾 亦猶夫未發之
中 貫徹純全於至靜之地 而特以靜則善惡無幾 而普徧不差 不以人之
邪正爲道之有無 天命之所以不息也 動則人事乘權 而昏迷易起 故必
待存養之有功 而後知顯見之具足 率性之道所以緣不行而不明也 一
章首尾 大義微言 相爲互發者如此 章句之立義精矣)

13

 ‘드러나고[顯]’·‘나타나는[見]’ 것이 다른 사람에게 달려있는 것이
라면, 두 개의 ‘막(莫)’ 자를 그 앞에 두지 않았을 것이다. 깊은 심안
(心眼)을 가진 사람이야 말할 것이 없겠지만, 남을 알아보는 감식안
이 있는 사람일지라도 상대방이 평소 지향하는 바를 따라 판단한다.
연못의 물고기를 관찰하는 것을 불길하다고 하지만, 물고기를 능히
관찰할 자가 몇 사람이나 되겠는가? 세세한 부분까지 이르러 흑·백
을 분명하게 해야 온전한 ‘드러남[顯]’과 ‘나타남[見]’을 볼 것이다. 매
미 중에는 사마귀[螳螂]가 매미를 잡으려 할 적의 살벌한 기미를 듣
고서도 자각하지 못하는 것들이 많다. 소인이 한가하게 거처할 적에

는 불선한 짓을 하여 어느 곳인들 이르지 않음이 없는데, 군자는 그의 폐와 간을 보듯이 다 안다. 그렇지 않다면 미리 그렇게 할 것이라고 억측할 수는 없다.

나에게 있는 스스로 아는 능력은, 생각이 일어나고 일이 발생한 때를 당해서 곧장 달려 나갈 뿐, 곧장 지각하는 것은 아니다. 선·악이 분명한 경우는 혼매하지 않지만—군자가 되는 까닭이다.— 중간에 천만 가닥으로 갈라져 스스로 헤아려야 하는 방향이 있게 되면, 처음 기미를 밝게 살피던 마음에 미치지 못하는 경우가 많다. 그러므로 "숨어 있는 것보다 더 잘 나타나는 것은 없고, 미세한 것보다 더 잘 드러나는 것은 없다.[莫見乎隱 莫顯乎微]"고 말한 것이다.

그러나 이는 반드시 존양을 한 군자로서 비로소 아는 경우니, 평범한 사람은 뒤의 생각이 앞의 생각보다 밝으며, 이런 군자는 처음의 기미가 나중의 기미보다 빠르다. 그 분수와 국량이 같지 않은 것에 실로 그러한 점이 있다. 이런 점을 알면, 정자(程子)의 말은 단장취의하여 소인의 사심(邪心)을 비유한 것이지, 성학(聖學)의 대의가 아님이 더욱 명백해진다.(若謂顯見在人 直載不上二莫字 卽無論悠悠之心眼 雖有知人之鑒者 亦但因其人之素志而決之 若淵魚之察 固謂不祥 而能察者又幾人也 須是到下梢頭 皂白分明 方見十分顯見 螳蜋捕蟬之殺機 聞而不覺者衆矣 小人閒居爲不善 須無所不至 君子方解見其肺肝 不然 亦不可逆而億之 唯夫在己之自知者 則當念之已成 事之已起 只一頭趁着做去 直爾不覺 雖善惡之分明者未嘗卽昧 (爲是君子故) 而中閒千條萬緒 儘有可以自恕之方 而不及初幾之明察者多矣 故曰莫見乎隱 莫顯乎微也 然必存養之君子而始知者 則以庸人後念明於前念 而君子則初幾捷於後幾 其分量之不同 實有然者 知此 則程子之言 蓋斷章立義 以警小人之邪心 而非聖學之大義 益明矣)

14

　제1장 제1절의 3개 '지위(之謂)'¹⁵⁴⁾와 제4절의 2개 '위지(謂之)'¹⁵⁵⁾는 단락을 나눈 것이 분명하다. 『중용장구』의 주에 "처음에는 도의 본원을 말하고……[首言¹⁵⁶⁾道之本原……]"라고 한 단락은, 이 첫 장을 3단락으로 나누어 본 것이다.¹⁵⁷⁾ 그러나 그렇게 보면 문장의 뜻에 맞지 않으며, "희로애락이 아직 발하지 않았을 때를……[喜怒哀樂之未發……]"이라는 4구(句)도 중복됨을 면치 못한다. 『중용혹문』에는 '도야자(道也者)' 아래의 2절에 보이는 하나의 '고(故)' 자를 두고 "어세(語勢)가 저절로 창화(唱和)한다."¹⁵⁸⁾고 하였으니, 이는 분명 '도야자' 이하 2구를 나누어 고요한 가운데 천리가 유행하는 것으로 삼은 것이다. 『중용장구』의 주에는 제1장 제4절을 주해하면서 이발(已發)·미발(未發)을 다시 통합하여 "도란 벗어날 수 없는 것이라는 뜻을 밝힌 것이다.[以明道不可離之意]"라고 하였으니, 이는 잘못이다.

　주자의 뜻을 연역해 보면 다음과 같다. "본디 존양 공부는 동(動)·정(靜)에 틈이 없고, 성찰 공부는 움직일 때[動] 더욱 더해야 한다. 도

---

154) '지위(之謂)' : 『중용장구』 제1장 제1절의 "天命之謂性 率性之謂道 修道之謂敎"의 지위(之謂)를 가리킨다.

155) '위지(謂之)' : 『중용장구』 제1장 제4절의 "喜怒哀樂之未發謂之中 發而皆中節 謂之和"의 위지(謂之)를 가리킨다.

156) 言 : 『중용장구』에는 '명(明)'으로 되어 있다.

157) 『중용장구』……것이다 : 『중용장구』 말미의 주에 "首明道之本原 出於天而不可易 其實體備於己而不可離 次言存養省察之要 終言聖神功化之極"이라고 한 것을 말한다. 주자는 이 문장에 보이는 것처럼, 제1장의 내용을 세 가지로 나누어 보았다.

158) 어세(語勢)가…창화(唱和)한다 : 이 문구는 『중용혹문』 제1장 제2절 해석 중 "曰子又安知不睹不聞之不爲獨乎"라고 한 단락의 뒷부분에 보인다.

의 유행은 동·정에 관계없이 벗어날 수도 있기 때문에 숨어 있거나 미세한 것을 깨닫게 되면 더욱 드러나고 나타나게 된다. 그러므로 '도란 벗어날 수 없는 것이다.[道也者 不可須臾離也]'라고 말한 것이다. 나뉘기도 하고 합하기도 하면서 함께 유행하여 어긋나지 않을 수 있으면, 미세한 말이 장애가 될 수 있을지라도 대의는 저절로 통하게 된다." 그러나 『중용』에 '벗어날 수 없다.[不可離]'고 한 것은 서로 더불어 보존한다는 뜻이다. 움직임을 한번 타게 되면 확충하고 발현하는 공이 반드시 있어 벗어나지 않을 뿐만이 아니다. 만약 동·정을 갖추어 벗어나지 않는 데에 한결같게 되면, 불교에서 "행하고 머물고 앉고 누워 있을[行住坐臥] 어느 때든지 벗어나지 않는다."라고 하는 말과 같을 것이다. 우리 마음의 큰 쓰임[吾心之大用]을 폐지하는 것으로써 궁구하면, 도의 전체 또한 허망하게 된다. 이 경우 대의에 손상이 없을 수 없다. 그러므로 『중용혹문』에서는 뒤의 2절[159]에 대해, 다시 '도란 벗어날 수 없는 것이다.'라는 설에 미치지 않았다. 『중용장구』에서는 "……로써……밝혔다.[以明]"라고 말하고, "〈도는 벗어날 수 없다〉는 뜻을[道不可離之意]"이라고 하였으니, 이는 이것과 저것을 상호 증명하는 말이다. 따라서 '성정지덕(性情之德)'을 곧바로 '차언(此言)'이라고 말한 것과 저절로 구별된다.[160] 주자는 이에 대해, '아래에 생동하는 지름길[活徑]이 저절로 있다.'고 말하겠지만, 끝내 『중용혹문』의 설이 분명한 것만 못하다.

　　이 1장은 확연히 2단락으로 나뉘며 조리가 저절로 드러나니, 『중

---

159) 뒤의 2절 : 『중용장구』 제1장 제3절과 제4절을 말한다.

160) 『중용장구』에서는……구별된다 : 『중용장구』 제1장 제4절의 주에 "此 言性情之德 以明道不可離之意"라고 한 구절에서 진하게 표시된 글자를 분변한 말이다.

용』 전체의 뜻에 비추어보면 합치되지 않는 것이 없다. 그러므로 '도란 벗어날 수 없는 것이다.[道不可離]'라는 말로 관건을 삼을 필요는 없다.─제12장 이하도 그렇다.─ '천명지위성(天命之謂性)' 이하 3구는 큰 근원으로부터 말해 사람의 몸에 이른 것이며, '희로애락지미발(喜怒哀樂之未發)' 이하 2구는 인심이 한 번 고요하고 한 번 움직이는 것으로부터 말해 본원에 이른 것이다. 천명(天命)·솔성(率性)·수도(修道)를 말미암아 가르침[敎]이 있게 되니, 군자의 본체는 중용이지, 가르침의 자취를 따르기만 할 수는 없다. 반드시 한 차례 움직이고 한 차례 고요한 것이 교차할 적에 본체의 도를 간직해 본성을 극진히 해서 천명에 이른다. 희로애락이 아직 발하지 않았을 때는 중(中)이고, 발하여 절도에 맞게 되면 화(和)다. 천하의 대본(大本)과 달도(達道)가 여기에 나아가 존재하니, 군자가 존양하고 성찰하여 중화(中和)를 이룩하는 것이지, 이를 벗어나 '천지가 제자리를 잡고 만물이 길러지는[天地位焉 萬物育焉]' 공을 이룩하는 것은 아니다. 이 2단락의 문자는 상호 호응하며 각각 본말이 있으니, 참으로 문란하게 할 수 없다.

뒷장에 "성(誠)은 하늘의 도고, 성되게 하는 것은 사람의 도다.[誠者 天之道也 誠之者 人之道也]"[161]라고 하였다. 하늘의 도는 성(誠)이다. 그러므로 사람의 도는 자신을 성하게 하는[誠之] 것이다. 그리하여 선을 택해 굳게 지키는 공부가 거기에서 일어나는 것이다. 공부는 반드시 이치와 부합되어야 하니, 앞 단락[162]의 뜻이다. 그리고 "성(誠)은 〈만물이〉 자신을 완성하는 〈원리이고〉 도(道)는 〈인간이〉 스

161) 성(誠)은……도다 : 이 문구는 『중용장구』 제20장에 보인다.

162) 앞 단락 : 『중용장구』 제1장 제1절부터 제3절까지를 말한다.

스로 행하는 길이다. 성(誠)은 만물의 처음과 끝이다.[誠者自成也 而
道自道也 誠者 物之終始]"163)라고 하였으니, 자신을 완성하는 원리와
스스로 행하는 길을 벗어나지 않고서 성(誠)의 도가 존재하며─하늘이
사람 안에 있는 것이다.─ 만물의 처음과 끝을 벗어나지 않고서 성(誠)의 이
치가 드러난다. 그리하여 인(仁)·지(智)의 조처도 이로써 모두 그때
그때 알맞게 되는 것이다.164) 사람이 능히 할 수 있는 것을 극진히 하
여─자신을 이룩하고 남을 이루어주는 것이다.[成己成物]─ 본성과 합치되게 하면, 공
부는 반드시 공효와 어긋나지 않으니, 뒤 단락165)의 뜻과 마찬가지다.
이로써 "성하면 밝아지고, 밝아지면 성해질 수 있다.[誠則明矣 明則誠
矣]"166)라고 한 문구를 미루어보면, 천(天)에 근본을 하여 지성(至誠)
을 말하고, 인도(人道)를 미루어 천도(天道)에 합하게 하였으니, 이
2단락의 한 번은 순응하고[順] 한 번은 역류하는[逆] 이치를 벗어나
지 않는다. 그러니 양씨(楊氏)167)가 "〈'천명지위성(天命之謂性)'부터
'만물육언(萬物育焉)'까지는〉『중용』한 편의 체요(體要)이다."168)라

---

163) 성(誠)은……끝이다 : 이 문구는『중용장구』제25장에 보인다.

164) 인(仁)……것이다 : 이 문구는『중용장구』제25장에 "誠者 非自成己而已也 所以
成物也 成己 仁也 成物 知(智)也 性之德也 合內外之道也 故時措之宜也"라고 한 것에
근거해 말한 것이다.

165) 뒤 단락 :『중용장구』제1장 제4절과 제5절을 가리킨다.

166) 성하면……있다 : 이 문구는『중용장구』제21장에 보인다.

167) 양씨(楊氏) : 송나라 때 학자 양시(楊時 1053-1135)를 말한다. 자는 중립(中立),
호는 구산(龜山), 시호는 문정(文靖)이며, 복건성 남건(南劍) 장락(將樂) 사람이다. 이
정(二程)에게 수학하였으며, 사량좌(謝良佐)·유작(游酢)·여대림(呂大臨)과 함께 정
문사선생(程門四先生)으로 불렸다. 저술로『삼경의변(三經義辨)』·『이정수언(二程粹
言)』·구산어록(龜山語錄)』등이 있다.

168) '천명지위성(天命之謂性)'부터……체요(體要)이다 : 이 문구는 진덕수(眞德秀)
가 편찬한『중용집편(中庸集編)』제1장 소주 말미에 보이며,『중용장구대전』에는 빠져

고 한 뜻이 여기에서 이미 나타난다.

제1장 앞의 세 마디 말[169]에 모두 '지위(之謂)'라고 하였으니, 천명은 크고 성(性)은 작으며, ─천명은 사람과 생물을 통합하기 때문에 크고, 성(性)은 자기 한 몸에 있기 때문에 작다.─ 솔성(率性)은 허하고 도(道)는 실하며, 수도(修道)는 깊고 교(敎)는 얕다. 그러므로 먼저 그 점을 지적하고 뒤에 그것을 증명한 것이다. 천명이 그치지 않는 것으로 자기의 본성을 삼아 소유하며, 그 본성을 따른 뒤에 도가 나타나며, 도를 닦을 적에 그 본체와 작용을 겸하여 닦아야 가르침을 쓸 수 있다. 그러므로 그 말을 급하게 하는 것을 용납하지 않아 치우치거나[偏] 집착함[執]이 없게 한 것이다. ─명(命)이 곧 성(性)이라고 하면 치우친 것이고, 도(道)가 곧 성(性)이라고 하면 집착한 것이다.─ 그러나 실제로는 군자가 당연한 공부로써 자연의 이치에 응하는 것이 절실히 서로 만나 느슨하지 않다. ─그러므로 아래 2개의 '고(故)' 자[170]는 급한 말이 된다.─

뒤에 두 번 '위지(謂之)'[171]라고 말한 것은, 4가지 정(情)[172]이 발하지 않았을 때와 발한 뒤의 경우를 가지고 가까이 자기 자신에게서 취해 도의 큰 근원에 합하게 한 것이니, 여기서 말한 것을 연역해 들어가 저기에서 그 점을 증명한 것이다. 온전하여 발하지 않을 적에는 중(中)이 있고, 찬란하게 발하여 절도에 맞게 되어서는 화(和)가 있다. 그러므로 그 말을 느슨하게 함을 용납하지 않아 의심하고 기다리

있다.

169) 세 마디 말 : 『중용장구』 제1장 제1절의 3구를 가리킨다.

170) 2개의……자 : 『중용장구』 제1장 제2절과 제3절에 보이는 '고(故)' 자를 말한다.

171) 두……'위지(謂之)' : 『중용장구』 제1장 제4절에 보이는 '위지중(謂之中)'·'위지화(謂之和)'의 위지(謂之)를 가리킨다.

172) 4가지……정(情) : 희(喜)·노(怒)·애(愛)·락(樂)을 말한다.

는 바가 없게 하였다. 그러나 실제로는 중(中)에서 대본(大本)을 세우고, 화(和)에서 달도(達道)를 행하는 것이다. 그것을 이룩하는 공부 또한 점진적으로 나아가는 것이지, 급하게 할 수 있는 것이 아니다.─ '치(致)'는 점진적으로 이룩하는 것이다. 그러므로 『중용장구』의 주에 '계구(戒懼)로부터……[自戒懼……]'[173]라고 한 것은 느슨한 말이다.─ 공부는 느슨하게 할 수 없지만 공효는 빨리 이룩할 수 없으며, 천명은 믿을 수 없지만 자신은 능력을 이룩함이 있음을 모두 여기에서 볼 수 있다.

앞 단락은 천명을 미루어 근원하였고, 뒤 단락은 성(性)·도(道)를 말하고서 천명에는 미치지 않았다. 앞 단락에서는 교(敎)를 말하였지만, 뒤 단락에서는 도를 닦은 공부[174]에 미치지 않았으니, 사람을 말미암아 하늘에 합하는 이치를 소급해 말한 것이다. 사람에게 있는 하늘─성(性)이다.─을 논해야지, 인생(人生) 이상의 것에서 그것을 찾을 필요는 없다. 따라서 앞의 하늘에 근본을 하여 사람을 다스리는 점을 논한 것과는 같지 않다. 교(敎)의 경우, '중화를 이룩하는[致中和]' 것은 도를 닦은 공부를 말미암아 고요하면 존양하고 움직이면 성찰해야 하니, 앞에서 상세히 말했기 때문에 군더더기 말을 할 필요가 없다.─ 『중용장구』의 주에 이를 위해 보충 설명한[175] 것이 매우 타당하다.─

뒤 단락에 공효를 말하면서 앞의 것을 언급하지 않은 것은, 사람이

---

173) 계구(戒懼)로부터…… : 『중용장구』 제1장 제5절의 주에 보인다.

174) 도를……공부 : 교(敎)를 가리키는 것으로, '수도지위교(修道之謂敎)'를 풀어서 말한 것이다.

175) 『중용장구』……설명한 : 『중용장구』 제1장 제5절 말미에 "蓋天地萬物本吾一體 吾之心正 則天地之心 亦正矣 吾之氣順 則天地之氣 亦順矣 故其效驗至於如此 此學問之極功 聖人之能事 初非有待於外 而修道之敎 亦在其中矣 是其一體一用 雖有動靜之殊 然必其體立而後用有以行 則其實亦非有兩事也"라고 한 것을 가리키는 듯하다.

도(道)·교(敎)를 갖추고 하늘에서 성(性)을 받으니, 또한 공경히 받 드는 것이 미치지 못할까 두려워할 뿐, 급히 공효를 말하여 군자의 계 신공구(戒愼恐懼)하고 신독(愼獨)하고 전전긍긍하는 마음을 잃어서 는 부당하기 때문이다. 그러므로 중(中)·화(和)를 말하는 데에서 별 도로 단서를 열어 천지가 제자리를 잡고 만물이 길러지는 공효를 밝 힌 것이다. 이는 그 이치가 응당 있는 바이지, 군자가 이를 통해 존양 하고 성찰하는 것은 아니다. 아! 그 뜻이 정밀하구나.

하늘을 끌어다 사람을 다스리는 것으로 높이 거론하여 공부를 소략 하게 할 수 없다는 점을 알게 하고, 사람을 미루어 하늘에 합하는 것 으로 절실히 말하여 이치가 혹시라도 어긋나지 말도록 하는 점을 드 러냈다. 그러니 중용의 덕은 그 유래한 바가 사람이 반드시 극진히 해 야 할 도가 되고, 중용의 도는 그 증험한 것이 하늘이 어기지 않는 바 의 덕이 된다. 『중용』 한 편의 뜻이 여기에서 극진해진다. 그러므로 『중용혹문』에서 두 단락으로 대략 구분한 것이 『중용장구』의 주에서 하나의 머리에 두 개의 다리로 해석한 것보다 더 정밀하다.(首章三個 之謂 第四節兩個謂之 是明分支節處 章句首言道之本原一段 分此章 作三截 固於文義不協 而喜怒哀樂四句 亦犯重複 或問既以道也者兩 節各一故字爲語勢自相唱和 明分道也者二句作靜中天理之流行 章句 於第四節復統已發未發而云 以明道不可離之意 亦是滲漏 繹朱子之 意 本以存養之功無間於動靜 而省察則尤於動加功 本緣道之流行無 靜無動而或離 而隱微已覺則尤爲顯見 故道不可離之云 或分或合 可 以並行而不悖 則微言雖礙 而大義自通 然不可離者 相與存之義也 若 一乘乎動 則必且有擴充發見之功 而不但不離矣 倘該動靜而一於不 離 則將與佛氏所云行住坐臥不離者個者同 究以廢吾心之大用 而道 之全體亦妄矣 此既於大義不能無損 故或問於後二節 不復更及不可

離之說 而章句言以明言之意 亦彼此互證之詞 與性情之德直云此言者自別 朱子於此 言下自有活徑 特終不如或問之爲直截耳 者一章書顯分兩段 條理自著 以參之中庸全篇 無不合者 故不須以道不可離爲關鎖 (十二章以下亦然) 天命之謂性三句 是從大原頭處說到當人身上來 喜怒哀樂之未發二句 是從人心一靜一動上說到本原去 唯緣天命率性修道以有敎 則君子之體夫中庸也 不得但循敎之迹 而必於一動一靜之交 體道之藏 而盡性以至於命 唯喜怒哀樂之未發者卽中 發而中節者卽和 而天下之大本達道卽此而在 則君子之存養省察以致夫中和也 不外此而成天地位育萬物之功 是兩段文字 自相唱和 各有原委 固然其不可紊矣 後章所云誠者天之道也 誠之者人之道也 天道誠 故人道誠之 而擇善固執之功起焉 功必與理而相符 卽前段之旨也 其云誠者自成也 而道自道也 誠者物之終始 不外自成自道而誠道在 (天在人中) 不外物之終始而誠理著 而仁知之措 以此咸宜焉 盡人之能 (成己成物) 而固與性合撰 功必與效而不爽 一後段之旨也 以此推夫誠則明矣 明則誠矣 本天以言至誠 推人道以合天道 要不外此二段一順一逆之理 而楊氏所謂一篇之體要 於此已見 若前三言而曰之謂 則以天命大而性小 (統人物故大 在一己故小) 率性虛而道實 修道深而敎淺 故先指之而後證之 以天命不止爲己性而有 率性而後道現 修道兼修其體用而敎唯用 故不容不緩其詞 而無俾偏執 (謂命卽性則偏 謂道卽性則執) 實則君子之以當然之功應自然之理者 切相當而非緩也 (故下二故字爲急詞) 後兩言曰謂之者 則以四情之未發與其已發 近取之己而卽合乎道之大原 則繹此所謂而隨以證之於彼 渾然未發而中在 粲然中節而和在 故不容不急其詞 而無所疑待 實則於中而立大本 於和而行達道 致之之功亦有漸焉 而弗能急也 (致者漸致 故章句云自戒懼云云 緩詞也) 功不可緩而效無速致 天不可恃而己有成能 俱於此見矣 乃前段推原天命 後段言

性道而不及命 前段言教 而後段不及修道之功 則以溯言繇人合天之
理 但當論在人之天 (性) 而不必索之人生以上 與前之論本天治人者不
同 若夫教 則致中和者 固必繇乎修道之功 而靜存動察 前已詳言 不必
贅也 (章句爲補出之 甚當) 若後段言效而前不及者 則以人備道教 而受性
於天 亦懼祗承之不逮 而不當急言效 以失君子戒懼愼獨兢惕之心 故
必別開端緒於中和之謂 以明位育之功 乃其理之所應有 而非君子之
緣此而存養省察也 嗚呼 密矣 要以援天治人爲高擧之 以責功之不可
略 推人合天爲切言之 以彰理之勿或爽 則中庸之德 其所自來 爲人必
盡之道 而中庸之道 其所徵著 爲天所不違之德 一篇之旨 盡於此矣 故
知或問之略分兩支 密於章句一頭雙脚之解也)

15

"희로애락이 아직 발하지 않은 것을 중이라 한다.[喜怒哀樂之未發
謂之中]"[176]는 말은, 유학자들이 뚫고 들어가기 제일 어려운 관문이
다. 이에 대해 개인적인 지혜를 가지고 찾아서도 안 되고, 앞 시대 사
람들의 한 마디 말을 가지고 '그것이 그렇다'고 말하면서 거짓 편안한
척해도 안 된다.

지금 큰 학자들의 말을 살펴보면, 같은 것도 있고 다른 것도 있어서
한결같지 않다. 그들의 설 중에 반드시 따를 수 없는 것은, 아직 기쁘

---

176) 희로애락이……한다 : 이 문구는 『중용장구』 제1장 제4절에 보인다.

지 않고 노하지 않고 슬프지 않고 즐겁지 아니하였을 때를 곧바로 중(中)이라고 하는 것이다. 기쁨·노함·슬픔·즐거움이 발하는 것은 반드시 기쁠 만하고 노할 만하고 슬플 만하고 즐거울 만함을 인하는 것이다. 사람이 하루 사이에 기뻐할 만하고 즐거워할 만함이 없거나 슬퍼할 만하고 노할 만함이 없는 지경을 만나 그로 인해 기뻐하지 않고 노하지 않고 슬퍼하지 않고 즐거워하지 않는 경우가 많다. 그런데 이런 경우를 모두 중(中)이라고 하겠는가?

이 점에 대해, 혹자는 "이 때를 당해서는 선이 있지 않지만 악도 없다. 그러니 치우치지 않고 의지하지 않는데, 어찌 중(中)이라고 할 수 없겠는가? 그렇다면 모든 축적된 것을 크게 쓰는 데 있어서는 천하의 어떤 사고나 어떤 고려도 곧 도체(道體)다."라고 주장한다.

중(中)은 치우치지 않고[不偏] 의지하지 않는[不倚] 것으로 말한 것이다. 그런데 지금 "〈중은〉 악이 되지 않을 뿐이고, 참으로 치우치거나 의지함이 없는 것이다."라고 한다면, 치우치거나 의지하는 것이 된다고 일컬을 수는 없지만, 무엇에 근거하여 치우치지 않거나 의지하지 않는다고 하겠는가? 어느 한 집안이 텅 비어 아무 물건도 없다고 가정해 보자. 물건이 없기 때문에 치우치거나 의지하는 것도 없다. 이미 물건이 없으니, 치우치지 않는 것이 무엇이고 의지하지 않는 것이 무엇이겠는가? 마땅 한 가운데에 하나의 물건을 둔 뒤에야 동쪽이나 서쪽으로 치우치지 않았다고 말할 수 있으며, 기둥이나 벽에 의지하지 않았다고 말할 수 있을 것이다. 이런 점을 살피면, 악을 없게 하는 것일 뿐이지 참으로 선은 없는 것이며, 치우치지 않게 할 뿐이지 참으로 치우치지 않음은 없는 것이며, 의지하지 않게 할 뿐이지 참으로 의지하지 않음은 없는 것이다. 따라서 그것이 중(中)이 된다고 말할 수 없는 것이 분명하다. 이 점이 바로 정자(程子)가 "중(中)은 안에 있다

[在中]는 뜻이다."¹⁷⁷⁾라고 한 설과 임택지(林擇之)¹⁷⁸⁾가 "정자가 '안에 있다는 뜻이다'라고 한 것은 이면의 도리다."¹⁷⁹⁾라고 한 말은, 실상이 있어 허튼소리가 되지 않으니, 모두 참되게 알고 실천한 말이다.

정자가 '중(中)은 안에 있다는 뜻이다.'라고 한 것과 임택지가 '그 것은 이면의 도리다.'라고 한 설은 생동감 있는 말이다. 이런 해석이 '중(中)' 자를 가리키기는 하지만, 이 '중' 자의 뜻을 바르게 해석한 것은 아니다. 정자가 '안에 있다[在中]'고 말한 것은 '밖에 있다[在外]'는 것과 상대적으로 말한 것이며, 임택지가 '이면(裏面)'이라고 한 것은 '겉[表]'과 상대적으로 말한 것이다. 이 문구 위에 '희로애락이 아직 발하지 아니한[喜怒哀樂之未發]'이라고 한 것을 따라 '한 생각도 일어나지 않는 상태'를 말하는 것이 아니라면, 분명히 하나의 희로애락이 있는데 아직 발하지 않은 것일 뿐이다. 뒤의 발하는 것은 모두 안에 온전히 갖추어져 있어 결함이 없다. 그러므로 '안에 있다'고 말한 것이다. 곧 정자가 '안에 있다'고 말한 것은 희로애락이 아직 발하지 않은 것을 말한 것이니, '중이라고 한다.[謂之中]'는 것을 해석하는 데에는 미치지 않은 것이다. 자사(子思)의 본지는, 이 안에 있는 것을 '중이라고 한다.[謂之中]'고 말한 것이다.

주자는 이 장에서 말하는 중(中)과 시중(時中)의 중(中)을 달리 해석하였는데, 남들이 보느냐 보지 않느냐 하는 점에 나아가 말하였다.

---

177) 중(中)은……뜻이다 : 『중용장구대전』 제1장 제4절 소주 주자의 설에 보인다.

178) 임택지(林擇之) : 주자의 문인 임용중(林用中)을 말한다. 자는 택지(擇之)·경중 (敬仲), 호는 동병(東屛)·초당(草堂)이며, 복건성 복주(福州) 고전현(古田縣) 사람이다. 저술로 『초당집(草堂集)』이 있다.

179) 정자가……도리다 : 『중용장구대전』 제1장 제4절 소주 주자의 설에 보인다.

그때그때 알맞게 하여[時中] 몸으로 드러내는 경우는, 남들이 그의 과·불급이 없음을 볼 수 있다. 그러나 희로애락이 발하지 않은 중은 본체가 안에 있어 드러나지 않은 것이니, 자기만이 그것이 치우치지 않고 의지하지 않음을 깨달을 뿐, 천하 사람들은 그것을 보지 못한다. 희로애락이 발하지 아니한 중은 성(誠)이니, 실제로 성을 가지고 있어 망동하지 않는다. 그때그때 알맞게 하는 중(中)은 나타나는[形] 것이니, 성하면 나타나는데 실제로 가지고 있는 것이 드러나는 바를 따라 본체가 된다.

실제로는 이른바 중(中)이라는 것은 하나일 뿐이다. 성(誠)하면 나타나니, 나타나서 그 성함을 드러내는 것이다. 그러므로 '치우치지 않으며 의지하지 않는다.[不偏不倚]'고 한 것은, 기쁨[喜]에 치우치거나 의지하여 노함[怒]·슬픔[哀]·즐거움[樂]을 잃는 것이 아니고, 또한 기쁨에 치우치거나 의지하여 도리어 기쁨을 잃는 것도 아니며, 또한 기쁨이 있지 아니할 적에 치우치거나 의지하여 기쁨을 잃는 것도 아니다. ─나머지 세 정(情)[180]도 그렇다.─ 이는 이미 발한[已發] 뒤의 절도니, 아직 발하지 않은[未發] 상태의 중은 아직 발하지 않은 것일 뿐이다. 그러므로 그것을 일컬을 수 없는 것이 절도[節]가 된다. 대체로 우리 본성 가운데는 반드시 기뻐하고 노하고 슬퍼하고 즐거워하는 이치가 있어서 건순(健順)·오상(五常)의 능함을 본받아 정(情)이 생겨나는 바가 된다. 그렇다면 온전히 안에 있는 것이 이 세상에 충만하여 한 절도의 작용에만 제공될 뿐만이 아니니, 이 때문에 중(中)이라고 하는 것이다.

---

180) 세 정(情): 노(怒)·애(哀)·락(樂)을 가리킨다.

하늘에 있는 것으로써 말하면 중(中)은 리(理)가 되니, 온 세상에 유행하여 있지 않은 곳이 없다. 사람에 있는 것으로써 말하면 평범한 사람들은 사물과 교감하여 이끌려 가기 전에 그 마음을 잃어버리고, 이단의 설은 한 생각도 일어나지 않는 지경에서 그 마음을 조처하니, 사람들이 이 중(中)을 잃은 지 오래되었다. 그러므로 연평(延平)[181]이 스스로 학문을 하고 교육을 한 것들이 모두 〈희로애락이〉 발하기 전에 이른바 중(中)이라고 한 것을 체험하는 것이었으니, 곧 그가 마음으로 터득한 것인데 그것을 명명하여 말하면 '본성은 선하다.[性善]'고 말하는 데 불과할 따름이다. 선(善)은 중(中)의 실체이고, 성(性)은 아직 발하지 않은 상태에 간직된 것이다.

연평은 하루 종일 꼿꼿하게 앉아 그것을 체험하였으니, 그가 힘을 쓸 적에 마음을 전일하게 하고 의지를 극진히 하여 본성으로 한 바의 선을 구한 것이다. 그는 고요함을 전일하게 하여 이와 같은 점이 있었던 것이지, 꼿꼿하게 하루 종일 앉아 한 생각도 일으키지 않는 것으로 자신의 중(中)을 보존할 수 있다고 생각한 것은 아니다. 대체로 '미발(未發)'이라고 한 것은, 희로애락이 발하여 증험할 만한 말·행동·소리·용모에 아직 이르지 않은 것이다. 바야흐로 기뻐할 적에는 노하고 슬퍼하고 즐거워하는 것이 발하지 않게 되며, 바야흐로 노하거나 슬퍼하거나 즐거워할 적에는 기뻐하는 것이 발하지 않는다. 그렇다면 움직임에 이를 즈음에 참으로 고요할 때 보존한 것이 넉넉히 있는 것

---

181) 연평(延平) : 송나라 때 학자 이통(李侗 1093-1163)을 말한다. 자는 원중(願中), 호는 연평, 시호는 문정(文靖)이며, 복건성 남검주(南劍州) 사람이다. 나종언(羅從彦)에게 이정(二程)의 학문을 배워 주자에게 전해주는 교량적 역할을 하였다. 저술로 주자가 편찬한 『이연평집(李延平集)』이 있다.

이다. 성현의 학문은 이 점에 대해 도리어 지극히 명백하고 알기 쉬우니, 시든 나무나 타고 남은 재가 한 때 반드시 고요한 것과 같은 시간은 없다.

안에 있으면 중(中)이라 하고, 밖에 나타나면 화(和)라 한다. 안에 있으면 선(善)이라 하고—연평(延平)이 말한 것이다.[182]— 밖에 나타나면 절(節)이라 한다. 중은 발하지 않은 상태이지만, 발하여 절도에 맞았을 때를 갖추고 꿰뚫고 있으니, 희로애락이 그것을 얻어서 떳떳함을 삼지 않을 수 없다. 이와 같지 않다면, 이미 발한 것은 또한 절도를 얻어 중도에 맞게 할 길이 없다. 그러므로 천하의 도를 내면에 갖추어 그것의 근본을 삼으니, 사람이 희로애락의 네 경계에 접하지 않아 이 네 가지 정(情)이 말·행동·소리·용모에 아직 나타나지 않았을 때에도 그것은 존재한다. 『중용혹문』에 "우리 마음에서 벗어나지 않는다."[183] 라고 한 것은 이 때문이다.

또한 이 중(中)은 평범한 사람이 그 마음을 놓아버려 있는 줄 모르면 잃어버렸다고 말하겠지만, 절도에 맞게 하는 자가 이 중도를 체득함이 있으면 아래로 지극히 어리석거나 불초한 사람 및 위로 어질고 지혜로움이 지나친 자에게까지 미쳐, 그 마음을 크게 얻음이 있다. 그것을 세우는 데 근본이 있음을 알면—이단은 공(空)으로 근본을 삼으니, 끝내 그것을 잃게 된다. 그러나 이단으로부터 도망쳐 우리 유가로 돌아온다면 자연히 그대로 있게 된다.—

---

182) 연평(延平)이……것이다 : 이연평(李延平)의 설은 『중용장구대전』 제1장 제4절의 소주에 보이는데, 그 전문은 다음과 같다. "延平李氏曰 方其未發 是所謂中也性也 及其發而中節也 則謂之和 其不中節也 則有不和矣 和不和之異 皆旣發焉而後見之 是情也 非性也 孟子故曰性善 又曰情可以爲善 其說出於子思"

183) 우리……않는다 : 이 문구는 『중용혹문』 "或問喜怒哀樂之未發謂之中……"의 첫 머리에 보인다.

인심이 모두 그러한 것은—여기서 '연(然)' 자는 '가(可)' 자의 뜻이다.— 저들도 애초 이런 자연의 법칙을 가지고 있으니, 사의(私意)·사욕(私欲) 가운데 간직되어 있더라도 잃어버리지 않는다. 군자가 기쁘게 되고 노하게 되고 슬프게 되고 즐겁게 될 적에 발하여 절도에 맞는 것은 반드시 안으로부터 말미암는 바가 있기 때문이니, 단지 발하는 데에 힘을 써서 본디 없는 능력을 더해 밖으로부터 오는 모든 것을 절도에 맞게 하는 것은 아니다. 그렇다면 분명 개개인의 아직 발하지 않은 지경도 모두 이 중(中)에 있는 것이니, 군자만이 그러한 것은 아니다. 이 점이 바로 연평(延平)의 성선설(性善說)이 깊고 절실하며 분명하여 덕이 있는 사람의 말이 되는 까닭이다.

자사(子思)의 본지는 본래 도는 닦기 쉽다는 점을 말한 것이지, 그 사람이 눈앞에 나타나 도를 갖추고 있는 것을 말하려 한 것이 아니다. 정자(程子)·주자(朱子)·연평(延平)의 뜻은, 본래 중도를 보기가 쉽지 않다는 점을 말한 것이지, 군자만 유독 중도를 가지고 있고 일반 대중은 중도가 없다는 것을 말하려 한 것은 아니다. 상호 참고해 보면 함께 행하여도 어긋나지 않으니, 그 사람에게 보존되어 있을 따름이다.(喜怒哀樂之未發謂之中 是儒者第一難透底關 此不可以私智索 而亦不可執前人之一言 遂謂其然 而偲以爲安 今詳諸大儒之言 爲同爲異 蓋不一矣 其說之必不可從者 則謂但未喜未怒未哀未樂而卽謂之中也 夫喜怒哀樂之發 必因乎可喜可怒可哀可樂 乃夫人終日之閒 其値夫無可喜樂 無可哀怒之境 而因以不喜不怒不哀不樂者多矣 此其皆謂之中乎 於是或爲之說曰 只當此時 雖未有善 而亦無惡 則固不偏不倚 而亦何不可謂之中 則大用咸儲 而天下之何思何慮者 卽道體也 夫中者 以不偏不倚而言也 今日但不爲惡而已固無偏倚 則雖不可名之爲偏倚 而亦何所據以爲不偏不倚哉 如一室之中 空虛無物 以無物

故 則亦無有偏倚者 乃旣無物矣 抑將何者不偏 何者不倚耶 必眞一物
於中庭 而後可謂之不偏於東西 不倚於楹壁 審此 則但無惡而固無善
但莫之偏而固無不偏 但莫之倚而固無不倚 必不可謂之爲中 審矣 此
程子在中之說 與林擇之所云裏面底道理 其有實而不爲戲語者 皆眞
知實踐之言也 乃所云在中之義及裏面道理之說 自是活語 要以指夫
所謂中者 而非正釋此中字之義 曰在中者 對在外而言也 曰裏面者 對
表而言也 緣此文上云喜怒哀樂之未發 而非云一念不起 則明有一喜
怒哀樂 而特未發耳 後之所發者 皆全具於內而無缺 是故曰在中 乃其
曰在中者 卽喜怒哀樂未發之云 而未及釋夫謂之中也 若子思之本旨
則謂此在中者謂之中也 朱子以此所言中與時中之中 各一其解 就人
之見不見而爲言也 時中而體現 則人得見其無過不及矣 未發之中 體
在中而未現 則於己而喩其不偏不倚耳 天下固莫之見也 未發之中 誠
也 實有之而不妄也 時中之中 形也 誠則形 而實有者隨所著以爲體也
實則所謂中者一爾 誠則形 而形以形其誠也 故所謂不偏不倚者 不偏
倚夫喜而失怒哀樂 抑不偏倚夫喜而反失喜 乃抑不偏倚夫未有喜而失
喜 (餘三情亦然) 是則已發之節 卽此未發之中 特以未發 故不可名之爲
節耳 蓋吾性中固有此必喜必怒必哀必樂之理 以效健順五常之能 而
爲情之所緣生 則渾然在中者 充塞兩間 而不僅供一節之用也 斯以謂
之中也 以在天而言 則中之爲理 流行而無不在 以在人而言 則庸人之
放其心於物交未引之先 異端措其心於一念不起之域 其失此中也亦久
矣 故延平之自爲學與其爲敎 皆於未發之前 體驗所謂中者 乃其所心
得 而名言之 則亦不過曰性善而已 善者 中之實體 而性者則未發之藏
也 若延平終日危坐以體驗之 亦其用力之際 專心致志 以求吾所性之
善 其專靜有如此爾 非以危坐終日 不起一念爲可以存吾中也 蓋云未
發者 喜怒哀樂之未及乎發而有言行聲容之可徵耳 且方其喜 則爲怒

哀樂之未發 方其或怒或哀或樂 則爲善之未發 然則至動之際 固饒有
靜存者焉 聖賢學問 於此卻至明白顯易 而無有槁木死灰之一時爲必靜
之候也 在中則謂之中 見於外則謂之和 在中則謂之善 (延平所云) 見於
外則謂之節 乃此中者 於其未發而早已具徹乎中節之候 而喜怒哀樂
無不得之以爲庸 非此 則已發者亦無從得節而中之 故中該天下之道
以爲之本 而要卽夫人喜怒哀樂四境未接 四情未見於言動聲容者而卽
在焉 所以或問言不外於吾心者 以此也 抑是中也 雖云庸人放其心而
不知有則失之 乃自夫中節者之有以體夫此中 則下逮乎至愚不肖之人
以及夫賢知之過者 莫不有以大得乎其心 而知其立之有本 (唯異端以空
爲本 則竟失之 然使逃而歸儒 居然仍在) 則人心之同然者 (然 可也) 彼初未嘗
不有此自然之天則 藏於私意私欲之中而無有喪 乃君子之爲喜爲怒爲
哀爲樂 其發而中節者 必有所自中 非但用力於發以增益其所本無 而
品節皆自外來 則亦明夫夫人未發之地 皆有此中 而非但君子爲然也
此延平性善之說所以深切著明 而爲有德之言也 子思之旨 本以言道之
易修 而要非謂夫人之現前而已具足 程朱延平之旨 本以言中之不易見
而要非謂君子獨有 而衆人則無 互考參觀 並行不悖 存乎其人而已)

16

　『중용장구』의 서문에 "인심은 위태하고 도심은 미미하니, 정밀하고
전일(專一)하게 해야 진실로 그 중도를 잡을 수 있다.[人心惟危 道心
惟微 惟精惟一 允執厥中]"[184]는 4구의 말을 인용하여『중용』을 도통
(道統)이 전해진 바의 근원으로 삼고, 이어 "천명(天命)·솔성(率性)

은 도심(道心)을 말한 것이다."라고 하였다. 그렇다면 이른바 중(中)이란 곧 도심이다. 그리고 이른바 희로애락이란 정(情)이다. 연평(延平)은 "정(情)도 선이 될 수 있다."[185]고 하였다. 정이 선이 될 수 있다면 정은 불선도 될 수 있으니, 이것이 이른바 위태로운 인심(人心)이라고 한 것이다. 『중용』 본문에는 인(仁)·의(義)·예(禮)·지(智)가 발하지 않은 것을 말하지 않고 희로애락을 말하였으니, 이 점은 의심이 없을 수 없다.

주자는 이를 위해 "각각 근본을 한 바가 있다.[各有攸當]"[186]는 4자를 덧붙였으니, 이는 긴요한 말이다. 희로애락은 인심(人心)일 뿐 인욕(人欲)은 아니다. "각각 근본을 한 바가 있다."는 말은 인·의·예·지로써 그 본체를 삼았다는 것이다. 인·의·예·지는 반드시 희로애락에서 그 실체를 드러낸다. 본성 가운데 이 인·의·예·지가 있어 그 근본을 삼기 때문에 근본을 한 바를 만나면 4정(情)이 생겨난다. 그런데 그 4정이 생기는 것은 각각 그 함량(含量)과 같이 처음부터 끝까지 일치한다.

정(情)이 낮은 데로 흘러 근본을 한 바가 아닌 데에서 발하게 되면, 참으로 위태롭고 불안하여 대체[大段]가 마음대로 할 수 없게 된다.

---

184) 인심은……있다 : 이 문구는 본래 『서경』 「대우모」에 보인다.

185) 정(情)도……있다 : 이 문구는 『중용장구대전』 제1장 제4절의 소주 "延平李氏曰……"에 보인다.

186) 각각……있다 : 이 문구는 『중용혹문』 제1장 제4절의 해석에 보이는데, 그 대목의 원문은 다음과 같다. "蓋天命之性 萬理具焉 喜怒哀樂 各有攸當 方其未發 渾然在中 無所偏倚 故謂之中 及其發而皆得其當 無所乖戾 故謂之和" 『중용혹문』에는 이 구절의 2개 '당(當)' 자를 모두 거성(去聲)으로 읽으라고 간주(間註)로 표기해 놓았다. '당(當)' 자를 거성으로 읽으면, 이것·저것을 가리키는 대명사거나 물건의 밑바탕을 가리키는 뜻이 된다. 여기서는 '밑바탕'의 의미로 보아 '근본을 하다'는 뜻으로 해석하였다.

그것이 아직 발하지 아니하였을 때에는 희로애락의 이치가 없기 때문에 사물을 따라 생각이 옮겨가 지나치기[過]도 하고 미치지 못하기[不及]도 하여 그의 함량과 같을 수 없다. 그 뒤에 이르러 주색을 탐하고 즐기는 것이 있게 되면, 향후 노엽고 슬픈 허다한 감정이 일어나게 된다. 그러므로 즐거움이 극에 달하면 슬픔이 생긴다는 말이 있는 것이다. 근본이 없기 때문에, 처음과 끝이 일치하지 않고 정(情)도 그의 실정이 아닌 것이다.

성(性)이 정(情)을 낳고, 정은 그로써 성을 드러낸다. 그러므로 인심(人心)은 원래 도심(道心)에 근본을 한 작용이다. 도심 안에 인심이 있는 것이지, 인심 안에 도심이 있는 것이 아니다. 그러니 희로애락은 인심이고, 그것이 발하지 않았을 때는 이 네 가지 정의 근본을 가지고 있을지라도 실제로는 도심이 된다.(序引人心惟危四語 爲中庸道統之所自傳 而曰天命率性 則道心之謂也 然則此所謂中者卽道心矣 乃喜怒哀樂 情也 延平曰 情可以爲善 可以爲善 則抑可以爲不善 是所謂惟危之人心也 而本文不言仁義禮知之未發 而云喜怒哀樂 此固不能無疑 朱子爲貼出各有攸當四字 是喫緊語 喜怒哀樂 只是人心 不是人欲 各有攸當者 仁義禮知以爲之體也 仁義禮知 亦必於喜怒哀樂顯之 性中有此仁義禮知以爲之本 故遇其攸當 而四情以生 乃其所生者 必各如其量 而終始一致 若夫情之下游 於非其所攸當者而亦發焉 則固危殆不安 大段不得自在 亦緣他未發時 無喜怒哀樂之理 所以隨物意移 或過或不及 而不能如其量 迨其後 有如耽樂酒色者 向後生出許多怒哀之情來 故有樂極悲生之類者 唯無根故 則終始異致 而情亦非其情也 惟性生情 情以顯性 故人心原以資道心之用 道心之中有人心 非人心之中有道心也 則喜怒哀樂固人心 而其未發者 則雖有四情之根 而實爲道心也)

17

선유의 글을 볼 적에는 그들의 안온한 점을 보아야 조금도 차이가 나지 않는다. 『중용혹문』에 "희로애락은 각각 근본을 한 바가 있다.[喜怒哀樂 各有攸當]"고 한 2구는, 안온함이 "그것이 발하지 아니하였을 때를 당하여[方其未發]"의 위에 있으니[187], 『중용』본문의 언외의 의미를 보충한 것이다. 이는 혐의를 분별하고 미세한 점을 밝힌 것인데, 머리카락 하나로 3만 근의 무게를 끌어당기는 것처럼 위태로운 말이다. 그 다음 구의 "온전히 안에 있다.[渾然在中]"는 것은 앞에서 말한 "각각 근본을 한 바가 있다."는 것이다. 그 아래 단락의 "모두 그 마땅함을 얻었다.[皆得其當]"는 데에 이르면, '득(得)' 자의 뜻이 매우 정밀하고 절실해진다. 얻었다[得]고 말하면, 얻지 못한 것이 있다. 이는 연평(延平)이 말한 "절도에 맞지 않으면 불화가 있다.[其不中節也 則有不和]"[188]는 뜻이니, '얻었다'는 것은 그 마땅한 바를 얻었다는 말이다. 이는 『중용』원문에 나오는 하나의 '절(節)' 자가 아직 발하지 않은 중[未發之中]에 있을 적에 이미 그것을 가지고 있음을 드러낸 것이다.

또 '중(中)'에 대해, 『중용혹문』에 "성(性)의 덕을 형상한 것이다.[狀性之德]"라고 하였으니[189], 이는 아래 보이는 "화(和)라 한다.[謂之

---

187) 『중용혹문』에……있다 : 이 대목의 이해를 돕기 위해 『중용혹문』제1장 제4절의 해석에 보이는 원문을 인용하면 다음과 같다. "蓋天命之性 萬理具焉 喜怒哀樂 各有攸當 方其未發 渾然在中 無所偏倚 故謂之中 及其發而皆得其當 無所乖戾 故謂之和"

188) 절도에……있다 : 이 문구는 『중용장구대전』제1장 제4절 소주 "延平李氏曰……"에 보인다.

189) 『중용혹문』에……하였으니 : 이 단락의 내용을 이해하기 위해 『중용혹문』의 관련 내용을 인용하면 다음과 같다. "謂之中者 所以狀性之德 道之體也 以其天地萬物之理 無所不該 故曰天下之大本 謂之和者 所以著情之正 道之用也 以其古今人物之所共由

和]"는 것과 문장은 같지만 뜻이 다른 점을 드러낸 것이다. 희로애락이 발하지 아니하였을 때를 바로 중(中)이라 부르지 않았으니, 곧 이 미발의 성(性)이 정(情)이 되는 것은 그 덕이 중(中)이기 때문이다. 『중용혹문』에는 그 아래에 "정(情)의 바름을 드러냈다.[著情之正]"고 하였는데, '저(著)'는 분별하여 그 실상을 드러내는 것이다. 절도에 맞지 않음이 있는 것이 불화(不和)니, 절도에 맞는 것을 화(和)라 한다. 그러므로 분별하여 그 점을 말한 것이다. 절도에 맞는 것이 화(和)니, 중절(中節) 속에 화(和)가 존재해 있는 것이 아니고, 화(和)로써 그 중절의 실상을 드러낸 것이다.

이런 점을 구차하게 읽어서는 안 된다. 주자는 이점에 대해 진실하게 살펴서 펴는 설이 신중하니, 조급한 마음으로 쉽게 헤아릴 수 있는 바가 아니다.

서로 어긋나는 것을 괴(乖)라 하고, 서로 어기는 것을 려(戾)라 한다. 무단히 기뻐하거나[喜] 노여워하다가[怒] 마침내 그 감정을 거두어들이지 못해 즐거움이 극에 달해 슬픔이 생기게 되니, 앞에서는 거만하다가 뒤에는 공손한 것이 바로 괴(乖)다. 기뻐함[喜]이 있으면 다시 노하지[怒] 못하고, 노함이 있으면 다시 기뻐하지 못하여 —슬픔[哀]과 즐거움[樂]도 마찬가지다.— 한쪽으로 치우친 데에 빠져 지극히 중요해서 돌이키기 어렵거나, 상(喪)에 임해 노래함이 있고 잔치자리에서 탄식함이 있는 것이 바로 려(戾)다. 절도에 맞으면 어긋나는 바[乖]가 없으며, 모두 절도에 맞으면 어기는 바[戾]가 없다.(看先儒文字 須看他安頓處 一毫不差 或問喜怒哀樂 各有攸當二句 安在方其未發上 補本文

故曰天下之達道"

言外之意 是別嫌明微 千鈞一髮語 渾然在中者 卽此各有攸當者也 到
下段卻云皆得其當 得字極精切 言得 則有不得者 旣卽延平其不中節
也則有不和之意 而得者卽以得其攸當者也 顯下一節字在未發之中已
固有之矣 又於中而曰 狀性之德 則亦顯此與下言謂之和者 文同而義
異 不是喜怒哀樂之未發便喚作中 乃此性之未發爲情者 其德中也 下
云著情之正 著者 分別而顯其實也 有不中節者則不和 唯中節者斯謂
之和 故分別言之 其中節者卽和 而非中節之中有和存 則卽以和著其
實也 此等處 不可苟且讀過 朱子於此見之眞 而下語斟酌 非躁心所易
測也 自相乖悖之謂乖 互相違戾之謂戾 凡無端之喜怒 到頭來卻沒收
煞 以致樂極悲生 前倨後恭 乖也 其有喜則不能復怒 怒則不能復喜
(哀樂亦爾) 陷溺一偏 而極重難返 至有臨喪而歌 方享而歎者 戾也 中節
則無所乖 皆中節則無所戾矣)

18

"천지가 제자리를 잡고 만물이 거기에서 길러진다.[天地位焉 萬物
育焉]'[190]고 한 것은 이치로써 말한 것이다."[191]라고 한 해석은, 참으로
미진한 말이다. 천지가 제자리를 잡는 바의 이치는 중(中)이 그것이
며, 만물이 길러지는 바의 이치는 화(和)가 그것이다. 여기서는 자기

---

190) 천지가……길러진다 : 이 문구는 『중용장구』 제1장 제5절에 보인다.
191) 천지가……것이다 : 이는 『중용혹문』에 "天地位 萬物育 諸家皆以其理言……"이
라고 한 것을 가리킨다.

에게서 천지가 제자리를 잡고 만물이 길러지는 이치를 얻는 점을 말했을 뿐이다. 이 또한 중(中)을 극진히 하여 중에 이르고 화(和)를 극진히 하여 화에 이르는 데에 불과할 뿐, 그 위에 더할 것이 있지 않으니, 그 말이 이미 군더더기가 아니겠는가?

일로써 그 점을 말하면, 공부(功夫)와 공효(功效)의 구별이 있다. 본문에는 2개의 '언(焉)' 자[192]를 썼는데, 이는 공부를 말한 것이다. 『중용장구』의 주에는 이를 2개의 '의(矣)'[193] 자로 바꾸어 썼으니, 이는 공효를 말한 것이다. 지금은 또한 성스럽고 신령스런 분의 공력과 교화의 극치를 말하는 것이 아니니, 천지에 감응하여 만물을 감동시키기에 부족하다. 본문에서 고찰해도 애초 이런 뜻이 없다. 널리『중용』전체에서 찾아보건대, '하늘에 배합한다.[配天]'[194]고 한 것은 '친한 이를 존중하지 아니함이 없다.[莫不尊親]'[195]는 것을 말한 것이고, '비유하건대 천지와 같다.[譬如天地]'[196]고 한 것은 '요·순을 조술하고[祖述堯舜]'[197], '문왕·무왕을 법으로 삼아 드러냈다.[憲章文武]'[198]는 것을 말한 것이며, '신과 같다.[如神]'[199]고 한 것은 '미리 안다.[前知]'[200]

192) 2개의……자 :『중용장구』제1장 제5절 "天地位焉 萬物育焉"의 2개의 언(焉) 자를 가리킨다.

193) 2개의……자 :『중용장구』제1장 제5절 "天地位焉 萬物育焉"을 풀이하면서 주자가 "天地位矣", "萬物育矣"라고 한 문구의 2개의 의(矣) 자를 가리킨다.

194) 하늘에 배합한다 : 이 문구는『중용장구』제26장 및 제31장에 보인다.

195) 친한……없다 : 이 문구는『중용장구』제31장에 보인다.

196) 비유하건대……같다 : 이 문구는『중용장구』제30장에 보인다.

197) 요·순을 조술하고 : 이 문구도『중용장구』제30장에 보인다.

198) 문왕……드러냈다 : 이 문구도『중용장구』제30장에 보인다.

199) 신과 같다 : 이 문구는『중용장구』제24장에 보인다.

200) 미리 안다 : 이 문구도『중용장구』제24장에 보인다.

는 것을 말한 것이고, '천지의 도에 참여한다.[參天地]'[201]고 한 것은 '능히 사람의 본성을 극진히 한다.[能盡人之性]', '능히 생명체의 본성을 극진히 한다.[能盡物之性]'[202]는 점을 말한 것이다. 따라서 『중용』에는 "삼신(三辰)[203]이 궤도를 얻으면 하수(河水)가 맑아지는 것을 봉황이 볼 것이다."[204]라고 하는 설이 있지 않다.

『중용혹문』에 '내 몸의 천지 만물[吾身之天地萬物]'[205]이라고 한 것은, 곤궁하여 아랫자리에 있는 자의 입장에서 오로지 말한 것이다. 그렇다면 현달하여 윗자리에 있는 자는 반드시 내 몸 이외의 천지 만물에 대해 천지가 제자리를 잡고 만물이 길러지는 공효를 드러낼 것이다. 내 몸에 절실하지 않은 경우는, 만물뿐만이 아니라 천지에 대해서도 성인이 일삼는 바가 있지 않다. 내 몸의 천지 만물에 절실하지 아니한 경우는, 공자·맹자뿐만이 아니라 요임금·순임금도 지위를 벗어나 서로 구하는 것을 용납하지 않았다.

요임금 때에 홍수를 다스리지 못하였으니, 이른바 '천하가 한 번 어지러워졌다.'는 것이다. 그 당시 초목이 무성하고 금수가 번식하였으니, 초목·금수가 된 것들은 각자 그 길러줌을 이루지 않음이 없었지

---

201) 천지의 도에 참여한다 : 이 문구는 『중용장구』 제22장에 보이는 "可以與天地參矣"를 저자가 변형해 쓴 것이다.

202) 능히……한다 : 이 두 문구도 『중용장구』 제22장에 보인다.

203) 삼신(三辰) : 해·달·별을 가리킨다.

204) 삼신(三辰)이……것이다 : 이 문구가 어디에 나오는지 자세치 않다. 이 말은 성스럽고 신령스런 분의 공력과 교화의 극치를 말하는 속설인 듯하다.

205) 내……만물 : 이 문구는 『중용혹문』 제1장을 해석한 "喜怒哀樂之未發謂之中……" 아래에 보이는데, 관련된 내용은 다음과 같다. "但能致中和於一身 則天下雖亂 吾身之天地萬物 不害爲安泰 其不能者 天下雖治 而吾身之天地萬物 不害爲乖錯 其間 一家一國 莫不皆然 此又不可不知耳"

만, 성인은 그런 길러줌을 걱정하였다. 이를 통해 보건대, 내 몸이 만물에 절실하지 않은 경우는, 길러주는 것이 반드시 이로운 것이 아니며, 길러주지 않는 것이 반드시 해가 되는 것이 아님을 알게 된다. 현달하여 윗자리에 있는 경우는, 천하에 사용하는 것이 넓으니 만물에서 취하는 바도 넓다. 곤궁하여 아랫자리에 있는 경우는, 천하에 사용하는 것이 간략하니 만물에서 취하는 것도 적다. 내 몸에서 공효를 드러내는 것이 아니면 그것을 일삼는 바가 없으니 그 도는 한 가지다.

하늘에 달려있는 비가 내리고 날씨가 맑고 춥고 덥고 한 것과 땅에 있는 언덕·구덩이·산·숲에 이르러 보면, 각자 얻은 바에서 지위를 안정시키고자 하는 경우에 또한 사람이나 생물을 구제하는 쓰임으로 지위를 삼는다. 깊은 골짜기의 산이 무너지기도 하고, 깊숙한 시내의 물이 용솟음치기도 하며, 연기도 아니고 안개도 아닌 구름이나 꿀과 같고 엿과 같은 이슬 등은 내 몸이 근본으로 하는 것과 내 몸이 영향을 받는 것에 관계없이 노력하지 않더라도 섭리대로 움직인다.

그것들이 내 몸에 일삼음이 있는 바의 천지 만물이 된다면, 그 지위는 나의 덕을 닦아 제자리에서 듣는 것뿐만이 아니니, 성인도 참으로 제자리를 잡게 해줌이 있는 것이다. 제자리를 잡게 해주는 것은 내가 중도를 이룩한 전례(典禮)이다. 나의 덕을 닦아 스스로 길러지길 기약할 뿐만이 아니니, 성인도 그것들을 길러줌이 있는 것이다. 길러줌이 있는 것은 내가 화(和)를 이룩한 사업이다. 교외에서 상제에게 제사를 지내 온갖 신들이 흠향하고, 선기옥형(璇璣玉衡)[206]에 있어서 사계절이 바르게 운행하여 한결같이 공경한 마음에서 중도를 보존하

---

206) 선기옥형(璇璣玉衡) : 고대 천문을 관측하던 혼천의(渾天儀)를 가리킨다.

여 하늘을 자리 잡게 하면, 하늘이 이로써 제자리를 잡는다. 명산·대천을 안정시켜 전례에 따라 항시 행해지는 제사가 통용되고, 수로[溝洫]·밭두둑[田疇]을 바르게 하여 경계가 정해져서 한결같이 과·불급이 없는 데에서 중도를 사용하여 땅을 자리 잡게 하면, 땅이 이로써 제자리를 잡는다. 자기 자신에게 탐욕이 없고 남에게도 해를 끼침이 없어 어긋나거나[乖] 어기는[戾] 바의 정(情)이 없이 미루어 만물에 미쳐서 농부들로 하여금 농사지을 시기를 빼앗지 않고, 초목을 함부로 베지 않고, 임신한 짐승을 함부로 죽이지 않고, 어린 가지를 함부로 베지 않아서 온갖 곡식이 번창하고 날짐승과 물고기가 성장하는 것은 더욱 그림자나 메아리[207]에서 취하거나 본받을 바가 아니다.─만물은 그것을 사용해야 바야흐로 길러진다. 그러므로 온갖 곡식과 날짐승과 물고기를 말한 것이다. 토규(兎葵)·연맥(燕麥)[208]·도룡뇽[蠑螈]·지렁이[蚯蚓] 같은 것들은 군자가 길러서 무엇 하겠는가. 더구나 근초(菫草)[209]·뱀[虺蛇]처럼 해를 끼치는 생물에 있어서이겠는가.─

『중용혹문』에 "〈천지가〉 이에 제자리를 잡고[於此乎位]", "〈만물이〉 이에 길러진다.[於此乎育]"[210]고 하였으니, 이는 중(中)·화(和)의 덕이 천지 만물에 미치는 것이 이와 같음을 말한 것이다. 『중용혹문』

---

207) 그림자나 메아리 : 간접 영향을 미치는 것을 말한다. 성인의 덕화는 하늘과 땅처럼 만물이 성장하는 데 직접 영향을 끼친다는 뜻이다.

208) 토규(兎葵)·연맥(燕麥) : 둘 다 풀이름이다. 토규는 토사(兎絲)라고도 한다. 이 두 종류의 풀은 이름은 있지만 실상이 없는 것을 비유할 때 흔히 쓰인다.

209) 근초(菫草) : 성탄꽃과에 속하는 다년초로 독이 있는 풀이다. 일명 오두(烏頭)라고도 한다.

210) 천지가……길러진다 : 이 2구는 『중용혹문』 제1장 "喜怒哀樂之未發謂之中……" 아래 보이는데, 그 전문은 다음과 같다. "致者 用力推致而極其至之謂 致焉而極其至 至於靜而無一息之不中 則吾心正 而天地之心亦正 故陰陽動靜 各止其所 而天地於此乎位矣 動而無一事之不和 則吾氣順 而天地之氣亦順 故充塞無間 驩欣交通 而萬物於此乎育矣 此萬化之本原 一心之妙用 聖神之能事 學問之極功"

에 또 "성스럽고 신령스런 분의 능히 하는 일이고, 학문의 지극한 공효다."[211]라고 하였으니,『중용장구』의 주에 효험을 말한[212] 것과 같을 뿐만이 아니다.『중용장구』의 주에서는 그 효험을 미루어 끝까지 나아가 수도지교(修道之敎)까지 귀결되게 하였으니, 예(禮)·악(樂)·형(刑)·정(政)이 천지를 재단하고 만물을 절도 있게 한다는 뜻으로 말한 것이다. 그러니 하늘의 해·달·별이나 땅의 강·산이 보여주는 상서, 기린·봉황·지초 등이 보여주는 상서로 증험할 수는 없다. 이는 그 공부이지 공효가 아님이 분명하다.

『중용혹문』에 '내 몸의 천지 만물'이라고 말한 것은, 몸이 지나가는 바와 머무는 바[213]를 미루어 말한 것이다. 한 고을이나 한 집안 정도로 지위가 없는 성인의 경계를 삼을 수는 없으니, 백세 뒤의 유풍(流風)과 유교(遺敎)가 미치는 분의 도는 중(中)·화(和)를 이룩하는 데 참여하는 노력이 필요 없을 것이다. 그리하여 효도가 부모에게 이르고, 자애가 자손을 교화하여 발하여 모두 절도에 맞게 하는 것을 비로소 일삼을 뿐이다. 이에 근거해 말하면, 뜻이 참으로 넓지 않다.

그 실상을 구하지 않고 그림자 속의 그림자나 형상 밖의 형상에 내 한 몸의 천지 만물을 헛되이 세워놓고서 그 의미·형상과 비슷하게 하여 "여기에 나아가면 이미 천지가 제자리를 잡고 만물이 길러진다."고 말한다면, 불가에서 "자신의 성품이 곧 중생의 성품이다."라고 하는

---

211) 성스럽고……공효다 :『중용혹문』제1장의 "聖神之能事 學問之極功"을 말한다.

212) 『중용장구』……말한 :『중용장구』제1장 제5절의 주에 다음과 같이 말하였다. "蓋天地萬物 本吾一體 吾之心正 則天地之心亦正矣 吾之氣順 則天地之氣亦順矣 故其效驗 至於如此 此學問之極功 聖人之能事 初非有待於外 而修道之敎 亦在其中矣"

213) 몸이……바 :『맹자』「진심 상」제13장에 "군자가 지나가는 곳은 교화되고, 머무는 곳은 신묘불측하게 교화된다.[夫君子所過者和 所存者神]"고 한 말에서 따온 것이다.

사악한 설이 될 것이다. 그리하여 "한 송이 만다라(曼笒辣)[214] 속에 사대부주(四大部洲)[215]를 건립하여 하나의 물방울이 변해 우유 바다가 되고, 한 알의 쌀이 변해 수미산(須彌山)이 되어 일체의 중생들이 모두 배불리 먹고 산다."고 말할 것이다. 이는 떳떳하지 못한 망령된 말이니, 통달한 사람이 한 번 웃어넘길 얘깃거리로 족할 따름이다.

지금 경전의 문구를 인용해서 사실대로 말하면 다음과 같다. "그 회통함을 〈보고서〉 그 전례를 행한다.[〔觀其〕會通以行其典禮]"[216]고 한 것과 "그로써 천지의 마땅함을 재단하고, 천지의 도를 돕는다.[以裁成天地之宜 輔相天地之道]"[217]고 한 것은, 『중용』에서 "천지가 제자리를 잡고 만물이 길러진다."는 것을 말한 것이니, 그 뜻이 거의 어긋나지 않는다. 『중용장구』 제12장부터 제20장까지는 모두 이에 관한 일이다.(云天地位 萬物育 以理言者 誠爲未盡 蓋天地所以位之理 則中是也 萬物所以育之理 則和是也 今但言得位育之理於己 是亦不過致中而至於中 致和而至乎和 而未有可焉 則其詞不已贅乎 但以事言之而又有功與效之別 本文用兩焉字 是言乎其功也 章句改用兩矣字 則是言乎其效也 今亦不謂聖神功化之極 不足以感天地而動萬物 而考之本文 初無此意 汎求之中庸全書 其云配天者 則莫不尊親之謂爾 其云譬如天地者 則祖述憲章之謂爾 其云如神者 則前知之謂爾 其云參

---

214) 만다라(曼笒辣) : 흔히 만다라(曼陀羅)·만다라(曼茶羅)로 표기하는 불교에서 우주의 본질을 상징하는 꽃의 이름이다.

215) 사대부주(四大部洲) : 불교에서 수미산의 사방에 있는 네 개의 큰 바다를 말한다. 남방의 남섬부주(南瞻部洲), 동방의 동승신주(東勝身洲), 서방의 서우화주(西牛貨洲), 북방의 북구로주(北瞿盧洲)를 가리킨다.

216) 그……행한다 : 이 문구는 『주역』 「계사전 상」에 보인다.

217) 그로써……돕는다 : 『주역』 태괘(泰卦) 상사(象辭)에 보인다.

天地者 則盡人物之性之謂爾 未嘗有所謂三辰得軌 鳳見河清也 或問
所云吾身之天地萬物 專以窮而在下者言之 則達而在上者 必於吾身
以外之天地萬物 著其位育之效矣 夫其不切於吾身者 非徒萬物 卽天
地亦非聖人之所有事 而不切於吾身之天地萬物 非徒孔孟 卽堯舜亦
無容越位而相求 帝堯之時 洪水未治 所謂天下之一亂也 其時草木暢
茂 禽獸繁殖 則爲草木禽獸者 非不各遂其育也 而聖人則以其育爲憂
是知不切於身之萬物 育之未必爲利 不育未必爲害 達而在上 用於天
下者廣 則其所取於萬物者弘 窮而在下 用於天下者約 則取於萬物者
少 要非吾身之所見功 則亦無事於彼焉 其道一也 至於雨暘寒燠之在
天 墳埴山林之在地 其欲奠位於各得者 亦以濟人物之用者爲位 而穹
谷之山或崩 幽澗之水或涌 與夫非煙非霧之雲 如蜜如餳之露 不與於
身之所資與身之所被及者 亦不勞爲之燮理也 若其爲吾身所有事之天
地萬物 則其位也 非但修吾德而聽其自位 聖人固必有以位之 其位之
者 則吾致中之典禮也 非但修吾德而期其自育 聖人固有以育之 其育
之者 則吾致和之事業也 祀帝於郊而百神享 在璿璣玉衡而四時正 一
存中於敬以位天也 而天以此位焉 奠名山大川而秩祀通 正溝洫田疇
而經界定 一用中於無過不及以位地也 而地以此位焉 若夫於已無貪
於物無害 以無所乖戾之情 推及萬物 而俾農不奪 草不竊 胎不伐 夭不
斬 以遂百穀之昌 禽魚之長者 尤必非取效於影響也（萬物須用之 方育之
故言百穀禽魚 若兔葵燕麥蠑螈蚯蚓 君子育之何爲 又況菫草虺蛇之爲害者耶）或問
云於此乎位 於此乎育 亦言中和之德所加被於天地萬物者如是 又云
聖神之能事 學問之極功 則不但如章句之言效驗 且章句推致其效 要
歸於脩道之教 則亦以禮樂刑政之裁成天地 品節萬物者言之 固不以
三辰河岳之瑞 麟鳳芝草之祥爲徵 是其爲功而非效亦明矣 抑所云吾
身之天地萬物 亦推身之所過所存者而言 旣不得以一鄉一家爲無位之

聖人分界段 而百世以下 流風遺教所及 遂無與於致中和之功 而孝格
父母 慈化子孫 又但發皆中節之始事 據此爲言 義固不廣 若不求其實
而於影中之影 象外之象 虛立一吾身之天地萬物以髣髴其意象 而曰卽
此而已位育矣 則尤釋氏自性衆生之邪說 而云 一曼荼辣之內 四大部
洲以之建立 一滴化爲乳海 一粒化爲須彌 一切衆生 咸得飽滿 其幻妄
不經 適足資達人之一笑而已 今請爲引經以質言之曰 會通以行其典
禮 以裁成天地之宜 輔相天地之道 位焉育焉之謂也 庶不誣爾 自十二
章至二十章 皆其事也)

19

아비는 아비답고, 자식은 자식답고, 남편은 남편답고, 아내는 아내
답다는 것으로 천지가 제자리를 잡는 것을 삼는다면[218], 새가 상공에
서 날고 물고기가 연못에서 노니는 것으로 천지가 제자리를 잡는 것
을 삼을 수 있을 것이다. 아비·남편은 하늘이 되고, 아들·아내는 땅
이 되니, 이는 말을 짝지어 한 것이다. 새는 양에 속하니 하늘[天]이
고, 물고기는 음에 속하니 땅[地]이다. 이와 같다면 하늘과 땅의 바깥
에서 다시 어떤 만물이 유래함이 있겠는가? 또한 한 집안에는 한 집
안의 천지가 있고 한 나라에는 한 나라의 천지가 있다고 한다면, 한
몸에도 한 몸의 천지가 있다고 말할 수 있을 것이다. 머리가 둥근 것

218) 아비는……삼는다면 : 『중용장구대전』 제1장 제5절 아래의 소주 쌍봉 요씨의 설
에 "父父子子夫夫婦婦 此一家之天地位也"라는 문구가 보인다.

은 하늘을 형상한 것이고, 발이 네모난 것은 땅을 형상한 것이라고 하는데, 그런 설이 없지 않다. 그렇다면 거꾸로 매달려 있는 사람은 다리는 위에 있고 머리는 아래에 있게 되니, 그런 뒤에는 한 몸의 천지가 제자리를 잡지 못한 것이 된단 말인가?

결국 효험 위에서 몽상하기 때문에 속이 텅 빈 과일과 같은 허다한 말을 하게 되는 것이다. 중(中)·화(和)를 극진히 하는 것은 원래 부중(不中)·불화(不和)를 가지고 서로 돌이켜 볼 수 있는 것이 아니다. 부중·불화는 천지가 제자리를 잡지 않은 적이 없고 만물이 길러지지 않은 적이 없으니, 단지 천지가 제자리를 잡고 만물이 길러지는 것이 능히 공이 있는 것은 아니다. "〈네가 아는 인재를 등용하면〉 네가 모르는 인재를 다른 사람들이 버려두겠는가?"[219]라고 하였으니, 이처럼 성현의 말씀은 원래 평탄하고 신실하다. 어찌 눈앞에 헛것을 만들어 놓고서 창문 틈에 천지가 있고 만물이 그 속에 있다고 말한 적이 있던가?(以父父子子夫夫婦婦爲天地位 則亦可以鳥飛於上 魚游於下爲天地位矣 父夫爲天 子婦爲地 是名言配出來的 鳥屬陽 亦天也 魚屬陰 亦地也 如此 則天地之外 更有何萬物來 且言一家有一家之天地 一國有一國之天地 則亦可云一身有一身之天地 頭圓象天 足方象地 非無說也 然則倒懸之人 足上而首下 而後爲一身之天地不位乎 總緣在效驗上作夢想 故生出許多虛脾果子話來 致中和者 原不可以不中不和者相反勘 不中不和者 天地未嘗不位 萬物未嘗不育 特非其位焉育焉之能有功爾 爾所不知 人其舍諸 聖賢之言 原自平實 幾曾捏目生花 說戶牖閒有天地萬物在裏面也)

---

219) 네가……두겠는가 : 이 문구는『논어』「자로」제2장에 보이는 공자의 말이다.

가령 '한 집안에 한 집안의 만물이 있고, 한 나라에 한 나라의 만물이 있다.'고 한다면 그래도 괜찮다. 그러나 그런 투로 '하나의 천지에 그 한 천지의 만물이 있다.'고 한다면 이는 꿈을 말하는 것이다. 사람 중에는 곤궁하기도 하고 현달하기도 하지만 이 하나의 천지를 함께 이고 산다. 요임금·순임금의 천지를 만들지 않았기에 공자에 이르러 축소된 것이다. 공자는『시경』·『서경』을 산정(刪定)하고, 예·악을 정하고, 백대의 왕들이 따를 큰 법을 세워 천지를 제자리 잡게 하는 허다한 일을 하였다. 이때에 치우치지 않고 의지하지 않으며 지나치거나 미치지 못함이 없는 중도를 써서 그 범위를 정했으니, 어찌 요임금·순임금과 다르겠는가? 그러므로 공자의 덕을 "〈땅은〉 실어주지 않는 것이 없고[無不持載]"[220], "〈하늘은〉 덮어주지 않는 것이 없다.[無不覆幬]"[221]고 한 것에 비유한 것이다. 한 집안이나 한 나라의 효험을 가지고 말한다면, 실어주고 덮어주지 않는 것이 많을 것이다. 공자가 노(魯)나라에서 재상을 지낼 적에 노나라의 천지는 제자리를 찾아가고 있었지만, 제(齊)나라의 천지는 박식(薄蝕)[222]과 붕용(崩湧)[223]의 재앙이 있지 않았던가?(使云一家有一家之萬物 一國有一國之萬物 猶之可也 以語天地 眞是說夢 或窮或達 只共此一天地 不成堯舜之天地

---

220) 땅은……없고 : 이 문구는『중용장구』제30장에 보인다.

221) 하늘은……없다 : 이 문구는『중용장구』제30장에 보인다.

222) 박식(薄蝕) : 박(薄)은 해와 달에 빛이 없어지는 것이고, 식(蝕)은 해와 달의 이지러지는 일식(日蝕)·월식(月蝕)과 같은 것을 가리킨다.

223) 붕용(崩湧) : 붕(崩)은 산이 무너지는 것이고, 용(湧)은 샘이 솟구치는 것이다.

到孔子便縮小了 孔子删詩書 定禮樂 立百王之大法 儘有許多位天地
之事 只此不偏不倚 無過不及 以爲之範圍 曾何異於堯舜 故曰無不持
載 無不覆幬 倘以一家一國之效言 則其不持載覆幬者多矣 且孔子相
魯時 將魯之天地位 而齊之天地有薄蝕崩湧之災否耶)

중니(仲尼)께서 말씀하셨다. "군자는 중용을 행하고, 소인은 중용을 반대로 한다. 군자가 중용을 행하는 것은 군자로서 중도에 맞게 하는 것이며, 소인이 중용을 행하는 것은 소인으로서 거리낌 없는 것이다."

仲尼曰 君子中庸 小人反中庸 君子之中庸也 君子而時中 小人之中庸也 小人而無忌憚也

1

『중용혹문』에는 제2장·제3장에 대해 모두 '갑자기······에 미치지 않았다.[未遽及]'는 말이 있다.[224] 이는 주자가 한 부의『중용』을 완전히 이해해 가슴속에 품고 있어서 자연히 표출된 절목이니, 구절을 따라 해석한 한(漢)나라 때 학자들이 미칠 수 있는 바가 아니다. 그런데 하물며 글자에 유혹되고 구절에 혼미한 후인들이 함부로 사악된 해석을 하는 것은 말해 무엇하겠는가.

『중용』은 제1장에서 요지를 끝까지 다 언급하고, 제2장 이후로는 다시 그 내용을 펼쳐 조용하면서도 넓게 말하였으니, 덕이 있는 사람의 말이다. 자연스럽고 관대하고 화락한 대목은 또한 이 책을 만든 사람의 조리가 반드시 그러했던 것이다. 그렇지 않다면 이 책은 피일휴(皮日休)[225]의『천은자(天隱子)』나 유태(劉蛻)[226]의『산서(山書)』처

---

224) 『중용혹문』에는······있다 :『중용혹문』제2장 해석 중 "未嘗遽及此意持隱微也"라 하였고, 제3장 해석 중 "未遽及夫不能久也"라고 한 것을 가리킨다.

225) 피일휴(皮日休 약834‒ ?) : 당나라 때 사람으로 자는 일소(逸少)·습미(襲美), 호

럼 생각이 있느냐 없느냐에 따라 절차가 전혀 없을 것이다.

　제2장부터 그 아래 10장은 모두 얕게 말하여 점점 깊은 곳으로 향하였다. 제2장은 군자·소인의 분별만을 말하였는데, 소인을 떼어내 한 쪽에 두었으니, 이 점이 문으로 들어가는 하나의 큰 분별이다. 어떤 사람을 연(燕) 땅으로 보낸다면, 그로 하여금 정면으로 북쪽을 향해 가게 할 것이다. 그런데 그가 남쪽을 향해 가면 이는 월(粵) 땅으로 가는 것이다. 북쪽으로 수레를 향할 줄 안 뒤에는 동북쪽으로 향해 제(齊) 땅으로 가서도 안 되고, 서북쪽으로 향해 진(晉) 땅으로 가서도 안 되니, 이는 모두 논할 것도 못된다.『중용』에서는 이 한 장에서만 소인을 분변하였다. 길이 이미 나뉘어졌으니, 뒤에 다시 소인과 분변하지 않고—'〈소인은〉 험한 것을 행하여 요행을 바란다.[行險徼幸]'[227)는 것은 정(情)이나 일[事]의 차원에서 말한 것이지 소인의 도를 논한 것은 아니다.— 곧장 마지막 장에 이르러 하학(下學)의 측면에서 말할 적에 다시 한 차례 소인을 언급하였다.[228)

　『중용혹문』에는 제3장에 대해 "〈이 장은〉 앞장의 '소인은 중용에 반대로 한다.'는 뜻을 이어 그 점을 널리 논한 것이다.[承上章小人反中庸之意而泛論之]"[229)라고 하였는데, 중요한 점이 '널리 논한[泛論]'이라는 두 글자에 있다. 그러니 주자의 뜻을 오인해서 백성[民]들 중

는 녹문자(鹿門子)이며, 양양(襄陽) 사람이다.

226)　유태(劉蛻 ? - ?) : 당나라 때 사람으로 자는 복우(復愚), 호는 문천자(文泉子)이며, 장사(長沙) 사람이다.

227)　소인은……바란다 : 이 문구는『중용장구』제14장에 보인다.

228)　하학(下學)의……언급하였다 :『중용장구』제33장 제1절에 "君子之道 闇然而日章 小人之道 的然而日亡"이라고 한 부분을 가리킨다.

229)　이 장은……것이다 :『중용혹문』제3장 해석 중 첫머리에 보인다.

에 중용에 능한 자가 적어진 것을 반중용(反中庸)으로 생각해서는 안 된다. 소인은 저절로 소인이고, 백성은 저절로 백성이다. '반대로 한다.[反]'는 것은 그것과 반대되게 하는 것이 있는 것이다. '능한 자가 적다.[鮮能]'는 것은 그 점에 능한 작가 적다는 것일 뿐이다. 마지막 장에 '소인지도(小人之道)'라고 말하였는데, 소인도 저절로 도가 있으니, '흥기해 실천하지 않는 백성으로서 게을러 도가 없는 자'와는 같지 않다. 백성 중에 소인으로 깊이 빠져버린 사람이 없다면, 흥기해 실천하지는 않을지라도 감히 방자하게 반중용의 일을 하지는 않을 것이다. 백성들 또한 소인으로서 불선을 행하는 노력이 없다면, 중용에 능한 자가 적더라도 반중용의 도를 이룰 수는 없다.

뒤의 제4장에서 어질고 지혜로운 자는 중용에 지나치고 어리석고 불초한 자는 중용에 미치지 못하는 점을 말한 것은, 또 제3장의 중용에 능한 백성들이 적어진 지 오래라는 말을 이어서 중간에 끌어낸 것인데, 뒤의 '사람들은 밥을 먹고 물을 마시지 않는 사람이 없지만, 그 맛을 능히 아는 자가 적다.'[230]고 한 말에 편치 않아서 그렇게 말한 것이다. 이른바 '어리석고 불초한 자[愚不肖]'라는 것은 '어질고 지혜로운 자[賢知]'와 상대적으로 일컬어 타고난 자질이 노둔한 사람을 말한 것일 뿐이니, 세상의 교화가 쇠퇴함으로 인해 흥기해 실천하지 않거나 중용을 말미암을 수 있는데도 이를 모르는 백성들에 비해 절로 한 단계 위다. 제11장에 이르러 "은미한 것을 찾고 괴이한 것을 행한다.[索隱行怪]"고 말한 것은, 또한 어질고 지혜로운 사람으로서 도를 체득하는 데 뜻을 오로지 하고 그것을 위해 노력하는 자들의 신상에

---

230) 사람들은……적다 : 이 문구는 『중용장구』 제4장 제2절에 보인다.

나아가 한쪽으로 밀쳐두고 논하지 않은 채 뒤의 도를 준수하는 군자
가 성인이 되기를 구하는 공부에 나아간 것이다. 이것이 바로『중용』
앞 10장의 차례가 질서 정연한 점이다.

　"소인은 중용에 반대로 한다.[小人反中庸]"[231]는 것은 숙손통(叔孫
通)[232]의 면최(綿蕝)[233]나 구양영숙(歐陽永叔)[234]의 복의(濮議)[235]나
왕개보(王介甫)[236]의 신법(新法)[237]과 같은 것으로, 결국 크게 불가하
여 세상에 해를 끼친다. 그러므로 선유들이 그들을 향원(鄉原)[238]에

---

231) 소인은……한다 : 이 문구는『중용장구』제2장 제2절에 보인다.

232) 숙손통(叔孫通) : 성은 숙손(叔孫), 이름은 통(通)이며, 산동성 설(薛) 땅 사람이
　　다. 전한 때 학자로 박사를 지낸 뒤 태상태부(太常太傅)에 올라 종묘의법(宗廟儀法)을
　　제정하였다.

233) 면최(綿蕝) : 숙손통이 제자들과 예의를 익힐 적에 끈에다 솜을 붙여 표시를 해
　　놓고 예의를 베푸는 곳으로 삼았다는 데에서 나온 말이다.

234) 구양영숙(歐陽永叔) : 송나라 때 학자 구양수(歐陽脩 1007-1072)를 말한다. 구
　　양은 성이고, 영숙은 자이다. 호는 취옹(醉翁), 시호는 문충(文忠)이며, 강서성 여릉(廬
　　陵) 사람이다. 당대 최고의 문장가로 당송팔대가의 한 사람이다. 경학에도 밝아『역동자
　　문(易童子問)』·『모시본의(毛詩本義)』·『춘추기(春秋記)』 등을 저술하였다.

235) 복의(濮議) : 송나라 영종(英宗)은 본래 복(濮) 땅에 봉해진 안의왕(安懿王)의 아
　　들이었는데, 인종(仁宗) 때 황자(皇子)가 되었다. 즉위한 뒤에 복왕(濮王)의 전례(典禮)
　　를 숭봉하는 문제로 조정에서 논의케 하였는데, 구양수·사마광 등은 후사가 되면 아들
　　이 되는 것과 마찬가지이므로 인종을 황고(皇考)로 칭하고, 복왕을 황백(皇伯)으로 칭
　　할 것을 주장하였다. 그러나 황제 및 조정의 관원들은 복왕을 고(考)로 칭하자고 주장하
　　였다. 결국 복왕을 고(考)로 칭하기로 결정된 뒤에 구양수·사마광 등은 퇴출되었는데,
　　역사에서 이에 관한 논의를 복의(濮議)라고 부른다.

236) 왕개보(王介甫) : 송나라 때 정치가 왕안석(王安石 1021-1086)을 말한다. 개보
　　는 그의 자이고, 호는 우산(牛山), 시호는 문(文)이며, 강서성 무주(撫州) 사람이다. 당
　　송팔대가의 한 사람으로, 춘추삼전(春秋三傳)을 불신하고, 종래의 주석을 무시한 채
　　『시경』·『서경』·『주역』을 새롭게 해석하여 '삼경신의(三經新義)'라 하였다.

237) 신법(新法) : 북송 때 왕안석이 제창한 정치·사회·경제·병제(兵制) 등 각 방면
　　의 개혁적인 새로운 법을 말한다.

238) 향원(鄉原) : '원(原)'은 원(愿)의 뜻으로, 실제의 덕이 없으면서 점잖은 체하는

해당시켰으니, 매우 옳다. 그 당시 중용에 능한 백성이 적었다면, 오늘날의 사람들로서는 모두 그럴 것이다. 어질고 지혜로운 사람의 지나친 점과 어리석고 불초한 자의 미치지 못하는 점은 공자·맹자의 문하에서도 그런 경우가 많았다. 그들의 견해나 조행(操行) 가운데 지나치거나[過] 미치지 못하는[不及] 점을 드러내려는 것이지, 하나의 지나치거나 미치지 못하는 점을 드러내 표시하여 도를 삼는 것은 아니다. 더구나 지나치거나 미치지 못하는 것은 모두 중용의 가르침을 행하는 데 관계된 것이지, 애초 중용에 반대로 하거나 어기는 것은 아니다. 중용에는 지나치더라도 자기의 일에는 능한 자가 있으며, 중용에 미치지 못하는 자도 그가 불능한 것이 모두 다 그런 것은 아니니, 흥기하여 실천하지 않는 백성들과는 저절로 구별된다. 말이 '은미한 것을 찾고 괴이한 것을 행하는[索隱行怪]' 데까지 이른 것은, 천리의 측면에서 힘써 추측해 안배한 것으로, 사의(私意)는 있지만 사욕(私欲)은 없다. 중용의 도를 쓰지 않는 소인을 미워하는 것은 말할 필요도 없으니, 장자(莊子)·열자(列子)·육상산(陸象山)·왕양명(王陽明) 등이 그런 사람들이다.

소인은 세속의 유행[流俗]과 공리(功利)에 빠져 권력을 가진 자이고, ─ 예컨대 구양수(歐陽脩)의 복의(濮議)는 임금의 악을 미리 유도한 것이고, 왕개보(王介甫)가 낭패한 점은 아랫사람들을 허물고 두려워했기 때문이다. ─ 은미하고 괴이한 일을 하는 자는 이단이고, 지나치거나 미치지 못하는 것은 유자의 흠이다. 이 세 종류의 사람은 하늘과 연못처럼 현격한 구별이 있다. 이 10장의 글은 한 걸음 한 걸음 그들과 분별하여 점점 정밀한 곳으로 들어간 것이

사람이다. 겉으로 보면 덕이 있는 듯하지만 실제로는 그렇지 않은 사람, 즉 사이비(似而非)를 말한다. 『논어』「양화」에서 공자는 이런 향원을 '덕의 적'이라고 혹평하였다.

다. 그리고 제12장 이후의 8장에서 '군자의 도[君子之道]'[239]를 드러냈으니, 망령됨이 없어지고 진리가 드러난다. 따라서 한 책의 조리가 원래 분명하여 혼란스럽지 않다.

순(舜)임금의 지혜를 언급한 장[240]과 안회(顏回)의 인(仁)을 언급한 장[241]과 공자가 강함[强]을 논한 장[242], 이 3장은 망령됨을 타파한 점을 따라 진리를 드러내 보인 것이다. 모두 인용하여 증명한 것일 뿐, 공력을 기울이는 실제에는 미치지 않았으니, 도불원인장(道不遠人章)[243] 등에서 귀결점을 곧장 보인 것과는 같지 않다. 천하 사람들을 다 보고, 천하의 학술을 모두 열람하더라도 끝내 중용에 합당함을 얻을 수는 없으니, 그 공효를 또한 볼 수 있다. 그러므로 공자께서 "중용, 그것은 지극하구나!"[244]라고 말씀하신 것이다. 북계 진씨(北溪陳氏)[245]가 "〈지극하다는 것은〉 천하의 이치 가운데 그 위에 더할 것이 없다는 것을 말한다."[246]라고 한 것이, 그 점을 말한 것이다.

혹 은미하고 괴이한[隱怪] 것을 소인으로 생각하고, 혹 어질고 지혜로운[賢知] 것을 은미하고 괴이한 것으로 생각하는데, 이는 『중용장구』의 주의 잘못으로부터 비롯된 것이다. 후인들이 『중용장구』의

---

239) 군자의 도 : 『중용장구』 제12장 첫머리에 보인다.

240) 순(舜)임금의⋯⋯장 : 『중용장구』 제6장 · 제7장을 가리킨다.

241) 안회(顏回)의⋯⋯장 : 『중용장구』 제8장 · 제9장을 가리킨다.

242) 공자가⋯⋯장 : 『중용장구』 제10장을 가리킨다.

243) 도불원인장(道不遠人章) : 『중용장구』 제13장을 가리킨다.

244) 중용은⋯⋯지극하구나 : 이 문구는 『중용장구』 제3장에 보인다.

245) 북계 진씨(北溪陳氏) : 송나라 때 학자 진순(陳淳 1159-1223)을 말한다.

246) 지극하다는⋯⋯말한다 : 이 문구는 『중용장구대전』 제3장 소주 "北溪陳氏曰⋯⋯" 에 보이는데, 그 전문은 다음과 같다. "至者 天下之理無以加之謂"

설에 따라 더욱 혼미한 데로 들어가 흑백을 분별할 수 없게 되었다. 『중용』전체를 취해 한 눈으로 꿰뚫어보면, 자세히 통달하고 널리 통하게 될 것이다.(或問於第二章第三章 皆有未遽及之語 此朱子一部中庸渾然在胸中 自然流出來底節目 非漢人隨句詮解者所逮 而況後人之爲字誘句迷 妄立邪解者乎 中庸第一章旣徹底鋪排 到第二章以後 卻又放開 從容廣說 乃有德之言涵泳寬和處 亦成一書者條理之必然也 不則爲皮日休天隱子劉蛻山書 隨意有無 全無節次矣 自第二章以下十章 皆淺淺說 漸向深處 第二章只言君子小人之別 劈開小人在一邊 是入門一大分別 如敎人往燕 迎頭且敎他向北去 若向南行 則是往粤 而旣知北轅以後 其不可東北而之於齊 西北而之於晉 皆所未論中庸只此一章辨小人 逕路旣分 到後面不復與小人爲辨 (行險徼幸是就情事上說 非論小人之道) 直至末章 從下學說起 乃更一及之 或問於第三章云 承上章小人反中庸之意而泛論之 喫緊在泛論二字 不可誤認朱子之意 以民之鮮能爲反中庸 小人自小人 民自民 反則有以反之 鮮能只是鮮能 末章云小人之道 小人固自有道 與不興行之民漫無有道者不同 民無小人陷溺之深 則雖不興行 而尙不敢恣爲反中庸之事 民亦無小人爲不善之力 則旣鮮能中庸 而亦不得成其反中庸之道 向後賢知之過 愚不肖之不及 則又從鮮能之民 揀出中間不安於不知味者言之 所謂愚不肖者 亦特對賢知而言天資之滯鈍者也 與夫因世敎衰而不興行 可緣而不知之民 自進一格 到十一章所言索隱行怪 則又就賢知之專志體道而爲之有力者身上撇開不論 而後就遵道之君子進而求作聖之功 此中庸前十章書次第之井井者也 小人反中庸 只如叔孫通之綿蕝 歐陽永叔之濮議 王介甫之新法 直恁大不可而有害於世 故先儒以鄕原當之 極是 若鮮能之民 則凡今之人而皆然 賢知之過 愚不肖之不及 則孔孟之門多有之 要亦自其見地操履處 顯其過不及 而未嘗

顯標一過不及者以爲道 且過不及 亦皆以行乎中庸之教 而初未反戾
乎中庸 抑過則業亦有所能 而不及者亦非全乎其不能 與不興行之民
自別 至於索隱行怪 則又從天理上用力推測安排 有私意而無私欲 其
厭惡小人而不用其道者 更不待說 蓋莊列陸王之類是也 小人只是陷
於流俗功利而有權力者 (如歐陽濮議 但以逢君 王介甫狼狽處 尤猥下) 隱怪方
是異端 過不及乃儒之疵者 三種人各有天淵之別 此十章書步步與他
分別 漸撇到精密處 方以十二章以後八章 顯出君子之道 妄旣闢而眞
乃現也 一書之條理 原爾分明不亂 舜知回仁夫子論強三章 乃隨破妄
處 隨示眞理 皆只借證 且未及用功實際 終不似道不遠人諸章之直示
歸宿 蓋閱盡天下之人 閱盡天下之學術 終無有得當於中庸 而其效亦
可睹 所以云中庸其至矣乎 北溪所云天下之理無以加者 此之謂也 或
以隱怪爲小人 或以賢知爲隱怪 自章句之失 而後人徇之 益入於棼迷
而不可別白 取中庸全書 作一眼炤破 則曲暢旁通矣)

제3장

공자께서 말씀하셨다. "중용, 그것은 지극한 것이로다. 그런데 사람들 중 그 중용에 능한 자 드문 지 오래되었다."

子曰 中庸 其至矣乎 民鮮能 久矣

1

　북계 진씨(北溪陳氏)가 "천하의 이치 가운데 그 위에 더할 것이 없
다.[天下之理 無以加]"[247]고 한 것은 본문의 '지(至)' 자[248]를 극찬한
말이다. 이런 해석을 가지고 '지(至)' 자의 본래 해석이라고 생각한
다면, 문구에 있어 뒷말을 생략한 헐후어(歇後語)가 된다. 따라서 그
아래 『대학』에서 '지선(至善)'이라고 한 것처럼 선(善)이라는 한 자
를 덧붙여야 극진하게 된다. 후인들은 이에 대해 지평(至平)·지기(至
奇)·지미(至微)·지대(至大) 등 일체 융통성 있는 말을 첨입하였지
만, 모두 이 뜻에 정밀하지 못하다. 그러므로 『중용장구』의 주에는 '미
지(未至)'·'위지(爲至)'[249] 두 가지 어휘로 돌이켜 형용하였으니, 친절
하다고 하겠다.

---

247) 천하의……없다 : 이 문구는 『중용장구대전』 제3장 소주에 보인다.

248) '지(至)' 자 : 『중용장구』 제3장의 "中庸 其至矣乎"의 지(至) 자를 가리킨다.

249) '미지(未至)'·'위지(爲至)' : 『중용장구』 제3장의 주에 "過則失中 不及則未至 故
惟中庸之德爲至"라고 한 대목의 미지(未至)와 위지(爲至)를 가리킨다.

'지(至)' 자에는 두 가지 뜻이 있다. 하나는 '지극하다[極]'는 뜻이고, 하나는 '이르다[到]'는 뜻이다. 『중용장구』의 주에는 '이르다'라는 한 가지 뜻으로만 해석하고, '지극하다'라는 뜻으로는 해석하지 않았다.[250] 행하는 것이 말하는 바에 이르면, 일과 이치가 합하여 천리가 되고 인심이 되어 서로 조응하고 연관된다. 마치 연(燕)나라로 떠나 연나라에 도착하면 연나라의 풍물이 자기의 귀·눈·살갗에 절실하여 자기가 말하고 행하는 것이 모두 연나라에서 시행될 수 있는 것과 같다.

이 중용의 덕은 위로는 천지·귀신에까지 도달하고, 아래로는 부부(夫婦)[251]·음식[252]에까지 이르러 모두 그의 성실하여 망령됨이 없는 이치와 서로 통합된다. 예컨대, 활을 쏘는 자가 정곡을 맞추어 화살촉이 과녁을 뚫고 들어간 뒤에는 화살이 허공을 날지 않는 것과 같으니, 서로 가깝지만 실제로는 멀기 때문에 지(至)라고 한 것이다. 『논어』에 "지혜가 거기에 미치고도[知及之]"[253]라고 한 구의 '급(及)' 자와 『중용장구』 제12장의 '찰(察)' 자[254]가 이 지(至) 자의 주석이 될 수 있다.(天下之理無以加 是贊至字語 若以此爲至字本釋 則於文句爲歇後 其下更須着一字 如大學言至善方盡 後人於此添入至平至奇至微至大 一切活套話 皆於此未諦 所以章句用未至爲至二語反形 乃得親切 至

---

250) 『중용장구』에는……않았다 : 이는 『중용장구』의 주에 "過則失中 不及則未至"라고 한 구절의 지(至) 자를 지적해 말한 것이다.

251) 부부(夫婦) : 필부필부(匹夫匹婦)의 뜻으로, 평범한 일반인을 일컫는 말이다.

252) 음식 : 누구나 먹는 음식으로 일상의 지극히 가까운 것을 가리키는 말이다.

253) 지혜가……미치고도 : 이 문구는 『논어』 「위령공」 제33장에 보인다.

254) '찰(察)' 자 : 『중용장구』 제12장 본문의 '言其上下察也'와 '察乎天地'의 찰(察) 자를 가리키는데, 이 경우에는 '드러나다[著]'로 해석한다.

字有二義 極也 到也 章句卻用至到一釋 不作至極說 所行者至於所
道 則事理合轍 而卽天理卽人心 相應相關 猶適燕而至於燕 則燕之風
物 切於耳目肌膚 而己所言行 皆得施於燕也 此中庸之爲德 上達天地
鬼神 下徹夫婦飮食 俱恰與他誠然无妄之理相爲通合 若射者之中鵠
鏃已入侯 而非浮游依倚 相近而實相遠 故曰至也 論語知及之之及字 及
十二章察字 正可作此註脚）

2

　"중용의 덕 됨은[中庸之爲德]"[255]의 덕(德) 자는 뜻이 얕으니, 공덕
(功德)을 말하는 것과 같다. 또한 "귀신의 덕 됨은[鬼神之爲德]"[256]의
덕(德) 자와 한 가지 예이니, 성정(性情)의 공효(功效)로 말할 수 있
다. 다만 중용은 온전한 하나의 도리로 성정을 얻지 않은 상태를 말
한다. 그 본원은 귀신의 성(性)과 통할 수 있고, 그 발생은 귀신의 정
(情)과 통할 수 있으니, 요점은 공효 위에서 말한 데 있다. 사람들로
하여금 그것을 얻어 남들에게 덕을 보일 수 있다면, 또한 "덕(德)이라
는 글자는 '얻는다[得]'는 뜻이다."[257]라고 말할 수 있을 것이다. 다만
도를 행하여 마음에서 터득함이 있는 것과는 같지 않으니, 말이 그것
을 행하는 데까지 미치지 않고 마음도 주된 명칭이 없기 때문이다.(中

---

255) 중용의 덕 됨은 : 이 문구는 『논어』「옹야」제29장에 보인다.

256) 귀신의 덕 됨은 : 이 문구는 『중용장구』제16장에 보인다.

257) 덕(德)이라는……뜻이다 : '덕(德)' 자에 득(得)의 뜻이 있음을 설명한 것이다.

庸之爲德 德字淺 猶言功德 亦與鬼神之爲德 德字一例 則亦可以性情
功效言之 但中庸是渾然一道理 說不得性情 其原本可與鬼神之性通
其發生可與鬼神之情通 而大要在功效上說 可令人得之而見德於人
則亦可云德之爲言得也 特與行道而有得於心不同 以未嘗言及行之者
而心亦無主名故)

3

　도가 행해지지 않고 도가 밝지 않기 때문에 중용에 능한 자가 적다.
'민(民)'[258]은 일반 백성들이니, 문왕 같은 성인을 기다린 뒤에 흥기하
는 사람들이다. 문왕이 있으면 이 중용의 도가 크게 밝아져 집[家]·
나라[邦]·천하에 유행하여 백성들 모두 중용의 도를 따르고 말미암
을 것이다. 「강한(江漢)」[259]에서의 '노니는 여인[游女]'과 「토저(兎
罝)」[260]에서의 '야인(野人)'은 모두 중용에 능함을 본받음이 있다. 덕
과 지위를 가진 자가 지나치기도 하고 미치지 못하기도 하여 세교를
무너뜨리니, 그런 뒤에 백성들이 모두 혼몽해지는 것이다.
　중용의 도는, 성인은 그로써 자신을 하늘과 합하게 하고, 현인은 그

---

258) '민(民)' :『중용장구』제3장 '民鮮能'의 민(民)을 가리킨다.

259) 「강한(江漢)」: 이는『시경』주남(周南) 「한광(漢廣)」을 잘못 표기한 것이다.『시
경』대아(大雅)에 들어 있는 「강한(江漢)」은 주나라 선왕(宣王) 때의 일이므로, 여기서
말하는 문왕의 교화와 연관성이 없다.

260) 「토저(兎罝)」 :『시경』주남(周南)의 편명이다.

로써 성인이 되고, 일반 백성들도 그로써 잘못을 적게 한다. 나라에 특이한 정사가 없고, 집안에 다른 풍속이 없어야 백성들이 중용에 능하게 된다. 그러니 어찌 사람의 본성을 극진히 하여 천류(川流)와 돈화(敦化)[261]의 덕을 갖추어서 용(容)·집(執)·경(敬)·별(別)[262]의 덕업을 성취한 뒤에야 중용의 도에 능하다고 하겠는가? 삼산 진씨(三山陳氏)[263]의 역설(逆說)[264]은 문리가 이루어지지 않는다.(唯道不行不明 故民鮮能 民者 凡民也 待文王而後興 有文王 則此道大明 而流行於家 邦天下 民皆率繇之矣 江漢之游女 兎罝之野人 咸有以效其能於中庸 唯有德位者或過或不及 以壞世教 而後民胥夢夢也 中庸之道 聖以之合天 賢以之作聖 凡民亦以之而寡過 國無異政 家無殊俗 民之能也 豈盡人而具川流敦化之德 成容執敬別之業 乃云能哉 三山陳氏逆說 不成理)

---

261) 천류(川流)와 돈화(敦化) :『중용장구』제30장에 나오는 말로, 천류(川流)는 냇물이 갈라져 흐르는 것처럼 소덕(小德)을 비유한 것이고, 돈화(敦化)는 교화를 두텁게 한다는 뜻으로 대덕(大德)을 비유한 것이다.

262) 용(容)……별(別) :『중용장구』제31장에 보이는 "寬裕溫柔 足以有容也 發强剛毅 足以有執也 齊莊中正 足以有敬也 文理密察 足以有別也"에서 따온 말로, 용(容)은 용납, 집(執)은 집행, 경(敬)은 공경, 별(別)은 분별을 의미한다. 이는 각각 인(仁)·의(義)·예(禮)·지(智)에 해당한다.

263) 삼산 진씨(三山陳氏) : 송나라 때 학자 진공석(陳孔碩 ? - ?)을 말한다. 자는 부중(膚仲), 호는 북산(北山)·삼산(三山)이며, 복건성 복주(福州) 사람이다. 저술로『중용대학해(中庸大學解)』·『북산집(北山集)』등이 있다.

264) 삼신 진씨(三山陳氏)의 역설(逆說) :『중용장구대전』제4장 소주에 보이는 아래와 같은 설을 가리키는 듯하다. "三山陳氏曰 世之高明洞達識見絶人者 其持論常高 其視薄物細故 若浼焉 則必不屑爲中庸之行 如老佛之徒 不知者也 求以達理而反減人類 非過乎 至於昏迷淺陋之人 則又蔽於一曲而暗於天理 是又不及矣 二者 皆不能行道 世之刻意屬行 勇於有爲者 其操行常高 其視流俗汚世 若將浼焉 則必不復求於中庸之理 如晨門荷蓧之徒 本賢者也 果於潔身而反亂大倫 非過乎 至於闒茸卑汚之人 則又安於故常 而溺於物欲 是又不及矣 二者皆不能明道"

제4장

공자께서 말씀하셨다. "도가 행해지지 않는 이유를 나는 안다. 지혜로운 사람은 중용의 도를 지나치고, 어리석은 사람은 중용의 도에 미치지 못하기 때문이다. 도가 밝혀지지 않는 이유를 나는 안다. 어진 사람은 중용의 도를 지나치고, 불초한 사람은 중용의 도에 미치지 못하기 때문이다."

子曰 道之不行也 我知之矣 知者過之 愚者不及也 道之不明也 我知之矣 賢者過之 不肖者不及也 人莫不飮食也 鮮能知味也

『중용혹문』에 "일의 변화를 헤아린다.[揣摩事變]"라고 한 4자는, 말이 평이하고 얕은 데 가깝지만, 도리어 매우 상세하고 타당하다. 『중용』에 "지혜로운 자는 〈중용의 도를〉 지나치고[知者過之]"[265)라고 한 것이, 이와 같을 따름이다. 본문의 '지(之)' 자[266)는 원래 도를 가리켜 말한 것이다. 어질거나 지혜로운 자는 이 도 위에서 그들의 지(知)·행(行)을 행하니, 별도로 종풍(宗風)을 세우는 이단과는 현격히 구별된다. 노자(老子)의 설에 "〈본원으로〉 돌아가는 것이 도의 활동이고, 유약한 것이 도의 작용이다.[反者 道之動 弱者 道之用]"[267)라고 한 것, 불가(佛家)의 설에 "본각(本覺)[268)은 묘하고도 밝으며, 성각(性覺)은 밝고도 묘하다.[本覺妙明 性覺明妙]"[269)라고 한 것과 같은 경우는,

---

265) 지혜로운……지나치고 : 이 문구는 『중용장구』 제4장에 보인다.

266) '지(之)' 자 : 『중용장구』 제4장 '과지(過之)'의 지(之) 자를 가리킨다.

267) 본원으로……작용이다 : 이 문구는 『노자도덕경』 제40장에 보인다.

268) 본각(本覺) : 현상계의 제상(諸相)을 초월한 곳에 존재하는 궁극적인 깨달음을 말한다.

269) 본각(本覺)은……묘하다 : 이 문구는 『기신론(起信論)』에 보인다.

그 발단이 사람들이 다니지 않는 길이며, 실용하는 데에 이르러서도 본원만을 지키거나 소유한 모든 것을 비우고자 하여 예악(禮樂)·형정(刑政)을 취해 모두 없애버리니, 우리 유가의 도와는 거리가 하늘과 연못처럼 현격하다. 그러니 그들에 대해 "〈중용의 도에서〉 지나치다.[過之]"라고 말할 수만은 없다. 예컨대, 어떤 사람이 연(燕)나라 수도인 연경(燕京)으로 간다고 가정해 보자. 지나치는[過之] 자는 잘못하여 연경(延慶)²⁷⁰⁾·보안(保安)²⁷¹⁾을 지나쳐 관문 북쪽 입구 밖까지 갈 것이다. 그러나 이단의 경우는 수레를 출발할 적에 남쪽으로 말머리를 돌릴 것이다. 그러므로 지혜로운 자의 지나침은 추측하고 헤아려서 일에 나아가 그 법칙을 잃는 것일 뿐임을 알 수 있다.

이 장 및 아래 장의 3개 '도(道)' 자는, '수도지위교(修道之謂敎)'의 '교(敎)' 자가 일의 측면에서 말한 것임을 밝힌 것이다. 『중용장구』의 주에 "〈'도(道)'는〉 천리의 당연함이다.[天理之當然]"²⁷²⁾라고 한 것은, '교(敎)'가 나온 근원을 미루어 근본해서 이미 이루어진 묘함을 칭찬한 것이다. 운봉 호씨(雲峰胡氏)는 불편불의(不偏不倚)와 무과불급(無過不及)으로 나누어 해석하였는데²⁷³⁾, 그 의미가 비슷하니 또한 그 뜻을 터득한 듯하다. 주자는 원래 발하여 모두 중도에 맞는 절도 위에

---

270) 연경(延慶) : 현 북경시 북쪽 하북성(河北省)에 속한 지명이다.

271) 보안(保安) : 현 북경시 북쪽 하북성 선화시(宣化市)에 속한 지역의 명칭이다.

272) '도(道)'는……당연함이다 : 이 문구는 『중용장구』 제4장의 주에 보인다.

273) 운봉 호씨(雲峰胡氏)는……해석하였는데 : 운봉 호씨는 원나라 학자 호병문(胡炳文 1250-1333)을 말한다. 운봉 호씨의 설은 『중용장구대전』 제4장 소주에 보이는데, 그 전문은 다음과 같다. "雲峰胡氏曰 只是一道字 首章釋道也者曰 道者 事物當然之理 皆性之德而具於心 爲下文不可須臾離而言也 此章釋道字曰 道者 天理之當然 中而已矣 爲下文過不及而言也 然事物當然之理 卽是天理之當然 性之德而具於心 亦中而已矣 特 具於心者是不偏不倚之中 此是無過不及之中 章句錙銖不差也"

서 과·불급이 없는 것을 말한 것이니, 도의 작용[用]을 말한 것일 뿐이다.

도의 작용은 곧 가르침[敎]이다. 아들·신하·동생·벗 등 사회관계 속에서 예악을 제정하자면 중간에 허다한 변화가 있게 마련이다. 선왕이 만든 바의 도는, 그 변화를 극진히 하여 사람들이 선택해 집행하기를 기다린 것일 따름이다. 만약 단지 한 때의 총명함이나 의지에 따라 추측하여 합하기를 구한 것이라면, 대상에 따라 생각이 옮겨가 한 가지 일을 이룩하는 데 진력해 밝게 살피는 것을 극진히 하지 않는 것은 아니지만, 정상적으로 오래 행할 수 있는 도가 아니니, 이는 지혜로운 자의 지나침이다. 어진 사람의 지나침은 서적(徐積)[274]의 효성처럼 차마 돌을 밟지 못한 것이나 굴원(屈原)[275]의 충성처럼 스스로 강물에 빠져죽은 것과 같은 경우이다. 그렇지만 예가 지나치게 번다하고, 음악[樂]이 지나치게 맑으며, 형벌[刑]이 지나치게 자세하고, 정사[政]가 지나치게 정밀한 것이, 이단이 성스럽고 지혜로움을 끊어버리고 임금과 어버이를 배반하는 것과 어찌 같겠는가? 이런 점들은 절실히 분별해서 이단과 혼동하지 말아야 한다.(或問揣摩事變四字 說近平淺 卻甚諦當 所謂知者過之 只是如此 本文一之字 原指道而言 賢知者亦

---

274) 서적(徐積 1028-1103) : 송나라 때 사람으로 자는 중거(仲車), 시호는 절효처사(節孝處士)이며, 강소성 산양(山陽) 사람이다. 성품이 지극히 효성스러웠으며, 호원(胡瑗)에게 수학하였다. 부친의 이름이 '석(石)'이었기 때문에 평생 석기(石器)를 사용하지 않았으며, 돌을 밟지 않았다. 저술로『절효집(節孝集)』·『순자변(荀子辯)』등이 있다.

275) 굴원(屈原 약BC.339-약BC.278) : 전국 시대 초나라의 대부로, 성은 굴(屈), 이름은 평(平), 자는 원(原)이다. 학문이 박식하고 식견이 넓어 초 회왕(楚懷王)의 신임이 두터웠으나, 간신배의 참소를 받고 관계가 소원해졌다. 「이소(離騷)」를 지어 충간(忠諫)하였으나 받아들여지지 않자 멱라강(汨羅江)에 몸을 던져 죽었다. 저술로 초사(楚辭)를 대표하는 「이소」·「구장(九章)」·「구가(九歌)」등이 있다.

在此道上用其知行 固與異端之別立宗風者迴別 如老子說反者道之動
弱者道之用 佛氏說本覺妙明 性覺明妙 他發端便不走者條路 到用處
便要守雌守黑 室諸所有 乃至取禮樂刑政 一概掃除 則相去天淵 不可
但云過之矣 如人往燕 過之者誤蹈延慶保安 到口外去 異端則是發軔
時便已南轅 故知知者之過 亦測度揣摩 就事而失其則耳 此章及下章
三道字 明是修道之謂教 一教字在事上說 章句所云天理之當然 乃以
推本教之所自出 而贊其已成之妙 雲峰以不偏不倚無過不及分釋 依
稀亦似見得 以朱子元在發而皆中之節上言無過不及 則亦言道之用而
已 道之用即是教 就子臣弟友以及於制禮作樂 中閒自有許多變在 先
王所修之道 固已盡其變 而特待人擇而執之 若但乘一時之聰明志意
以推測求合 則隨物意移 非不盡一事之致 極乎明察 而要非經遠可行
之道 此知者之過也 若賢者之過 則亦如徐積之孝 不忍履石 屈原之忠
自沈於淵 乃至禮過繁而樂過清 刑過嚴而政過密 亦豈如異端之絕聖智
而叛君親也哉 此等區處 切須揀別 勿以異端混入）

제6장

공자께서 말씀하셨다. "순임금, 그분은 크게 지혜로운 분이셨도다. 순임금은 남에게 묻기를 좋아하시고 일상적으로 가까운 말을 살피기를 좋아하시되 남의 악을 숨겨주고 선을 드러내 주었으며, 그 두 극단을 잡고서 백성들에게 중도를 쓰셨다. 이것이 바로 순임금인 이유이다."

子曰 舜其大知也與 舜好問而好察邇言 隱惡而揚善 執其兩端 用其中於民 其斯以爲舜乎

1

　도를 행하는 것은 이 도를 행하여 교화를 이룩하는 것이다. 도를 밝히는 것은 이 도를 밝혀 가르침[敎]을 세우는 것이다. 순임금은 이 점을 알았기 때문에 도가 백성들에게 행해진 것이다. 안자(顔子)[276]는 그 점을 가슴속에 깊이 새겨 잃지 않았기 때문에 도를 밝히는 데 참여할 수 있었던 것이다. 어질고 지혜로운 자처럼 지나치거나, 어리석고 불초한 자처럼 미치지 못하면, 가르침을 세우는 근본을 잃게 될 것이다. 그런데 하물며 천하 사람들과 함께 도를 밝혀 천하에 행할 수 있겠는가? 천하 사람들과 함께 도를 밝혀 천하에 행한다면 가르침이 쇠퇴하지 않을 것이고, 백성들이 아무리 어리석고 천할지라도 중용의 도에 능한 자가 적어진 지 오래되었다고 탄식하는 데까지는 이르지 않을 것이다. 중간에 도를 밝히고 도를 행하는 것이 서로 연관됨을 드러내면서, 순임금·안자만을 거론하였다. 순임금이 도를 행하고 안자

---

276) 안자(顔子) : 공자의 제자 안회(顔回)를 가리킨다.

가 도를 밝힌 점은 다시 결론지어 말할 필요가 없을 것이다.(行道者
行此道以成化也 明道者 明此道以立教也 舜惟知之 故道行於民 顏子
惟服膺而弗失 故可與明道 若賢知之過 愚不肖之不及 則已失立教之
本 而況能與天下明之而行於天下哉 與天下明之而行於天下 則教不
衰 而民雖愚賤 亦不至鮮能之久矣 就中顯出明行相因 只舉一舜顏便
見 而舜之行道 顏子之明道 則不待更結言之也)

2

『중용혹문』에서는 앞에 "순임금은 지혜로웠으나 지나치지 않았
다.[舜之知而不過]"[277], "안회는 어질었으나 지나치지 않았다.[回之賢
而不過]"[278]고 하여 '지나치다[過]'는 한쪽 면으로만 돌이켜 보다가
뒤에 이르러서는 과·불급의 양쪽 영향을 나누어 말하였다. 이런 부분
은 뜻이 지극하니 가볍게 보아서는 안 된다. 따라서 『중용혹문』을 만
든 사람이 이와 같이 열어놓았다 합했다 하며 이치를 극진히 설명한
점을 알아차려야 한다. 어질거나 지혜로움을 말하면 자연히 아름다운
명칭이다. 순임금의 지혜도 단지 지나친 사람과 그 지혜를 함께 한 것
일 뿐이며, 안회의 어짊도 단지 지나친 사람과 그 어짊을 함께 한 것
일 뿐이다. 지극한 덕이 완성된 데에 이르면 순임금·안회 같은 분들

---

277) 순임금은⋯⋯않았다 : 이 문구는 『중용혹문』 제6장의 해석 중 앞부분에 보인다.
278) 안회는⋯⋯않았다 : 이 문구는 『중용혹문』 제8장의 해석 중 앞부분에 보인다.

일지라도 단지 미치지 못함[不及]이 없을 뿐이다.

타고난 자질의 험난하고 평이한 측면을 가지고 논한다면, 자연히 어질고 지혜로운 한 쪽 부류로 쏠리게 되어, 그들에게 도를 행하고 도를 밝히는 책임을 맡기게 된다. 어리석고 불초한 자는 공력을 기울이는 것이 어질고 지혜로운 자에 비해 반드시 두 배는 될 것이다. 어질고 지혜로운 자를 말한 것은 어리석고 불초한 자들도 그런 경지에 이르기를 바라야 한다는 점을 또한 드러낸 것이다. 이에 대해 생동감 있게 보면『중용혹문』에서 말한 은밀한 뜻을 충분히 알 수 있을 것이며,『중용』을 읽는 데 귀결점이 있게 될 것이다.(或問前云舜之知而不過 回之賢而不過 單反過一邊 後卻雙影過不及分說 此等處極不易看 當知說書者 須是如此開合盡理 說箇賢知 自然是美名 舜之知 亦止與過者同其知 回之賢 亦止與過者同其賢 及至德之已成 則雖舜顔 亦但無不及而已 抑論天資之難易 自然儘着賢知一流 而付以行道明道之任 若愚不肖者 則其用功固必倍也 乃言賢知 則愚不肖之當企及亦見 於此活看 足知或問之密 而中庸之爲有歸宿矣)

제7장

공자께서 말씀하셨다. "사람들은 모두 '나는 지혜롭다'라고 말하지만 그들을 몰아 그물과 덫과 함정 속으로 집어넣는데도 피할 줄 모른다. 사람들은 모두 '나는 지혜롭다'라고 말하지만 중용을 택하여 한 달 동안도 지키지 못한다."

子曰 人皆曰予知 驅而納諸罟擭陷阱之中而莫之知也 人皆曰予知 擇乎中庸而不能期月守也

1

  "중용을 택하여 능히 지키지 못한다."는 말은 지나침[過]과 미치지 못함[不及] 두 가지를 겸하여 말한 것이다. 어리석거나 불초한 자도 "나는 지혜롭다.[予知]"고 말한다는 점을 알아야 한다. 『중용혹문』에 "생각을 각박하게 하고 행실을 높게 하여 세속을 놀라게 한다.[刻意尙行 驚世駭俗]"279)고 한 말은, 한 가지 단서를 치우치게 거론한 것이다. 요컨대, 그가 중용을 택한 뒤에 굳게 지킨다면, 혹 지나치게 고상하여 계속할 수 없다는 것이다. 대체로 행동을 절제할 적에 처음을 삼가고 은미한 것을 삼가는 공력을 한 배 더 기울임이 없다면, 중간에 달고 쓴 조리들을 절실히 터득할 수 없다. 그러므로 한 달도 지키지 못하고 잃게 된다. 이는 어진 사람의 지나침으로, 큰 단서가 맹랑하고 성글고 거친 것을 따라 터득하기 때문이니, 자기가 알고 있는 바를 지킬 수 없는 것이 당연하다. 불초한 자의 경우는 그 점을 알더라도 지킬 힘이

---

279) 생각을……한다 : 이 문구는 『중용혹문』 제4장 해석 중에 보인다.

없으니, 또한 말할 필요도 없다.(擇乎中庸而不能守 兼過不及兩種說 須知愚不肖者 亦未嘗不曰予知也 或問刻意尚行 驚世駭俗 亦偏舉一端 總繇他擇乎中庸後 便靠硬做 則或過高而不可繼 蓋於制行時無加一倍謹始愼微之力 則中閒甘苦條理 不得親切 故不能守之期月而不失 是賢者之過 大端因孟浪疎虆而得 其不能守其所知也固然 若不肖者 雖知之而守之無力 又不待言矣)

제8장

공자께서 말씀하셨다. "안회(顔回)의 사람됨은 중용을 택하여 하나의 선이라도 얻으면 정성껏 받들어 가슴속에 새겨서 그것을 잃지 않았다."

子曰 回之爲人也 擇乎中庸 得一善則拳拳服膺而弗失之矣

1

『중용장구』의 주에 순임금이 중용의 도를 쓴 것에 대해 "행함이 지극하다.[行之至]"[280]라고 한 것은ㅡ'지(至)' 자에 조금 병폐가 있으니, 자신에 대해서만 말하고 천하에까지 미치지 못한 듯하다.ㅡ 순임금이 도를 행하자 도가 그로 인해 행해졌다는 것이다. 그런데 안자(顔子)에 이르러서는 3구로 나누어 말하면서[281] "중용을 택하였다.[擇乎中庸]" 위에 "참되게 알았다.[眞知]"는 한 층을 덧붙였다. 내 생각으로는, 『중용』에 공자의 말씀을 인용한 경우는 단지 행실을 중시한 것으로 보인다. 공자가 말한 안자가 "중용을 택했다."는 것[282]과 "나는 지혜로운 사람이다.[予知]"[283]

---

280) 행함이……것이다 : 이 문구는 『중용장구』제6장의 주에 보이는데, 그 전문은 다음과 같다. "兩端謂衆論不同之極致 蓋凡物皆有兩端 如小大厚薄之類 於善之中 又執其兩端 而量度以取中 然後用之 則其擇之審 而行之至矣"

281) 세……말하면서 : 『중용장구』제8장의 주에 "顔子蓋眞知之 故能擇能守 如此"라고 한 말을 풀이한 것이다. 즉 중용을 아는 것[眞知], 능히 중용을 택하는 것[能擇], 중용을 능히 지키는 것[能守] 세 단계를 말한다.

282) 안자가……것 : 이는 『중용장구』제8장에 있는 내용이다.

라고 말한 것은 같은 말로 다른 뜻이 없으니, 위에 '진지(眞知)'라는 한 마디 말을 덧붙일 필요가 없다.

『중용장구』의 주에는 "능히 지키는 것을 말한 것이다.[言能守]"[284]를 "받들어 잡고서 마음속에 붙여두다.[奉持而著之心胸之間]"[285] 아래에 두었으니[286], 본문의 "그것을 잃지 않았다.[弗失之矣]"[287]는 4자는 별도의 한 가지 뜻이 된다. 이 1구(句)[288]는 아래를 거느리는 말이 아니지만, 단지 '권권복응(拳拳服膺)'으로 하나의 구두를 떼어서는 안 된다. '잃지 않았다.[弗失]'는 것은 "묵묵히 그것을 기억한다.[黙而識之]"[289]고 할 때의 지(識)의 뜻이다. 안자는 자신에게서 그런 점을 터득하였으니, 지극한 도가 모두 가문의 보배처럼 되어 명료하게 인식된 것이다. 가령 그것으로 가르침[敎]을 세운다면, 어렴풋이 추측하여 맞추거나 드러나지 않고 실제적이지 않은 병폐를 없게 할 수 있을 것이다. 안자는 일찍 세상을 떠나 도를 밝힌 공적을 볼 수 없으나, 순임금이 천하에 도를 행한 것과 마찬가지일 것이다. 그러나 공자가 〈하늘이〉 나를 버리셨구나![天喪予]"[290]라고 탄식한 것을 보면, 공자가

---

283) 나는……사람이다 : 이는 『중용장구』 제7장에 있는 공자의 말이다.

284) 능히……것이다 : 이 문구는 『중용장구』 제8장의 주에 보인다.

285) 받들어……붙여두다 : 이 문구는 『중용장구』 제8장의 주에 보인다.

286) 『중용장구』에는……두었으니 : 『중용장구』 제8장의 주에 "拳拳 奉持之貌 服 猶著也 膺 胸也 奉持而著之心胸之間 言能守"라고 한 부분을 가리켜 말한 것이다.

287) 그것을……않았다 : 이 문구는 『중용장구』 제8장 본문에 보인다. 제8장 본문은 다음과 같다. "子曰 回之爲人也 擇乎中庸 得一善 則拳拳服膺而弗失之矣"

288) 1구(句) : 『중용장구』 제8장의 '권권복응(拳拳服膺)'을 가리킨다.

289) 묵묵히……기억한다 : 이 문구는 『논어』 「술이」 제2장에 보인다.

290) 하늘이……버리셨구나 : 이 문구는 『논어』 「선진」 제9장에 보인다.

안자에게 기대했던 것이 스스로 도를 밝힌 점을 취한 것만은 아닐 것이다.(章句於舜用中 說箇行之至 (至字微有病 似只在身上說 未及於天下) 則是舜行道而道因以行矣 至顏子 卻作三節說 又於擇乎中庸上 加眞知一層 愚意中庸引夫子說 旣只重行 而夫子所言顏子之擇乎中庸 亦與予知之人同詞而無異 則更不須添一眞知於上 且章句以言能守繫之奉持而著之心胸之閒之下 則弗失之矣四字 別是一意 此一句不是帶下語 勿僅於拳拳服膺句僅作一讀 弗失者 默而識之識也 顏子旣能得之於己 則至道皆成家珍 了了識念 使以之立敎 可無恍惚億中 不顯不實之病矣 顏子早世 固不得見其明道之功 與舜之行道於天下者等 然觀夫子喪予之歎 則所以期顏子者 非但取其自明也)

제9장

공자께서 말씀하셨다. "천하와 국가를 고루 다스릴 수 있고, 벼슬과 녹봉을 사양할 수도 있으며, 시퍼런 칼날 위를 밟을 수도 있지만 중용은 능할 수 없다."

子曰 天下國家 可均也 爵祿 可辭也 白刃 可蹈也 中庸 不可能也

1

　『중용장구』 제9장의 뜻에 대해 『중용혹문』과 『중용장구』의 주는 본 디 하자가 없다. 다만 소주에 실린 『주자어록』의 말은 대단히 의심할 만하다. 정자·주자가 『소대기(小戴記)』 안에 들어 있던 『중용』을 떼 어내 다른 편과 같지 않게 하였지만, 실제로 숨길 수 없는 점은 '수도 지위교(修道之謂教)'의 주석 중 '중용'이 정해진 본체가 없지 않다는 점을 밝힌 것이다.[291] 그런데 『주자어록』에서는 "중용은 이 세 가지[292] 의 사이이니, 별도로 한 개의 도리가 있는 것은 아니다."[293]라고 하였

---

291) 실제로……것이다 : 『중용장구』 제1장 '수도지위교(修道之謂教)'에 관한 해석을 보면, '중용(中庸)'의 의미가 어떻게 나오게 되었는지를 알 수 있다. 참고로 이 부분 원 문을 제시하면 다음과 같다. "修 品節之也 性道雖同 而氣稟或異 故不能無過不及之差 聖人因人物之所當行者而品節之 以爲法於天下 則爲之教"

292) 세 가지 : 『중용장구』 제9장에서 언급한 천하·국가를 균평히 다스리는 것, 작록 을 사양하는 것, 시퍼런 칼날을 밟는 것을 가리킨다.

293) 중용은……아니다 : 이 문구는 『중용장구대전』 제9장 소주에 보이는데, 그 전문 은 다음과 같다. "朱子曰 中庸便是三者之間 非是別有一箇道理 只於三者做得恰好處 便 是中庸"

으니, 성현·제왕의 한 단락 큰 학술과 큰 치도(治道)를 말살하여 정해진 본체가 없는 허황된 이름이 되게 하고서 일체를 거기에 기탁한 것이다. 그렇다면 요(堯)·순(舜)·우(禹)가 주고받은 바, 위로는 천리의 자연과 치우치지 않고 의지하지 않는 절제된 문장을 따르고, 아래로는 사람과 생물의 성품을 극진히 한 것이 과연 무엇을 택하고 무엇을 잡은 것이란 말인가?

이 장의 글은 분명 '자로가 완성된 사람에 대해 질문한'[294] 1장과 연관되니, 그 증거가 드러난다. 이 장의 "천하와 국가를 균평히 다스릴 수 있다.[天下國家 可均]"는 것은 『논어』의 '염구(冉求)[295]의 재예[冉求之藝]'이고, 이 장의 "작록을 사양할 수 있다.[爵祿可辭]"는 것은 『논어』의 '공작(公綽)[296]의 욕심이 없음[公綽之不欲]'이며, 이 장의 "시퍼런 칼날을 밟을 수 있다.[白刃可蹈]"는 것은 『논어』의 '변장자(卞莊子)[297]의 용기[卞莊子之勇]'다. 그리고 『논어』의 "예·악으로써 그를 문채 나게 하면[文之以禮樂]"[298]이라고 한 것은, 바로 중용이다. 중용에 도달하면 별도로 하나의 용광로가 있으니, 재예[藝]·청렴[廉]·용기[勇]를 쓸 수 있도록 잘 성취하는 것에 대해 천하·국가를 균평히 다스리고 작록을 사양하고 시퍼런 칼날을 밟는 중도를 따를 뿐만이

---

294) 자로가……질문한 : 이는 『논어』 「헌문」 제12장을 가리키는데, 그 전문은 다음과 같다. "子路問成人 子曰 若臧武仲之知 公綽之不欲 卞莊子之勇 冉求之藝 文之以禮樂 亦可以爲成人矣"

295) 염구(冉求) : 공자의 제자로 노(魯)나라 사람이며, 자는 자유(子有)이다. 정사에 밝았으며, 계씨(季氏)의 가신으로 정치에 종사하였다.

296) 공작(公綽) : 춘추시대 노나라 대부로, 『논어』 「헌문」 제11장에 보이는 '맹공작(孟公綽)'을 말한다.

297) 변장자(卞莊子) : 춘추시대 노나라 변읍(卞邑)의 대부를 가리킨다.

298) 예·악으로써……하면 : 이 문구는 『논어』 「헌문」 제12장에 보인다.

아니라 이를 헤아려 더 좋게 하는 것이 바로 중용이다. 그렇다면 본문은 천하·국가를 균평히 다스릴 수 있고, 작록을 사양할 수 있고, 시퍼런 칼날을 밟을 수 있다는 것을 평이하게 말했을 뿐이지만, 아래·위를 꿰뚫어 말한 것이니, 너무 지나치거나 미치지 못하여 중도에 맞지 않음이 있는 것을 어디에서 보겠는가?

『중용』한 책은 아래로 처·자식과 화합하고 형제와 화목하는 것으로부터 위로 귀신을 이르게 하고 천명을 받는 데까지 이르렀으니, 극진하다고 할 수 있다. 그러나 끝내 작록을 사양하고 시퍼런 칼날을 밟는 데에는 이르지 않았다. 즉 일에 나아가는 점으로 말하면, 그 국량이 협소하여 극진히 함이 자기에게 달려있을 뿐, 천지를 제자리 잡게 하고 만물을 길러주는 큰 덕화에는 부족하다. 그리고 사람으로 말하면, 그 사람됨은 그 성품이 가까이 하는 바를 일컫지만, 곧장 나아가면 천하에 이른바 중용이라는 것이 있어서 그것을 배워야 하는 줄을 애초 모르게 된다.

천하·국가를 균평히 다스리는 것은 중용을 일삼음이 있는 것이다. 그런데 '균평히 다스린다.[均]'는 것만 말했을 뿐이니, 영토와 도판(圖版)을 차등 있게 하고, 성대한 보좌관과 인민을 위치시키는 데 불과하다. 자로(子路)[299]가 "어찌 반드시 독서를 한 뒤에야 배우는 것이 되겠습니까?"[300]라고 한 것은, 그가 '1천 대의 전차를 출동할 수 있는 제후국에서 그 나라 군대 재정을 다스릴 만한 능력'을 가졌음을[301] 보여주

299) 자로(子路) : 춘추시대 위(衛)나라 사람으로, 공자의 제자인 중유(仲由)를 가리킨다. 자로는 그의 자이다.

300) 어찌……되겠습니까 : 이 문구는 『논어』「선진」제23장에 보인다.

301) 그가……가졌음을 : 『논어』「공야장」제7장을 보면, 노나라 대부 맹무백(孟武伯)

는 것이다. 후세에 그런 예를 찾아본다면, 한 문제(漢文帝)가 거의 형벌을 집행하지 않고서 나라를 다스렸으니, 균평히 다스림이 지극했다고 할 수 있을 것이다. 그는 예악에 이르러서도 겸양하여 실행하는 데 겨를이 없었다. 오직 그는 안으로 존양(存養)·성찰(省察)하는 공부를 통해 천명이 유행하는 실체를 보지 못했고, 밖으로 삼중(三重)[302]의 권한을 갖추어 허물을 적게 할 수 없었을 따름이다.

존양하고 성찰하는 것이 삼중의 근본이니, 천리는 동·정에 모두 드러나 하늘을 알고[知天] 사람을 아는[知人] 도가 나타난다.―고요할 때 천심(天心)을 보는 것이 하늘을 아는 것이고, 움직일 때 사물의 이치를 살피는 것이 사람을 아는 것이다.― 삼중은 존양하고 성찰하는 가운데 혼자만 아는 바를 삼가는[愼獨]는 마음이 기꺼이 발하여 중(中)·화(和)의 이치를 갖추어서 천하에 행해지는 것이다. 『중용』한 편은 처음부터 끝까지 합하였다 펼쳐졌다 하는 사이에 이 이치가 아닌 것이 없다. 지금 『주자어류』의 설처럼 천하·국가를 균평히 다스리고, 작록을 사양하고, 시퍼런 칼날을 밟는 중도를 구구하게 말하여 중용을 구하는 것이 어찌 옳겠는가? 천하·국가를 균평히 다스리는 것은, 그 어떤 명가(名家)·법가(法家)·권모술수도 다 버리고―예컨대, 가생(賈生)[303]·조착(晁錯)[304]이 제후들을 의논해 정

이 공자에게 '자로는 어진 사람입니까?'라고 묻자, 공자가 그에게 답변한 말이다. 『논어』의 원문은 다음과 같다. "孟武伯問 子路仁乎 子曰 不知也 又問 子曰 由也 千乘之國 可使治其賦也 不知其仁也"

302) 삼중(三重) :『중용장구』제29장에 보이는 말로, 제28장에서 거론한 예를 의논하는 것[議禮], 제도를 제정하는 것[制度], 글자의 명칭을 상고하는 것[考文]을 가리킨다.

303) 가생(賈生) : 전한(前漢) 때의 사상가 가의(賈誼 BC.200-BC.168)를 가리킨다. 가의는 문제(文帝) 때 태중대부(太中大夫)가 되어 정삭(正朔)을 개정하고, 복색(服色)을 바꾸고, 법도를 제정하고, 예악을 일으켰다. 그러나 주발(周勃)·관영(灌嬰) 등의 탄핵을 받고 장사왕(長沙王)의 태부(太傅)로 좌천되었다.

한 것과 같은 것들이다.— 별도로 한 번 천하를 경륜하여 윗사람은 편안하고 백성들은 잘 다스려지며, 풍속을 바꾸어 중용의 쓰임을 펼 수 있게 하는 것이다. 작록을 사양하는 것으로 말하면, 도를 행할 수 없으니 물러나 도를 밝히는 것으로 자신의 임무를 삼는 것이다. 마치 공자가 노나라로 돌아가 노년을 보내면서 육경을 산정(刪定)하는 데 공력을 기울인 것처럼, 중용 위에서 자기가 능한 것을 드러내는 것이지, 한 번 작록을 사양한 것이 마땅함을 얻는 것은 아니니, 그렇게 되어야 중용이라고 할 수 있다. 시퍼런 칼날을 밟는 것은, 비간(比干)[305]처럼 지극히 정당할지라도 시운(時運)과 천명을 만난 것이 좋지 않아 도를 행할 수도 없고 도를 밝힐 수도 없는 경우이다. 이런 경우는 자신을 온전히 보전하지도 못하고 죽는 것을 스스로 편안히 여기니, 자신을 아껴 도를 보존할 수도 없다.

본문에서 앞에 있는 3개의 '야(也)' 자[306]는 한 기운으로 내려갔고, 마지막 하나의 '야(也)' 자[307]가 결론을 지어 바르게 하였다. 이 문장은 그런 경우[308]에 가능한 것이 여기[309]서는 불가하다는 점을 말한 것

----

304) 조착(晁錯 BC.200-BC.154) : 전한 경제(景帝) 때의 사상가로, 어사대부를 지냈다. 경제에게 백성을 변방으로 옮겨 흉노의 침입에 대비하고, 제후들의 권한을 줄여 조정을 견고히 할 것을 주장하였다.

305) 비간(比干) : 은나라 말기 주왕(紂王)의 숙부로, 학정을 간하다가 피살되었다.

306) 세……'야(也)' 자 : 『중용장구』 제9장 앞쪽에 보이는 '可均也'·'可辭也'·'可蹈也'의 3개 야(也) 자를 가리킨다.

307) 마지막……'야(也)' 자 : 『중용장구』 제9장 마지막에 보이는 '不可能也'의 야(也) 자를 가리킨다.

308) 그런 경우 : 천하와 국가를 균평히 다스리는 것, 작록을 사양하는 것, 시퍼런 칼날을 밟는 것을 말한다.

309) 여기 : 중용을 가리킨다.

이지, 사람의 본성을 극진히 해도 〈중용에〉 능할 수 없다는 점을 말한 것은 아니다. 또한 능히 천하를 균평히 다스리고, 작록을 사양하고, 시퍼런 칼날을 밟을 수 있는 사람이 중용에 능할 수 있다는 것을 인정하지 않은 것이다. 천하를 균평히 다스릴 수 있고, 작록을 사양할 수 있고, 시퍼런 칼날을 밟을 수 있지만 중용에는 능할 수 없으니, 중용에 능한 자는 반드시 존양하고 성찰하여 덕을 닦고 도를 모아 중(中)·화(和)의 작용을 극진히 하는 데에 근본을 둔 뒤에야 가능한 것이다. 그러므로 아래에 "오직 성인이라야 중용에 능하다.[唯聖者 能之]"[310]라고 말한 것이니, 어의가 서로 창화(唱和)하여 뜻이 저절로 드러난다. 중용의 덕은 보존하면 천하의 대본(大本)이 되고, 발하면 천하의 달도(達道)가 된다. 따라서 온 천하 사람들과 함께 날마다 써서 공손함을 돈독히 함에 천하가 평치(平治)되는[311] 교화를 이룩하니, 어찌 한 가지 재능이나 한 가지 절도 사이에서 득실을 다투겠는가?

『중용혹문』에 "대체로 세 가지 일은 지(智)·인(仁)·용(勇)의 등속이다.[蓋三者之事知仁勇之屬]"[312]라고 하였는데, 한 개의 '속(屬)' 자가 안정되고 생동감이 있으니, 소주의 "세 가지는 지·인·용에 나아가 말한 것으로 어진 자의 지나친 일이다.[三者亦就知仁勇說來 蓋賢者過之之事]"[313]라는 등의 말과 비교해 저절로 같지 않다. 이 세 가지와 중용의 관계는 마루[堂]와 방안[室]처럼 현격히 다르고, 사거리[逵]

---

310) 오직……능하다 : 이 문구는『중용장구』제11장에 보인다.

311) 공손함을……평치(平治)되는 : 이 문구는『중용장구』제33장의 "君子 篤恭而天下平"에서 따온 것이다.

312) 대체로……등속이다 : 이 문구는『중용혹문』제9장의 해석 중 앞부분에 보인다.

313) 세……일이다 : 이 문구는『중용장구대전』제9장 소주 주자의 설에 보인다.

와 지름길[徑]처럼 아예 다르다. 이 세 가지에 능하지만 중용을 일삼음이 없으면, 중도에 미치지 못하는[不及] 것도 되지 않는데 하물며 중도에서 지나치는[過] 것이겠는가?

앞장에서 '지나침[過]'과 '미치지 못함[不及]'을 말한[314] 것은, 모두 중용에 종사하는 자에 나아가 말한 것이다. 그런데 이 세 가지를 가진 사람에게 나아가 지나침과 미치지 못함을 말한다면, 다음과 같이 말할 수 있을 것이다. 천하를 균평히 다스리는 자로서 황제(黃帝)[315]·노자(老子)는 지나친 경우이고, 신불해(申不害)[316]·상앙(商鞅)[317]은 미치지 못한 경우이다. 작록을 사양한 자로서 계찰(季札)[318]은 지나친 경우이고, 지와(蚔䵷)[319]는 미치지 못한 경우이다. 시퍼런 칼날을 밟는 자로서 굴원(屈原)은 지나친 경우이고, 이극(里克)[320]은 미치지 못한 경우이다. 따라서 그들의 지나침도 이 세 가지에 지나친 것이고, 그

----

314) 앞장에서……말한 : 『중용장구』제4장에서 과(過)·불급(不及)에 대해 말한 것을 가리킨다.

315) 황제(黃帝) : 중국 상고시대 황제로 훤원씨(軒轅氏)라 부른다. 육서(六書)를 만들고 율려(律呂)를 정하고 의약을 창제하였다. 노자(老子)와 함께 도가의 시조로 일컬어지며, 이들의 학문을 황노학(黃老學)이라 부른다.

316) 신불해(申不害 약BC.385-BC.337) : 전국시대 정(鄭)나라 사람으로, 한 소후(韓昭侯)를 섬겼다. 그의 학술은 황노학에 근본을 한 것으로, 흔히 형명가(刑名家)라 일컫는다.

317) 상앙(商鞅 약BC.390-BC.338) : 공손앙(公孫鞅) 또는 위앙(衛鞅)이라고도 한다. 전국시대 위(衛)나라 사람으로, 진(秦)나라에서 벼슬하여 상군(商君)에 봉해졌다. 형명학(刑名學)을 주로 한 사상가이다.

318) 계찰(季札) : 춘추시대 오(吳)나라 공자이다. 연릉(延陵)에 봉해져 흔히 연릉계자(延陵季子)라 부른다.

319) 지와(蚔䵷) : 전국시대 제(齊)나라 대부의 이름이다. 『맹자』「공손추 하」제5장에 보인다.

320) 이극(里極 ?-BC.650) : 춘추시대 진(晉)나라 대부이다.

들의 미치지 못함도 이 세 가지에 미치지 못한 것이니, 어찌 중용과 비교해서 지나침과 미치지 못함이 된 적이 있던가?

그 세 가지 일이 지·인·용의 등속이 된다면, 이는 인성 안의 달덕(達德)에 나아가 말한 것이니, 이 세 가지 자질이 있으면 중용의 덕에 족히 들어갈 수 있다고 말할 수 있을 것이다. 마치 염구(冉求)·공작(公綽)·변장자(卞莊子)의 장점을 가지고 예악으로써 문채 나게 하는 데 나아갈 수 있는 것[321)과 같을 따름이다. 중용을 쓰는 지혜[知]와 가슴속에 새겨두는 어짊[仁]과 두루 화합하되 한쪽으로 치우치지 않고[和而不流] 중도에 서서 남에게 의지하지 않는[中立而不倚] 용기[勇]에 대해 자로는 그 요지를 물은 적이 없는데, 어찌 이 중용의 도에 참여할 수 있겠는가?

그러므로 『중용혹문』에서는 "반드시 행하는 데에서 취하여[必取於行]"322)라는 말로써 중용에 능하지 못한 병의 근원을 지적하였으니, 말하자면 일에 나아가 가능한 것을 구하고 아직 강구하지 않은 데에 대도(大道)를 둔 것이다. 『중용혹문』에 또 "사세가 급박하면[事勢之迫]"323)이라고 하였으니, 작록을 사양하고 시퍼런 칼날을 밟는 자가 중용에 능치 못한 까닭에 근원을 한 것이다. 비간(比干)이 직간하다 주왕(紂王)에게 심장을 도려내는 형벌을 받고 죽은 것은 한 번 떠나 영원히 돌아오지 않을 지사(志士)가 본받아 결행할 만한 사례이고, 기

---

321) 염구(冉求)……것 : 이 내용은 『논어』 「헌문」 제13장에 보인다.

322) 반드시……취하여 : 이 문구는 『중용혹문』 제9장 해석에 보이는데, 『독사서대전설』에는 '取必於行'으로 잘못 인용되어 있다. 참고로 『중용혹문』의 관련 구절을 인용해 보면 다음과 같다. "蓋三者之事 亦知仁勇之屬 而人之所難 然皆必取於行而無擇於義"

323) 사세가 급박하면 : 『중용혹문』 제9장 해석에 보이는데, 관련 구절을 인용하면 다음과 같다. "且或出於氣質之偏 事勢之迫 未必從容而中節也"

자(箕子)[324]가 「홍범(洪範)」[325]을 주 무왕(周武王)에게 진달한[326] 것은 기자가 끝내 자신의 발자취를 의탁할 수 없어서가 아니었다. 후세의 유자들은 이런 점을 살피지 않고 이 세 가지 일 가운데서 중용을 구하며, 또 서로 거느리고 근본이 없는 학문으로 들어갔다.(第九章之義 章句或問本無疵瑕 小註所載朱子語錄 則大段可疑 程朱雖摘出中庸於戴記之中 不使等於諸禮 而實不可揜者 則於修道之謂敎注中 已明中庸之非無定體矣 今乃云中庸便是三者之間 非是別有一箇道理 則竟抹殺聖賢帝王一段大學術大治道 而使爲浮游不定之名 寄於一切 則堯舜禹之所以授受 上因天理自然不偏不倚之節文 下以盡人物之性者 果何所擇而何所執乎 此一章書 明放着子路問成人一章是顯證據 天下國家可均 冉求之藝也 爵祿可辭 公綽之不欲也 白刃可蹈 卞莊子之勇也 文之以禮樂 則中庸是已 到中庸上 須另有一鑪錘在 則於以善成其藝廉勇之用 而非僅從均之辭之蹈之之中 斟酌較好 便謂中庸 使然 則本文只平說可均可辭可蹈 固徹上徹下而爲言 何所見其有太過不及 而非中也哉 中庸一書 下自合妻子翕兄弟 上至格鬼神受天命 可謂盡矣 而終未及夫辭祿蹈刃 則以就事言之 其局量狹小 僅以盡之在己 而不足於位天地育萬物之大 以人言之 則彼其爲人 稱其性之所近 硬直做去 初未知天下有所謂中庸者而學之也 唯均天下國家 則亦中庸之所有事 而但言均而已 不過爲差等其土宇昄章 位置其殷輔人民 則子

324) 기자(箕子) : 은나라 말 주왕(紂王)의 숙부로서 태사를 지냈다. 자주 간언을 하다가 잡혀 노예가 되었다. 은나라가 망한 뒤에 조선으로 가서 기자조선을 세웠다.

325) 「홍범(洪範)」 : 『서경』의 편명으로 기자가 지었다. 요·순 이래 정치·사상의 대법을 담고 있다.

326) 기자(箕子)가⋯⋯진달한 : 주나라 무왕이 은나라 주왕을 죽이고 무경(武庚)을 세워 제사를 받들게 하자, 기자가 돌아가 「홍범」을 지어 무왕에게 올렸다고 한다.

路所謂何必讀書然後爲學者 固可治千乘之賦 求之後世 則漢文幾至刑措 可謂均之至矣 而至於禮樂 固謙讓而未遑 唯其內無存養省察之功 見天命流行之實體 而外不能備三重之權以寡過也 存養省察者 三重之本 天理悉著於動靜 而知天知人之道見 (靜見天心則如天 動察物理則知人) 三重者 存養省察中所爲愼獨樂發 以備中和之理而行於天下者也 中庸一篇 始終開合 無非此理 今乃區區於均天下辭祿蹈刃之中求中庸 又奚可哉 均天下國家者 須撤下他那名法權術 (如賈生晁錯議定諸侯等) 別與一番經綸 使上安民治 風移俗易 方展得中庸之用出 若以辭爵祿言之 則道不可行 而退以明道爲己任 如孔子歸老於魯 著刪定之功方在中庸上顯其能 而非一辭爵祿之得其宜 便可謂之中庸 至蹈白刃則雖極其當如比干者 要亦逢時命之不猶 道既不可行而又不可明 弗獲已而自靖於死 不得愛身以存道矣 本文前三也字 一氣趨下 末一也字結正之 謂可乎彼者之不可乎此 非謂盡人而不可能 亦能均天下能辭祿能蹈刃者之不可許以能乎中庸爾 可均可辭可蹈者而不可能 則能中庸者 必資乎存養省察修德凝道以致中和之用者而後可 故下云唯聖者能之 語意相爲唱和 義自顯也 中庸之爲德 存之爲天下之大本 發之爲天下之達道 須與盡天下底人日用之 而以成篤恭而天下平之化 豈僅於一才一節之閒爭得失哉 或問云蓋三者之事 亦知仁勇之屬 一屬字安頓極活 較小註三者亦就知仁勇說來 蓋賢者過之之事等語 便自不同 三者之於中庸 堂室迥別 逕徑早殊 僅能三者 而無事於中庸 則且未嘗不及 而況於過 前章所云過不及者 皆就從事於中庸者言也 若就三者以言乎過不及 則均天下者 黃老過也 申商不及也 辭爵祿者 季札過也 蚳鼃不及也 蹈白刃者 屈原過也 里克不及也 乃其過亦過夫三者其不及亦不及夫三者 何嘗與中庸爲過不及哉 若其爲知仁勇之屬 則就夫人性中之達德而言 亦可謂有此三者之資 足以入中庸之德 猶冉

153

求公綽卞莊之可與進文禮樂而已 至於用中之知 服膺之仁 中和而不
流不倚之勇 彼固未嘗問律焉 而何足以與於斯 故或問以取必於行指
其不能中庸之病根 則謂其就事求可而置大道於未講也 抑云事勢之迫
則又以原夫辭爵祿蹈白刃者不能中庸之故 而比干之剖心 一往之士可
引決焉 箕子之陳範 則非箕子者終不能託迹也 後儒不察 乃於三者之
中求中庸 亦相率而入於無本之學矣)

2

『중용장구』의 주에 "이 세 가지 일은 어려우면서도 쉽고, 중용은 쉬
우면서도 어렵다.[三者難而易 中庸易而難]"[327]라고 하였으니, 참으로
두 항목으로 분명하게 말한 것이다. 그런데 "이 세 가지 일에 대해 잘
할 수 있는 것이 바로 중용이다.[只於三者 做得恰好處 便是中庸]"[328]
라고 말한다면, 이 세 가지 일이 어려운 것이지만 잘 할 수 있다는 것
은 또한 어려움을 더하는 것이니, '중용은 어렵고 또 어렵다.'고 말해
야지 어찌 쉽다고 말할 수 있겠는가? 이 세 가지 일 가운데 하나는 가
능할지라도 중용은 불가능하며, 세 가지 일 모두 가능할지라도 중용
은 또한 불가능하다. 장자방(張子房)[329]이 분발해 진시황을 칠 때 죽

327) 이……어렵다 : 이 문구는 『중용장구』 제9장의 주에 보인다.

328) 이……중용이다 : 이 문구는 『중용장구대전』 제9장 소주 주자의 설에 보인다.

329) 장자방(張子房) : 전한의 공신 장량(張良)을 말한다. 자방은 그의 자이다. 집안 대
대로 한나라 대신이었으나, 한나라가 진시황에게 망하자 원수를 갚고자 하였다. 황석공

음을 두려워하지 않고 한 고조(漢高祖)를 도와 천하를 평정하였다. 그리고 그는 인간사를 사양하고 적송자(赤松子)[330]를 따라 노닐었다. 다만 그는 존양·성찰하는 심학(心學)과 요·순·문왕·무왕이 삼중(三重)[331]으로 백성들에게 징험한 대도에 대해서는 하나도 강구하지 않았다. 이것이 바로 이 세 가지 일은 다 가능하지만 중용은 불가능하다는 하나의 증거다. 그러니 어떻게 중용이 이 세 가지 일 가운데 들어 있는 것이라고 말할 수 있겠는가?(章句云三者難而易 中庸易而難 固已分明作兩項說 若云三者做得恰好 便是中庸 則三者旣難矣 做得恰好抑又加難 當云中庸難而且難 何以云易哉 三者之中 隨一可焉 中庸不可能也 三者而皆可焉 中庸亦不可能也 張子房奮擊秦始皇而不畏死 佐漢高定天下 已乃謝人閒事 從赤松遊 顧於存養省察之心學 堯舜文武三重徵民之大道 一未之講 是三者均可 而中庸不可能之一證 安得謂中庸卽在三者之中哉)

(黃石公)에게 강태공(姜太公)의 병서를 전수받은 뒤, 한 고조를 섬겨 진나라를 멸망시켰다. 그 공으로 유후(留侯)에 봉해졌다.

330) 적송자(赤松子) : 중국 고대 신선의 이름이다.

331) 삼중(三重) : 『중용장구』제29장에 보이는 말로, 제28장에서 거론한 예를 의논하는 것[議禮], 제도를 제정하는 것[制度], 글자의 명칭을 상고하는 것[考文]을 가리킨다.

제10장

자로가 공자께 강(强)에 대하여 질문을 했는데, 공자께서 말씀하셨다. "남쪽 지방 사람들의 강함이냐? 북쪽 지방 사람들의 강함이냐? 아니면 너의 강함이냐? 너그럽고 부드러움으로써 가르치고 무도한 자에게 보복하지 않는 것은 남쪽 지방 사람들의 강함이니 군자는 이런 데에 마음을 둔다. 병기와 갑옷을 깔고 자면서 싸우다가 죽더라도 싫어하지 않는 것은 북쪽 지방 사람들의 강함이니 강(强)을 추구하는 사람들이 이런 데에 마음을 둔다. 그러므로 군자는 두루 화합하되 한쪽으로 흐르지 않으니 강하구나, 그 꿋꿋함이여. 중도에 서서 어디에 의지하지 않으니 강하구나, 그 꿋꿋함이여. 나라에 도가 있을 때에 지조를 변치 않으니 강하구나, 그 꿋꿋함이여. 나라에 도가 없음에 죽음에 이르더라도 변치 않으니 강하구나, 그 꿋꿋함이여."

子路 問强 子曰 南方之强與 北方之强與 抑而强與 寬柔以教 不報無道 南方之强也 君子居之 衽金革 死而不厭 北方之强也 而强者居之 故君子 和而不流 强哉矯 中立而不倚 强哉矯 國有道 不變塞焉 强哉矯 國無道 至死不變 强哉矯

"화합하되 한쪽으로 흐르지 않는다.[和而不流]"[332)]와 "중도에 서서 의지하지 않는다.[中立而不倚]"[333)]는 모두 공용(功用)에 나아가 말한 것이다. 『중용장구』의 주에 "인욕의 사사로움을 스스로 이기지 않으면 중용을 택하여 지킬 수 없다."[334)]라고 하였으니, 근원을 미루어 헤아린 말이다. 군자가 강하게 되는 것은 인욕을 이기는 데 있으니, 강한 것으로 볼 만한 경우는 "화합하되 한 쪽으로 흐르지 않는다."와 "중도에 서서 의지하지 않는다."에서 징험할 수 있다. 그러므로 아래의 두 단락[335)]과 한 가지 사례이니, "강하도다! 꿋꿋함이여.[强哉矯]"로 그 덕이 이루어졌음을 찬양한 것이다. 네 단락[336)]은 하나의 부차적인 본령일 뿐이다. 능히 그렇게 된 것은 인욕을 이기고 이치를 지키기 때문이

332) 화합하되……않는다 : 이 문구는 『중용장구』 제10장 제5절에 보인다.

333) 중도에……않는다 : 이 문구는 『중용장구』 제10장 제5절에 보인다.

334) 인욕의……없다 : 이 문구는 『중용장구』 제10장 제5절의 주에 보인다.

335) 아래……단락 : 『중용장구』 제10장 제5절의 "不變塞焉 强哉矯 至死不變 强哉矯"를 가리킨다.

336) 네 단락 : 『중용장구』 제10장 제5절의 네 단락을 말한다.

다. 다른 사람과 경쟁함이 없는 데에 나아가 보면, 그의 화합[和]을 보
게 된다. 자기를 행하면서 지키는 것을 잃지 않는 데 나아가 보면, 그
의 중립[中立]을 보게 된다. 대상에 따라 생각을 바꾸지 않는 데에 나
아가 보면, 그의 한 쪽으로 흐르지 않음[不流]을 보게 된다. 사사로운
생각을 가지고 경계를 삼지 않는 데에 나아가 보면, 그의 의지하지 않
음[不倚]을 보게 된다.

그러므로 이 중화(中和)는 덕이 이루어진 쓰임이지, 덕을 이룩하
는 공력이 아닌 줄 알겠다. 존양하여 근본을 세우면 의지하지 않는다
[不倚]는 말을 할 필요가 없으며, 성찰하여 절도에 맞게 되면 한쪽으
로 흐르지 않는다[不流]고 말할 필요가 없다. 그러므로 중용을 택하
여 지키는 것 외에 별도로 공부가 없으니, 오직 인욕을 이기는 데 힘
을 더하여 두 가지 쓰임을 곧게 할 따름이다.

지혜[知]와 인(仁)은 본성의 전체이고, 용기[勇]는 기(氣)의 큰 쓰
임[大用]이다. 지혜와 인으로 도를 행하는 경우는 공부가 이치를 보
존하는 데 있다. 용기로 도를 행하는 경우는 공부가 인욕을 막는 데
있다. 화합하되 한쪽으로 흐르지 않고 중도에 서서 의지하지 않는 데
에 이르면, 인욕을 물리쳐 천리로 하여금 그 바름을 얻게 한다. 이 1절
은 큰 용기의 기상을 그려낸 것일 뿐, 그것이 용기가 되는 까닭에 대
해서는 언급하지 않았음을 알아야 한다.(和而不流 中立而不倚 俱就
功用說 章句云非有以自勝其人欲之私 不能擇而守 是推原語 君子之
所以能爲强者在勝欲 而强之可見者 則於和不流中立不倚徵之 故與下
二段一例 用强哉矯以贊其德之已成 四段只是一副本領 其能爲爾者
則勝欲而守乎理也 就其與物無競 則見其和 就其行己不失 則見其中
立 就其不隨物意移 則見其不流 就其不挾私意以爲畔岸 則見其不倚
所以知此中和爲德成之用 而非成德之功者 若存養而立本 則不待言

不倚 省察而中節 則不待言不流 故擇守之外 別無工夫 而唯加之勝欲
以貞二者之用而已 知仁是性之全體 勇是氣之大用 以知仁行道者 功
在存理 以勇行道者 功在遏欲 至於和不流 中立不倚 則克勝人欲 而使
天理得其正也 須知此一節 只寫出大勇氣象 其所以能爲勇者 未嘗言
也)

제11장

공자께서 말씀하셨다. "은미한 것을 찾고 괴이한 것을 행하는 것을 후세에 일컫는 사람이 있으니 나는 그런 짓을 하지 않는다. 군자가 도를 따라 행하다가 중도에 그만두니 나는 그만둘 수가 없다. 군자는 중용에 의지해 세상에 숨어서 알려지지 않더라도 후회하지 않으니 오직 성자만이 이렇게 할 수 있다."

子曰 素隱行怪 後世 有述焉 吾弗爲之矣 君子遵道而行 半途而廢 吾弗能已矣 君子依乎中庸 遯世不見知而不悔 唯聖者能之

1

소주에 "은미하고 편벽된 것을 깊이 탐구하는 것은, 전국시대 추연 (鄒衍)[337]이 오덕(五德)[338]을 미루어 헤아린 일[339]이나 후한 때 참위서 (讖緯書)[340]의 설과 같은 것들이다."[341]라고 하였는데, 이 설은 제대로 살피지 않은 것이다. 『중용장구』의 주에는 '은(隱)' 자 위에 '벽(僻)' 자를 첨가했는데, 이 또한 군더더기다. '은(隱)'은 '현(顯)'과 상대적

---

337) 추연(鄒衍 약BC.305-BC.240) : 전국시대 제나라 사람으로, 오덕을 오행에 배합하여 설명하였다. 음양가의 한 사람이다.

338) 오덕(五德) : 인(仁)·의(義)·예(禮)·지(智)·신(信)을 가리킨다.

339) 추연(鄒衍)이……일 : 추연이 인·의·예·지·신의 오덕을 금(金)·목(木)·수(水)·화(火)·토(土)에 배합하여 헤아린 것을 말한다.

340) 참위서(讖緯書) : 참록(讖錄)·도위(圖緯)·점험(占驗)·술수(術數) 등을 내용으로 하는 서적을 가리킨다.

341) 은미하고……것들이다 : 이 문구는 『중용장구대전』제11장 제1절 소주 주자의 설에 보이는데, 『독사서대전설』에 인용한 문구는 약간 차이가 난다. 『중용장구대전』소주에 실린 원문은 다음과 같다. "朱子曰 深求隱僻 如戰國鄒衍推五德之事 後漢讖緯之書 便是"

으로 말한 것이니, 단지 사람이 쉽게 볼 수 없는 것일 뿐이다. 벽(僻)은 사악하고 편벽되어 바르지 않은 것이다. 오덕을 미루어 헤아린 것이나 참위설은 편벽되어 바르지 못한 것이니, 은이라고 말할 수 없다. 은을 말할 경우는, 실제로 그런 일이 있으나 단지 아직 드러나지 않은 것일 따름이다. 추연의 유파는 아무 연고도 없이 이런 망상을 하여 실체도 없는 데에서 설을 만들었으니, 무엇이 은한 바이겠는가?

이 '은(隱)' 자에 대해 폄하하여 깎아내려서는 안 된다. 아래 제12장의 '비이은(費而隱)'의 '은(隱)' 자와 대략 같으니, 그 병폐가 저절로 '색(索)' 자에 있다. 색(索)이란 강제로 수색하여 구한다는 뜻이다. 예컨대, 진시황이 천하를 크게 수색할 적에 그들이 때리는 자의 주인 이름을 모른다는 이유로 세상을 떠들썩하게 수색한 것과 같다. 살펴볼 만한 자취가 있거나 지적해 찾을 만한 주인의 이름이 있다면 잠복해 숨어 있을지라도 체포할 수 있을 것이니, 수색하는 노고를 기울이지 않을 것이다.

도의 은미한 점은 존재가 없는 것이 아니니, 어찌 아득한 허공에서 찾을 것인가? 형이상(形而上)은 은(隱)이고, 형이하(形而下)는 현(顯)이다. 형이상을 말하자마자 하나의 '형(形)' 자는 살필 만한 자취나 지적해 찾을 만한 주인의 이름이 되니, 그 위로 나아가 궁리하는 것은 깊이 탐구하더라도 불가할 것이 없다. 오직 일률적으로 그 형체를 없애버리고 마치 불가의 일곱 곳에서 마음을 증험한다는 설[342]과 같이 어렴풋이 저 끝도 없는 곳을 향해 수색해 가는 경우처럼 전혀 사물의 이치에 따라 추측하는 것이 아니라야 은미한 것을 찾는[索隱]

---

342) 불가의……설 : 여기서 말하는 칠처(七處)는 칠식처(七識處)를 가리키는 말로, 식(識)을 훼손함이 없이 마음을 안주할 수 있는 일곱 곳을 가리킨다.

것이다.

또한 노자(老子)가 "도라 할 수 있다.[可道]", "이름을 할 수 있다.[可名]"[343]는 말을 산삭(刪削)하고서, 별도로 "면면히 이어져 존재한 듯하다.[綿綿若存]"[344]는 것을 찾은 것과 같다. 그가 있다고 말하더라도 나는 어디로부터 그것이 없다는 것을 증명할 길이 없으며, 내가 그렇지 않다고 말하더라도 그는 그 무엇을 가지고 그것이 반드시 있다는 것을 증명할 길이 없다. 마치 진시황이 장량(張良)[345]을 찾았던 것과 같으니, 저 장량은 진시황이 찾는 경계 안에 있지 않은 적이 없었지만 진시황의 찾는 방법이 잘못되어 찾을 수 없었던 것이다. 끝내 진시황은 그를 찾지 못했으니 찾는 방법의 잘못이 이미 오래된 것이다.

아래 장에서 말이 "솔개는 날아서 하늘에 이르고, 물고기는 연못에서 뛰논다.[鳶飛戾天 魚躍于淵]"에 이르렀으니 묘하다고 하겠다. 그러나 또한 하늘과 연못, 솔개와 물고기, 나는 것과 뛰노는 것에서 이해해야 한다. 귀신의 덕은 보이지 않고 들리지 않아 헤아릴 수 없다. 그러니 어진 사람[仁人]·효자이거나 재계하고 마음을 밝게 하고 복식을 성대하게 차려 입은 사람만이 만날 수 있다. 끝내 텅 비고 아득한 상태를 두고 '시방세계가 손안에 있다.'고 하거나 무수한 부처들이 다

---

343) 도라……있다 : 『노자도덕경』 제1장의 "도는 도라 할 수 있으면 떳떳한 도가 아니며, 이름은 이름을 할 수 있으면 떳떳한 이름이 아니다.[道可道非常道 名可名非常名]"라고 한 구절에서 가도(可道)·가명(可名)을 가리킨다.

344) 면면히……듯하다 : 이 문구는 『노자도덕경』 제6장에 보인다.

345) 장량(張良) : 전한의 공신으로 흔히 그의 자를 일컬어 장자방(張子房)이라 한다. 집안 대대로 한(韓)나라 대신이었으나, 한나라가 진시황에게 망하자 원수를 갚고자 한 고조를 섬겨 진(秦)나라를 멸망시켰다. 그 공으로 유후(留侯)에 봉해졌다.

른 나라에서 오는 것처럼 보는 것이 아니다.

　도가(道家)의 설에 "있음이 있으면 그 앞에 있음이 시작되지 않음이 있고, 또 그 있음이 시작되지 않음이 있기 시작하지 않음이 있다.[有有者 有未始有者 有未始有夫未始有者]"[346]라고 하니, 제3층에 이르러서는 기(氣)에서 벗어나 아무 것도 없는 데에 편안히 서서 도를 찾는다. 군자의 도는 자기 본성[性]에서 인·의·예·지의 덕을 존양하고, 감정[情] 가운데서 희로애락의 법칙을 성찰한다. 하늘의 드러난 도와 사람의 항상 그러한 성품으로부터 귀신과 후대 성인의 지혜·재능에 이르기까지 모두 드러난[顯] 데에서 구하여 그 은미한[隱] 것을 알면 은미한 것은 저절로 드러나게 된다. 또한 은미한 것을 내버려두고서 알지 않는 것이 아니라 그것을 찾지 않을 뿐이다.

　은미한 것을 찾으면 행동은 반드시 괴이하게 된다. 원래 찾아서 얻는 것이 은미한 것의 진리가 아니니, 그에 따라 행하는 것은 이미 편벽되고 기이한 데로 빠져든 것이다. 이를테면 추연(鄒衍)의 유파는 탐구하는 것이 이미 괴이했고, 행하는 데에 이르러서도 전혀 근거하는 바가 없었다. 그런데 이들은 다시 정도(正道)에 붙어 스스로 화를 면했으니, 괴이함을 행하려다 제대로 하지 못한 경우다. 그러므로 나는 은미한 것을 찾고 괴이한 것을 행하는 자들을 이단이나 불가·노자의 부류이지, 추연의 유파는 아니라고 단정한다.(小註謂深求隱僻 如鄒衍推五德 後漢讖緯之說 大屬未審 章句於隱下添一僻字 亦贅入 隱

---

346) 있음이……있다 : 이 문구는『장자』「제물론(齊物論)」에서 인용한 것인데,『장자』「제물론」의 문구와 약간의 차이가 있다. 아마도 그 뜻을 저자가 나름대로 간추려 인용한 듯하다. 참고로『장자』「제물론」의 관련 구절을 인용하면 다음과 같다. "有始也者 有未始有始也者 有未始有夫未始有始也者 有有也者 有無也者 有未始有無也者 有未始有夫未始有無也者"

對顯而言 只人所不易見者是 僻則邪僻而不正矣 五德之推 讖緯之說
僻而不正 不得謂隱 凡言隱者 必實有之而特未發見耳 鄒衍一流 直是
無故作此妄想 白平撰出 又何所隱 此隱字不可貶剝 與下費而隱 隱字
亦大略相同 其病自在索上 索者 強相搜求之義 如秦皇大索天下 直緣
他不知椎擊者之主名 橫空去搜索 若有跡可按 有主名可指求 則雖在
伏匿 自可擒捕 不勞索矣 道之隱者 非無在也 如何遙空索去 形而上者
隱也 形而下者顯也 纔說箇形而上 早已有一形字爲可按之跡可指求
之主名 就者上面窮將去 雖深求而亦無不可 唯一槩丟抹下者形 籠統
向那沒邊際處去搜索 如釋氏之七處徵心 全不依物理推測將去 方是
索隱 又如老氏刪下者可道可名的 別去尋箇綿綿若存 他便說有 我亦
無從以證其無 及我謂不然 彼亦無執以證其必有 則如秦皇之索張良
彼張良者 亦未嘗不在所索之地界上住 說他索差了不得 究竟索之不
獲 則其所索者之差已久矣 下章說到鳶飛戾天 魚躍于淵 可謂妙矣 卻
也須在天淵鳶魚飛躍上理會 鬼神之德 不見不聞而不可度 也須在仁
人孝子齊明盛服上遇將去 終不只恁空空窅窅 便觀十方世界如掌中 果
無數億佛自他國來也 道家說有有者 有未始有者 有未始有夫未始有
者 到第三層 卻脫了氣 白平去安立尋覓 君子之道 則自於己性上存養
者仁義禮知之德 己情中省察者喜怒哀樂之則 天之顯道 人之恆性 以
達鬼神後聖之知能 皆求之於顯以知其隱 則隱者自顯 亦非舍隱不知
而特不索耳 索隱則行必怪 原其索而弋獲者非隱之眞 則據之爲行 固
已趨入於僻異矣 若夫鄒衍之流 則所索已怪 迨其所行 全無執據 更依
附正道以自解免 將有爲怪而不得者 故愚定以此爲異端佛老之類 而
非鄒衍之流也)

용기[勇]는 약간의 기질 상의 원조를 받고 있으니, 원래는 본성―지혜[知]와 인(仁)이 생겨나는 것이기 때문이다.―에 근본을 한 것일지라도 이미 인정(人情)에 속한다. 『중용』은 온전히 천리(天理) 위에서 만들어진 절제된 문장이다. 그러므로 제20장에 "인도는 정사에 민감하다.[人道敏政]"는 점을 말하면서―인도는 사람의 도를 세우는 것이니, 곧 성(性)이다.―"인(仁)으로써 도를 닦는다.[修道以仁]", "하늘을 알고 사람을 안다.[知天知人]"는 것만 말하고, 용기에 대해서는 말하지 않았다. 뒤에 이르러 곤궁해진 뒤에 아는 것[困而知之]과 힘써 억지로 행하는 것[勉强而行之]을 겸하면서 바야흐로 용기에 대해 말했으니[347], 본성에는 부족함이 있지만 기(氣)가 공을 세운 것이다.

지혜[知]와 인(仁)은 천리를 보존하고, 용기[勇]는 인욕을 막는다. 자신을 귀중히 하려는 자는 먼저 인욕을 물리친 뒤에 능히 천리를 보존하니, 창이나 방패로써 태평시대를 이룩한 뒤에 문교를 닦을 수 있는 것과 같다. 성인의 경우는, 본성으로 한 바의 덕이 충족하여 인욕에 깊이 물든 적이 없으니, 조금 인욕을 극복함이 있기는 하지만 또한 인욕을 물리치는 것으로 급선무를 삼지는 않는다. 단지 존양하여 지혜[知]와 인(仁)의 천덕(天德)이 완전하고 충만하게 되면 인욕은 저절로 없어진다. 이는 순임금이 문무(文舞)[348]와 무무(武舞)[349]를 추게 하

---

347) 뒤에……말했으니 : 『중용장구』 제20장에 "或生而知之 或學而知之 或困而知之 及其知之 一也 或安而行之 或利而行之 或勉强而行之 及其成功 一也"라 하고, 그 다음 절에 "子曰 好學 近乎知 力行 近乎仁 知恥 近乎勇"이라 한 것을 가리킨다.

348) 문무(文舞) : 원문의 '우(羽)'는 '예(翳)'를 의미하는 것으로, 문무를 출 적에 무희들이 손에 잡는 새의 깃털로 만든 부채모양의 도구이다. 여기서는 전체적인 의미를 살

자 묘족(苗族)이 명을 거역하다가 스스로 복종해 온 것[350]과 같으니, 용기에 의지하지 않고서도 넉넉한 것이다.

주자는 앞의 몇 장에서 지(知)·인(仁)·용(勇)의 공을 평범하게 서술하였는데, 이장에 이르러서는 도리어 용기를 빼버리고 "용기에 의지하지 않는다.[不賴勇]"고 하였으니[351], 성인이 되는 사람의 공용(功用)의 얕고 깊음과 성학(性學)의 주체와 보조를 터득한 것이다. 허 동양(許東陽)[352]은 "모두 자연에서 나온 것이다.[皆出於自然]"[353]라고 하였으니, 그가 어찌 이런 점을 알았겠는가?(勇帶一分氣質上的資助 雖原本於性 (亦知仁之所生故) 而已屬人情 中庸全在天理上生節文 故第二十章言人道敏政 (人道 立人之道 即性也) 只說修道以仁 說知天知人 而不言勇 到後兼困勉 方說到勇去 性有不足而氣乃爲功也 知仁以存天理 勇以遏人欲 欲重者 則先勝人欲而後能存理 如以干戈致太平而後文教可修 若聖者 所性之德已足 於人欲未嘗深染 雖有少須克勝處 亦不以之爲先務 止存養得知仁底天德完全充滿 而欲自屛除 此如舜之

려 이를 '문무'로 번역하였다.

349) 무무(武舞) : 원문의 '간(干)'은 '방패[楯]'를 의미하는데, 이는 무무를 출 적에 무희들이 손에 잡는 도구이다.

350) 순임금이……것 : 이 내용은 『서경』「대우모」에 보인다.

351) 도리어……하였으니 : 『중용장구』제11장 마지막 절의 주에 "此中庸之成德 知之盡 仁之至 不賴勇而裕如者 正吾夫子之事 而猶不自居也"라고 한 대목을 가리킨다.

352) 허 동양(許東陽) : 원나라 때 학자 허겸(許謙 1270-1337)을 말한다. 자는 익지(益之), 호는 동양(東陽)·백운(白雲)이며, 강서성 금화(金華) 사람이다. 하기(何基)-왕백(王柏)-김이상(金履祥)으로 이어지는 주자학맥을 계승하였다. 북방의 허형(許衡)과 함께 이허(二許)로 불렸다. 저술로『독사서총설(讀四書叢說)』·『시집전명물초(詩集傳名物抄)』·『춘추삼전소의(春秋三傳疏義)』등이 있다.

353) 모두……것이다 : 이 문구는『중용장구대전』의 소주에는 보이지 않는다. 출전이 자세치 않다.

舞干羽而苗自格 不賴勇而裕如矣 朱子於前數章平敍知仁勇之功 到
此卻刪抹下勇而曰不賴 纔得作聖者功用之淺深 性學之主輔 許東陽皆
出於自然之說 惡足以知此)

군자의 도는 비(費)하면서도 은(隱)하다. 필부필부(匹夫匹婦)의 어리석음으로도 참여하여 그 도를 알 수 있지만 그 도의 지극한 경지에 이르러서는 성인(聖人)일지라도 또한 알지 못하는 바가 있다. 필부필부의 불초함으로도 그 도를 행할 수 있지만 지극한 경지에 이르러서는 비록 성인일지라도 또한 행할 수 없는 바가 있다. 천지가 큼에도 사람들은 유감으로 여기는 바가 있다. 그러므로 군자가 큰 것을 말할진댄 천하로도 다 실을 수 없으며, 작은 것을 말할진댄 천하로도 다 깨뜨릴 수 없다.『시경』에 이르기를 "솔개는 날아서 하늘에 이르고, 물고기는 연못에서 뛰노네."라고 하였으니, 이는 그 이치가 상하에 드러난 것을 말한 것이다. 군자의 도는 필부필부에서 단서가 시작되나, 그 지극한 경지에 이르러서는 하늘과 땅에 밝게 드러난다.

君子之道 費而隱 夫婦之愚 可以與知焉 及其至也 雖聖人 亦有所不知焉
夫婦之不肖 可以能行焉 及其至也 雖聖人 亦有所不能焉 天地之大也 人
猶有所憾 故君子語大 天下莫能載焉 語小 天下莫能破焉 詩云 鳶飛戾天
魚躍于淵 言其上下察也 君子之道 造端乎夫婦 及其至也 察乎天地

1

어리석거나 불초한 자가 참여하여 알 수 있는 것과 능히 행할 수 있는 것, 성인도 모르는 것과 능히 할 수 없는 것, 천지에 대해 사람들이 유감이 있는 것 등은 모두 군자의 도에 나아가 말한 것이다. '큰 것을 말하다.[語大]', '작은 것을 말하다.[語小]'라는 것은 천하의 본디 그런 도이지 군자가 이미 닦은 것은 아니다. 본문에 '고군자(故君子)' 3자를 써서 대우(對偶)를 만든 것과 『중용장구』의 주에 '군자지도(君子之道)'라는 말을 이 절의 첫머리에 둔 것은 모두 긴요한 절목이니, 대략 보아 넘겨서는 안 된다.

군자만이 그 도를 닦고 밝혀 후세의 성인을 기다린다. 그러므로 성인은 반드시 이 점에 대해 그가 알고 있는 것과 능히 행할 수 있는 것을 극진히 하더라도 따라서 알지 못하고 능히 행할 수 없는 일이 있다. 군자는 그 도를 닦아 천지를 제자리 잡게 한다. 그러므로 천지도 군자가 제자리 잡게 한 것과 같을 수 없을 때가 있다. 예컨대, 솔개가 하늘에 날고 물고기가 연못에서 뛰노는 것과 같은 경우는, 도가 본디 그러하여 기다리는 바가 없는 것이지, 날마다 양자 사이에서 충만하게 유행하여 하나로 완성된 본체가 없다. 아는 것과 능히 행할 수 있는 것에는 정히 이를 수 없는 영역이 있으니, 성인도 궁한 바가 있다는 것은 말할 필요가 없다.

또한 "솔개는 날아서 하늘에 이르고, 물고기는 연못에서 뛰논다."는 것과 같은 경우, 성인이 어떻게 능히 터득하겠으며, 어떻게 그런 것을 능히 행할 수 있겠는가? 또한 능히 하늘에 날아오르고 연못에서 뛰노는 것이 솔개와 물고기가 아닌 경우가 어찌 있겠는가? 도는 이미 그러한 사물에서 멀리 떨어져 있는 것이 아니고 이미 그러한 것이다. 그러므로 군자는 단지 마음을 보존한 상태에서 이런 진리를 체득하여 마땅히 알아야 하고 능히 행해야 하는 일에서 그 점을 본받을 따름이다. 그러면 이 세상이 더 이상 실을 수 없이 큰 것과 이 세상에서 더 이상 분석할 수 없이 작은 것들에 충분히 짝할 수 있어서 경륜(經綸)이 가득 찰 것이다. 따라서 실제로 솔개가 날고 물고기가 뛰노는 것을 기다리지 않고서도 자신을 닦는 것을 극진히 하는 점이 있는 것이다.

도에는 도의 위[上]·아래[下]가 있고, 천지에는 천지의 위·아래가 있으며, 군자에는 군자의 위·아래가 있다. '위·아래'는 다함이 없다는 말이다. 천지는 의지하는 바의 위·아래가 있다. '하늘과 땅에 드러난다.[察乎天地]'는 것은 이미 닦은 도가 밝게 표출되어 공적을 드러낸 것이다. 그러므로 위·아래에 드러난다.[察乎上下]고 말하지 않고, "하늘과 땅에 드러난다."고 말한 것이니, 또한 사람들이 친히 여기는 사람으로 의탁할 상대를 삼은 것일 따름이다.

하늘에 드러난다고 해서 반드시 솔개가 나는 위에 드러나는 것이 아니고, 땅에 드러난다고 해서 반드시 물고기가 뛰노는 아래에 드러나는 것이 아니다. 그 당시 그 넓고 큰 것을 극도로 하지 않을 수 없음을 인식하기 때문에 솔개와 물고기로 바깥을 삼지 않고, 천리가 충만하게 두루 유행하는 점과 본디 그러한 것이 마음에 체득됨을 보존한 것이다. 그것을 법도로 하고 기강으로 하는 점에 대해서는, 『중용혹문』에 "그것이 사람에게 있어서는 일상생활에서와 인륜의 사이에……"[354]라고 하였으니, 이미 하늘에 있어서와 사람에 있어서의 같지 않은 점을 분명히 가려낸 것이다. 이 가운데 근본은 하나지만 나뉘면 만 가지로 다르게 되는[一本萬殊] 분변이 있다. 우리 유학이 이단과 크게 다른 점은, 사람이 변화해 곤충의 날개나 쥐의 간이 된다[355]는 것으로 도를 삼지 않고, 푸른 대나무와 노란 국화꽃[356]으로 도를 삼지 않는 것이다.(愚不肖之與知與能 聖人之不知不能 天地之有憾 皆就君子之道而言 語大語小 則天下固然之道 而非君子之所已修者也 本文用故君子三字作廉隅 章句以君子之道冠於節首 俱是喫緊節目 不可略過 唯君子修明之以俟後聖 故聖人必於此致其知能 而因有不知不能之事 君子修之以位天地 故天地亦有不能如君子所位之時 若夫鳶飛魚躍 則道之固然而無所待者 日充盈流溢於兩閒 而無一成之體 知能定有不至之域 不待言聖人之有所詘矣 且如鳶飛戾天 魚躍于淵 聖

---

354) 그것이……사이에 : 이 문구는 『중용혹문』 제12장 해석 중에 보이는데, 『독사서대전설』에 인용된 문구와 약간의 차이가 있다. 『중용혹문』의 관련 내용을 인용하면 다음과 같다. "曰 道之流行 發見於天地之間 無所不在 在上則鳶之飛而戾于天者 此也 在下則魚之躍而出于淵者 此也 其在人則日用之間 人倫之際 夫婦之所知所能 而聖人之所不知不能者 亦此也"

355) 사람이……된다 : 이 내용은 『장자』 「대종사」에 보이는 것으로, 조물주가 형체를 부여한 것은 변화가 일정한 것이 아니어서 사람도 곤충의 날개나 쥐의 간으로 변할 수 있다는 말이다.

356) 푸른……국화꽃 : 중국에서 선불교가 성행할 때 유행하던 화두의 하나로, 『변자류편(騈字類編)』에 "여우 손자와 개 새끼는 맨 기둥에 꽂힌 절간의 깃대이고, 노란 국화꽃과 푸른 대나무는 부처를 받는 꽃이다.[狐孫狗子 露柱刹竿 黃花翠竹 捧佛花草]"라고 하였다.

人如何能得 而亦何用能之 抑又何有不能飛天躍淵 爲鳶爲魚者 道之
不遐遺於已然之物也 而旣已然矣 故君子但於存心上體認得此段眞理
以效之於所當知所當能之事 則已足配其莫載之大 莫破之小 而經綸
滿盈 實未須於鳶之飛魚之躍 有所致其修也 道有道之上下 天地有天
地之上下 君子有君子之上下 上下者 無盡之詞 天地者 有所依之上下
也 察乎天地 已修之道昭著之見功也 故不言察乎上下 而云察乎天地
亦以人之所親者爲依耳 察乎天而不必察乎鳶飛之上 察乎地而不必察
乎魚躍之下 認取時不得不極其廣大 故不以鳶魚爲外 而以存充周流
行 固然之體於心 至其所以經之紀之者 則或問固云 在人則日用之際
人倫之間 已分明揀出在天在人之不同矣 此中有一本萬殊之辨 而吾
儒之與異端逕庭者 正不以蟲臂鼠肝翠竹黃花爲道也)

2

　'군자의 도[君子之道]'라고 하면서도 성인에게 모르는 바와 능히
행할 수 없는 점이 있다고 한 것은 도를 닦는 측면에서 말한 것이다.
그러니 사람으로서 하늘의 도를 극진히 하면 바로 군자의 일이 된
다.『중용장구』의 주에는 공자(孔子)가 노담(老聃)에게 예를 물은 것
과 담자(郯子)에게 관직을 물은 것[357]을 이에 해당시켰는데[358], 지극

357) 공자(孔子)가……것 :『중용장구대전』제12장 제1절 소주에 이 두 사례를 모두
기록해 놓았다. 공자가 노담(老聃)에게 예를 물은 것은『공자가어』「관주(觀周)」에 보이
며, 담자(郯子)에게 관직제도를 물은 것은『춘추좌씨전』소공(昭公) 17년 조에 보인다.

히 정밀하고 합당하다. 소호씨(少昊氏)의 관직[359]과 삼대(三代)[360]의 예는 반드시 성인이 정한 데에서 모두 나온 것이 아니기 때문에 '군자(君子)'라고만 말한 것이다. 아는 것과 능히 행하는 것은 서로 연관되니, 알지 못하면 또한 능히 행하지도 못한다. 혹 알면서도 능히 행하지 못하는 경우가 있으니, 요임금이 치수(治水)의 이치를 모른 것은 아니지만 손을 쓰는 점에 있어서는 절로 우(禹)에게 미치지 못한 것이 그런 경우이다. 이 또한 군자의 도는 천지자연의 도가 아니며, 그런 실제의 일이 있었음을 보여주는 것이다.

그러나 제27장에 이르러서는, 이로써 '성인의 도[聖人之道]'로 삼았으니, 성인이 행하고 밝히는 것은 군자가 닦는 것으로 법칙을 삼고, 군자가 닦아 얻는 것은 성인이 행하고 밝히는 것으로 법칙을 삼는다는 점을 말한 것이다. 일에 따라 말을 하여 두 가지 의미가 서로 나오게 되니, 통하지 않음이 없다.(君子之道而聖人有所不知不能者 自修道而言 則以人盡天 便爲君子之事 章句以夫子問禮問官當之 極爲精當 少昊之官 三代之禮 亦非必盡出於聖人之所定 故僅曰君子 知能相因 不知則亦不能矣 或有知而不能 如堯非不知治水之理 而下手處自不及禹是也 只此亦見君子之道非天地自然之道 而有其實事矣 然到第二十七章 又以此爲聖人之道 則以言乎聖人之行而明者 以君子所

---

358) 『중용장구』에서는……해당시켰는데 : 『중용장구』 제12장 제1절의 주에 "侯氏(侯仲良)曰 聖人所不知如孔子問禮問官之類"라 한 것을 가리킨다.

359) 소호씨(少昊氏)의 관직 : 소호씨(少昊氏)는 '소호씨(少皞氏)'라고도 하며, 금덕(金德)으로 다스려 흔히 소호금천씨(少皞金天氏)로 부른다. 중국 고대의 황제로, 황제(黃帝)의 아들이다. 소호씨가 즉위했을 때 마침 봉황이 날아와 새로 기강을 삼아서 새[鳥]로 관직명을 삼았다고 한다.

360) 삼대(三代) : 하(夏)나라·은(殷)나라·주(周)나라를 가리킨다.

修爲則 君子之修而凝者 以聖人之所行所明爲則也 因事立詞 兩義互
出 無不通爾)

3

 "〈군자가〉 작은 것을 말하면 천하 사람들의 지혜로도 설파할 수 없
다.[語小 天下莫能破焉]"고 한 것은, 천하의 사물 중에 그것을 설파할
수 있는 사람이 없다는 것을 말한 것이다. 『중용장구』의 주에 '내(內)'
라고 한 한 글자는 보기가 지극히 어렵다. '내(內)' 자는 중간이 텅 빈
곳처럼 해석하지만, 지극히 미세한 지위에 도달하면 중간이 가득 차
서 텅 빈 곳이 없다는 점을 말한 것이다. 이로써 천리가 유행하는 데
에는 한결같이 가득 차서 빈틈이 없다는 이치를 말한 것이니, 깊고 절
실하지 않은 것이 아니다. 그러나 내 생각으로는, 본문에 '설파할 수
없다.[莫破]'고 말한 것은 이미 천하에 나아가 말하였으니, 이런 해석
을 하는 것은 마땅치 않은 듯하다.
 '설파하다[破]'는 것은 분석하여 두 조각으로 만들어서 하나는 저
것이고 하나는 이것임을 말하는 것이다. 아마도 천하의 사물 중에는
도를 얻은 이것과 도를 얻지 못한 저것이 있을 수 있을 것이다. 군자
가 그것을 미루어 작게 분석해서 한 사물의 미세한 점이나 한 가지 일
의 미세한 점에 이르러, 그것이 유래한 점과 저절로 이루어진 점을 논
하면 하나의 음과 하나의 양이 조화롭고 균평하게 구성되어 있지 않
음이 없고, 그 본체가 갖추어진 바를 논하면 건순(健順)³⁶¹⁾·오상(五
常)의 덕이 있지 않음이 없어서 모두 그 안에 있으면서 치우치거나 빠

뜨리는 바가 없을 것이다. 그러므로 이 한 가지 물건을 분석하여 음만 있고 양은 없는 물건으로 여기며, 저 한 가지 물건을 분석하여 양만 있고 음은 없는 물건으로 여기며, 이 한 가지 일의 도는 인(仁)에 달려 있고 의(義)에 달려있지 않으며, 저 한 가지 일의 도는 의에 달려있고 인에 달려있지 않기를 바란다면, 모두 그렇게 할 수 없을 것이다.

그것을 크게 하여 크게 보면 도의 전체가 마치 큰 바다가 삼키는 듯하여 한계가 없으며, 그것을 작게 하여 작게 보면 도의 전체는 봄비가 온갖 새싹을 적셔주는 것과 같다. 그런데 한 방울의 비는 증발하는 양기와 적시는 음기가 교합해서 만들어낸 것이다. '예의(禮儀)[362]가 3백 가지[禮儀三百][363]'라고 한 문구의 '3백 가지' 가운데 하나를 따른다면 인(仁)이 지극하고 의(義)가 극진할 것이며, '위의(威儀)[364]가 3천 가지[威儀三千][365]'라고 한 문구의 '3천 가지' 가운데 하나를 따른다면 인(仁)이 지극하지 않음이 없고 의(義)가 극진하지 않음이 없는 것이다. ─이 또한 사람에게 있는 것을 빌어서 천지가 참으로 그러한 도를 징험한 것이다.─

그러므로 "솔개가 날아 하늘에 이른다.[鳶飛戾天]"는 것은 양이 올라갈 적에도 음의 내려감은 없지 않은 듯하며, "물고기는 연못에서 뛰논다.[魚躍于淵]"는 것은 음이 내려갈 적에도 양의 올라감은 없지 않은 듯하다. 건순(健順)·오상(五常)이 화합하여 하나의 큰 약을 만들

---

361) 건순(健順) : 건(健)은 하늘의 덕이고, 순(順)은 땅의 덕이다.

362) 예의(禮儀) : 예 가운데 큰 것, 즉 근본이 되는 예를 가리킨다. 『중용장구』의 주에는 이를 '경례(經禮)'라 하였다.

363) 예의(禮儀)가……가지 : 이 문구는 『중용장구』 제27장에 보인다.

364) 위의(威儀) : 예 가운데 세세한 것을 말한다. 『중용장구』의 주에는 이를 '곡례(曲禮)'라 하였다.

365) 위의(威儀)가……가지 : 이 문구는 『중용장구』 제27장에 보인다.

었는데 동그란 하나의 환(丸) 속에 온갖 맛이 모두 갖추어져 있으니, 이것이 곧 천하 사람들의 지혜로도 능히 설파할 수 없다고 말한 뜻이다. 이와 같이 보아야 '천하(天下)'와 더불어 친절하게 된다.(語小 天下莫能破 言天下之事物莫有能破之者 章句一內字極難看 內字作中間空隙處解 謂到極細地位 中間亦皆灌注撲滿 無有空洞處也 以此言天理流行一實無間之理 非不深切 然愚意本文言莫破 旣就天下而言則似不當作此解 破者 分析敎成兩片 一彼一此之謂也 則疑天下之事物 其或得道之此而不得道之彼者有矣 乃君子推而小之 以至於一物之細一事之微 論其所自來與其所自成 莫非一陰一陽和劑均平之搆撰 論其所體備 莫不有健順五常 咸在其中而無所偏遺 故欲破此一物爲有陰而無陽 彼一物爲有陽而無陰 此一事道在仁而不在義 彼一事道在義而不在仁 而俱不可得 大而大之 道之全者如大海之呑吸 無有隄畔 小而小之 道之全者亦如春霖灌乎百昌 一滴之中也是者陽蒸陰潤所交致之雨 則禮儀三百 三百之中 隨一焉而仁至義盡 威儀三千 三千之中 隨一焉而仁無不至 義無不盡也 (此亦借在人者以徵天地固然之道) 故鳶飛戾天 疑於陽升 而非無陰降 魚躍于淵 疑於陰降 而非無陽升 健順五常 和成一大料藥 隨㐌一丸 味味具足 期則以爲天下莫能破也 如此方得與天下親切)

4

이 이치가 살아있는 것은 천지 사이에 충만하기 때문이다. 이 이치가 죽은 것이라면 자연히 흙덩어리가 될 것이다. 흙덩어리가 있으면 끊어짐이 있다. 끊어지는 곳은 또한 어디서 오는가? 텅 비어 사물이 없는 곳이 그 도리가 주밀하고 면면히 이어지는 곳임을 짐짓 알겠다. 그러므로 보이지 않는 가운데 뭇 형상이 벌려 있고, 들리지 않는 가운데 뭇 소리가 절도 있게 울리는 것이다.

'발발(潑潑)'[366]은 물[水]이 물건을 솟구치게 하는 것과 같으니, 닿는 부분은 모두 젖게 된다.─허공에 있어도 허공을 적신다. 허공은 적심을 받지 않지만, 젖는 이치는 저절로 있다.─'발발(潑潑)'은 '발발(鱍鱍)'이라는 글자와 음과 뜻이 모두 구별된다.─'발(潑)'은 보활절(普活切)의 반절음이고, '발(鱍)'은 북말절(北末切)의 반절음이다.─'발발(鱍鱍)'은 살아있다는 뜻이고, '발발(潑潑)'은 발산하여 충만하고 두루 퍼져 어느 곳인들 활발하지 않음이 없다는 말이다.

다만 존심(存心)을 일삼지 않으면, 그것이 생겨나 없어지지 않는 성대함을 볼 수 없다. "솔개는 날아 하늘에 이르고, 물고기는 연못에서 뛰논다.[鳶飛戾天 魚躍于淵]"는 두 마디 말을 결국 이처럼 분명히 깨달으면, 반드시 사물과 접할 적에 사물에 끌려 가려지게 되거나 사의(私意)가 일을 주장하여 그렇지 않은 지경에서 은미한 것을 찾지는 않을 것이니, 이로써 자신을 일으켜야 한다. 정자(程子)가 "반드시 거기에 일삼음을 두되 기필하지 말라.[必有事焉而勿正]"[367]고 한[368] 것

─────────────────────────

366) 발발(潑潑) : 이는 『중용장구』 제12장 제2절 "詩云 鳶飛戾天 魚躍于淵 言其上下察也"의 주에 인용된 정자(程子)의 말에 '활발발지(活潑潑地)'라고 한 것을 가리킨다.

367) 반드시……말라 : 이 문구는 본래 『맹자』 「공손추 상」 제2장에 보이는 말로, 호연지기(浩然之氣)는 의(義)를 모아 생기는 것이니 그렇게 하는 데 일삼음을 두되 꼭 그렇게 하겠다고 인위적으로 기필하지 말아야 한다는 뜻이다. 정자는 '연비려천 어약우연(鳶飛戾天 魚躍于淵)'을 '활발발(活潑潑)'으로 보면서 『맹자』의 위 문구와 연관시켜 해석하였다.

368) 정자(程子)가……한 : 이는 『중용혹문』 제12장 해석 중에 보이는데, 관련 내용은

은 그 뜻이 이와 같을 따름이니, '조용히 자연스럽게 변동하며 한 곳에 머물러 있지 않는다.'는 뜻으로 잘못 해석해서는 안 된다. 이 점에 대해 하나라도 착오가 생기면, 노자(老子)가 "〈대도는〉 어디에나 넘쳐 흘러 좌우 어느 쪽으로도 흐를 수 있다.[大道氾兮 其可左右]"[369]고 한 것과 석가(釋迦)가 "그가 지금의 나이고, 나는 그가 아니다.[渠今是我 我不是渠]"[370]라고 한 것처럼 한결같이 광망(狂妄)한 해석이 될 따름이다.(唯是箇活底 所以充滿天地之間 若是煞着底 則自然成堆垜 有堆垜則有閒斷矣 間斷處又是甚來 故知空虛無物之地 者道理密密綿綿地 所以不睹之中 衆象臚陳 不聞之中 群聲節奏 潑潑者 如水潑物 着處皆溼也 (在空亦溼空 空不受溼 溼理自在) 與鱍鱍字音義俱別 (潑 普活切 鱍 北末切) 鱍鱍即是活意 潑潑則言其發散充周 無所不活也 但非有事於存心者 則不見他生而不竭之盛 即如鳶飛戾天 魚躍于淵二語 直恁分明覺得 必非與物交而爲物所引蔽 及私意用事索隱於不然之域者 能以此而起興 程子所謂必有事 而勿正 意止如此 不可誤作從容自然 變動不居解 於此一錯 則老氏所謂汎兮其可左右 佛氏所謂渠今是我 我不是渠 一例狂解而已)

다음과 같다. "○日 然則程子所謂鳶飛魚躍 子思喫緊爲人處 與必有事焉而勿正心之意 同 活潑潑地者 何也 日道之流行 發見於天地之間 無所不在⋯⋯"

369) 대도는⋯⋯있다 : 이 문구는 『노자도덕경』 제34장에 보인다.

370) 그가⋯⋯아니다 : 『오등회원(五燈會元)』에 보이는데, 선불교가 유행할 때 널리 퍼진 선문답의 하나인 듯하다.

"부부에게서 단서가 비롯된다.[造端乎夫婦]"[371]는 것은 생략된 문
장으로, '필부필부가 능히 알고 능히 행하는 것에서 단서가 비롯된다.'
고 말하는 것과 같다. 도를 알지 못하는 사람을 어리석은 사람[愚]이
라 하고, 도를 행하지 않는 사람을 불초한 사람[不肖]이라 한다. 그가
천하의 일에 밝지 못하여 졸렬하고 노둔하고 무능한 것을 말하는 것
이 아니다. 이는 성인(聖人)과 상대적으로 본 것이니, 세속의 인정으
로 볼 때 천 가지 백 가지 재주로 부지런히 시원스럽게 일을 처리하
는 사람들이 어리석거나 불초한 사람들이다. 이로써 '부부의……[夫
婦……]'[372]라고 말한 것이 '한 집안에 사는 부부[居室]'로써 말한 것
이 아닌 줄 알겠다.

지금 또한 '한 집안에 사는 부부[居室]'를 도가 아니라고 말할 수
없다. 이를테면 필부필부로서의 부부는 이 도를 능히 알고 능히 행하
는 사람을 말하니, 어리석거나 불초한 사람이 될 수 없다. 더구나 위
문장에 '군자지도(君子之道)'로써 말하였으니[373], 참으로 여기서 말하
는 것이 하나의 음[一陰]과 하나의 양[一陽]의 도는 아니다. 사람들이
'부부(夫婦)'라고 부를 경우, 대체로 비하하는 칭호이다. 마치 세속에
서 '작은 남녀[小男女]'라고 말하는 것과 같으니, 반드시 남편과 아내
가 갖추어진 뒤에 부부라고 부르는 것은 아니다. 『논어』에 "필부필부

---

371) 부부에게서……비롯된다 : 이 문구는 『중용장구』 제12장 제3절에 보인다.

372) 부부의…… : 『중용장구』 제12장 본문에 '부부지우(夫婦之愚)'·'부부지불초(夫婦
之不肖)'·'조단호부부(造端乎夫婦)'의 '부부(夫婦)'를 가리킨다.

373) 위……말하였으니 : 『중용장구』 제12장 제1절의 "君子之道 費而隱"을 가리킨다.

가……스스로 도랑에서 목매어 죽다.[匹夫匹婦……自經溝瀆]"[374]라고 한 문구의 '필부필부'가 어찌 '짝[伉儷]'을 말하는 것이겠는가?

『주역』에 "하나의 음과 하나의 양을 도라 한다.[一陰一陽之謂道]"[375]고 하였으니, 대개는 이와 같이 말한다. 그러나 실제로는 '세 개의 음과 세 개의 양을 도라 한다.'고 말할 수도 있고, 또 '여섯 개의 음과 여섯 개의 양을 도라 한다.'고도 말할 수 있으며, 또한 '192개의 음과 192개의 양, 심지어 5760개의 음과 5760개의 양을 도라 한다.'고도 말할 수 있다. 건괘(乾卦)의 순양(純陽)도 하나의 양이고, 곤괘(坤卦)의 순음(純陰)도 하나의 음이며, 쾌괘(夬卦)·구괘(姤卦)의 5개의 양도 하나의 음이고, 박괘(剝卦)·복괘(復卦)의 5개의 음도 하나의 양이다.─사괘(師卦)·비괘(比卦)·동인괘(同人卦)·대유괘(大有卦) 등도 모두 그렇다.─ 그러므로 아래에 "이것을 계승하는 것이 선이다.[繼之者善也]"[376]라고 한 것이다. 그리고 "어진 자가 이것을 보면 인(仁)이라 하고, 지혜로운 자가 이것을 보면 지혜라고 한다.[仁者見之謂之仁 知者見之謂之知]"[377]라고 하였으니, 또한 하나의 인(仁)과 하나의 지혜[知]를 도라 한 것이다.[378]

---

374) 필부필부가……죽다 : 이 문구는 『논어』「헌문」 제18장에 보인다.

375) 하나의……한다 : 이 문구는 『주역』「계사전 상」에 보인다.

376) 이것을……선이다 : 이 문구는 『주역』「계사전 상」 "一陰一陽之謂道" 다음에 이어지는 구이다.

377) 어진……한다 : 이 문구는 『주역』「계사전 상」 "一陰一陽之謂道 繼之者善也 成之者性也" 다음에 이어지는 구절이다.

378) 『주역』에……것이다 : 이 단락은 '군자지도(君子之道)'의 도(道)를 다양하게 일컫는 점에 대해 예를 들어 보인 것이다.

『중용혹문』의 이 대목을 해석한 설은 『참동계(參同契)』[379]의 말이 뒤섞여 있다. 저 도가에서는 배합(配合)으로 도를 삼는다. 그러므로 그 하류들이 '좋은 짝[好逑]'의 뜻에 의탁하여 저들의 사설(邪說)을 견강부회한 것이다. 주자가 이 점에 대해 일찍이 분변하지 않았으니[380], 서리를 밟으면 멀지 않아 견고한 얼음이 언다[381]는 사실을 두려워하지 않을 수 있겠는가?(造端乎夫婦 自是省文 猶云造端乎夫婦之所知能也 不知道之謂愚 不能行道之謂不肖 非謂其不曉了天下之事而拙鈍無能也 只此與聖人對看 儘他俗情上千伶百俐 勤敏了當 也只是愚不肖 以此知夫婦云者 非以居室而言也 今亦不可謂居室之非道 乃若匹夫匹婦之居室 卻說是能知能行此道不得 況上文原以君子之道而言 則固非一陰一陽之道矣 人喚作夫婦 大率是卑下之稱 猶俗所謂小男女 非必夫婦具而後云然 論語云 匹夫匹婦⋯⋯自經溝瀆 亦豈伉儷之謂哉 易云一陰一陽之謂道 是大槩須如此說 實則可云三陰三陽之謂道 亦可云六陰六陽之謂道 亦可云百九十二陰百九十二陽 乃至五千七百六十陰五千七百六十陽之謂道 而乾之純陽 亦一陽也 坤之純陰 亦一陰也 夬姤之五陽 亦一陰也 剝復之五陰 亦一陽也 (師比同人大有等皆然) 所以下云繼之者善也 仁者見之謂之仁 知者見之謂之知 則亦一仁一知之謂道矣 或問此處夾雜參同契中語 彼唯以配合爲道 故其下流緣託好逑之義 附會其彼家之邪說 朱子於此辨之不早 履霜堅冰 其弗懼哉)

---

379) 『참동계(參同契)』: 한나라 때 사람 위백양(魏伯陽)이 지은 『주역참동계(周易參同契)』를 말한다. 이 책은 『주역』의 효상(爻象)을 빌려 연단(煉丹)·양생(養生)의 뜻을 설명한 것이다.

380) 주자가⋯⋯않았으니 : 이 말은 주자가 『주역참동계』를 비판하지 않고 오히려 그 책을 주해한 것에 대해 비판한 말이다.

381) 서리를⋯⋯언다 : 『주역』 곤괘(坤卦) 초구효(初九爻)의 상사(象辭)에 보인다.

제13장

공자께서 말씀하셨다. "도는 사람에게서 멀리 있지 않으니 사람이 도를 행하되 사람을 멀리 하면 도가 될 수 없다.『시경』에서 말하기를 '도끼자루를 벰이여, 도끼자루를 벰이여, 그 기준이 멀리 있지 않네.'라고 하였으니, 도끼자루를 잡고서 도끼자루를 베되 나무를 흘겨보면서 오히려 그 기준이 멀리 있다고 여긴다. 그러므로 군자는 사람의 도로써 사람을 다스리다가 그 사람이 잘못을 고치면 그친다. 충(忠)과 서(恕)는 도와의 거리가 멀지 않으니 자기에게 베풀어서 원하지 않는 것을 또한 남에게 베풀지 말라는 것이다. 군자의 도가 네 가지인데, 나는 하나도 잘하지 못한다. 자식에게 요구하는 것으로써 아버지를 섬기는 것을 잘하지 못하며, 신하에게 요구하는 것으로써 임금 섬기는 것을 잘하지 못하며, 동생에게 요구하는 것으로써 형을 섬기는 것을 잘하지 못하며, 친구에게 요구하는 것으로써 먼저 그에게 베푸는 것을 잘하지 못한다. 떳떳한 덕을 행하며 떳떳한 말을 삼가서 부족한 점이 있으면 감히 힘쓰지 않음이 없고 남음이 있으면 감히 다하지 않아서 말이 행동을 돌아보며 행동이 말을 돌아본다. 그러니 군자가 어찌 마음가짐을 독실하게 하지 않겠는가.'

子曰 道不遠人 人之爲道而遠人 不可以爲道 詩云 伐柯伐柯 其則不遠 執柯以伐柯 睨而視之 猶以爲遠 故君子以人治人 改而止 忠恕 違道不遠 施諸己而不願 亦勿施於人 君子之道四 丘未能一焉 所求乎子 以事父 未能也 所求乎臣 以事君 未能也 所求乎弟 以事兄 未能也 所求乎朋友 先施之 未能也 庸德之行 庸言之謹 有所不足 不敢不勉 有餘 不敢盡 言顧行 行顧言 君子胡不慥慥爾

1

　"도는 사람에게서 멀리 있지 않다.[道不遠人]"는 것은, 위의 장에
인용한 「한록(旱麓)」[382]의 시어(詩語)와 원래 다른 뜻이 없다. 운봉 호
씨(雲峰胡氏)는 "위의 장은 본성의 본체가 광대함을 말하였고, 이 장
은 본성을 따르는 자의 독실함을 말하였다."[383]고 하였으니, 매우 망령
되게 단락을 나눈 것이다. '솔(率)'은 따르다[循]는 뜻이니, 자기 본성
이 소유한 바를 따르면 모두 도가 된다는 말이다. 어찌 본성을 따르는
자가 별도로 계단을 만들어 놓고서 갑자기 본성의 광대함과 같을 필
요가 없다고 할 수 있겠는가?

　"사람으로써 사람을 다스린다.[以人治人]"는 것은, 사람을 보고서

---

382)「한록(旱麓)」:『시경』대아(大雅)의 편명으로,『중용장구』제12장의 "鳶飛戾天
魚躍于淵"이 바로「한록」에서 인용한 것이다.

383) 운봉 호씨(雲峰胡氏)는……하였으니 : 운봉 호씨의 설은『중용장구대전』제13장
제1절의 소주에 보이는데, 그 전문은 다음과 같다. 여기서는 이런 내용을 저자가 간추려
말한 것이다. "雲峯胡氏曰 上章言性無不在 其廣大也 如此 此章言率性 只在人倫日用之
間 其篤實也 又如此"

사람을 다스리는 도를 터득하는 것이다. "자기에게 베풀어서 원치 않는 것을 남에게도 베풀지 않는다.[施諸己而不願 亦勿施於人]"는 것은, 남이 자기에게 베푸는 것을 보고서 남을 사랑하는 도를 터득하는 것이다. "떳떳한 덕을 행하고 떳떳한 말을 삼가……군자가 어찌 독실하지 않겠는가.[庸德之行 庸言之謹……君子胡不慥慥爾]"라는 것은, 남의 잘·잘못을 살펴보고 자기를 다스리는 도를 터득하는 것이다. 나에게 천지의 공효(功效)를 가득 차게 하는 것은 남일 따름이다. 하나의 내 눈이 솔개를 보고 물고기를 보고서 마음으로 솔개가 날고 물고기가 뛰노는 것을 아니, 솔개와 물고기가 하늘과 연못에 있는데 그것들이 날고 뛰노는 것이 나의 마음과 눈에 접한 것이다. 도는 이런 데에서 멀리 있지 않으니, 어찌 독실한 것이 광대하지 않겠는가?

안으로 돌아보아 자기가 원하는 것과 원치 않는 것은 사람들의 인정에 극진한 것이다. 밖으로 돌아보아 남들이 의당 극진히 하는 것—제2절이다.—과 그들이 능히 극진히 하지 않는 것은, 사물의 이치에 극진한 것이다. 능히 접촉하는 곳에서 이치를 터득하여 그것을 택해 잡지 않으면 반드시 사의(私意)로 도를 삼아 사람의 본성을 어기고 어지럽힐 것이다. 이는 "모두들 나는 지혜롭다고 말한다.[皆曰予知]"[384]는 것처럼 자신의 생각만 쓰는 것을 좋아하는 어리석은 자들이 그런 사람들이다. 진씨(陳氏)는 노자(老子)·장자(莊子)를 그에 해당시켰는데[385], 올바른 뜻이 아니다.(道不遠人 與上章所引旱麓詩詞原無二義 雲峰謂

---

384) 모두들……말한다 : 이 문구는 『중용장구』 제7장에 보인다.

385) 진씨(陳氏)는……해당시켰는데 : '진씨(陳氏)'가 누구인지 자세치 않다. 이 내용은 『중용장구대전』 제13장 제1절 소주 "陳氏曰……"에 보이는데 그 전문은 다음과 같다. "若欲離人事而求之高遠 便非所以爲道 如老莊言道 在太極先之類 無非高遠"

上章言性體之廣大 此言率性者之篤實 大是安分支節 率 循也 言循其
性之所有而皆道也 豈率性者之別有階梯 而不必遽如性之廣大乎 以
人治人 觀乎人而得治人之道也 不願勿施 觀乎人之施己而得愛人之
道也 庸德庸言之慥慥 觀乎人之得失而得治己之道也 盈天地之效於我
者 人而已矣 一吾目之見鳶見魚而心知其飛躍 鳶魚之在天淵以其飛
躍接吾之心目者也 而道不遠於此 則亦何篤實之非廣大哉 內顧 而己
之願不願者 盡乎人之情矣 外顧 而人之宜盡 (第二節)與其不克盡者 盡
乎物之理矣 不能觸處得理以擇而執之 則必以私意爲道 拂乎人而揉
亂之矣 此皆曰予知而好自用之愚者是也 陳氏以老莊當之 亦未爲得）

2

　자기가 원치 않는 바는 남들도 반드시 원치 않을 것임을 미루어 헤
아려 그런 일을 베풀지 않는 것이 서(恕)다. 자기가 원치 않는 바를 미
루어서 남에게 베풀지 않는 일을 반드시 그렇게 하는 것은 충(忠)이
다. 충·서는 마음을 쓰는 데 있어서는 두 건의 공부이지만, 일에 나아
가면 한 가지 일을 함께 한다.

　『중용장구』의 주에 〈자기에게 베풀어 원치 않는 것을 남에게도 베
풀지 않는 것은〉 충·서의 일이다.[忠恕之事]"[386]라고 하였는데, 하나
의 '사(事)' 자가 일에 있어서는 하나로 합한다는 것을 드러낸다. 후세

의 유자들은 모두 이를 분명하게 이해하지 못해 충(忠)을 본체[體]로
삼고, 서(恕)를 작용[用]으로 삼았다. 그래서 마치 남을 대신해 꿈을
기술하는 것처럼 자신은 그림자나 메아리도 전혀 보지 못하였다.(己
所不願 則推人之必不願而勿施之 是恕 推己所不願 而必然其勿施 則
忠矣 忠恕在用心上是兩件工夫 到事上卻共此一事 章句云忠恕之事
一事字顯出在事上合一 後來諸儒俱欠了當在 乃以忠爲體 恕爲用 似
代他人述夢 自家卻全未見影響)

3

사백선(史伯璿)[387]은 "자기가 하고 싶은데 그것을 남에게 베푼
다."[388]는 한 층을 위에다 더 두었는데, 큰 사족(蛇足)이다. "자기가 어
떤 자리에 서고 싶을 때 남을 먼저 그 자리에 서게 하고, 자기가 어느
곳에 도달하고 싶을 때 남을 먼저 그 곳에 도달하게 해준다.[己欲立而
立人 己欲達而達人]"[389]고 한 것은, 인자(仁者)가 성명(性命)의 바름
을 얻은 뒤의 공용(功用)이 광대해진 일이다. 서(恕)에 대해 말한다

---

387) 사백선(史伯璿 ? - ?) : 자는 문기(文璣)이며, 절강성 평양(平陽) 사람이다. 원나
라 때 학자로 주자학을 종주로 하였다. 평생 은거하여 학문에 전념하였다. 저술로 『사서
관규(四書管窺)』・『관규외편(管窺外編)』이 있다.

388) 자기가……베푼다 : 이에 관한 내용은 사백선(史伯璿)의 『사서관규(四書管窺)』
권7, 「중용」(四庫全書 204책 893쪽)에 보인다. 관련 내용을 인용해 보면 다음과 같다.
"竊意 忠恕是盡己之心推以及人之事 故己不欲而勿施於人 固推己也 己所欲而以施之於
人 亦推己也"

389) 자기가……해준다 : 이 문구는 『논어』 「옹야」 제30장에 보인다.

면, '자기가 하고 싶지 않은 것' 위에서 미루어나가는 데 있을 따름이다. 대체로 자기가 하고 싶지 않은 경우는 온갖 것을 모두 남에게 베풀어서는 안 되니, 음식과 남녀의 경우도 자기의 감정을 기준으로 남을 대우해야 한다. 자기가 하고자 하는 경우도 미루어 헤아릴 수 없는 것과 미루어 헤아려서는 안 되거나 미루어 헤아리는 것이 마땅치 않은 것이 많다. 인자는 바르지 않은 욕심이 없다. 그가 미루어 헤아리는 것은 남을 서게 해주고 도달하게 해주는 것일 따름이다. 문왕(文王)은 자기가 좋아하던 창포김치[菖蒲菹]를 손님에게 배불리 먹이지 않았는데[390], 하물며 인(仁)에 이르지 않은 자에게 있어서이겠는가? (史伯璿添上己所欲而以施之於人一層 大是蛇足 己欲立而立人 己欲達而達人 是仁者性命得正後功用廣大事 若說恕處 只在己所不欲上推 蓋己所不欲 凡百皆不可施於人 卽飮食男女 亦須準己情以待人 若己所欲 則其不能推與夫不可推不當推者多矣 仁者無不正之欲 且其所推者 但立達而已 文王固不以昌歜飽客 而況未至於仁者哉)

4

이 장의 뜻은 『중용장구』의 주에 극진히 풀이해 놓았다. 그 외에는 남전 여씨(藍田呂氏)의 설[391]만이 진실한 것이 된다. 『중용혹문』에 남

---

390) 문왕(文王)은⋯⋯않았는데 : 문왕이 창포김치를 좋아하였다는 언급은 『여씨춘추(呂氏春秋)』・『한비자(韓非子)』 등에 보이는데, 위 내용은 전거가 자세치 않다.

391) 남전 여씨(藍田呂氏)의 설 : 남전 여씨는 북송 때의 학자 여대림(呂大臨 1040-

전 여씨의 설 중 한 단락을 고쳐 놓은 것³⁹²⁾은, 원본에 '기치중인야(其治衆人也)', '기애인야(其愛人也)', '기치기야(其治己也)'의 세 단락으로 나누어 논한³⁹³⁾ 것이 절실하고 타당한 것만 못하다. 쌍봉 요씨(雙峯饒氏)³⁹⁴⁾ 이하 여러 사람들의 설은 하나도 취할 만한 것이 없다. 그들은 앞에서 잘못한 것을 따라 모두 경직되게 '충서(忠恕)' 2자에만 집착해 주장을 펴고 있다. 『논어』의 '일이관지(一以貫之)'³⁹⁵⁾의 뜻을 가슴속에 담아두고서 식견이나 담력이 없어 성현의 언어에서 근본은 하나지만 나뉘면 만 가지로 다른 묘한 이치를 구하지 못한 것이다. 주자는 이 점에 대해 한결같이 고심하다가 나누고 차등을 두어 이런 혼

1092)을 가리킨다. 자는 여숙(與叔), 호는 남전(藍田)이다. 장재(張載)·정이(程頤)에게 배웠으며, 사량좌(謝良佐)·유작(游酢)·양시(楊時)와 함께 '정문 사선생(程門四先生)'으로 일컬어졌다. 남전 여씨의 설은 그의 저술 『대학중용해(大學中庸解)』에 들어 있는데, 주자의 『중용혹문』 제13장 소주에도 실려 있다.

392) 『중용혹문』에……것 : 『중용혹문』 제13장 해석 중 "呂氏改本太略 不盡經意 舊本乃推張子之言 而詳實有味 但柯猶在外以下 爲未盡善"이라 한 것을 가리킨다.

393) 원본에……논한 : 원본은 남전 여씨의 원래의 설을 가리킨다. 『중용혹문』 제13장 소주에 남전 여씨의 설이 실려 있는데, 이와 관련된 내용은 다음과 같다. "藍田呂氏曰 妙道精微 常存乎君臣父子夫婦朋友之間 不離乎交際酬酢之應對之末 皆人心之所同 然未有不出於天者也……其治衆人也 以衆人之所知 責其所知 以衆人之所能行 責其所行 改而後止 不厚望也 其愛人也 以忠恕而已 忠者 誠有是心而不自欺 恕者 推待己之心 以及人者也 忠恕不可謂之道 而道非忠恕 不行 此行以言違道不遠者 其治己也 以求乎人者 及於吾身 事父事君事兄 先施之朋友 皆衆人之所能盡人倫之至 則雖聖人 亦自謂未能 此舜所以盡事親之道 必至瞽瞍底豫者也……"

394) 쌍봉 요씨(雙峯饒氏) : 남송 말의 학자 요로(饒魯 ？－？)를 가리킨다. 자는 백여(伯輿), 호는 쌍봉(雙峯)이며, 강서성 여간(餘干) 사람이다. 저술로 『오경강의(五經講義)』·『학용찬술(學庸纂述)』·『학용십이도(學庸十二圖)』·『논맹기문(論孟紀聞)』 등이 있다.

395) 일이관지(一以貫之) : 『논어』「이인」 제15장에 보이는 공자의 말이다. 공자가 증삼(曾參)을 불러 "나의 도는 하나로써 그것을 꿰뚫었다."고 하였는데, 증삼이 "예, 알겠습니다."라고 답하였다. 공자가 밖으로 나가시자, 문인들이 증삼에게 "무엇을 말씀하신 것인가?"라고 묻자, 증삼이 "선생의 도는 충서일 따름이다."라고 답하였다.

란을 방지하였다.[396] 그런데 어찌하여 후세 학자들은 그것을 익히기만 하고 살피지 않는단 말인가!

본문에 "자기에게 베풀어 원치 않는 것을 또한 남에게도 베풀지 말라.[施諸己而不願 亦勿施於人]"고 하였는데, 이것이 바로 충서(忠恕)의 일이다. 이 점을 환히 알면, 사람이 도를 행하는 것은 능히 자신의 가까운 데에서 어떤 일을 취해 비유하여 덕으로 들어가는 문을 하나로 할 따름이다. 공자가 "나의 도는 하나로써 그것을 꿰뚫었다.[吾道一以貫之]"고 하였는데, 증자(曾子)가 이에 대해 "선생의 도는 자기에게 베풀어 원치 않는 것을 또한 남들에게 시행하지 않는 것일 따름이다."라고 한다면, 어찌 옳겠는가?

여기[397]서 또 충·서를 말할 수 있는 것은, 맹자가 "친한 이를 친히 하는 것은 인(仁)이고, 어른을 공경하는 것은 의(義)다.[親親 仁也 敬長 義也]"[398]라고 말한 것과 같다. 친한 이를 친히 하고 어른을 공경하는 것에 대해 인과 의를 말할 수 있다. 그러나 어린아이가 친한 이를 친히 하고 어른을 공경하는 것을 두고 인과 의의 전체(全體)와 대용(大用)이 여기에 극진하다고 말할 수 있겠는가? 이 충·서가 오로지 베푸는 측면에서 말한 것임을 알면, 위로 사람들을 통치하는 데 부족하고 아래로 자신을 통치하는 데 부족한 점 또한 명백하다. 또한 본문

---

396) 주자는……방지하였다 : 『논어』「이인」 제15장 '吾道一以貫之'에 대한 주자의 주를 살펴보면, 일본(一本)과 만수(萬殊)의 논리로 일이관지(一以貫之)를 설명하고 있다. 즉 일본(一本)은 도지체(道之體)로, 만수(萬殊)는 도지용(道之用)으로 보았는데, 『논어집주대전본』소주에 보면, 충(忠)은 도지체로, 서(恕)는 도지용으로 구분하였다. 또 주자의 『논어집주』주에 실린 정자(程子)의 설에도 충(忠)은 천도(天道)로 체(體)이며, 서(恕)는 인도(人道)로 용(用)이라고 하였다.

397) 여기 : 『중용장구』 제13장을 가리킨다.

398) 친한……의(義)다 : 이 문구는 『맹자』「고자 하」 제3장에 보인다.

에 "충·서는 도와의 거리가 멀지 않다.[忠恕 違道不遠]"고 한 것은 인심(人心)의 도체(道體)에 나아가서 말한 것으로 포함하는 바가 오히려 넓다. "자기에게 베풀어 원치 않는 것을 또한 남에게도 베풀지 말라.[施諸己而不願 亦勿施於人]"고 한 것은 일[事]을 가리켜 말한 것이니, 이 한 절의 요지이다.

사백선(史伯璿)[399]은 마음에 충·서가 없으면서 부질없이 지적이나 하였으며, 이 장의 마지막 제4절[400]로 '자기가 하고자 하는 바를 미루어 다른 사람에게 베푸는 것[推己所欲者 施之於人]'[401]을 삼았다. 임금·아비·형을 거론하면서 아래 사람들을 일컫는 말일 경우에는 '다른 사람[人]'이라 하며, 임금을 섬기고 아비를 섬기고 형을 섬기면서 그 덕이 아래로 미치는 말일 경우에는 '베풂[施]'이라고 한다. "말이 순조롭지 않으면 일이 이루어지지 않는다."[402]고 하였으니, 전도되고 어긋난 말이 이보다 심한 경우가 없구나!

그러므로 본문에서는 단지 벗[朋友]에 대해 베푸는 것을 말하면서 반드시 '먼저 베푸는 것[先施]'으로 인정과 예의의 마땅함을 삼은 것이다. 벗에 대해서도 베푸는 것만 말할 수 있는 것이 아닌데, 하물며 임금이나 아비에게 있어서이겠는가? 그러므로 베풂[施]을 말할 수 있는 경우는 반드시 정의(情誼)가 소원하면서 자기보다 낮은 자이다. 사람[人]을 말할 수 있는 경우는, 반드시 벗의 무리에 있지 않은 사람

---

399) 사백선(史伯璿 ? - ?) : 원나라 때 학자로 주자학을 종주로 하였다. 저술로『사서관규(四書管窺)』·『관규외편(管窺外編)』이 있다.

400) 제4절 :『중용장구』제13장 제4절 "君子之道四 丘未能一焉……"을 가리킨다.

401) 자기가……베푸는 것 : 이 문구는 사백선(史伯璿)의『사서관규(四書管窺)』권7「중용」에 보인다.

402) 말이……않는다 : 이는『논어』「자로」에 보이는 공자의 말이다.

으로 범범하게 아무 교제가 없는 자로서 일의 형세가 서로 관련되고 언행이 서로 접하는 사람일 따름이다.

그러므로 저절로 문자의 유래가 있는 것이니, 임금에게 충성을 베푼다[施]고 하거나 아비에게 효도를 베푼다고 하는 말은 없는 것이다. 위의 절에서 '사람을 다스린다.[治人]'고 말한 데에 나아가 보면, 다스리는 사람은 참으로 임금이나 스승의 책임을 지고 있으니, 일이 가르치는 데 있지 길러주는 데 있는 것이 아니다. 그들을 다스리는 방법은 경계하고 그치게 하고 감독하고 위엄을 보이는 것이지 그들이 원할 만한 것과 원할 수 없는 것을 묻는 것은 아니다.

또한 마지막 절에 자식에게 요구하는 것, 신하에게 요구하는 것, 동생에게 요구하는 것, 벗에게 요구하는 것을 말하였다. 그런데 그 요구하는 대상인 아들·신하·동생·벗에 대해 주자는 자기의 아들·신하·동생이 된다고 하였으니, 또한 자기에게 있는 통증이나 가려움을 스스로 알면 자기가 남들에게 요구하는 것도 비교적 자세히 알게 된다는 것이다. 실제로는 이 세상에 아직 자식을 둘 나이가 아니고 신하를 둘 지위가 아닌데도 그런 지위에 있는 사람이 있다. 그럴 경우, 동생이 되는 사람들은 어디에서 법칙을 취해 윗사람을 섬기겠는가? '……에게 구한다.[所求乎……]'는 것은 자기의 자식·신하·동생·벗 및 널리 공론을 따라 이 세상의 자식·신하·동생·벗이 된 자들에게 구하는 것을 막론하고 모두 그들의 널리 보는 밝은 지혜를 취해 당시에 처한 어둠을 헤쳐 나갈 수 있다는 것이다. 그렇다면 내가 구하는 것 또한 남에게서 그 이치를 얻는 것이지, ─그러므로 본문에 "도는 사람에게서 멀리 있지 않다.[道不遠人]"고 말한 것이다.─ 사씨(史氏)[403]가 말한 것처럼 '자기가 하고자 하는[己之所欲]' 데에 있는 것이 아니다. 다른 사람이 그의 아비를 효도로써 섬기는데 자기는 어떻게 하고자 하겠는가?

이 세 단락의 문자는 매 단락마다 두 부분으로 나뉘어져 있다. '벌가벌가(伐柯伐柯)' 이하 5구는 사람을 다스리는 도는 사람에게서 멀리 있지 않다는 것을 말한 것이고, '이인치인 개이지(以人治人 改而止)'는 사람이 사람을 다스리는 도를 생각하기가 멀리 있지 않다는 것이다. '충서위도불원(忠恕違道不遠)'은 사람을 사랑하는 도가 사람에게서 멀리 있지 않다는 것을 말한 것이고, '시저기이불원 역물시어인(施諸己而不願 亦勿施於人)'은 사람이 남을 사랑하는 도를 생각하기가 멀리 있지 않다는 것이다. '군자지도사(君子之道四)' 이하 10구는 자기를 다스리는 도가 사람에게서 멀리 있지 않다는 것을 말한 것이고, '용덕지행(庸德之行)' 이하는 사람이 자신을 다스리는 도를 생각하기가 멀리 있지 않다는 것이다.

"도가 사람에게서 멀리 있지 않다.[道不遠人]"의 인(人) 자에 대해, 황 면재(黃勉齋)[404]가 남[人]과 자기[己]를 겸하여 말한 것이라고 한 설[405]만이 이치에 가깝다. '충서(忠恕)' 이하 한 단락은 자기를 사랑하는 마음으로 남을 사랑하라고 말한 것이기 때문에 자기[己]를 겸하여 말할 수 있다. 자기에게 베푼[施諸己] 자는 타인이다. 남이 베푼 것에 대해 남에게 베풀지 말라[勿施於人]는 도를 터득하면, 자기를 사랑하는 마음으로 표준을 삼는다고 할지라도 실제로는 남에게서 순응하거

---

403) 사씨(史氏) : 원나라 때 학자 사백선(史伯璿)을 가리킨다.

404) 황 면재(黃勉齋) : 남송 때 학자 황간(黃榦 1152-1221)을 말한다. 자는 직경(直卿), 호는 면재, 시호는 문숙(文肅)이며, 복건성 민현(閩縣) 사람이다. 주자의 문인으로 백록동서원에서 강학하였다. 저술로 『중용총론(中庸總論)』·『논어통석(論語通釋)』·『예기집주(禮記集註)』·『서설(書說)』·『육경강의(六經講義)』·『경해(經解)』 등이 있다.

405) 황 면재(黃勉齋)가……설 : 『중용장구대전』 제13장 제1절 소주에 보이는데, 관련 내용은 다음과 같다. "黃氏曰率性之謂道 道何嘗遠人 此人字兼人己而言 自己觀之 便具此道 自人觀之 人亦具此道也"

나 거역하는 법도를 취하는 것이다.

　이 장의 뜻은 본래 비지소(費之小)[406]를 말한 것이기 때문에 지극히 얕고 쉽다. 그러나 이 도가 유행하여 사람의 정리(情理) 속에 산견되어 있음을 보는 데 있어서는, 그 잘·잘못[得失]과 순응·거역[順逆]이 겉으로 드러나 가르쳐주지 않음이 없으니, "솔개가 날아 하늘에 이르고 물고기가 연못에서 뛰노는[鳶飛戾天 魚躍于淵]" 것과 마찬가지로 이 세상에 밝게 드러난다. 그러므로 사람의 성품을 극진히 하는 부류는 함께 참여하여 알고 함께 능히 행할 수 있는 사람이건 알지 못하고 능히 행하지 못한 사람이건 모두 관찰하여 자신을 닦고 남을 다스리는 이치를 극진히 할 수 있다. 이 도가 충만하고 드러나 빠뜨리거나 소략한 바가 없고 끊어지는 바도 없음을 밝히면 비(費)에 나아가 은(隱)을 터득할 수 있다. 그러니 그 의미는 원래 자기에게 돌이켜 구하고자 하는 것이 아니고 한 마음[一心]에서 취하여 만족한 것을 말하는 것이다.

　『중용』은 사물의 이치를 살펴 천리가 유행함을 논한 것이고, 『논어』는 마음을 보존해 만물의 이치를 갖춘 것이다. 『중용』은 광대(廣大)함을 이룩하고, 『논어』는 회통함을 살핀다. 그러니 '충서(忠恕)'의 뜻에 대한 풀이가 크기도 하고 작기도 하며 치우치기도 하고 온전하기도 하여 한결같지 않은 것이 당연하다. 따라서 『중용』에서 "자기에게 베풀어 원치 않는 것을 또한 남에게도 베풀지 말라."는 말은, 충서(忠

---

406) 비지소(費之小) : '비(費)'는 『중용장구』 제12장의 '비이은(費而隱)'의 비(費)로 우리의 일상에서 발견할 수 있는 현상적으로 드러나 보이는 것을 말하고, 은(隱)은 일상에서 발견할 수 없는 은미한 이치를 말한다. 여기서 말하는 비지소(費之小)는 일상에 드러나 보이는 것 가운데 작은 것, 소소한 것을 말한다.

恕)의 한 단서가 될 따름이다.[407] 주자의 훈고(訓詁)만을 지켜 후세 학자들의 설에 의혹되지 말아야 한다. 그러므로 대전본(大全本)을 읽는 자들은 고정된 훈고를 깎아내는 것을 귀히 여긴다.(此章之義 章句盡之矣 其他則唯藍田之說爲允 或問改藍田一段 不及元本其治衆人也 其愛人也 其治己也 分三段爲切當 若雙峰以下諸說 則一無足取 緣其所失 皆硬擒住忠恕二字作主 要以論語一貫之旨 橫據胸中 無識無膽 不能於聖賢言語 求一本萬殊之妙 朱子一片苦心 爲分差等 正以防此混亂 何諸子之習而不察也 本文云施諸已而不願 亦勿施於人 只此是忠恕事 顯然見此但爲人之爲道者 能近取譬 一入德之門而已 若子曰吾道一以貫之 而曾子乃云夫子之道 施諸己而不願 亦勿施於人而已矣 則豈可哉 此亦可言忠恕者 如孟子言親親仁也 敬長義也 親親敬長可言仁義 其得以孩提之親親敬兄 謂仁義之全體大用盡於此乎 知此忠恕專在施上說 則其上之不足以統治人 下之不足以統自治 亦明矣 且本文所云忠恕違道不遠者 就人心道體而言 所包猶廣 而其云施諸己而不願 亦勿施於人 則指事而言 尤一節之專詞耳 史伯璿心無忠恕 漫爲指射 乃以末節爲推己所欲者施之於人 舉君父與兄而爲衆賤之詞曰人 事君事父事兄而爲下逮之詞曰施 言不順則事不成 其顚悖莫此爲甚 故本文但於朋友言施 而尤必以先施爲情禮之當 則朋友且不可僅言施 而況於君父 故可言施者 必誼疎而卑於己者也 其可言人者 必並不在朋友之科 而爲泛然無交 特其事勢相干言行相接之人也 故自有文字來 無有言施忠於君施孝於父者 至於上云治人 其所治之人 則已固有君師之任 事在敎而不在養 治之之術 戒休董威 不問其可願不

---

407) 『중용』은……따름이다 : 이 단락에서 이런 말을 한 것은 『중용장구』 제13장에 '충서(忠恕)'가 보이고, 『논어』 「이인」 제15장에도 '충서(忠恕)'가 보이기 때문이다.

可願也 且末節言所求乎子臣弟友 其所求之子臣弟友 朱子謂爲己之
子臣若弟 亦以在己者痛癢自知 而其求之也較悉爾 實則天下固有年
未有子 位未有臣 而爲人之季弟者 其又將何所取則以事其上哉 是所
求云者 不論求己之子臣弟友 與從旁公論天下之爲子臣爲弟友者 而
皆可取彼旁觀之明 以破當局之暗也 則抑知我之所求者 亦得其理於
人 (故曰道不遠人) 而非爲在己之所欲 如史氏之所云者 人事人父以孝
於己何欲哉 要此三段文字 每段分兩截 伐柯伐柯五句 言治人之道不
遠於人也 以人治人 改而止 則不遠人以爲治人之道也 忠恕違道不遠
言愛人之道不遠於人也 施諸己而不願 亦勿施於人 則不遠人以爲愛
人之道也 君子之道四十句 言治己之道不遠於人也 庸德之行以下 則
不遠人以爲自治之道也 道不遠人一人字 唯黃勉齋兼人己而言之之說
爲近 緣忠恕一段 謂以愛己之心愛人 故可兼己而言 乃施諸己者他人
也 於人之施者 得勿施於人之道 則雖云以愛己之心爲準 而實取順逆
之度於人矣 大抵此章之旨 本言費之小者 故極乎淺易 然於以見斯道
之流行 散見於生人情理之內 其得失順逆 無非顯教 與鳶飛魚躍 同一
昭著於兩間 故盡人之類 其與知與能 與其所未知未能 皆可以觀察 而
盡乎修己治人之理 蓋以明斯道之充滿形著 無所遺略 無所閒斷 而卽
費可以得隱 則其意原非欲反求之己 而謂取之一心而已足也 中庸以
觀物而論天理之行 論語以存心而備萬物之理 中庸致廣大 而論語觀
會通 固宜忠恕之義 大小偏全之不一 而不願勿施 但爲忠恕之一端也
守朱子之詁 而勿爲後儒所惑 是以讀大全者之貴於刪也)

제14장

군자는 현재의 위치에 따라 행동하고 그 밖의 것을 원하지 않는다. 현재 부유하고 귀하다면 부유하고 귀한 채로 행하며, 현재 가난하고 천하다면 가난하고 천한 채로 행하며, 현재 오랑캐 지역에 있다면 오랑캐인 채로 행하며, 현재 환난(患難)에 처했다면 환난에 처한 채로 행한다. 그러므로 군자는 어디에 있은들 자득(自得)하지 않음이 없다. 윗자리에 있으며 아랫사람을 능멸하지 않으며, 아랫자리에 있으며 윗사람을 끌어내리지 않는다. 자신을 바르게 하여 남에게서 구하지 않으면 원망이 없을 것이다. 위로 하늘을 원망하지 않으며 아래로 남을 탓하지 않는다. 그러므로 군자는 평이한 데에 있으면서 천명을 기다리고, 소인은 험난한 일을 행하면서 요행을 바란다. 공자께서 말씀하셨다. "활쏘기는 군자의 도와 유사한 점이 있으니, 화살을 쏘아 정곡을 맞추지 못할 경우에는 돌이켜 자신에게서 그 원인을 찾는다."

君子 素其位而行 不願乎其外 素富貴 行乎富貴 素貧賤 行乎貧賤 素夷狄 行乎夷狄 素患難 行乎患難 君子 無入而 不自得焉 在上位 不陵下 在下位 不援上 正己而不求於人 則無怨 上不怨天 下不尤人 故君子 居易以俟命 小人 行險以徼幸 子曰 射有似乎君子 失諸正鵠 反求諸其身

1

목전의 사람에 대해 그를 멀리하고서 도를 생각할 수 없다. 오직 이 도의 본체가 사람에게 발현되는 것이 끊어지지 않으면 사람은 모두 도를 싣는 그릇이 된다. 그러니 솔개나 물고기가 도를 충분히 드러내는 것과 마찬가지의 한 가지 기미[一幾]다. 현재의 지경에서 모두 순응하여 도를 행할 수 있다. 오직 이 도의 작용[用]은 그치는 바가 없는 지경에 산견되니 어떤 지경이든 모두 도를 붙이고 있는 터[墟]다. 그러니 하늘이나 연못이 도를 충분히 드러내는 것과 마찬가지의 한 가지 이치[一理]다. 눈앞의 사람은 도가 모두 멀리 있지 않으니, 이는 솔개에서는 나는 기미를 터득하고, 물고기에서는 뛰노는 기미를 터득하는 것과 마찬가지다. 현재의 지경에서 모두 도를 행할 수 있으니, 하늘에 있어서는 나는 이치고 연못에 있어서는 뛰노는 이치다. 어떤 사람이든 법칙을 취할 수 없는 사람은 없고, 어떤 지경이든 돌이켜 구할 수 없는 지경은 없다. 이것이 곧 활발발(活潑潑)한 것이다. 소자(邵子)[408]의 「관물(觀物)」 2편[409]은 전적으로 이런 데로부터 생각[意]을 얻은 것이다.

쌍봉 요씨(雙峯饒氏)는 제13장을 자기 몸에 나아가 말한 것으로, 제14장을 지위에 나아가 말한 것으로 보았다.[410] 그런데 앞 장에서 아들·신하·동생·벗을 말한 것은 아들·신하·동생·벗의 지위에 처하지 않음이 없고, 뒷장에 "돌이켜 자기 자신에게서 구한다.[反求諸其身]"고 한 것도 이미 자기 몸에 돌이킨 것이다. 그는 이 2장의 대의가 비지소(費之小)에 있다는 것을 전혀 알지 못했으니, 사람[人]과 지경[境] 두 단서에 나아가 드러난 도를 설파하지 못한 것이다. 그러므로 신안 진씨(新安陳氏)[411]가 "제15장은 위의 장을 이어 도는 존재하지 않는 곳이 없는데[道無不在] ─이 네 글자는 뜻이 좋다.─ 도에 나아가는 데에는 순서가 있음을 말한 것이다."[412]라고 한 것은, 지극히 상세하고 타당한 말이 된다. 다만 신안 진씨가 "위의 장을 이었다."고 한 것은 오로지 '군자 소기위이행(君子素其位而行)'의 제14장만을 이었다는 뜻

---

408) 소자(邵子) : 북송 때 학자 소옹(邵雍 1011-1077)을 말한다. 자는 요부(堯夫), 호는 백원(百源), 시호는 강절(康節)이며, 하북성 범양(范陽) 사람이다.『주역』에 정밀하였는데, 특히 상수학(象數學)을 체계적으로 발전시켜『황극경세서(皇極經世書)』를 저술하였다.

409) 「관물(觀物)」2편 : 소옹의 저술『황극경세서』에 들어 있는 편명으로, 「관물내편(觀物內篇)」·「관물외편(觀物外篇)」을 말한다.

410) 쌍봉 요씨(雙峯饒氏)는……보았다 : 쌍봉 요씨는 남송 말기의 학자 요로(饒魯)를 말한다. 쌍봉 요씨의 설은『중용장구대전』제14장 끝부분 소주에 보이는데, 이와 관련된 내용은 다음과 같다. "雙峯饒氏曰 上章道不遠人 是就身上說 此章素位而行 是就位上說 此身放開一步 然位是此身所居之地"

411) 신안 진씨(新安陳氏) : 송말원초의 학자 진력(陳櫟 1252-1334)을 말한다. 자는 수옹(壽翁), 호는 정우(定宇)이며, 안휘성 휴녕(休寧) 사람이다. 송나라가 망하자 평생 은거하여 학문에 진력하였다. 학문은 주자학을 종주로 하였다. 저술로『상서집전찬소(尙書集傳纂疏)』·『사서발명(四書發明)』·『예기집의(禮記集義)』등이 있다.

412) 제15장은……것이다 : 이 내용은『중용장구대전』제15장 제1절의 소주에 보인다.

인 듯하다. 그러나 내 생각으로는, 앞의 2장을 모두 계승한 뒤에야 도가 어느 곳인들 존재하지 않음이 없음을 나타낸다.(目前之人 不可遠之以爲道 唯斯道之體 發見於人無所間 則人皆載道之器 其與鳶魚之足以見道者一幾矣 現在之境 皆可順應而行道 唯斯道之用 散見於境無所息 則境皆麗道之墟 其與天淵之足以著道者一理矣 目前之人 道皆不遠 是於鳶得飛於魚得躍之幾也 現在之境 皆可行道 是在天則飛在淵則躍之理也 無人不可取則 無境不可反求 卽此便是活潑潑地 邵子觀物兩篇 全從此處得意 雙峰乃以十三章爲就身而言 十四章爲就位而言 則前云子臣弟友者 未嘗不居乎子臣弟友之位 後云反求諸其身者 亦旣歸之於身矣 彼殊未見此兩章大意 在只此是費之小者 就人境兩端 顯道之莫能破 故新安謂第十五章承上言道無不在 (此四字好) 而進道有序 極爲諦當 但新安所云承上者 似專承素位一章 如愚意 則必兩承 而後見道之無不在也)

2

『중용장구』의 주에는 이 1장을 '소기위이행(素其位而行)'에 해당하는 것과 '불원호기외(不願乎其外)'에 해당하는 것으로 나누어 두 지절(支節)로 구분했으니[413], 도는 서로 인하지만 뜻은 저절로 구별이

413) 『중용장구』에서는……구분했으니 : 『중용장구』에서 제14장 제2절은 '소기위이행(素其位而行)'에 해당하는 내용으로, 제3절은 '불원호기외(不願乎其外)'에 해당하는 내용으로 해석한 것을 가리킨다.

있기 때문이다. '소기위이행'은 일이 도에 극진한 것이고, '불원호기외'는 마음이 도가 아닌 데로 멀어지는 것이다. 위에서 행(行)을 말하고 아래서 원(願)을 말한 것을 보면 이런 점을 알 수 있다.

'불원호기외'에 해당하는 한 지절[414]은 또 두 층이 있다. '능멸하지 않는다.[不陵]'와 '끌어당기지 않는다.[不援]'는 다른 사람이 거처하는 지위에 의거하여 바깥[外]을 삼은 것이고, '원망하지 않는다.[不怨]'와 '허물하지 않는다.[不尤]'는 자기가 얻지 못한 지위에 의거하여 바깥[外]을 삼은 것이다. 사람에게 자기가 얻지 못한 것을 엿보는 바가 있는 것은 반드시 남이 얻은 것을 인해 부러워하는 마음이 생긴 것이다. 그러므로 '능멸하지 않는다.'와 '끌어당기지 않는다.'는 것으로 '원망이 없는[無怨]' 근본을 삼은 것이다. '자기 몸을 바르게 한다.[正己]'는 것은 위 문장의 지위를 따라 도를 극진히 하는 실상과 구별된다. 여기서는 마음에 사악함이 없는 것을 곧바로 정(正)이라 말한 것일 뿐이다. '자기 몸을 바르게 한다.'는 것은 '자신을 세운다.[立身]'고 말하는 것과 같다. '행(行)'[415]은 자기를 행하는 것을 말하니, 이 행(行)과 입(立)[416]은 구분이 있다.

또한 '능멸하지 않는다.', '끌어당기지 않는다.'라고 말하고서 이를 통합하여 '구하지 않는다.[不求]'고 하였는데, 윗자리에 있을 때에 원망하고 허물함이 없다고 하였으니, 이 점은 통할 수 없는 설인 듯하다. 윗자리에 있으면서 분수 밖에 있는 것을 원하는 것은 반드시 제후

---

414) 한 지절 : 『중용장구』 제14장 제3절을 가리킨다.

415) 행(行) : '소기위이행(素其位而行)'의 행(行)을 가리킨다.

416) 입(立) : 저자는 위에서 '정기(正己)'를 '입신(立身)'으로 보았는데, 바로 그 '입신(立身)'의 입(立)을 가리킨다. 곧 제14장 제3절을 의미한다.

로서 천자가 되기를 구하고 대부로서 제후가 되기를 구하는 것일 것이다. 단지 아랫사람을 능멸하는 경우라면 아랫사람에게 요구하는 바가 있지 않고서도 형세상 마음대로 행할 수 있으니 그렇게 할 수 없다고 해서 원망을 품는 데까지 이르지는 않을 것이다. 윗자리에 있으면서 아랫자리를 원하는 것과 같은 경우는 인정상 반드시 없을 듯하다.

『춘추좌씨전』을 살펴보건대, 강자가 약자를 능멸하는 것을 말한 경우에는 모두 '능(凌)' 자를 썼는데 왼쪽 부수가 '빙(冰)'을 따랐으니, 차가움과 위엄으로 남을 핍박하는 것을 말한다. 또 '침릉(侵陵)'·'능체(陵替)'를 말할 적에는 '능(陵)' 자를 썼는데 왼쪽 부수가 '부(阜)'를 따랐다. 능(陵)은 산이 낮은 데로 향하는 것이다. 위에서 떨어져 아래로 침범하는 것이 마치 산이 점점 낮은 구릉으로 내려가 평지로 나아가는 것과 같다. 그렇다면 '능멸하지 않는다.', '끌어당기지 않는다.'는 것은 뜻이 서로 유사하다. '아래를 능멸한다.'는 것은 아랫사람의 일을 침범하여 자기의 일로 삼는다는 말이다.

사람이 윗자리를 좋아하고 아랫자리를 좋아하지 않는 것은 참으로 인정이다. 그런데 윗자리에 있으면서 다시 아랫사람이 하는 것을 하고자 하는 것은 조급하거나 스스로 기뻐하는 자의 심정이다. 예컨대, 사람들은 대간(臺諫)[417]의 직책에 있으면 팔좌(八座)[418]에 오르기를 생각하지 않음이 없다. 그런데 팔좌에 올라 대관과 논쟁하는 권한

---

417) 대간(臺諫) : 본래 국왕이나 조정의 비리를 규찰하는 임무를 맡은 어사대(御史臺)가 간언(諫言)의 임무를 겸하게 되었기 때문에 붙여진 이름이다. 후대에는 관리들의 비리를 규찰하는 사헌부와 간언의 책임을 맡은 사간원을 통칭해 대간이라 불렀다.

418) 팔좌(八座) : 시대마다 일컫는 대상이 다른데, 수나라·당나라 때 이후로는 대체로 육부(六部)의 장관인 상서(尙書)와 좌복야(左僕射)·우복야(右僕射)를 팔좌라고 불렀다.

을 다툴 수 없게 되면 대간이 되기를 원하는 경우도 있다. 이런 마음을 가진 사람이 팔좌의 자리에 앉게 되면, 몸은 대신이지만 나라의 체통을 구휼(救恤)하지 않고 대간의 직책을 침범하고 능멸하며, 소신(小臣)들과 한 마디 말의 잘잘못을 논쟁하고자 한다. 그렇게 할 수 없으면 그렇게 하기를 구하고, 그렇게 하기를 구하다가 할 수 없으면 원망을 한다. 또한 사람이 자식일 때에 어찌 자기도 자식 갖기를 원치 않겠는가? 그러나 자신은 늙고 자손들이 점점 성장하면 구애되고 기피하는 행동을 하며, 노년에 이르러서는 동심으로 돌아가 자손들과 한 순간의 근심과 즐거움을 다툰다. 그리하여 그렇게 할 수 없으면 그렇게 하기를 구하고, 그렇게 하기를 구하다가 할 수 없으면 원망을 한다. 오직 천자는 신민이 되기를 원치 않는다. 그러나 당(唐)나라 선종(宣宗)은 스스로 진사라 칭하였고, 무황(武皇)[419]은 스스로 대장군이라 칭하였다. 하물며 여기서 '윗자리에 있다.[在上位]'고 말하는 것이 애초 짝할 바 없는 지존을 말하는 것이 아닌 데 있어서이겠는가?

이런 점을 살펴보면, '아랫사람을 능멸한다.', '윗사람을 끌어당긴다.'는 것은 모두 한때 함부로 행동하는 마음에 의거하여 말한 것이다. 현재 거처하는 지위를 버리고 옛날 거처하던 바가 되기를 생각하거나, 훗날 반드시 이르고자 하는 바를 지금 기약하는 것은, 분수 밖[外][420]의 것이 되는 점에서 마찬가지다. 이 점이 바로 성현의 말씀은 천하의 인정과 사물의 이치를 모두 포괄하여 빠뜨림이 없는 까닭이

---

419) 무황(武皇) : 후한 광무제(光武帝), 삼국시대 위(魏)나라 무제(武帝), 진(晉)나라 무제(武帝)를 모두 '무황(武皇)'으로 일컫는다. 여기서는 누구를 지칭한 것인지 자세치 않다.

420) 밖[外] : 본문 '불원호기외(不願乎其外)'의 외(外)를 가리킨다.

다. 남전 여씨(藍田呂氏)⁴²¹⁾는 "아랫사람을 능멸하다가 따르지 않으면 그 아랫사람을 죄준다."⁴²²⁾라고 하였는데, 이미 '능(陵)'의 뜻이 온당치 않다. 그는 또 〈내가 남을 사랑하는데 그가 나를 친히 하지 않으면〉 자기의 인(仁)을 돌이켜 보고, 〈내가 남을 다스리는데 잘 다스려지지 않으면〉 자기의 지혜[知]를 돌이켜 보는 것, 이것이 윗자리에 있으면서 아랫사람을 능멸하지 않는 것이다."⁴²³⁾라고 하였는데, 이는 현재의 자기의 위치에 맞게 행동하는 일이지 분수 밖에 있는 것을 원치 않는 마음이 아니니, 앞뒤 단락의 내용을 잘못 파악한 것이다.(章句分素位而行與不願其外爲兩支 道雖相因 而義自有別 素位而行 事之盡乎道也 不願其外 心之遠乎非道也 觀上言行而不言願 可知矣 乃不願乎其外一支 又有兩層 不陵不援者 據他人所居之位以爲外也 不怨不尤者 據己所未得之位以爲外也 乃人之有覬於未得者 必因他人之已然而生歆羨 故不陵不援爲無怨之本 而所謂正己者 亦別於上文隨位盡道之實 但以心之無邪而卽謂之正矣 正己如言立身 行則言乎行己 行與立固有分也 抑不陵不援而統謂之不求 且於在上位者而亦云無怨尤 此疑乎說之不可通者 以在上位而願乎其外 必將以諸侯干天子 大夫干諸侯 若但陵其下 則非有求於下 勢可恣爲 不至於不得而懷怨 若在上位而願下 則又疑人情之所必無 按春秋傳 凡言強凌弱者 字皆作

---

421) 남전 여씨(藍田呂氏) : 북송 때의 학자 여대림(呂大臨 1040-1092)을 가리킨다.

422) 아랫사람을……죄준다 : 이 문구는『중용혹문』제14장 해석 중 소주 "藍田呂氏曰……"에 보이는데, 관련 내용은 다음과 같다. "陵下不從 則罪其下 援上不得 則非其上是所謂尤人者也"

423) 내가……것이다 : 이 문구는『중용혹문』제14장 해석 중 소주의 "藍田呂氏曰……"에 보인다. "愛人不親 反其仁 治人不治 反其知"는『맹자』「이루 상」제4장에 보이는 말이다.

凌 左傍從冰 謂如寒威之逼人也 其云侵陵 云陵替者 字則作陵 左傍從
阜 陵者 山之向卑者也 離乎上而侵乎下 若山之漸降於陵而就平地也
則不陵不援 義正相類 陵下者 言侵下之事以爲己事也 夫人之樂上而
不樂下 固情也 乃當其居上而覆願爲下之所爲者 亦卞躁自喜者之情
也 如人當在臺諫之職 未嘗不思登八座 及登八座而不能與臺諫爭搏
擊之權 則固有願爲臺諫者矣 乃以此心而居八座 則必身爲大臣 不恤
國體 而侵陵臺諫之職 欲與小臣爭一言之得失 不得而求 求不得而怨
矣 又人之方爲子 豈不願己之有子 及身老而子孫漸長 則動成拘忌 乃
瀕老而有童心 思與子孫爭一旦之憂樂 不得而求 求不得而怨矣 夫唯
天子則不宜願爲臣民 而唐宣且自稱進士 武皇且自稱大將軍 況所云
在上位者 初非至尊無偶之謂乎 審乎此 則陵下援上 皆據一時妄動之
心而言 而除取現在所居之位爲昔之所居而今懷之 他日之所必至而今
期之 其爲外也 一而已矣 此聖賢之言 所以範圍天下之人情物理而無
遺 藍田云陵下不從則罪其下 旣於陵字之義未當 又云反仁反知所以
不陵 則是素位而行之事 而非不願乎外之心 胥失之已)

3

   '요(徼)'는 '구하다[求]'는 뜻이다. 소주에 "얻지 않아야 할 것을 취
하는 것이다."[424]라고 하였는데 의미가 도리어 소원하다. 구(求)하는

424) 얻지……것이다 :『중용장구대전』제14장 제4절 소주 주자의 설에 보인다. 관련
내용은 다음과 같다. "朱子曰 言强生意智 取所不當得"

것은 그의 마음이 얻기를 원하는 것이고, 취(取)하는 것은 지혜나 힘으로써 가서 취해 얻는 것이다. 요행히 취해 얻을 수 있다면 다시 천명이 있지 않을 것이다. 부귀(富貴)·복택(福澤)은 모두 알 수 없는 점이 있다. 군자가 그것을 기다리는 것을 '명(命)'이라 한다. 소인이 그것을 구하면 그것을 얻음에 천명이 존재하지 않은 적이 없다 하더라도 이는 그의 마음이 기뻐하는 바에 의해 우연히 그 소원을 성취한 것으로, '명(命)'이라 할 수 없기에 '행(幸)'이라 한다.

『중용장구』의 주에 "〈행(幸)은〉 얻어서는 안 되는데 얻은 것을 말한다.[幸謂所不當得而得者]"[425]라고 하였으니, 이는 소인을 신랄하게 풍자한 말이다. 그러나 실은 그렇지 않다. 예컨대, 맹교(孟郊)[426]처럼 빼어난 문장으로 한 번 진사시험에 합격한 것이 어찌 마땅히 얻지 않아야 할 것이겠는가? 그가 진사시에 합격하지 못하였을 때에는 "합격자 발표 게시판 앞에서 눈물을 떨어뜨리고 대중들 속에서 자신을 혐오했네.[牓前下淚 衆裏嫌身]"라고 하였으니, 이미 요행으로 얻을 수 없는 일이라는 것을 안 것이다. 그런데 그가 시험에 합격하고 난 뒤에는 "봄바람에 뜻을 얻으니 말발굽이 빠르기도 하고 하루 만에 장안(長安)의 꽃을 두루 다 보았네.[春風得意馬蹄疾 一日看徧長安花]"라고 하였으니, 마치 하늘에서 떨어진 것처럼 그 기쁨이 끝이 없었던 것이다. 그렇다면 남들이 소인을 요행으로 여기는 것뿐만이 아니라, 소인 또한 스스로 요행으로 여기는 것이다. 심지어 남들이 소인을 요행으

---

425) 행(幸)은……말한다 : 이 문구는 『중용장구』 제14장 제4절의 주에 보인다.

426) 맹교(孟郊 751-814) : 당나라 중기의 시인으로, 자는 동야(東野)이며, 호주(湖州) 무강(武康) 사람이다. 시문이 당대 최고였음에도 50세가 되어서야 과거에 합격하였다. 한유(韓愈)와 친하게 지냈으며, 가도(賈島)와 시인으로서 이름을 나란히 하였다.

로 여기지 않더라도 소인은 스스로 요행으로 여긴다. 그러니 지위 밖의 것을 원하는 것은 아무런 연고가 없다.(徼只是求意 小註云取所不當得 於義卻疎 求者 其心願得之 取 則以智力往取而獲之矣 若幸可取而得焉 則不復有命矣 富貴福澤 儘有不可知者 君子俟之 則曰命 小人徼之 則雖其得也 未嘗不有命在 而據其心之欣幸者偶遂其願 不可云命 而謂之幸矣 章句云謂所不當得而得者 亦是奚落小人語 其實不然如以孟郊之文 登一進士 亦豈其不當得 乃未得之時 則云牓前下淚 衆里嫌身 旣視爲幾幸不可得之事 迨其旣得 而云春風得意馬蹄疾 一日看徧長安花 其欣幸無已 如自天隕者然 則不特人以小人爲幸 而小人亦自以爲幸 乃至人不以小人爲幸 而小人亦自以爲幸 則唯其位外之願無聊故也)

제16장

공자께서 말씀하셨다. "귀신의 덕이여, 성대하구나! 보아도 보이지 않고, 들어도 들리지 않지만 사물에 본체가 되어 빼버릴 수 없다. 천하의 사람들로 하여금 재계(齋戒)하고 마음을 밝게 하고 제복(祭服)을 성대하게 갖추어 입고서 제사를 받들게 하고, 성대하게 제사 지내는 자리에 강림하여 살아 있는 것처럼 여기게 하며, 제사 지내는 사람들의 좌우에 살아 있는 것처럼 여기게 한다. 『시경』에서 '신이 이르러 옴을 헤아릴 수 없는데, 하물며 싫어할 수 있으랴.'라고 하였으니, 은미한 것은 드러나기 마련이니 성(誠)의 발현을 가릴 수 없음이 이와 같도다."

子曰 鬼神之爲德 其盛矣乎 視之而弗見 聽之而弗聞 體物而不可遺 使天下之人 齊明盛服 以承祭祀 洋洋乎如在其上 如在其左右 詩曰 神之格思 不可度思 矧可射思 夫微之顯 誠之不可揜 如此夫

1

『중용장구』의 주에 하나의 '연(然)' 자 및 '시기(是其)' 2자[427]는 〈귀신을〉 하나로 꿰어 실감나게 그려냈다. 본문의 '보이지 않는다.[弗見]', '들리지 않는다.[弗聞]'는 것은 은미한[微] 것이고, "사물에 본체가 되어 빼버릴 수 없다.[體物不可遺]"는 것은 드러난[顯][428] 것이다. 뜻이 양분되었기 때문에 '연(然)' 자를 써서 한번 전환을 하지 않을 수 없었던 것이다. 주신(朱伸)처럼 끝내 분별하면 막히게 된다.[429] '보이지 않는다.', '들리지 않는다.'는 것은 사물에 본체가 됨[體物]을 말한 것이다. "사물에 본체가 되어 빼버릴 수 없다."는 것은 '보이지 않고',

---

427) 하나의……자 : 『중용장구』 제16장 제2절의 주에 "鬼神無形與聲 然物之終始 莫非陰陽合散之所爲 是其爲物之體 而物之所不能遺也"라고 한 구절의 연(然) 자 및 시기 (是其) 자를 가리킨다.

428) 드러난[顯] : 앞의 '은미한[微]' 것과 여기서의 드러난[顯] 것은 『중용장구』 제1장 의 '막현호미(莫顯乎微)'의 미(微)와 현(顯)을 가리킨다.

429) 주신(朱伸)처럼……된다 : 주신(朱伸)은 생애가 자세치 않다. 『중용장구대전』 제 16장 제2절 아래의 소주에 실린 주신의 설은 다음과 같다. "視弗見聽弗聞 德之微也 體 物不可遺 德之顯也"

'들리지 않는' 것이 그것을 본체로 하는 것이다.

후씨(侯氏)는 귀신을 형이하로, 귀신의 덕을 형이상으로 나누어 말했는데[430], 주자가 그의 설을 분명히 배척하였다.[431] 그런데 쌍봉 요씨(雙峯饒氏)는 오히려 그의 남은 찌꺼기를 주워 모아 가문의 보배라고 생각하였으니[432], 어찌 그리 미혹하단 말인가! 형이하는 사물[物]뿐이니, 사물에 본체가 되는 것이 형이상이다. 형이하는 볼 수 있고 들을 수 있지만, 형이상은 볼 수 없고 들을 수 없다. 예컨대, 한 그루 버드나무가 있다고 하자. 그 가지와 잎은 볼 수 있고, 그 나무가 죽지 않고 살아있는 것 또한 볼 수 있다. 그러나 그 나무에 본체가 되어 가지로 하여금 가지가 되게 하고 잎으로 하여금 잎이 되게 하며, 이와 같이 하면 살고 저와 같이 하면 죽는 까닭을 어찌 보고들을 수 있겠는가?

사물의 본체는 형체다. 그 사물에 본체가 되는 것은 분명 형체 위의

---

430) 후씨(侯氏)는……말했는데 : 후씨(侯氏)는 북송 때 학자 후중량(侯仲良 ? - ?)을 말한다. 자는 사성(師聖), 호는 형문(荊門)이며, 산서성 맹현(孟縣) 사람이다. 정이(程頤)·주돈이(周敦頤)·호안국(胡安國) 등에게 배웠다. 후중량은 '귀신(鬼神)'과 '귀신지덕(鬼神之德)'을 형이하와 형이상으로 나누어 설명하였다. 그의 설은 『중용혹문』 제16장 소주에 인용되어 있는데, 관련 내용은 다음과 같다. "河東侯氏曰 只是鬼神 非誠也 經不曰鬼神 而曰鬼神之爲德 其盛矣 鬼神之德 誠也 易曰形而上者 謂之道 形而下者 謂之器 鬼神亦器也 形而下者也 學者心得之 可也"

431) 주자가……배척하였다 : 『중용혹문』 제16장 해석 중 주자가 후중량의 설을 배척한 내용은 다음과 같다. "侯氏曰 鬼神形而下者 非誠也 鬼神之德則誠也 按經文本贊鬼神之德之盛 如下文所云 而結之曰誠之不可揜如此 則是以爲鬼神之德 所以盛者 盖以其誠 非以誠自爲一物 而別爲鬼神之德也 今侯氏乃析鬼神與其德 爲二物 而以形而上下言之 乍讀如可喜者 而細以經文事理求之 則失之遠矣 程子所爲只好隔壁聽者 其謂此類也夫"

432) 쌍봉 요씨(雙峯饒氏)는……생각하였으니 : 쌍봉 요씨는 남송 말의 학자 요로(饒魯 ? - ?)를 말한다. 쌍봉 요씨의 설은 『중용장구대전』 제16장 제2절 아래의 소주에 보이는데, 관련 내용은 다음과 같다. "又曰 道是形而上者 鬼神是形而下者 此章卽鬼神之費隱 以明道之費隱 言觀鬼神之體至隱 而其用至費如此 則道之用所以至費者 豈非有至隱以爲之體乎"

한 층 일이다. 그러므로 형이상(形而上)이라고 하는 것이다. 그러나 형이상은 형체가 있다는 말이지 형체가 없다는 말이 아니다. 그렇다면 형체가 모두 있는 것이니, 이 점이 바로 보이지 않고 들리지 않지만 빼버릴 수 없는 것이다.

볼 수 없고 들을 수 없는 것이 사물에 본체가 되어 빼버릴 수 없는 것은 귀신의 성정(性情)이 참으로 그렇다. 보이지 않고 들리지 않는 것이 사물에 본체가 되어 빼버릴 수 없어서 사물로 하여금 사물이 되게 하는 것이 그 공효(功效)다. 3구[433]가 성정을 온전히 그려냈는데 공효는 언외에 있다. 그러니 사물에 본체가 되어 빼버릴 수 없다는 것으로 공효를 삼아서는 안 된다.(章句一然字及是其二字 一串寫得生活 弗見弗聞 微也 體物不可遺 顯也 義旣兩分 故不得不用然字一轉 乃如朱氏伸竟爲分別 則又成窒礙矣 弗見弗聞者 卽以言夫體物者也 體物不遺者 乃此弗見弗聞者體之也 侯氏形而上下之言 朱子旣明斥之矣 雙峰猶拾其餘瀋而以爲家珍 則何其迷也 形而下者只是物 體物則是形而上 形而下者 可見可聞者也 形而上者 弗見弗聞者也 如一株柳 其爲枝爲葉可見矣 其生而非死 亦可見矣 所以體之而使枝爲技 葉爲葉 如此而生 如彼而死者 夫豈可得而見聞者哉 物之體則是形 所以體夫物者 則分明是形以上那一層事 故曰形而上 然形而上者 亦有形之詞 而非無形之謂 則形形皆有 卽此弗見弗聞之不可遺矣 不可見不可聞者之體物不遺 鬼神之性情固然 此弗見弗聞之體物不遺 以使物得之爲物者 則其功效也 三句全寫性情 而功效則在言外 不可以體物不遺爲功效)

---

433) 3구 : 「중용장구」 제16장 제2절의 "視之而弗見 聽之而弗聞 體物而不可遺"를 가리킨다.

2

귀신에 대해 안으로 제사(祭祀)에 관한 한 단락[434]을 끌어냈으니, 보이지 않고 들리지 않는 가운데서 볼 수 있고 들을 수 있는 자취를 대략 보인 것이다. 연평(延平)[435]이 "학자들로 하여금 들어가는 입구를 있게 하였다."[436]고 한 말은 매우 정밀하다. 보고 들을 수 없는 점은 사물[物]마다 모두 있다. 한 그루 버드나무를 가지고 이해해 보면 가능한 한 보고 들을 수 있는 수준에서 토론할 뿐이다. 그렇게 하기도 겨를이 없는데, 어찌 이면에 보이지 않고 들리지 않는 그 무엇이 살아있다는 것을 깨달을 수 있겠는가? 그러나 제사에 이르러 보면 그런 소식에 통할 수 있다.

제3절의 '천하지인(天下之人)' 4자는 대체적으로 말한 것이다. 귀신을 업신여기는 부도덕한 사람을 제외하고, 그 나머지 사람들 중에 사려가 얕은 사람은 얕은 식견을 가지고 있고, 사려가 깊은 사람은 깊은 식견을 가지고 있다. 그들은 한때 정기가 모여 산란한 마음이 일어나지 않으면, 감개하며 귀신의 모습을 보는 듯이, 귀신의 음성을 듣는 듯이 여긴다. 그리하여 귀신이 사물에 본체가 되어 빼버릴 수 없다는 것을 믿는 사람은 참으로 귀신을 무시하지 않는다. 성현의 지위에 도

---

434) 제사(祭祀)에……단락 : 『중용장구』제16장 제3절 "使天下之人 齊明盛服 以承祭祀……"를 가리킨다.

435) 연평(延平) : 송나라 때 학자 이통(李侗 1093-1163)을 말한다. 자는 원중(愿中), 호는 연평, 시호는 문정(文靖)이며, 복건성 남검주(南劍州) 사람이다. 나종언(羅從彦)에게 이정(二程)의 학문을 배워 주자에게 전해주는 교량적 역할을 하였다. 저술로 주자가 편찬한 『이연평집(李延平集)』이 있다.

436) 학자들로……하였다 : 『중용장구대전』제16장 제5절 아래의 소주 "延平李氏曰……"에 보인다.

달한 사람이 재계하고 마음을 밝게 하고 복식을 성대하게 차려 입고
서 자신을 닦아 문밖으로 나가서 백성들을 부릴 적에 모두 제사를 받
드는 마음으로 임한다면, 제사를 지낼 때만 충만하게 귀신의 모습을
볼뿐만이 아니고 한 물건을 들 때마다 모두 볼 수 없었던 것에 대해
눈으로 보지는 못할지라도 그것을 보게 되고, 들을 수 없었던 것에 대
해 귀로 듣지는 못할지라도 그것을 듣게 될 것이다.

이 이기(理氣)가 유동하여 충만한 것이 아래로 천하의 사람들에게
미치니, 참으로 어느 때이든 함께 하여 서로 만나고 있는 것이다. 다만
익숙하여 살피지 않고 말미암되 알지 못하는 것일 따름이다. 귀와 눈
사이에서 보고 듣는 것을 궁구해 보면, 어찌 그 이치가 사람에게서 멀
리 떨어져 희미한 곳에 의탁해 있던 적이 있던가? 그러므로 "성(誠)을
가릴 수 없음이 이와 같구나!"[437]라고 말한 것이다. 동양 허씨(東陽許
氏)는 '제사(祭祀)'를 "그 큰 것을 알게 한다.[識其大者]"라고 하였는
데[438], 매우 맹랑한 말이다.(於鬼神內摘出祭祀一段說 是從弗見弗聞
中略示一可見可聞之跡 延平云令學者有入頭處一語 甚精 此不可見
聞者 物物而有 直是把一株柳去理會 則盡量只在可見可聞上去討 急
切間如何能曉得者裏面有那弗見弗聞底是怎麽生 及至到祭祀上 却得
通箇消息 天下之人四字 是大檗說 除下那嫚侮鬼神底不道 其餘則淺
者有淺者之見 深者有深者之見 是他一時精氣凝聚 散亂之心不生 便

---

437) 성(誠)을……같구나 : 이 문구는 『중용장구』 제16장 제5절에 보인다.

438) 동양 허씨(東陽許氏)는……하였는데 : 동양 허씨는 원나라 때 학자 허겸(許謙
1270-1337)을 말한다. 자는 익지(益之), 호는 동양(東陽)·백운(白雲)이며, 강서성 금
화(金華) 사람이다. 동양 허씨의 설은 『중용장구대전』 제16장 제3절 아래 소주에 보이
는데, 이와 관련된 내용은 다음과 같다. "……却是從全體中指出祭祀者 使人因此 識其
大者"

懍乎如將見之 如將聞之 而信不遺者之眞不可遺也 若到聖賢地位 齊
明盛服以脩其身 出門使民 皆以承祭之心臨之 則不但於祭祀時見其
洋洋 而隨舉一物 皆於其不可見者 雖不以目見而亦見之 不可聞者 雖
不以耳聞而亦聞之矣 乃此理氣之洋洋者 下逮於天下之人 固亦時與
之相遇 特習而不察 繇而不知 窮視聽於耳目之間 而要亦何嘗遠人而
託於希微之際也 故曰 誠之不可揜如此夫 東陽許氏以祭祀爲識其大
者 殊屬孟浪）

제17장

공자께서 말씀하셨다. "순임금은 큰 효자셨도다. 덕으로는 성인이 되시고, 존귀하기로는 천자가 되시고, 부유하기로는 온 세상을 소유하셨다. 그래서 돌아가신 뒤에 종묘의 제사를 흠향하시고 자손들을 보전하셨다. 그러므로 큰 덕을 가지신 분은 반드시 그 지위를 얻으며, 반드시 그 녹봉을 얻으며, 반드시 그 명예를 얻으며, 반드시 그 장수를 누린다. 그러므로 하늘이 만물을 생장하는 이치는 반드시 그 재질(材質)에 따라 후하게 한다. 이에 잘 심겨진 생물을 북돋우고, 잘 심겨지지 않은 생물을 전복한다. 『시경』에 이르기를 '아름답고 화락한 군자의 드러나고 드러난 덕이 백성에게 마땅하고 인민에게 마땅한지라 하늘에서 녹을 받으셨는데, 또 하늘이 보호하고 명하시고 하늘로부터 그것을 거듭하셨네'라고 하였다. 그러므로 큰 덕을 가지신 분은 반드시 천명을 받는다."

子曰 舜其大孝也與 德爲聖人 尊爲天子 富有四海之內 宗廟饗之 子孫保之 故大德 必得其位 必得其祿 必得其名 必得其壽 故天之生物 必因其材而篤焉 故栽者 培之 傾者 覆之 詩曰 嘉樂君子 憲憲令德 宜民宜人 受祿于天 保佑命之 自天申之 故大德者 必受命

"순임금은 큰 효자셨도다![舜其大孝也與]"라는 1구는 실제로 그의 덕을 찬양한 것이니, 그 아래는 모두 도의 쓰임이 넓음[道之用廣]을 말한 것이다. 순임금이 순임금이 된 까닭은 하나의 '효(孝)'자에 대해 극진히 했기 때문이니, 앞 장에서 "〈누구나 알 수 있는 것은〉 필부필부에게서 그 단서가 비롯되지만[造端乎夫婦]", "〈그 지극한 데 이르러서는〉 하늘과 땅에서 그 이치를 살핀다.[察乎天地]"고 한 것을 말한다. 동양 허씨(東陽許氏)의 설에 "아래 5구는 효의 절목이다.[下五句爲孝之目]"[439]라고 하였는데, 매우 잘못된 말이다. 순임금의 효도에는 "나이 50세가 되어서도 부모를 사모했다.[五十而慕]"[440]는 것과 "부모를 선으로 나아가게 하고 선으로 자신을 다스려서 간악한 데에 이르게 하지 않았다.[烝烝乂 不格姦]"[441]고 한 실상이 있으니, 그 큰 효도를 지극히 한 것이다. 어찌 이런 점을 덮어두고서 성인으로서 천자가

---

439) 아래……절목이다 : 이 문구는 『중용장구대전』 소주에는 보이지 않는다.

440) 나이……사모했다 : 아 문구는 『맹자』「만장 상」 제1장에 보이는데, 관련 내용은 다음과 같다. "大孝終身慕父母 五十而慕者 予於大舜見之矣"

441) 부모님을……않았다 : 이 문구는 『서경』「요전(堯典)」 끝 부분에 보인다.

되었다는 점만 가지고 순임금의 효도를 말할 수 있겠는가?

맹자는 순임금에 대해 "천하의 선비들이 그를 기뻐했다.[天下之士 悅之]"[442]고 하였다. 여기서의 '사(士)'는 현인·군자를 일컬으며, '열(悅)'은 그의 덕을 기뻐한 것이다. 천하 사람들이 모두 그의 덕을 기뻐한 것은 곧 성인의 〈모든 혈기를 가진 사람들이〉 그를 존경하고 친히 하지 않음이 없다.[莫不尊親]"[443]는 실상이다. 맹자가 "사람들이 그를 기뻐하고, 귀하기로는 천자가 되고, 부유하기로는 천하를 소유했는데도, 그런 것으로써는 그의 근심을 풀기에 부족했다."[444]라고 하였으니, 순임금이 이런 것으로 효를 삼지 않은 것이 분명하다.

중간에 '덕은 성인이 되고[德爲聖人]'[445]라고 한 말에 나아가 견강부회하여 뜻을 세울 수 있으니, 덕을 닦고 자신을 확립하는 것이 효도의 큰 것이라는 말이다. 그 설은 『효경(孝經)』에서 나왔는데[446], 『논어』·『맹자』에서 효도를 말한 것은 모두 『효경』에서 말한 것처럼 방만하지 않다. 자식이 부모에 대해서는 한 가지 생각이 있는 것을 굴릴 수 없게 한다. 그러므로 선유들은 『효경』이 공자가 남긴 옛글이 아니라고 의심하였으니, 그 내용이 구차하게 힘쓰고 규모가 넓어 실상이 없기 때문이다. 공자는 "부모는 오직 자식의 질병을 걱정할 뿐이

---

442) 천하의……기뻐했다 : 이 문구는 『맹자』「만장 상」제1장에 보인다.

443) 모든……없다 : 이 문구는 『중용장구』제31장에 보인다.

444) 사람들이……부족했다 : 이 내용은 『맹자』「만장 상」제1장에 보이는데, 『맹자』의 내용을 그대로 인용한 것이 아니고, 저자가 간추려 표현한 것이다.

445) 덕은……되고 : 이 문구는 『중용장구』제17장에 보인다.

446) 그……나왔는데 : 『효경』제9장 「성치장(聖治章)」을 의미하는 듯하다. 이 장에서는 성인의 덕과 효도에 대해 논하고 있다.

다.[父母唯其疾之憂]"[447]라고 하였으며, 증자(曾子)[448]는 "부모가 온
전히 하여 낳아주셨으니, 자식은 온전히 하여 돌려주어야 한다.[父母
全而生之 子全而歸之]"[449]라고 하였으니, 이 점이 바로 긴요한 곳으
로 내 몸에 부모님이 존재하고 있음을 보지 않아서는 안 된다. 맹자가
"자신을 잃지 않고서 어버이를 능히 섬기는 것[不失其身而能事其親
者]"[450]을 말하면서 단지 '잃지 않는다.[不失]'고 말하였으니, 이미 두
려워하고 슬퍼하는 뜻을 실어놓은 것이다. 그러나 그 말을 확대하여
덕업(德業)에까지 미치지는 않았다. 그런데 『효경』에서 "자신을 세우
고, 명예를 이루고, 후세에 이름을 드날린다."[451]고 한 것은 모두 피상
적인 말이니 더 이상 할 말이 없다. 이로써 가르침을 삼으면, 은의(恩
義)는 용납하고 이해하는 것이 아니라는 실상을 버리고서 배반하고
끌어당기고 욕심을 부리고 부러워하는 지경에서 은의를 구할 것이다.
이에 일체의 공명을 추구하고 구차하게 간결함을 추구하는 사람들이
이것에 의탁하여 자신을 숨기는 은신처로 삼을 것이다.

　사람들이 의심하는 바는, '덕은 성인이 되었으니[德爲聖人]'라고
한 것이 실제로 성학(聖學)·성공(聖功)·성덕(聖德)·성업(聖業)이
있더라도 존귀함[尊]과 부유함[富]은 하늘에서 명을 기다린다는 것과
같지 않다는 점이다. 그러나 『서경』에 "하늘이 왕에게 용기와 지혜를

---

447) 부모는……뿐이다 : 이 문구는 『논어』 「위정」 제6장에 보인다.

448) 증자(曾子) : 공자의 제자 증삼(曾參)을 말한다.

449) 부모가……한다 : 이 문구는 『예기』 「제의(祭義)」에 보인다.

450) 자신을……것 : 이 문구는 『맹자』 「이루 상」 제19장에 보인다.

451) 자신을……드날린다 : 이 내용은 『효경』에 있는 내용을 저자가 간추려 표현한 것
이다. 『효경』 제1장 「개종명의(開宗明義)」에 "立身行道 揚名於後世 以顯父母之終也"
라는 구절이 보인다.

주었다.[天錫王勇智]"452)라고 하였으며, 『시경』에 "상제가 문왕에게 이르기를 '그렇게 배반하거나 끌어당기지 말고, 그렇게 욕심을 부리거나 부러워하지 말라.'고 하였네.[帝謂文王 無然畔援 無然歆羨]"453)라고 하였으며, 자공(子貢)454)이 "참으로 하늘이 내리신 장차 성인이 되실 분이다.[固天縱之將聖]455)"라고 한 것을 보지 못했는가? 덕이 성인의 경지에 이르는 것이 단지 사람의 힘으로 노력해서 그렇게 될 수 있겠는가? 전적으로 하늘을 믿어 사람의 도리를 폐하지 않았다고 한다면, 지위[位]·녹봉[綠]·수명[壽]에도─그 이름을 얻으면 곧 성인이 된다.─또한 임어(臨御)하여 보호하고 지키며 생명을 존중하고 영원하게 하는 도가 없는 것이 아니니, 어찌 성덕에만 공이 있는 것이 될 뿐이겠는가? 유자(有子)456)가 말하기를 "효도[孝]와 공경[弟]은 인(仁)을 행하는 근본이로구나!"457)라고 하였으니, 인을 행하는 일은 모두 효도와 공경으로부터 생기는 것이다. 덕을 닦아 효를 행한다면 이는 인을 행하는 것이 효도·공경의 근본이 되는 것이니, 어찌 본말이 전도되어 선후를 거꾸로 시행하는 것이 아니겠는가?

더구나 자사(子思)는 공자의 이 말씀458)을 인용하여 중용의 도는 일반인들이 알고 능히 행할 수 있는 것임을 드러내었다. 순응하여 그

---

452) 하늘이……주었다 : 이 문구는 『서경』 「중훼지고(仲虺之誥)」에 보인다.

453) 상제가……하였네 : 이 문구는 『시경』 대아(大雅) 「황의(皇矣)」에 보인다.

454) 자공(子貢) : 공자의 제자 단목사(端木賜)의 자(字)이다.

455) 참으로……분이다 : 이 문구는 『논어』 「자한」 제6장에 보인다.

456) 유자(有子) : 공자의 제자 유약(有若)을 말한다.

457) 효도[孝]와……근본이로구나 : 이 문구는 『논어』 「학이」 제2장에 보인다.

458) 이 말씀 : 『중용장구』 제17장 제1절의 "子曰 舜 其大孝也與 德爲聖人 尊爲天子 富有四海之內 宗廟饗之 子孫保之"를 가리킨다.

지극한 데에 이르면 덕이 갖추어지지 않음이 없고, 천명도 받을 수 있지 않음이 없다. 이로써 천지에 드러난[察乎天地] 실상으로 삼는 것이 근본은 하나지만 나뉘면 만 가지로 다르다는 뜻이다. 이로써 군자의 도 가운데 드러난 현상[費]은 모두 알지 않음이 없으나 은미한 것[隱]은 알기가 쉽지 않다는 것을 드러낸 것이다. 덕을 닦아 천명을 받은 뒤에 능히 효도를 다하게 된다고 한다면, 이는 큰 도에서 단서를 시작하여 필부필부도 능히 알고 능히 행하는 것을 이룩하는 것이다. 이는 천지가 제자리를 잡고 만물이 길러진 뒤에 중화(中和)를 극진히 하는 것이니, 심히 거스르는 것이 아니겠는가? 그러므로 『중용장구』의 주에 '도의 쓰임이 넓은 것[道之用廣]'이라고 한 4자만 바꿀 수 없는 것이 되고, 그 나머지는 볼 만한 것이 못된다.(舜其大孝也與 只此一句是實贊其德 下面俱是說道用之廣 舜之所以爲舜者 一孝盡之矣 所以造端乎夫婦而察乎天地也 東陽許氏說下五句爲孝之目 極是乖謬 舜之孝 固有五十而慕及蒸蒸乂 不格姦之實 爲極其大 豈可將此等抹 煞 但以聖人而爲天子爲其孝乎 孟子說天下之士悅之 士者 賢人君子 之稱 悅者 悅其德也 天下皆悅其德 乃聖人莫不尊親之實 而孟子固曰 人悅之 貴爲天子 富有天下 而不足以解憂 則舜之不以此爲孝明矣 就 中唯德爲聖人一語 可附會立義 謂修德立身 乃孝之大者 其說大抵出 於孝經 而論孟中說孝 總不如此汗漫 人子之於父母 使不得轉一計較 在 故先儒疑孝經非孔子之舊文 以其苟務規恢而無實也 孔子說父母 惟其疾之憂 曾子說全而生之 全而歸之 此是痛癢關心處 不容不於此 身而見父母之在是 孟子謂不失其身而能事其親 但云不失 則已載夔 夔惻惻之意 而不敢張大其詞 以及於德業 若孝經所稱立身成名 揚于 後世 卻總是寬皮話 搭不上 以此爲敎 則將舍其恩義不容解之實 而求 之於畔援歆羨之地 於是一切功名苟簡之士 得託之以爲藏身之區藪矣

人所疑者 德爲聖人 實有聖學聖功聖德聖業在 不與尊富之俟命於天者同 不見尚書說天錫勇知 詩稱帝謂文王 無然畔援 無然歆羨 子貢亦曰固天縱之將聖 德至聖人 徒可以人力強爲之乎 若云不全恃天而廢人 則位祿與壽（得其名即爲聖人）亦非無臨御保守 尊生永命之道 豈但聖德之爲有功耶 有子曰 孝弟也者 其爲仁之本與 則爲仁之事 皆自孝弟而生 倘云修德以爲孝 則是爲仁爲孝弟之本矣 豈不顚倒本末而逆施先後哉 況子思引夫子此言 以見中庸之道卽匹夫匹婦所知能者 馴至其極 而德無不備 命無不可受 此以爲察乎天地之實 則一本萬殊之旨 斯以顯君子之道 費無不徹 而隱不易知 若云脩德受命而後爲能盡孝 則是造端乎大 而以成夫婦之知能矣 是天地位 萬物育 而後能致中和 不已逆乎 故唯章句道用之廣四字爲不可易 其餘皆不足觀也）

221

공자께서 말씀하셨다. "세상에 근심이 없었던 분은 오직 문왕(文王)이시다. 문왕은 왕계(王季)를 아버지로 두었고, 무왕(武王)을 아들로 삼았으니 아버지가 일으킨 것을 아들이 이었도다. 무왕이 태왕(太王)과 왕계(王季), 문왕의 통서(統緖)를 이어서 군복을 한 차례 입고 나가 천하를 소유하였는데 자신은 천하에 드러난 명예를 실추하지 않았으며, 존귀하기로는 천자가 되었고, 부유하기로는 온 세상을 소유해서 종묘의 제사를 흠향하시고 자손들을 보전하셨다. 무왕이 말년에 천명을 받았는데, 주공(周公)이 문왕과 무왕의 덕을 완성하여 태왕과 왕계를 천자로 추존하고 위로 선공(先公)들을 천자의 예로써 제사 지냈다. 이 예가 제후, 대부, 사(士), 서인(庶人)에게까지 통용되어 아버지가 대부고 아들이 사인 경우 대부의 예로 장례 지내며 사의 예로 제사 지내고, 아버지가 사이고 아들이 대부인 경우 사의 예로 장례 지내며 대부의 예로 제사 지내고, 일년상은 대부에게까지 통용되고 삼년상은 천자에게까지 통용되었으며, 부모의 상은 귀천에 관계없이 같았다."

子曰 無憂者 其惟文王乎 以王季爲父 以武王爲子 父作之 子述之 武王 纘太王王季文王之緖 壹戎衣而有天下 身不失天下之顯名 尊爲天子 富有 四海之內 宗廟饗之 子孫保之 武王 末受命 周公 成文武之德 追王泰王王 季 上祀先公以天子之禮 斯禮也 達乎諸候大夫及士庶人 父爲大夫 子爲士 葬以大夫 祭以士 父爲士 子爲大夫 葬以士 祭以大夫 期之喪 達乎大夫 三年之喪 達乎天子 父母之喪 無貴賤一也

이 장에 "세상에 근심이 없었던 분은 오직 문왕이시다.[無憂者 其惟文王乎]"라고 한 것은, 주나라 왕실 한 대의 일을 통합하여 논한 것일 따름이다. 문왕 앞에는 태왕(太王)·왕계(王季)로부터 왕업을 열었고, 문왕 뒤에는 무왕(武王)·주공(周公)에 이르러 왕도를 이룩하였다. 이로써 여러 세대 동안 성현의 공덕을 쌓아 통치기반을 세웠는데 문왕이 마침 천명을 기다리는 때를 만났음을 드러낸 것이다. 애초 고금의 제왕에 대해 우열을 논하지 않고, 단지 '문왕은 근심이 없으신 분이 된다.'고 말하였다. 그러니 해릉 호씨(海陵胡氏)[459]와 운봉 호씨(雲峯胡氏)[460]의 설[461]은 보존할 만한 것이 못된다.

---

459) 해릉 호씨(海陵胡氏) : 북송 때의 학자 호원(胡瑗 993-1059)을 말한다. 자는 익지(翼之), 호는 안정(安定)이며, 강소성 태주(泰州) 사람이다. 손복(孫復)·석개(石介)와 함께 송초 삼선생(宋初三先生)으로 불렸다. 송대 이학(理學)의 발전에 선구적인 역할을 하였으며, 고례(古禮)를 중시하였다. 저술로『논어설(論語說)』·『홍범구의(洪範口義)』·『주역구의(周易口義)』·『춘추구의(春秋口義)』등이 있다.

460) 운봉 호씨(雲峯胡氏) : 원나라 때 학자 호병문(胡炳文 1250-1333)을 말한다. 자는 중호(仲虎), 호는 운봉이며, 강서성 무원(婺源) 사람이다. 저술로『사서통(四書通)』·『대학지장도(大學指掌圖)』·『서집해(書集解)』·『춘추집해(春秋集解)』·『주역본의통석(周易本義通釋)』등이 있다.

223

'우(憂)' 자에는 두 가지 뜻이 있다. 하나는 일이 있는데 뜻을 이루지 못하여 근심할 만한 점이 있는 경우이니, 문왕에게 참으로 그런 점이 있었다. 『주역』「계사전(繫辭傳)」에 "『주역』을 만든 사람은 우환이 있었구나.[作易者 其有憂患乎]"[462]라고 한 것이 그것을 말해준다. 또 하나는 일이 해볼 만하여 근심과 생각을 수고롭게 할 필요가 없는 경우이니, 이장에서 '근심이 없다.[無憂]'고 한 것이 바로 그런 경우이다. 천명이 아직 이르지 않았고 인사(人事)가 아직 일어나지 않았으니, 천하를 어떻게 다스릴 것인가, 천하 사람들을 어떻게 가르칠 것인가 하는 점을 미리 계산하는 것은 마땅치 않다. 따라서 선대의 덕을 지키며 때를 기다릴 따름이다. 그러므로 무왕이 통서(統緒)를 이어 상(商)나라를 이기고, 주공이 예·악을 제정하고 근심하고 애써서 성공을 도모한 것과 같은 일들은 모두 문왕이 하지 않은 바이다. 그가 도의 광대함을 본받기 부족해서가 아니었으니, 문왕만이 의당 그러했던 것이다. 가령 무왕이나 주공이 그와 같이 했다면, 그것은 천하를 잊는 것으로 도가 행해지지 않고 밝아지지 않아 의탁할 바가 없었을 것이다. 저절로 문왕과 같은 처지가 아니었으니, 도의 쓰임은 본디 넓은 것이어서 근심을 꺼려하여 도를 방치할 수는 없는 일이다.

두 호씨(胡氏)[463]가 말한 것처럼 순임금·우임금은 성스런 아비가 없었고 요임금·순임금은 자신과 같은 아들이 없었다고 한다면, 아비

---

461) 해릉 호씨(海陵胡氏)와……설 : 『중용장구대전』 제18장 제1절 아래의 소주에 보이는데, 그 전문은 다음과 같다. "海陵胡氏曰 舜禹父則瞽鯀 堯舜子則朱均 所以惟文王 爲無憂""雲峯胡氏曰 文王父作子述 人倫之常也 舜之父子 人倫之變也 舜惟順於父母 可以解憂 此所以曰無憂者 其惟文王也"

462) 『주역』을……있었구나 : 이 문구는 『주역』「계사전 하」 제7장에 보인다.

463) 두 호씨(胡氏) : 앞에 인용한 호원(胡瑗)과 호병문(胡炳文)을 가리킨다.

의 착하지 못함은 자식이 그 근심을 쓸 수 있는 바가 아니다. 그러므로 순임금 또한 부모에게 순응하지 못하는 것으로 근심을 삼았지, 고수(瞽瞍)[464]의 완악(頑惡)함으로 근심을 삼지 않았다. 맹자는 고수가 살인을 했을 경우 순임금은 그 아비를 등에 없고 몰래 도망을 가서 죽을 때까지 기뻐하며 천하를 잊었을 것이라고 말했으니[465], 자식의 마음은 어버이가 있는 것만 알고 어버이의 어질고 불초한 점으로 하루라도 모실 수 있는 기쁨을 바꾸지 않는다는 점을 깊이 본 것이다. 자식이 불초한 것은 하늘의 뜻이다. 천명을 즐기고 천명을 아는데 어찌 근심을 하겠는가? 두 자미(杜子美)[466]는 도를 안 사람이 아니다. 그의 시에 "자식 중엔 현명한 애도 우둔한 애도 있지만, 품에 안는 것을 어찌 굳이 꺼리리.[有子賢與愚 何必罣懷抱]"[467]라고 하였는데, 하물며 이런 마음으로 성인의 근심과 즐거움을 엿볼 수 있겠는가? '근심이 없었다.[無憂]'는 것에 대해 '아비가 일으키고 자식이 이어 폈다.[父作子述]'는 뜻으로 말한 것은, 문왕이 근심이 없었음을 밝힌 것이기는 하지만 선조와 후손들이 서로 열어주고 이어받은 것이니, 주나라는 도를 본받아 천명을 계승해 나가는 데 그친 적이 없었던 것이다.

공자가 말씀한 뜻은 때가 아직 이르지 않았고 일이 아직 일어나지 않았으니, 문왕은 시세를 따라 함양하는 것으로 도를 삼았다는 것을 드러낸 것이다. 때가 이르고 일이 집성(集成)된 것은 무왕·주공이 근

464) 고수(瞽瞍) : 순임금의 아버지다.

465) 맹자는⋯⋯말했으니 : 이 내용은 『맹자』「진심 상」 제35장에 보인다.

466) 두 자미(杜子美) : 당나라 때 시인 두보(杜甫 712-770)를 말한다. 자미는 그의 자이다.

467) 자식⋯⋯꺼리리 : 이는 두보의 오언율시 「견흥(遣興)」 5수 가운데 세 번째 시의 시구다. 판본에 따라 "有子賢與愚 何其掛懷抱"로 되어 있는 경우도 있다.

심하고 노고하여 공을 드러낸 것이다. 자사가 이 말을 인용하여 도의
쓰임이 넓음을 해석한 것은, 세 성인[468]이 주나라를 열었는데 차례대
로 이어받아 무공(武功)을 모아 문덕(文德)을 이루었음을 드러낸 것
이다. 그러므로 예악을 제정한 것이 융성하고 중화(中和)의 표준이
세워져서 군자의 도를 본받아 공허한 바가 없다. 본성을 따르는 도는
당(唐)·우(虞)[469] 이전부터 다른 것이 있지 않았고, 도를 닦은 가르침
은 주나라 때에 이르러 비로소 융성해졌다. 도가 된 것은 드러난 것도
있고 은미한 것도 있어서 가릴 수도 없고 또 다할 수도 없으니, 한 사
람 성인이 알고 능한 것으로 마칠 수 있는 것이 아니다. 저 고금의 일
에서 아비와 지식의 어질고 어리석음을 세세하게 비교하는 자들[470]이,
어찌 이를 감당할 수 있겠는가?(所云無憂者其唯文王 亦但以統論周
家一代之事 前自太王王季而開王業 後至武王周公而成王道 以見積
數世聖賢之功德以建治統 而文王適際夫俟命之時也 初非上下古今帝
王 而但謂文王爲無憂 則海陵雲峰之說皆不足存 憂字有兩義 有事不
遂志而可憂者 在文王固有之 繫傳言作易者其有憂患之謂也 有事在
可爲而不必勞其憂思者 則此言無憂是也 天命未至 人事未起 不當預
計天下之何以治何以教 而但守先德以俟 故武王之纘緒克商 周公之制
禮作樂 憂勤以圖成者 皆文王之所不爲 而非其不足以體道之廣 乃唯
文王宜然耳 使武王周公而亦猶是 則是忘天下 而道之不行不明也 無

所託矣 自非文王 則道用本廣 不得以憚於憂而置之也 若如二胡氏所
云舜禹無聖父 堯舜無肖子 則父之不令 既非人子所可用其憂者 故舜
亦但以不順父母爲憂 而不以瞽瞍之頑爲憂 孟子謂瞽瞍殺人 舜竊負而
逃 終身訢然 深見人子之心 唯知有親 而其賢不肖 直不以改其一日之
歡 至子之不肖 則天也 樂天知命夫何憂 杜子美非知道者 且云有子賢
與愚 何必罣懷抱 況以此而得窺聖人之憂樂哉 若其以父作子述爲言
者 則以明文王雖無憂 而先世後昆 相爲開繼 則周之體道以承天者 未
嘗息也 在夫子立言之旨 則以見時未至而事未起 則文王遵養以爲道
時已至而事已集 則武周憂勞以見功 若子思引此以釋道用之廣 則見
三聖開周 因仍次序 以集武功而成文德 故制作隆而中和之極建 乃以
體君子之道而無所曠 率性之道 自唐虞以前而未有異 修道之教 至成
周而始隆 所爲道有顯微 不可揜而抑不可盡 非一聖人之知能所得竟
也 彼屑屑然較父子之賢愚於往古者 其何當焉）

227

공자께서 말씀하셨다. "무왕과 주공은 세상 사람들이 모두 칭찬하는 효자셨다. 효(孝)는 부모의 뜻을 잘 계승하고 부모의 일을 잘 펼치는 것이다. 봄가을에 선조의 사당을 잘 수선하며, 종묘의 기물을 진열하고, 그 의복을 진설하며, 제철 음식으로 제사상에 올린다. 종묘의 제례는 소(昭)와 목(穆)을 차례로 진열하는 것이며, 작위가 높은 순서로 차례를 정하는 것은 귀천을 변별하는 것이며, 제사 지내는 일을 차례로 하는 것은 어진 등급을 변별하는 것이며, 음복주를 나눌 때 아래에서 위로 술을 올림은 미천한 사람에게까지 미치기 위함이며, 제사음식을 나눌 때 나이순으로 앉는 것은 나이를 차례로 하는 것이다. 선왕의 자리에 올라 선왕의 예를 행하고 선왕의 악을 연주하며, 선왕이 존경하던 사람을 공경하고 선왕이 친애하던 사람을 사랑하며, 방금 돌아가신 이를 섬길 때에는 살아 있는 이를 섬기듯 하며, 장례를 치른 이를 섬길 때에는 생존한 이를 섬기듯 하는 것이 효도의 지극함이다. 교(郊)제사와 사(社)제사의 예는 상제(上帝)를 섬기는 것이며, 종묘의 예는 선조를 제사 지내는 것이다. 교(郊)제사, 사(社)제사, 체(禘)제사, 상(嘗)제사의 의미에 밝으면 나라를 다스리는 것은 손바닥 위에 물건을 올려놓고 보는 것처럼 쉬울 것이다."

子曰 武王周公 其達孝矣乎 夫孝者 善繼人之志 善述人之事者也 春秋 修其祖廟 陳其宗器 設其裳衣 薦其時食 宗廟之禮 所以序昭穆也 序爵 所以辨貴賤也 序事 所以辨賢也 旅酬 下爲上 所以逮賤也 燕毛 所以序齒也 踐其位 行其禮 奏其樂 敬其所尊 愛其所親 事死如事生 事亡如事存 孝之至也 郊社之禮 所以事上帝也 宗廟之禮 所以祀乎其先也 明乎郊社之禮 禘嘗之義 治國 其如示諸掌乎

1

『중용장구』의 주에 "아래 문장은 또한 그 제정한 제사의 예가 상하에 통용되는 것으로써 말하였다.[下文 又以其所制祭祀之禮 通于上下者 言之]"[471]라고 하였다. 이는 효도를 미루어 천하에 법칙을 세우려고 생각했다는 말이다. 예에는 같고 다름이 있으나, 존중하는 사람에게 공경히 하고 친히 여기는 사람을 사랑하는 것은 같다. 본문에 "봄과 가을에 선조의 사당을 수리한다.[春秋修其先廟]"는 이하 3절은, 모두 상하에 통용된다는 것으로 말한 것이다. 그러므로 『중용장구』의 주에 사당에 모시는 신위에 대해 제후(諸侯)·대부(大夫)·적사(適士)[472]·관사(官師)[473]의 제도를 갖추어 기록했으니, 이는 무왕과 주공이 스스로 행한 바의 예일 뿐만이 아님을 밝힌 것이다.

그러나 중간에 겸하여 말한 것도 있고 나누어 말한 것도 있으며, 상

---

471) 아래……말하였다 : 이 문구는 『중용장구』 제19장 제2절의 주에 보인다.

472) 적사(適士) : 제후의 상사(上士)를 말한다.

473) 관사(官師) : 제후의 중사(中士)·하사(下士)를 말한다.

하가 한 가지 사례인 것도 있고 차등을 두어 각각 다른 것도 있으니, 하나만을 고집해 해석해서는 안 된다. 천자의 예로부터 사(士)의 예에 이르기까지 잡되게 거론하여 온전하기도 하고 치우치기도 하지만, 그것이 두루 통용될 수 있음을 드러낸 것이다. 천자의 예에만 해당되는 경우도 대부나 사의 도에 통할 수 있는 것이 있으니, ─ 대부 이하 제사를 돕는 자들은, 차례를 정할 만한 작위는 없지만 분변할 수 있는 귀천은 저절로 있다. ─ 교(郊)·사(社)·체(禘)·상(嘗)의 제사[474]처럼 오로지 왕이나 제후를 위해 말하고 대부에게 미치지 않은 것과는 같지 않다.

'종기(宗器)'는 선대로부터 소장해 온 중요한 기물(器物)로, 제후·대부도 그런 것을 소유하고 있었다. 『중용장구』의 주에는 "〈종기는〉 주나라의 적도(赤刀)[475]·대훈(大訓)[476] 등과 같은 것들이다."[477]라고 하였으니, 주나라의 경우만 들어 나머지를 같은 예로 보았기 때문에 '같은[若]'이라고 말한 것이다. 따라서 "노(魯)나라의 보옥(寶玉)·대궁(大弓)이나 위(衛)나라 공리씨(孔悝氏)[478]의 솥[鼎]과 같은 것들이다."라고도 말할 수 있다. 동양 허씨(東陽許氏)는 『서경』「고명(顧命)」에 진열한 보배를 종기(宗器)로 보았는데[479], 스스로 수렁에 빠진

---

474) 교(郊)……제사 : 교(郊)는 왕이 교외에서 하늘에 지내는 제사이고, 사(社)는 왕이 땅의 신에게 지내는 제사이고, 체(禘)는 왕이 태조의 선조를 태묘에서 추존해 지내는 제사이고, 상(嘗)은 왕이 지내는 사계절의 제사 중 가을 제사를 말한다.

475) 적도(赤刀) : 주나라 무왕(武王)이 은나라 주왕(紂王)을 정벌할 때 쓰던 붉은 색의 칼을 말한다.

476) 대훈(大訓) : 주나라 문왕·무왕의 교훈을 적은 책을 말한다.

477) 종기는……것들이다 : 『중용장구』제19장 제3절 '종기(宗器)'의 주에 보인다.

478) 공리씨(孔悝氏) : 공리는 춘추시대 위(衛)나라 대부이다.

479) 동양 허씨(東陽許氏)는…보았는데 : 동양 허씨는 원나라 학자 허겸(許謙 1270-1337)을 말한다. 『서경』「고명(顧命)」에 옥으로 만든 다섯 가지 중한 것과 보배를 진열

격이다. 제복과 철따라 올리는 음식은 사당을 모시고 있는 사람들은 반드시 입고 올리는 것이니 더 이상 말할 필요가 없다.

본문에 "종묘의 예는 소(昭)·목(穆)⁴⁸⁰을 차례로 배열하는 것이다." 라고 한 것은, 세대가 멀어진 조상들을 조종(祖宗)·소목(昭穆)의 예로 배열하는 것을 말한다. 모든 제사에서 그 예를 행하여 제사를 돕는 동성(同姓)의 사람들을 차례대로 서게 하여 조상에 합하는 뜻으로써 족속을 합하는 데 통용한 것이다. 죽은 자는 각각 사당에 위패를 모신다. 오직 먼 조상은 태묘(太廟)에 합사(合祀)하여 아비는 남쪽, 자식은 북쪽으로 차례를 정한다. 이는 왕이나 제후들의 큰 향사만 그렇게 한다. 이 예를 가지고 족속을 합하는 뜻에 통용하면, 큰 향사로부터 시제(時祭)에 이르기까지, 천자로부터 사(士)에 이르기까지, 태묘로부터 네묘(禰廟)⁴⁸¹에 이르기까지 동성으로서 제사를 돕는 반열에 있는 자들은 모두 그 사람의 벼슬의 유·무와 족속으로서의 친함·소원함을 따지지 않고 한결같이 소·목으로 차례를 정할 수 있을 것이다. 조정의 귀천을 거론하면 등급이 있고, 종실의 대종(大宗)·소종(小宗)을 거론하면 구별이 있다.—종실은 종자(宗子)의 집을 말한다.— 그러나 이렇게

하는데, 서쪽 행랑에는 적도(赤刀)·대훈(大訓)·홍벽(弘璧)·완염(琬琰)을 진열하고, 동쪽 행랑에는 대옥(大玉)·이옥(夷玉)·천구(天球)·하도(河圖)를 진열하고, 서쪽 방에는 윤(胤) 땅에서 생산된 무의(舞衣)·대패(大貝)·분고(鼖鼓)를 진열하고, 동쪽 방에는 태(兌)가 만든 과(戈)와 화(和)가 만든 궁(弓)과 수(垂)가 만든 죽시(竹矢)를 진열한다고 하였다. 동양 허씨는 그의 「독중용총설(讀中庸叢說)」에서 "章句曰之屬則盡包上所陳者在其中"이라 하였다. 이 말은 『중용장구대전』 소주에 인용한 동양 허씨의 설에는 보이지 않는다.

480) 소(昭)·목(穆) : 소는 중앙에 모신 태조의 왼쪽에 배열하는 2세·4세·6세의 신위를 말하고, 목은 태조의 오른쪽에 배열하는 3세·5세·7세의 신위를 말한다.

481) 네묘(禰廟) : 아버지의 신위를 모신 사당을 말한다.

하게 되면 존귀한 이를 존중하는 뜻은 모두 부족하게 되고 한결같이 항렬로 등급을 정하게 될 것이다. 그러므로 여러 천한 이들에게 은혜를 베풀어 그들을 연합하게 될 것이다.『의례』「특생궤식례(特牲饋食禮)」에 '여러 형제들[衆兄弟]', '형제의 아들들[兄弟子]'이라는 문구가 있으니, 사(士)가 자기 아버지 신위를 모신 사당에서 제사를 지낼 적에도 동성들이 모두 참여한 것이다. 그러니 어찌 굳이 천자의 큰 향사를 지낼 때에만 소·목을 차례로 배열하는 것이겠는가?

왕이나 제후의 제도를 정할 적에 아래로 대부와 같지 않게 하는 것은 벼슬[爵]을 차례로 나열하는 것뿐이다. 사(士)는 왕명을 받지 않으면 벼슬을 칭할 수 없다. 대부의 제사에는 사만이 참여하니 벼슬로 차례를 정할 만한 것이 없다. '제사에서 맡는 일을 차례로 정하여 어진 이를 분변하는 것[序事辨賢]'은 상하에 통하는 점으로 말한 것이다.『의례』「특생궤식례」에는 공유사(公有司) 및 사신(私臣)으로서 종(宗)·축(祝)·좌식(佐食)을 맡는 사람도 있으며,『의례』「소뢰궤식례(少牢饋食禮)」에는 사사(司士)·사마(司馬)·재부(宰夫)·옹인(雍人) 등이 모두 갖추어져 있다. 제후가 관직을 갖추는 데 있어서도 말할 필요가 없다. 여럿이 술잔을 돌리는[旅酬] 법은 아래로 사에까지 미치고, 제사가 끝난 뒤의 연회가 사에게도 금지함이 없는 것은 예에 명문이 있으니 고찰해 볼 수 있다.

따라서『중용장구』의 주에 "〈예가〉 상하에 통한다.[通于上下]"[482]라고 한 것은 종묘를 수리하는 것으로부터 제사를 지낸 뒤 잔치할 적에 모발의 색깔로 자리를 정하는 데에 이르기까지를 포괄해 통합하여 말

---

482) 예가……통한다 : 이 문구는『중용장구』제19장 제2절의 주에 보인다.

한 것임을 알 수 있다. 그렇다면 본문에 "그 자리를 밟고서 그 예를 행하며 그 음악을 연주한다.[踐其位 行其禮 奏其樂]"고 한 것은 위의 문장을 이었을 뿐 특별히 일으킨 말이 없으니 상하가 제사를 받드는 것을 통틀어 말한 것이다. 제사를 주관하는 자리에 올라 공경을 바쳐 밝게 조상을 대하는 것을 '그 자리를 밟고서[踐其位]'라고 말한 것이고,—위(位)는 동쪽 계단을 말한다.— 그가 행할 수 있는 바의 예를 행하여 신위를 차례대로 모시고 사람들을 차례대로 서게 하는 것을 '그 예를 행하며[行其禮]'라고 말한 것이고, 그가 연주 할 수 있는 음악을 연주하여 아득한 데서 영합해 신을 즐겁게 하는 것을 '그 음악을 연주하며[奏其樂]'라고 말한 것이다. 여기서 3개의 '기(其)' 자는 넓게 가리키는 말이다. 넓게 '기(其)'라고 말하면 융숭(隆崇)하고 감쇄(減殺)하는 차등이 한결같지 않음이 드러난다.

또 본문에 "그 분이 존경하던 분들을 존경하고, 그 분이 친애하던 분들을 친애한다.[敬其所尊 愛其所親]"라고 한 것은, 무왕·주공이 이 예로써 선왕이 존경하던 분들을 스스로 존경하고, 선왕이 친애했던 분들을 스스로 친애했다는 말이다. 그리하여 제후들로부터 사에 이르기까지 모두 선인들이 존경했던 분들을 존경하고 친애했던 분들을 친애하게 하여 죽은 이를 섬길 적에 살아 있는 이를 섬기듯이 하고, 장례를 갓 치른 이를 섬길 적에 생존한 이를 섬기듯이 하였다. 그래서 예문(禮文)이 실제의 정에 맞지 않음이 없었고 인정(人情)이 극진하지 않음이 없었다. 이렇게 함으로써 천하에 친애하고 존경하는 덕을 넓게 폈다. 선왕의 뜻은 그렇게 함으로써 계승되었고, 선왕의 일은 그렇게 함으로써 전술(傳述)되었다. 그러므로 '효의 지극함이다.[孝之至也]'라고 말한 것이다.

『중용장구』의 주에는 앞에서 "예가 상하에 통한다.[禮通于上下]"[483]

라고 하고서 이 대목에서는 "기(其)'는 선왕을 가리킨다.[其指先王]"⁴⁸⁴⁾
라고 했으니, 상호 모순되는 병폐가 있다. 다만 "기(其)'는 선왕을 가
리킨다."라고 말한 것은 "그 분이 존경하던 분들을 존경하고, 그 분이
친애하던 분들을 친애한다.[敬其所尊 愛其所親]"라고 한 구절의 '기
(其)' 자를 해석한 것일 뿐이지, 위의 "그 자리를 밟고서, 그 예를 행하
며, 그 음악을 연주하며.[踐其位 行其禮 奏其樂]"라고 한 구절의 '기
(其)' 자와는 연관되지 않는다. 주자가 우제례(虞祭禮)⁴⁸⁵⁾의 "제주(祭
主)는 돌아와 곡하고 마루에 오르며, 주부는 방안으로 들어간다.[反哭
升堂 主婦入于室]"⁴⁸⁶⁾는 문구를 인용하여 이를 증명한 것을 보면, 또
한 '기(其)' 자를 드러낸 것은 제사를 주관하는 자를 가리킨 것이지 선
왕을 말한 것은 아니다.─위의 장에서 제사는 살아 있는 자의 예⁴⁸⁷⁾를 쓴다고 말하였는
데⁴⁸⁸⁾이 대목의 '기(其)' 자와 합치된다.─『중용장구』의 주석은 문장의 뜻에 한계
를 두지 않았으니, 이 점이 후세 사람들로 하여금 자꾸 의심하게 하는
것이다. '기(其)' 자가 선왕만을 말하는 것이라면 이 구절에 절로 하자
가 있게 된다. 따라서 선인을 말한 것으로 통합해 본 뒤에야 '예가 상
하에 통한다.'는 뜻과 서로 어긋나지 않게 된다. 황씨(黃氏)는 "상하가
통하여 그 지위를 밟는 것이다.[上下通 踐其位]"라고 하였는데⁴⁸⁹⁾, 여

---

483) 예가……통한다 : 이 문구는『중용장구』제19장 제2절의 주에 보인다.

484) '기(其)'는……가리킨다 : 이 문구는『중용장구』제19장 제5절의 주에 보인다.

485) 우제례(虞祭禮) : 장례를 마치고 집에 돌아온 당일 지내는 제사의 예를 말한다.

486) 제주(祭主)는……들어간다 : 이 문구는『예기』「단궁 하(檀弓下)」에 보인다.

487) 예 :『중용장구』제18장 제3절의 주에는 '녹(祿)' 자로 되어 있다.

488) 위……말하였다 :『중용장구』제18장 제3절의 주에 "祭用生者之祿"이라 한 것을
가리킨다.

489) 황씨(黃氏)……하였는데 : 황씨는 누구인지 자세치 않다.

러 의문들을 크게 없애게 하는 말이다. 따라서 주자에게 공을 세운 것이 작지 않다.

결국 이 장의 뜻은 무왕·주공이 효도를 극진히 하여 제도를 만들고 법도를 세워 상하에 미루어 시행하여 각자 그들의 어질고[仁] 효성스러운[孝] 성품을 극진히 하게 하였음을 말한 것이다. 그리하여 도의 쓰임이 넓은 경우에는 일반인들도 알고 능한 바의 이치이지만 ─효(孝)이다.─ 그 지극함을 극도로 하면 상하에 드러남을 드러낸 것이다. 그러므로 끝에 다시 교(郊)제사·체(禘)제사의 뜻이 밝아지면 나라를 다스리는 데 남음이 없다는 것으로 끝을 맺었다. 천자가 스스로 그 제사를 받드는 것만 말한 것이라면 지극히 번다하며, 단지 그의 효성스런 생각을 다한 것이라면 본(本)은 큰데 말(末)은 작고 본체[體]는 넓은데 작용[用]은 미미하게 되니, 어찌 중용의 도와 서로 어긋나게 되는 것이 아니겠는가? '모든 법은 하나로 돌아간다.[萬法歸一]'는 이단의 역설이 이런 데로부터 생긴 것이다.

이런 점을 알면, 광평 유씨(廣平游氏)[490]가 표면을 말한 설[491]이 남전 여씨(藍田呂氏)[492]가 이면을 말한 설[493]보다 낫다. 그러므로 주자

---

490) 광평 유씨(廣平游氏) : 북송 때 학자 유작(游酢 1053-1123)을 말한다. 자는 정부(定夫), 호는 광평(廣平), 시호는 문숙(文肅)이며, 복건성 건양(建陽) 사람이다. 정자(程子)의 문하에서 수학하여 사량좌(謝良佐)·양시(楊時)·여대림(呂大臨)과 함께 '정문 사선생(程門四先生)'으로 불렸다. 저술로 『중용의(中庸義)』·『논어맹자잡해(論語孟子雜解)』·『역설(易說)』 등이 있다.

491) 광평 유씨(廣平游氏)가……설 : 『중용혹문』 제18장·제19장의 해석 중 소주에 두 군데 광평 유씨의 설이 보인다.

492) 남전 여씨(藍田呂氏) : 북송 때의 학자 여대림(呂大臨 1040-1092)을 가리킨다. 자는 여숙(與叔), 호는 남전(藍田)이며, 섬서성 남전(藍田) 사람이다. 장재(張載)·정이(程頤)에게 배웠으며, 사량좌(謝良佐)·유작(游酢)·양시(楊時)와 함께 '정문 사선생(程門四先生)'으로 일컬어졌다. 저술로 『역장구(易章句)』·『맹자강의(孟子講義)』·『대학중

의『중용혹문』중에는 유작(游酢)·여대림(呂大臨)의 설을 겸하여 채록해 놓았지만,『주자어류-중용』에서는 유독 광평 유씨의 설이 주밀하다고 칭찬하였다.[494] 담씨(譚氏)의 공경을 바친다는 설[495]은 얽매여 통하지 않은 지 오래되었다.(章句云以其所制祭祀之禮 通於上下者言之 蓋謂推其孝思以立則於天下 禮雖有同異 而以敬其所尊愛其所親者同也 春秋修其祖廟以下三節 皆通上下而言 故章句於祖廟備紀諸侯大夫適士官師之制 則亦以明夫非但武周所自行之禮也 然就中有兼言者 有分言者 有上下一例者 有差等各殊者 直不可執一立解 雜擧自天子以至於士之禮 或全或偏 正以見其周徧 卽其獨爲天子之禮 亦必有其可通於大夫士之道 (如大夫以下助祭者 無爵可序 而自有貴賤之可辨) 非若郊社禘嘗 專言王侯而不及大夫也 宗器 先世所藏之重器 諸侯大夫亦固有之 章句云若周之赤刀大訓云云 擧一周以例其餘 故曰若 亦可云若魯之寶玉大弓 衛孔悝氏之鼎也 許東陽徒以顧命所陳之寶當之 自屬泥窣 而裳衣時食 凡有廟者之必設必薦 又不待言矣 其云宗廟之禮 所以序昭穆者 謂以禘祫序列祖宗昭穆之禮 行之於凡祭 以序助祭

용해(大學中庸解)』등이 있다.

493) 남전 여씨(藍田呂氏)가……설:『중용혹문』제18장·제19장 해석 중 소주에 남전 여씨의 설이 보인다.

494)『주자어류-중용』에서는……칭찬하였다 :『주자어류-중용』제19장 해석 중 주자의 답변에 "曰 此不若游氏說郊社之禮 所謂惟聖人爲能享帝 禘嘗之義 謂惟孝子爲能享親 意思甚周密"이라고 한 말이 보인다.

495) 담씨(譚氏)의……설: 담씨는 남송 때 학자 담유인(譚惟寅 ? - ?)을 가리킨다. 자는 자흠(子欽), 호는 태재(蛻齋)이며, 광동성 고요(高要) 사람이다. 저술로『사서본지(四書本旨)』·『중용의(中庸義)』등이 있다. 담씨의 설은『중용장구대전』제19장 소주에 보이는데 그 내용은 다음과 같다. "譚氏曰 治道不在多端 在夫致敬之間而已 當其執圭幣以事上帝之時 其心何如 當其奠犖以事祖宗之時 其心何如 是心也 擧皆天理無一毫人僞介乎其間 鬼神之情狀 天地萬物之理 聚見於此 推此心以治天下 何所往而不當"

之同姓 乃通合祖之義以合族也 死者既各有廟 唯禘祫則合於太廟 以
父南子北序之 此唯王侯之大享爲然 而以此禮通諸合族之義 則自大
享以達於時祭 自天子以達於士 自太廟以達於禰廟 苟其有同姓在助
祭之列者 皆不復問其爵之有無族之親疎 而一以昭穆序之 舉夫朝廷
之貴賤有級 宗室之大宗小宗有別（宗室謂宗子之家）至此而尊尊之義皆
絀焉 而一以行輩爲等夷 所以加恩於庶賤而聯之也 特牲饋食禮有衆
兄弟兄弟子之文 則雖士祭其禰 同姓咸在 豈必天子之大享而後序昭
穆哉 其爲王侯之制 而下不槩於大夫者 唯序爵耳 以士不受命 不得稱
爵 夫夫之祭 唯士與焉 則固無爵之可序也 若序事辨賢 自通乎上下而
言 在特牲饋食禮 固有公有司及私臣爲宗祝佐食者 而少牢饋食 則司
士司馬宰夫雍人咸備焉 其在諸侯之備官 又無論矣 乃若旅酬之典 下
逮於士 祭畢之燕 於士無禁 禮有明文 固可考也 是知章句所云通於上
下者 括脩廟以至燕毛而統言之矣 然則所云踐其位 行其禮 奏其樂 既
承上文而無特起之詞 則亦通上下之承祭者而言也 踐主祭之位 得致
敬以昭對於祖考 曰踐其位（位謂阼階）行其所得爲之禮 以秩神而敍人
曰行其體 奏其所得奏之樂 以合漠而娛神 曰奏其樂 此三其字 乃泛指
之詞 泛言其 而隆殺差等之不一者見矣 又云敬其所尊 愛其所親 亦謂
武周既以此禮自敬其先王之所尊 愛其先王之所親 而使諸侯以達於
士 皆得以敬愛其先人之所尊親者 而事死如生 事亡如存 文無不稱 情
無不盡 斯以廣愛敬之德於天下 而先王之志以繼 事以述也 故曰孝之
至也 章句前云禮通上下 而此乃云其指先王 則有自相矛盾之病 特其
所云其指先王者 則以釋敬其所尊愛其所親之其 而不以上累乎踐其位
行其體 奏其樂之其 觀朱子引虞禮反哭升堂 主婦入室之文以明之 則
亦顯夫其者 指主祭者而非先王之謂（上章言祭用生者之禮 正與此其字合）
而章句中文義未爲界斷 斯後人積疑之所自生 乃其專以先王而言 則

237

句自成疵 固當統言先人 而後與通於上下之旨不相背也 黃氏云上下
通踐其位 大破群疑 而於以爲功於朱子者不小矣 總以此章之旨 謂武
王周公盡其孝之道 而創制立法 推行上下 無不各俾盡其性之仁孝 於
以見道用之廣 而夫婦所知能之理 (孝) 極其至而察乎上下 故末復以郊
禘之義明而治國無餘蘊者終之 若但以天子之自承其祭者言之 則極乎
煩重 而但以畢其孝思 則本大末小 體廣用微 豈不與中庸之道相爲刺
謬 而異端萬法歸一之逆說 自此生矣 知此 則廣平之言表 固賢於藍田
之言裏 是以朱子或問中雖兼採游呂之說 而語錄獨稱廣平之周密 若
譚氏致敬之論 則其泥而不通也久矣）

2

　본문의 "제사에서 맡는 일을 차례대로 하는 것이 어진 이를 분변하
는 것이다.[序事 所以辨賢也]"라는 구절에 대한 해석으로는, 구산(龜
山)의 설[496]만이 타당하니, 남전(藍田)[497]은 이 점을 전혀 깨닫지 못했

---

496) 구산(龜山)의 설 : 구산은 북송 때 학자 양시(楊時 1053-1135)를 말한다. 그의
　　설은 『중용혹문』 제18장·제19장 해석 중 소주에 실려 있는데, 이와 관련된 내용 일부
　　만 소개하면 다음과 같다. "龜山楊氏曰 祭有昭穆 所以別父子遠近長幼親疏之序也 故有
　　事于太廟 則群昭群穆 咸在而不失其倫焉 此宗廟之禮所以序昭穆也……"
497) 남전(藍田) : 북송 때의 학자 여대림(呂大臨 1040-1092)의 호이다. 남전 여씨의
　　설은 『중용혹문』 제18장·제19장 해석 중 소주에 보이는데, 이와 관련된 내용 일부만
　　소개하면 다음과 같다. "藍田呂氏曰…… ○宗廟之禮 所以序昭穆 別人倫也 親親之義
　　也 父爲昭 子爲穆 父親也 親者邇則不可不別也 祖爲昭 孫亦爲昭 祖爲穆 孫亦爲穆 祖
　　尊也 尊者遠則不嫌於無別也……"

다. 제사 지내는 사람들 중에는 종(宗)이 되어야 할 사람, 축(祝)이 되어야 할 사람, 유사(有司)가 되어야 할 사람이 있으니, 먼저 그의 직임에 각자 거처한다. 태묘(太廟) 안에서 제사를 지낼 때, 태재(太宰)[498]는 울창주(鬱鬯酒)[499]를 돕고, 종백(宗伯)[500]은 관(裸)[501]을 행하는 자리에 임하며,—왕과 제후를 거론하여 그 나머지 사람들을 예시하였다.— 축(祝)은 스스로 축의 역할을 하고, 유사(有司)들은 각각 자기의 일을 맡는다. 따라서 제사 지낼 때에 차출해 보내는 것이 아니고 한 사람에게 명해 각자의 일을 부여한 것이 분명하다.

 "어진 이를 분변하는 것이다.[所以辨賢]"라고 한 구에서, '분변한다.[辨]'는 것은 밝게 드러낸다는 뜻이다. 평소에는 덕을 헤아려 높은 지위를 주고 능력에 따라 적절한 관직을 주지만, 제사를 지낼 적에 일을 맡는 것은 영광된 것이니, 어진 이가 어질지 못한 사람과 구별됨을 드러내는 것이다. 마루와 방안에 따라 지위를 달리 하고, 귀하고 천함에 따라 그릇을 달리 하는 것 또한 대현(大賢)이 소현(小賢)과 다르다는 것을 드러내는 것이다. 위에서 "귀함과 천함을 분변한다.[所以辨貴賤]"고 한 것도 이런 뜻이다. 그렇지 않고 벼슬의 귀천을 말한 것이라면, 어찌 평소에는 차례가 없다가 종묘에서 비로소 분별하기를 기다리는 것이겠는가? '어진 이를 분변한다.[辨賢]'는 것은 일을 맡길

---

498) 태재(太宰) : 주나라 때 태부(太傅)·태보(太保)와 함께 삼공의 한 관직으로 총재에 해당한다.

499) 울창주(鬱鬯酒) : 울금초(鬱金草)를 쪄서 창주(鬯酒)에 섞은 술로, 제사에서 강신할 때 사용했다.

500) 종백(宗伯) : 옛날 육관(六官)의 한 관직으로 예의·제사 등을 맡았다. 후대의 예부시랑과 유사하다.

501) 관(裸) : 울창주를 땅에 뿌려 신이 강림하기를 기원하는 제사 의식을 말한다.

적에는 능력에 따르고, 높은 관리를 임명할 적에는 어짊에 따른다는 말이다. '어질다[賢]'라는 것은 지위에 나아간다는 말이다.

이것이 위에서 언급한 '벼슬을 차례대로 한다.[序爵]'와 구별되는 것은, 공(公)·후(侯)·백(伯)·자(子)·남(男)이나 경(卿)·대부(大夫)는 벼슬[爵]을 말하는 것이고, 육관(六官)의 등속은 지위[位]를 말하는 것이기 때문이다. 벼슬은 오늘날 왕(王)·공(公)·백(伯) 및 광록대부(光祿大夫)로부터 수직좌랑(修職佐郞)에 이르기까지가 그것이다. 지위는 오늘날 내각(內閣)·육부(六部)로부터 창순(倉巡)·역체(驛遞) 등의 아문(衙門)에 이르기까지가 그것이다.─어진 이를 분변하는 것은 이런 존비(尊卑)를 분변하는 것이다.─ 예로부터 벼슬과 지위는 두 가지로 나뉘어 있었으니, 이것이 '벼슬을 차례대로 한다.[序爵]'는 것과 '일을 차례대로 한다.[序事]'는 것이 구별된 까닭이다. 그러나 '변귀천(辨貴賤)'과 '변현(辨賢)'은 상호 바꾸어서 뜻을 드러낼 수 있다.

『주례』에 "택궁(澤宮)에서 사(士)를 선발한다."[502]는 문구가 있다. 그러나 선발하는 것은 사뿐이다. 태재(太宰)·종백(宗伯)의 관리는 존중받는 사람으로 선발을 기다리지 않는다.─대부(大夫)에게 있어서는 가노(家老)가 그에 해당한다.─ 축관[祝]도 그 직임을 대대로 맡으며 널리 선발함을 허용치 않는다. 오직 재부(宰夫)[503]의 경우는 상사(上士)가 8인, 중사(中士)가 16인, 하사(下士)가 32인으로 인원을 갖춘 것이 번성하여 다 제사에 참여할 수 없으니, 이럴 경우에는 활쏘기를 해서 선발한

---

502) 택궁(澤宮)에서……선발한다 : 택궁은 고대 활쏘기를 연습하며 인재를 선발하던 곳이다. 이 내용은 『주례』 하관(夏官) 「사궁시(司弓矢)」에 보이는 "澤共射椹質之弓矢"를 저자가 임의로 줄여 표현한 것이다.

503) 재부(宰夫) : 『주례』 천관(天官)에 속한 관직으로 조정을 다스리는 법을 관장한다.

다. 경계시키는 도구[戒具]를 준비하고, 음식을 올리고, 세척을 살피는 등의 일은 이 56인 중에서 뽑아 쓴다. 별도의 관직에 있는 현자 중에서 그들을 뽑지 않고, 한결같이 활쏘기를 통해 그들을 선발한다. 그러므로 "포인(庖人)이 푸줏간을 제대로 다스리지 못하더라도 시축(尸祝)이 제사 음식을 진열해 놓은 제상을 넘어가서 그 일을 대신하지 않는다."[504]고 한 것이다. 또한 제후들이 제사에 참여할 적에도 활쏘기를 하여 선발하였는데, 송(宋)나라 임금처럼 위세가 큰 제후거나 노(魯)나라 임금처럼 천자와 지극히 친한 제후는 활쏘기를 해서 선발하기를 기다리지 않고 반드시 제사에 참여하였다. 대체로 벼슬을 귀중히 여기고 어진 이를 존중하는 데에 평소에는 등급의 구별이 있지만, 종묘에서는 그 점을 합하여 귀하고 어진 이들로 하여금 덕을 밝게 드러내 영광되게 하였으니, 이것이 본문에 "그 분이 친애하던 분들을 친애한다.[愛其所親]"고 한 도다.(序事辨賢 唯龜山之說爲當 藍田殊未分曉 人之當爲宗當爲祝當爲有司 固先已各居其職矣 至有事於廟中 則太宰贊瓚 宗伯莅裸 (舉王侯以例其餘) 祝自爲祝 有司自各司其事 非臨時差遣 隨命一人而授以事也 明甚 其云所以辨賢者 辨者昭著之義 以平日之量德授位 因能授職 至此而有事爲榮 則以顯賢者之別於不賢者 而堂室異地 貴賤異器 又以彰大賢者之殊於小賢也 上言辨貴賤 亦是此意 不然 爵之貴賤 豈素無班序 而直待廟中始從而分別之哉 辨賢只是辨官 位事惟能 建官惟賢 賢也者 卽位之謂也 其別於上所云序爵者 則公侯伯子男卿大夫之謂爵 六官之屬之謂位 爵如今王公侯伯及光祿大夫至修職佐郎是 位則內閣六部至倉巡驛遞等衙門是 (辨賢者 卽辨此之尊

504) 포인(庖人)이……않는다 : 이 문구는 『장자』「소요유」에 보이며, 『예기집설(禮記集說)』권79에 인용되어 있다.

卑) 古今原分作兩等 此序爵序事之所以別 而貴賤與賢 亦可以互文見
意也 周禮固有澤宮選士之文 然所選者士爾 太宰宗伯之類 旣以尊而
不待選 (在大夫則家老亦然) 祝則世其職而不容旁選 唯如宰夫上士八人
中士十六人 下士三十有二人 具員已繁 不能盡與於祭 則以射擇之耳
而供戒具薦羞眠滌濯者 亦必就此五十六人中擇之 終不他取於別官之
賢者 而一聽之於射 故曰庖人雖不治庖 尸祝不越樽俎而代之 亦如諸
侯之得與祭 亦以射擇 而宋公之有淫威 魯侯之爲懿親 則不待選於射
而必與焉 蓋爵之貴 賢之尊 雖素有等威之別 而合之於廟中 俾其責其
賢得昭著以爲榮焉 此愛其所親之道也)

애공(哀公)이 정사(政事)에 대하여 물었는데, 공자께서 말씀하셨다. "문왕과 무왕의 정사가 책 속에 펼쳐 있으니 이를 실행할 사람이 있으면 이 정사가 거행될 것이고, 이러한 사람이 없으면 이 정사는 사라질 것입니다. 사람의 도는 정사에 민감하고 땅의 도는 나무에 민감합니다. 정사라는 것은 부들, 갈대와 같습니다. 그러므로 정사를 행하는 것은 사람에게 달려 있으니 몸으로써 인재를 취해야 하고, 도로써 몸을 닦아야 하고, 인으로써 도를 닦아야 합니다. 인(仁)이란 사람이니 어버이를 친애하는 것이 큰 것이 되고, 의(義)는 일을 마땅하게 하는 것이니 현자를 높이는 것이 큰 것이 됩니다. 그러니 친한 이를 친애하는 등급과 현자를 존중하는 등급이 예(禮)를 발생시키는 것입니다. (아랫자리에 있으면서 윗사람에게 신임을 얻지 못하면 백성을 다스릴 수 없습니다.) 그러므로 군자는 몸을 닦지 않아서는 안 됩니다. 몸을 닦기를 생각한다면 어버이를 섬기지 않을 수 없고, 어버이 섬기기를 생각한다면 사람을 알지 않을 수 없고, 사람 알기를 생각한다면 하늘을 알지 않을 수 없습니다. 천하에 두루 통하는 도가 다섯 가지인데, 이것을 행하게 하는 것은 세 가지입니다. 임금과 신하, 아버지와 자식, 남편과 아내, 형과 아우, 친구 사이의 사귐, 이 다섯 가지는 천하에 두루 통하는 도입니다. 지(智), 인(仁), 용(勇) 세 가지는 천하에 두루 통용되는 덕이니, 이것을 행하게 하는 것은 하나입니다. 어떤 사람은 나면서부터 알고 어떤 사람은 배워서 알고 어떤 사람은 곤궁해져서 알기도 하는데, 그 안 데에 이르면 같습니다. 어떤 사람은 편안히 여겨 행하며 어떤 사람은 이롭게 여겨 행하며 어떤 사람은 힘써서 행하기도 하는데, 그 공을 이룸에 이르면 같습니다. 배우기를 좋아하는 것은 지(智)에 가깝고 힘써 행함은 인(仁)에 가깝고 부끄러움을 아는 것은 용(勇)에 가깝습니다. 이 세 가지를 알면 몸을 닦는 방법을 알 것이며, 몸을 닦는 방법을 알면 사람을 다스리는 방법을 알 것이며, 사람을 다스리는 방법을 알면 천하와 국가를 다스리는 방법도 알 것입니다. 무릇 천하와 국가를 다스리는 데는 구경(九經)이 있으니, 몸을 닦는 것, 현자를 존경하는 것, 어버이를 친애하는 것, 대신을 공경하는 것, 여러 신하를 체찰(體察)하는 것, 백성을 자식처럼 사랑하는 것, 여러 공인을 오게 하는 것, 멀리 있는 사람을 회유하는 것, 제후를 품어주는 것입니다. 몸을 닦으면 도가 확립되고 어진이를 존숭하면 미혹되지 않고, 친족을 친애하면 제부(諸父)와 형제가 원망하지 않고, 대신을 공경하면 현혹되지 않고, 신하를 체찰하면 사(士)가 보답하는 예가 중하고, 백성을 자식처럼 사랑하면 백성들이 부지런하고, 여러 공인을 오게 하면 재용(財用)이 풍족하고, 멀리 있는 이를 회유하면 사방의 사람들이 귀의하고, 제후를 품어주면 천하가 두려워할 것입니다. 재계하고 마음을 밝게 하고 제복을 성대하게 입고서 예가 아니면 움직이지 않은 것은 몸을 닦는 방법이요, 참소를 물리치고 여색을 멀리하며 재화를 천히 여기고 덕을 귀하게 여김은 어진이를 권면하는 방법이요, 작위를 높여주고 녹봉을 많이 주고 그들이 좋아하고 싫어하는 것을 함께하는 것은 친족을 친애하는 것을 힘쓰는 방법이요, 관속(官屬)을 성대하게 설치하고 그들을 부리는 것을 맡기는 것은 대신을 권면하는 방법이요, 충성과 신의로 대하고 녹봉을 많이 주는 것은 사(士)를 권면하는 방법이요, 때에 맞춰 부리고 세금을 가볍게 하는 것은 백성을 권면하는 방법이요, 날마다 살피고 달마다 검증하여 녹봉을 일한 것에 맞게 주는 것은 여러 공인을 권면하는 방법이요, 떠나는 이를 전송하고 들어오는 이를 환영하며 잘하는 이를 가상히 여기고 잘 못하는 이를 안타깝게 여기는 것은 멀리 있는 이를 회유하는 방법이요, 끊어진 세계(世系)를 이어주고 망한 나라를 일으켜주며 혼란을 다스리고 위태로움을 부지(扶持)시켜주며 제때에 맞게 조회하고 빙문(聘問)하며 가는 사신에게 후하게 하며 오는 사신에게 적게 받는 것은 제후를 품어주는 방법입니다. 무릇 천하와 국가를 다스리는 데에는 구경(九經)이 있으니 그것을 행하게 하는 것은 하나입니다. 모든 일은 미리 준비하면 성립되고, 미리 준비하지 않으면 폐해집니다. 말은 미리 정해놓으면 말이 꼬이지 않고, 일은 미리 정해놓으면 곤경에 빠지지 않고, 행실은 미리 정해놓으면 흠이 없고, 도(道)는 미리 정해놓으면 곤궁해지지 않습니다. 아랫자리에 있으면서 윗사람에게 신임을 얻지 못하면 백성을 다스릴 수 없을 것입니다. 윗사람에게 신임을 얻는 데는 방법이 있으니, 벗들에게 신임을 얻지 못하면 윗사람에게도 신임을 얻지 못할 것입니다. 벗들에게 신임을 얻는 데에 방법이 있으니, 어버이에게 순종하지 않으면 벗들에게 신임을 얻지 못할 것입니다. 어버이에게 순종하는 데에 방도가 있으니 자신에게 돌이켜 성(誠)하지 않으면 어버이에게 순종할 수 없을 것입니다. 자신을 성(誠)하게 하는 데에 방도가 있으니 선(善)을 밝히지 않으면 자신을 성하게 할 수 없을 것입니다. 성(誠)은 하늘의 도(道)이고 성(誠)하려고 하는 것은 인간의 도입니다. 성(誠)은 힘쓰지 않아도 적중하며 생각하지 않아도 터득하여 조용히 도에 맞는 것이니 성인(聖人)의 경지이고, 성(誠)하려고 하는 것은 선(善)을 택하여 굳게 잡는 것입니다. 널리 배우며, 자세하게 질문하며, 신중하게 생각하며, 명확하게 분변하며, 독실하게 실천하는 것입니다. 배우지 않을지언정 배운다면 능하지 못한 것을 내버려 두지 않으며, 묻지 않을지언정 묻는다면 알지 못한 것을 내버려 두지 않으며, 생각하지 않을지언정 생각한다면 터득하지 못한 것을 내버려 두지 않으며, 분변하지 않을지언정 분변한다면 분명하지 못한 것을 내버려 두지 않으며, 행하지 않을지언정 행한다면 독실하지 못한 것을 내버려 두지 않습니다. 남이 한 번에 잘하면 나는 백 번을 하며, 남이 열 번에 잘하면 나는 천 번을 합니다. 과연 이 방도를 행할 수 있으면 비록 어리석으나 반드시 밝아질 것이며, 비록 유약하나 반드시 강해질 것입니다.”

哀公 問政 子曰 文武之政 布在方策 其人存則其政擧 其人亡則其政息 人道敏政 地道敏樹 夫政也者 蒲盧也 故爲政在人 取人以身 修身以道 修道以仁 仁者人也 親親爲大 義者宜也 尊賢爲大 親親之殺 尊賢之等 禮所生也 (在下位 不獲乎上 民不可得而治矣) 故君子 不可以不修身 思修身 不可以不事親 思事親 不可以不知人 思知人 不可以不知天 天下之達道五 所以行之者三 曰君臣也 父子也 夫婦也 昆弟也 朋友之交也 五者 天下之達道也 知仁勇三者 天下之達德也 所以行之者 一也 或生而知之 或學而知之 或困而知之 及其知之 一也 或安而行之 或利而行之 或勉强而行之 及其成功 一也 (子曰) 好學 近乎知 力行 近乎仁 知恥 近乎勇 知斯三者 則知所以修身 知所以修身 則知所以治人 知所以治人 則知所以治天下國家矣 凡爲天下國家 有九經曰 修身也 尊賢也 親親也 敬大臣也 體群臣也

子庶民也 來百工也 柔遠人也 懷諸候也 修身則道立 尊賢則不惑 親親則
諸父昆弟 不怨 敬大臣則不眩 體群臣則士之報禮重 子庶民則百姓勸 來百
工則財用足 柔遠人則四方歸之 懷諸侯則天下畏之 齊明盛服 非禮不動 所
以修身也 去讒遠色 賤貨而貴德 所以勸賢也 尊其位 重其祿 同其好惡 所
以勸親親也 官盛任使 所以勸大臣也 忠信重祿 所以勸士也 時使薄斂 所
以勸百姓也 日省月試 旣廩稱事 所以勸百工也 送往迎來 嘉善而矜不能
所以柔遠人也 繼絶世 舉廢國 治亂持危 朝聘以時 厚往而薄來 所以懷諸
侯也 凡爲天下國家 有九經 所以行之者 一也 凡事 豫則立 不豫則廢 言
前定則不跲 事前定則不困 行前定則不疚 道前定則不窮 在下位 不獲乎上
民不可得而治矣 獲乎上 有道 不信乎朋友 不獲乎上矣 信乎朋友 有道 不
順乎親 不信乎朋友 順乎親 有道 反諸身不誠 不順乎親矣 誠身 有道 不
明乎善 不誠乎身矣 誠者 天之道也 誠之者 人之道也 誠者 不勉而中 不
思而得 從容中道 聖人也 誠之者 擇善而固執之者也 博學之 審問之 愼思
之 明辨之 篤行之 有弗學 學之 弗能 弗措也 有弗問 問之 弗知 弗措也
有弗思 思之 弗得 弗措也 有弗辨 辨之 弗明 弗措也 有弗行 行之 弗篤
弗措也 人一能之 己百之 人十能之 己千之 果能此道矣 雖愚必明 雖柔必
强

1

'인(仁)으로써 도를 닦는다.[修道以仁]'505)는 것은, 신안 진씨(新安陳氏)506)가 "도에 뜻을 두고 덕에 근거하고 인에 의지한다.[志於都 據於德 依於仁]"507)는 말을 인용하여 근거로 삼은508) 것과 신안 예씨(新安倪氏)509)가 "자신의 몸에서 마음을 돌이키는 점을 말한 것이다.[自

505) 인(仁)으로써……닦는다 : 이 문구는 『중용장구』 제20장 제4절에 보인다.

506) 신안 진씨(新安陳氏) : 송말원초의 학자 진력(陳櫟 1252-1334)를 말한다. 자는 수옹(壽翁), 호는 정우(定宇)·동고(東皐)이며, 안휘성 휴녕(休寧) 사람이다. 주자학을 위주로 하면서도 육상산의 심학을 일정하게 수용하였다. 저술로 『사서발명(四書發明)』·『상서집해찬소(尙書集解纂疏)』·『예기집의(禮記集義)』 등이 있다.

507) 도에……의지한다 : 이 문구는 『논어』 「술이」 제6장에 보인다.

508) 신안 진씨(新安陳氏)가……삼은 : 이 내용은 『중용장구대전』 제20장 제4절 소주에 보이는데, 관련 부분은 다음과 같다. "新安陳氏曰 '仁其身'三字精妙 以三字包括修身以道修道以仁八字 修道以仁 如志道據德而依於仁 修身工夫 至於以仁 可謂能仁其身而身與仁爲一矣……"

509) 신안 예씨(新安倪氏) : 원나라 때 학자 예사의(倪士毅 1303-1348)를 말한다. 자는 중홍(仲弘), 호는 도천(道川), 사시(私諡)는 문정(文靜)이며, 안휘성 흡현(歙縣) 사람이다. 진력(陳櫟)에게 수학하였다. 저술로 『중정사서집석(重訂四書輯釋)』이 있다.

身上說歸心上]"라고 한 설[510]이 명료하고 타당하다. '도로써 몸을 닦
는다.[修身以道]'는 것은 수신(修身)에 관한 일을 말한 것일 뿐이고,
'인으로써 도를 닦는다.[修道以仁]'는 것은 수신은 반드시 정심(正
心)·성의(誠意)를 먼저 해야 한다는 것이다.

　도는 학술과 일[事功]의 바른 것이다. 학술과 일의 바른 것은, 큰 요
점이 오륜(五倫) 위에서 실천해 나가는 데 있다. 『중용장구』의 주에는
'천하에 두루 통하는 도[天下之達道]'[511]가 그에 해당한다고 하였는
데[512], 이는 도의 높고 빛남이 크다는 점을 지적해 낸 것이지, '달도(達
道)'의 도(道)로 이 장에서 말하는 도(道) 자를 해석한 것은 아니다.

　이 인(仁)은 심학(心學)이 저 천리(天理)를 응축한 것으로, 삼달덕
(三達德)[513]의 하나인 인(仁)과는 저절로 같지 않다. 삼달덕의 하나
인 인은 인성 중의 덕으로 말한 것이다. 그러므로 본문에 '천하에 두
루 통하는 덕[天下之達德]'이라고 한 것이다. 이 대목의 '인(仁)'은 성
현의 심학이 보존되고 주로 하는 바로써 말했기 때문에 『중용장구』
의 주에 "자신을 능히 어질게 한다.[能仁其身]"라고 말한 것이다. 굳
이 그 설명을 그만둘 수 없다면, 아래 보이는 '성(誠)' 자[514]와 근사하
다고 할 수 있다. 그러나 그 안에는 분별이 있어야 한다. 여기서의 '인

---

510) 신안 예씨(新安倪氏)가……설 : 신안 예씨의 설은 『중용장구대전』 제20장 제4절
소주에 보인다.

511) 천하에……도 : 이 문구는 『중용장구』 제1장 제4절에 보인다.

512) 『중용장구』……하였는데 : 『중용장구』 제20장 제4절의 주에 "道者 天下之達道"
라 하였다.

513) 삼달덕(三達德) : 이 세상에 두루 통하는 세 가지 덕으로, 『중용』에서는 지(智)·
인(仁)·용(勇)을 삼달덕이라 하였다.

514) 아래……자 : 『중용장구』 제20장 제17절 "誠者 天之道也"의 성(誠)을 가리킨다.

(仁)' 자가 '성(誠)' 자와 통할 수 있는 것은 선을 택하여 굳게 지킨다는 의미의 성(誠)이다. 삼달덕의 인(仁)은 천덕(天德)을 말한 것이고, 여기서의 인(仁)은 성학(聖學)을 말한 것이다. 또한 삼달덕의 인은 성(性)으로써 말한 것이고, 여기서의 인(仁)은 이(理)로써 말한 것이다.(脩道以仁 只陳新安引志道據德依仁爲據 及倪氏自身上說歸心上之說爲了當 脩身以道 只說得脩身邊事 脩道以仁 則脩身之必先正心誠意者也 道者 學術事功之正者也 學術事功之正 大要在五倫上做去 章句以天下之達道當之 乃爲指出道所奠麗之大者 非竟以達道之道釋此道字 若仁者 則心學之凝夫天理者也 其與三達德之仁 自不相蒙 彼以當人性中之德而言 故曰天下之達德 此以聖賢心學之存主言 故章句云能仁其身 必不獲已 則可云與下誠字相近 然就中須有分別 此仁字之可與誠字通者 擇善固執之誠也 三達德之仁言天德 此仁言聖學 亦彼以性言而此以理言也)

2

주자 문하에 그릇된 설이 있으리라고는 생각지도 못하였는데, 쌍봉 요씨(雙峯饒氏)가 '귀(鬼)' 자와 '인(人)' 자를 상대적으로 보는 설[515]

---

515) 쌍봉 요씨(雙峯饒氏)의……설 : 쌍봉 요씨는 주자의 문인인 요로(饒魯 ? - ?)를 말한다. 쌍봉 요씨의 설은 『중용장구대전』 제20장 제5절 아래의 소주에 보이는데, 그 내용은 다음과 같다. "雙峯饒氏曰 人字之義 難訓 但凡字須有對待 卽其所對之字觀之 其義可識 孔子曰未能事人 焉能事鬼 此仁字正與鬼字相對 生則爲人 死則爲鬼 仁是生底道理 所以以人訓仁 若不仁便是自絶其生理"

이 있구나! 사백선(史伯璿)이 그의 설을 비판한[516] 것은 타당하다. 그러나 쌍봉 요씨가 사백선의 말처럼 어찌 기이하게 해석한 것이겠는가? 그는 곁으로 생동적인 견해를 구한 것일 따름이다. "인(仁)한 것이 사람이다.[仁者 人也]"[517]라는 구절의 대구를 '불인한 것은 귀신이다.[不仁者鬼]'라고 어찌 말할 수 있겠는가? 공자는 '귀신의 덕 됨은[鬼神之爲德]'[518]이라는 것은 '성을 숨길 수 없다.[誠之不可揜]'[519]는 것이 된다고 말씀하였으니, 귀신이 어찌 불인한 것이겠는가? 쌍봉 요씨가 『논어』의 '사람을 능히 섬기지 못하면 어찌 귀신을 능히 섬기겠는가?[未能事人 焉能事鬼]'[520]라는 문구를 인용하여 해석의 실마리를 삼은 것이 이미 전거를 잘못 찾은 것이다. 『논어』에 실린 말은 본디 유(幽)·명(明)에 두 가지 이치가 없다는 것을 말한 것이다. 이 세상과 저 세상에 두 가지 이치가 없다면 사람은 인(仁)하고 귀신은 불인한 것이 아님도 분명하다.

쌍봉 요씨의 설은 기(氣)의 측면에서 말한 듯하니, 생기(生氣)는 인하고 사기(死氣)는 불인하다면, 기가 이(理)를 주로 하게 되어 그 어긋남이 심하게 된다. 쌍봉 요씨의 의중에 사기(死氣)라고 하는 것은, 없어졌다 생겼다 하는 자연의 기가 아니고, 요상하고 왜곡되고 사납

---

516) 사백선(史伯璿)이……비판한 : 사백선(史伯璿 ? - ?)은 주자학을 종주로 한 원나라 때 학자이며, 저술로 『사서관규(四書管窺)』·『관규외편(管窺外編)』이 있다. 그는 쌍봉 요씨의 설을 조목조목 비판하였는데, 이 부분에 대해서는 『사서관규(四書管窺)』 권7 「중용」 제20장 해석에서 "以人對鬼之說然乎 天下字 豈皆有對而後義可明乎 通者 極力稱贊 以爲深得章句之意 愚則以爲章句已極分明 政不必如此求奇 可也"라고 하였다.

517) 인(仁)한……사람이다 : 이 문구는 『중용장구』 제20장 제5절에 보인다.

518) 귀신의 덕 : 이 구는 『중용장구』 제16장 제1절에 보인다.

519) 성을……없다 : 이 구는 『중용장구』 제16장 제5절에 보인다.

520) 사람도……섬기겠는가 : 이 문구는 『논어』 「선진」 제12장에 보인다.

고 해로운 사악한 기다. 그렇다면 사람에게 바르지 않은 것이 있어서 다른 생명체를 해치는 것이 많을 것이다. 이를 통틀어 '인한 것이 사람이다.'라고 말하는 것은 너무 장애가 있는 것이 아니겠는가? 공자는 "사람의 삶은 정직해야 한다.[人之生也直]"라고[521] 하였으니, 정직한가 정직하지 않은가에 따라 생·사가 나뉘는 것이지, 정직한가 정직하지 않은가에 따라 사람과 귀신으로 나뉘는 것은 아니다.─사람과 귀신은 저절로 생·사와 다르다.─ 그런데 하물며 인(仁)한 경우에 있어서이겠는가?

성인[522]이 '인한 것이 사람이다.'라고 단적으로 말하였으니, 이 문구의 '인(人)' 자 안에는 처음과 끝을 관통하여 굽혔다 폈다 하며 왕래하는 이치가 들어 있다. 그런데 어떻게 귀신과 간격을 두어 대치하는 것으로 볼 수 있겠는가? 부득이하다면 혹 물(物) 자를 가지고 상대적인 것으로 볼 수는 있다. 그러나 맹자는 '만물이 모두 나에게 갖추어져 있는[萬物皆備於我]' 것을 인(仁)으로 보았으며[523], 『중용』에도 "사람의 성품을 극진히 하면 능히 다른 생명체의 본성도 극진히 하게 된다.[盡人之性 則能盡物之性]"[524]라고 하였으니, 이 '인(人)' 자는 또한 물(物)과 무관할 수 없다. 다만 불인한 자의 마음이나 행실에 대해 "불인한 사람은 금수와 다름이 없다."라고 할 수 있으니, 그러면 조금 이치에 가깝게 된다. 요컨대, 이 '인(仁)' 자는 불인(不仁)과 상대적인 말이 아니니 이런 한 층의 울타리를 만들 필요는 없다.

---

521) 사람의……한다 : 이 문구는 『논어』「옹야」 제19장에 보인다.

522) 성인 : 공자(孔子)를 가리킨다.

523) 맹자는……보았으며 : 『맹자』「진심 상」 제4장에 "孟子曰 萬物皆備於我矣 反身而省 樂莫大焉 強恕而行 求仁莫近焉"이라고 한 것을 말한다.

524) 사람의……된다 : 이 문구는 『중용장구』 제22장에 보인다.

'인자(仁者)'는 인도(人道)에 따라 말한 것이고, '인야(人也)'는 천도(天道)에 따라 말한 것이다. 이 구절의 의미는 "군자의 작용은 도를 닦은 인(仁)으로써 하니, 곧 천도가 사람을 세워주는 까닭이다."—천도가 사람을 세우는 것이 곧 인도다.—라는 뜻이다. 그러니 "친한 이를 친애하는 것이 큰 것이 된다.[親親爲大]"는 것은, 한 층 미루어 들어간 말이지 한 층 밖으로 드러낸 말이 아니다. '친한 이를 친애하는 것'은 천성의 인(仁)이 지극히 큰 곳에서 단서를 드러낸 것이다. 그러므로『중용장구』의 주에는 "자연히 측은히 여기고 자애하는 생각이 있게 된다.[自然便有惻怛慈愛之意]"525)라고 말한 것이다. 이 대목은 애초 인(仁)에 일삼음을 둔 자가 능히 친절히 하는 것이 아니기 때문에 주자가 "깊이 체득하여 완미하면 그 점을 볼 수 있다.[深體味之 可見]"526)라고 말한 것이다. 이는 주자가 학자들을 감동시켜 스스로 인도를 알게 한 것이다. 쌍봉 요씨는 맹랑하여 이런 점을 족히 말할 수 없었을 것이니, 어찌 그를 나무라겠는가?(不意朱門之黃稗 乃有如雙峰以鬼對人之說 史伯璿譏之 當矣 然雙峰豈解能奇 只是傍門求活見地 仁者人也 豈可云 不仁者鬼乎 夫子謂鬼神之爲德爲誠之不可揜 鬼豈是不仁底 雙峰引 論語未能事人 焉能事鬼 作話柄 早已失據 在論語 本謂幽明無二理 既 無二理 則非人仁而鬼不仁 審矣 彼似在氣上說 生氣仁 死氣不仁 則 以氣主理 其悖既甚 而彼意中之所謂死氣者 又非消息自然之氣 乃夭 枉厲害之邪氣 使然 則人之有不正而害物者多矣 統云仁者人也 不已 礙乎 子曰人之生也直 於直不直而分死生 且不於之而分人鬼 (人鬼自與

---

525) 자연히……된다 : 이 문구는『중용장구』제20장 제5절의 주에 보인다.

526) 깊이……있다 : 이 문구는『중용장구』제20장 제5절의 주에 보인다.

死生異) 而況於仁乎 聖人斬截說箇仁者人也 者人字內便有徹始徹終屈
伸往來之理 如何把鬼隔開作對疊得 必不獲已 則或可以物字對 然孟
子以萬物皆備爲仁 中庸亦云盡人之性則能盡物之性 者人字也撇物字
不下 特可就不仁者之心行而斥之 曰不仁者禽也 爲稍近理 要此仁字
不與不仁相對 直不消爲樹此一層藩籬 仁者屬人道而言 人也屬天道
而言 蓋曰君子之用以脩道之仁 卽天道之所以立人者也 (天道立人 卽是
人道) 則知親親爲大 是推入一層語 非放出一層語 親親是天性之仁見
端極大處 故章句云自然便有惻怛慈愛之意 此處不是初有事於仁者之
能親切 故曰深體味之可見 是朱子感動學者令自知人道處 雙峰之孟
浪 其不足以語此 又何責焉)

3

　‘인(仁)’ 자를 깊고 넓게 말하여 ‘인(人)’에다 귀결시키고, 또 ‘친한
이를 친애하는[親親]’ 데에 귀결시켰으니 인도에 귀결시키려 한 것이
다. ‘친한 이를 친애하는’ 것과 ‘어진 이를 존중하는[尊賢]’ 것은 자연
히 없앨 수 없고 자연히 전도되지 않는 절제된 문장이니 곧 인도다.
존중하고 친애하는 것이 여기에 있고, 등급을 정하고 감쇄(減殺)하는
것도 여기에 있으니, 도를 닦고 자신을 닦는 자는 이로써 하는 것이
다. 그러므로 인도가 정사에 빠르게 나타남을 아는 것이다.『중용』의
이 대목은 마음과 힘을 다해 표현한 것으로 삶에 관계된 것이 분명하
고도 절실한데 유생들은 이 점을 전혀 살피지 못한다.(仁字說得來深
闊 引來歸之於人 又引而歸之於親親 乃要歸到人道上 親親尊賢 自然

不可泯滅 與自然不顚倒之節文者 人道也 而尊親在此 等殺在此 脩道
脩身者以此 故知人道之敏政也 中庸此處 費盡心力寫出 關生明切 諸
儒全然未省）

4

"인한 것이 사람이다.[仁者 人也]"라는 2구는 인(仁)을 정밀히 미
루어 천리 자연의 사랑에 단서를 드러낸 것이다. "의로운 것은 마땅
한 것이다.[義者 宜也]"[527]라는 말은, 인(仁)·의(義)가 병행함을 인하
여 의가 자립하는 바를 미루어 말한 것이니 천리의 당연한 법칙이다.
사물에 응하고 접할 적에 내 마음에 어둡지 않음이 있는 것은, 인심의
떳떳함을 좋아하는 성품을 미루어 존중함을 기필하고 구차함을 용납
함이 없는 마음을 자연히 갖게 된 것이니, '어진 이를 존중하는[尊賢]'
것이 바로 그것이다.

인·의가 서로 어우러져 인도를 확립하는 것은 음·양이 병행하여
천도를 세우는 것과 같다. 그러므로 주자가 "인(仁)에는 바로 의(義)
가 있고, 양(陽)에는 바로 음(陰)이 있다."[528]라고 말한 것이다. 이는
양 속에 음이 있고, 인 속에 의가 있다고 말한 것이 아니다. —이와 같다면

---

527) 의(義)로운……것이다 : 이 문구는 『중용장구』 제20장 제5절에 보인다.

528) 인(仁)에는……있다 : 이 문구는 『주자어류-중용』 제20장 해석 중에 보인다. 관
련된 문구를 인용해 보면 다음과 같다. "問 修道以仁 繼之以仁者人也 何爲下面又添說
義禮 曰 仁便有義 如陽便有陰 親親尊賢 皆仁之事 親之尊之 其中自有簡差等 這便是義
與禮"

"의(義) 속에 인(仁)이 있다."고도 말할 수 있다. ─ 이는 천지 사이에 음이 있으면 양이 저절로 생겨나고, 인도 가운데 인이 있으면 의가 저절로 드러난다는 것을 말한 것이다. 인·의를 시행할 적에는 반드시 그 등급(等級)과 감쇄(減殺)를 하지 않을 수 없는 점이 있으니, 예(禮)는 인·의를 관통하여 이 인·의의 큰 작용을 일으키는 것이다.

인·의는 머리가 꼬리에 응하는 것이나 숨을 내쉬는 것이 들이쉬는 것에 응하는 것과 같다. 그러므로 아래 절에 "어버이 섬기기를 생각하면 사람을 알지 않을 수 없다.[思事親 不可以不知人]"[529]라고 말한 것이다. 예는 인·의의 중앙을 관통하여 인·의의 큰 작용을 낳기 때문에 아래 절에 "〈사람을 알기를 생각하면〉 하늘을 알지 않을 수 없다.[思知人 不可以不知天]"[530]라고 말한 것이다. 통합해 논하면, 하늘을 아는[知天] 것은 인(仁)·지(智)가 각각 절도에 맞게 된[品節] 것이고, 사람을 아는[知人] 것은 인·지가 함께 흐르는 것이다. 그러므로 "도를 닦을 적에는 인(仁)으로써 한다.[修道以仁]"[531]라고 말하고, "〈도를 닦을 적에는〉 의(義)로써 한다.", "〈도를 닦을 적에는〉 예(禮)로써 한다."라고 수고롭게 말하지 않은 것이다.

『주역』에 "사람의 도를 세워 인·의라 하였다.[立人之道 曰仁與義]"[532]라고 하였다. 그러므로 "인도는 정사에 빠르게 나타난다.[人道敏政]"[533]라고 말한 것은, 인·의를 말한 것이다. 인·의의 작용은 예의

---

529) 어버이……없다 : 이 문구는 『중용장구』 제20장 제7절에 보인다.

530) 사람……없다 : 이 문구도 『중용장구』 제20장 제7절에 보인다.

531) 도를……한다 : 이 문구는 『중용장구』 제20장 제4절에 보인다.

532) 사람의……하였다 : 이 문구는 『주역대전(周易大全)』 설괘(說卦)에 보인다.

533) 인도는……나타난다 : 이 문구는 『중용장구』 제20장 제3절에 보인다.

본체에서 인하니, 예가 인·의에 회통하는 바가 되면 하늘이 자연의
절도에 맞는 것으로써 인도를 세운다. 예가 인·의를 낳고, 인·의로써
도를 닦아 인재를 취해 정사를 행하면, 모든 것이 거기에 갖추어지게
된다. 그러므로 "인도는 정사에 빠르게 나타난다."라고 말한 것이다.

여기서 인·의·예를 말한 것은 인도의 조목을 실제로 가리켜 하늘
이 사람을 세운 바의 도와 사람이 그것을 따르고 말미암는 바의 도가
이와 같다는 점을 말한 것이다. 모두 인도의 저절로 그러한 것이 되면
모두 천리의 실제로 그러한 것이 된다. 이는 지혜[知]의 덕 됨이 사람
이 하늘에서 부여받은 형질(形質)의 신령스럽고 밝은 마음의 작용으
로 용(用)을 삼아 온갖 이치와 일에 응하면서도 본체가 있는 데로 나
아가지 않는 것과는 저절로 구별된다. 그러므로 인·의·예는 도라고
말할 수 있지만, 지혜[知]는 도라고 할 수 없다. 그런데 쌍봉 요씨(雙
峯饒氏)는 '지천(知天)'·'지인(知人)'의 두 지(知) 자에 현혹되어 인
(仁)과 지혜[知]의 두 단락으로 나누었으니[534], 문장의 뜻이 얽매이고
분열되며 이치에 있어서도 어긋난다.

이 3절[535]에는 2개의 '고(故)' 자를 썼는데, 하나는 순접으로 이어지
고, 하나는 역접으로 이어진다. 그러나 모두 인도가 정사에 빠르게 나
타날 수 있음을 발명한 것이다. 다만 인도가 정사에 빠르게 나타날 수

---

534) 쌍봉 요씨(雙峯饒氏)는……나누었으니 : 『중용장구대전』 제20장 제7절 아래의
소주에 보이는 쌍봉 요씨의 설은 다음과 같다. "雙峯饒氏曰 孔子對哀公之語 至不可不
知天處 其間項目雖多 然大意不過兩節而已 始言政之擧息 在乎人 而其下自爲政在人推
之 以至於修道以仁 所以明爲政之本 在於人也 繼言仁義之等殺 生乎禮 而其下自君子
不可不修身 推而至於不可不知天 所以又明爲仁之端 在於智也 故兩節各以故字承之 蓋
爲下明善誠身張本 明善 智也 誠身 仁也……"

535) 이 3절 : 『중용장구』 제20장 제4절·제5절·제6절을 가리킨다.

있는 이치에 대해서는 힘주어 말하면서 빠르게 나타나는 공력(功力)에 대해서는 언급하지 않았다. 그러므로 아래의 삼달덕(三達德) 및 3개의 '근(近)' 자가 나오는 문장536)과 연계하여 말을 한 뒤에야 뜻이 극진하게 된다. 혹 이 한 단락을 치지(致知)로, 아래 4절을 역행(力行)으로 나누어 볼 수도 있다. 그러면 인도가 이와 같은—인(仁)·의(義)·예(禮)이다.— 뒤에야 정사에 빠르게 나타나는 나의 공력을 베풂이 있게 된다는 것을 밝힌 것이니,—지(智)·인(仁)·용(勇)은 모두 빨리 나타나게 하는 것이다.— 지선행후(知先行後)의 이치와 서로 부합된다. 그러나 극진하지 못한 점이 있다. 그렇게 보면, 이 절에서 인도의 당연함을 논한 것은 지(知)537) 속의 지(知)로 삼은 것이 되며, 아래 절의 '이 3가지를 알면[知斯三者]'538)은 인도가 능히 그러함을 논한 것이니—능히 그러한 도가 곧 덕이다.— 오히려 행(行) 속의 지(知)가 된다. 반드시 하나에서 그 근원을 미루어 헤아리고 미리 대비하는 데에서 그 공력을 드러내기를 기다려야 한다. 따라서 선을 잡고 굳게 지키는 데에서 그 과정을 세운 뒤에야 역행의 실상을 온전히 하게 된다.—지·인·용을 쓰는 것은 반드시 박학지(博學之)·심문지(審問之)·신사지(愼思之)·명변지(明辨之)·독행지(篤行之) 하는 데에서 쓰게 된다.—

혹자는 이와 같은 설에 의문을 제기하여 "인(仁)·의(義)·예(禮)·지(智)는 모두 하늘이 사람의 도를 세운 것으로, 사람이 얻어 도를 삼은 것이다. 이것이 자연스런 말인데, 그대는 어찌하여 '지(智)·인(仁)·용(勇)은 천성의 덕이 되지만, 인·의·예는 심덕(心德)으로 말

---

536) 아래의……문장: 『중용장구』제20장 제10절의 "好學 近乎知 力行 近乎仁 知恥近乎勇"을 가리킨다.

537) 지(知): 지(知)·행(行)의 지(知)를 말한다.

538) 이……알면: 이 문구는 『중용장구』제20장 제11절에 보인다.

한 것이 아니다.'라고 말한단 말인가?"라고 한다. 그러나 그런 설에 구애되지 않는 점이 있다. 이 대목에서는 인(仁)과 의(義)로 말했으니, 인의 친한 이를 친애하는 것과 의의 어진 이를 존중하는 것, 그리고 친한 이를 친애하는 감쇄와 어진 이를 존중하는 등급은 모두 군자의 수신에 나아가 말한 것이다. 인·의에 조목이 있고 예에 본체가 있는 것은 군자의 수신에 나아가 말한 것이고, 인·의의 갖추어짐이 있는 것과 예의 본체가 있는 것은 군자가 수신한 바에 나아가 말한 것이다. 그러므로 신안 진씨(新安陳氏)[539]가 『논어』의 "도에 뜻을 두고 덕에 근거하고 인에 의지한다.[志於道 據於德 依於仁]"[540]라는 말로 이를 증명한 것이다. '의어인(依於仁)'의 의(依)는 '그것을 닦는다.'는 뜻이니, 의지하는 바의 인이 바로 닦는 것이다. 환히 드러난 천리의 실상에 이 인·의·예가 있어 사람들이 자신을 세우는 바의 도로 삼는다. 그러므로 『중용장구』의 주에 "인(仁)은 천지가 만물을 생성하는 마음으로 사람이 이를 얻어 태어나는 것이니, 『주역』에 '원(元)은 선(善)의 으뜸이다.'[541]라고 하였다."[542]라고 한 것이다. 그렇다면 다음과 같이 말할 수 있다. "의(義)는 천지가 만물을 이롭게 하는 이치로 사람이 이를 얻어 마땅하게 하며, 예(禮)는 천지가 만물을 질서 있게 하는 문장으로 사람이 이를 얻어 자신을 세운다." 이는 모두 본디 그러한 도이니, 지·인·용—두 '인(仁)' 자는 뜻이 같지 않다.—처럼 사람이 태어난 뒤에 받

---

539) 신안 진씨(新安陳氏) : 송말원초의 학자 진력(陳櫟 1252-1334)을 말한다.

540) 도에……의지한다 : 이 문구는 『논어』「술이」 제6장에 보인다.

541) 원(元)은……으뜸이다 : 이 문구는 『주역』 건괘(乾卦) 문언(文言)에 보인다. 원(元)은 원형이정(元亨利貞)의 원(元)을 말하며, 원(元)은 우주와 만물의 시원을 뜻한다.

542) 인(仁)은……하였다 : 이 내용은 『중용장구』 제20장 제4절 주자의 주에 보인다.

아 지(志)·기(氣)를 타고서―인(仁)은 지(志)에 의지하고, 용(勇)은 기(氣)에 의지하며, 지(智)는 겸하여 지(志)·기(氣)에 의지한다.― 사람에게 덕이 되어 사람이 그것을 써서 도를 행하는 것과는 비교가 되지 않는다.

그러므로 내가 앞에서 '심학(心學)이 보존되고 주로 하는 바[心學之存主]'라고 한 것은, 심학이 보존되는 바와 주로 하는 바를 말한 것이요, 군자가 내 마음의 인으로 그것을 보존하고 주로 하는 것을 말한 것은 아니다. 저 지·인·용은, 사람이 사용하여 도를 행하는 것으로, 도의 조리―인도에 인(仁)이 있다면 또한 의(義)와 예(禮)도 있는 것이니, 이를 조리라 한다.―와 본원―인(仁)하기 때문에 친한 이를 친애하는 것이고, 의(義)롭기 때문에 어진 이를 존중하는 것이고, 예(禮)가 있기 때문에 등급과 감쇄가 생기는 것이다.―이 아니다. 여기서 말하는 '인(仁)'은 도의 본체와 성(性)의 작용이니, 지·인·용의 인과는 의미가 달라 문란하지 않은 것이 분명하다.(仁者人也二句 精推夫仁 而見端於天理自然之愛 義者宜也 因仁義之並行 推義之所自立 則天理當然之則 於應事接物而吾心固有其不昧者 因以推夫人心秉彝之好 自然有其所必尊而無容苟 則尊賢是也 仁義之相得以立人道 猶陰陽之並行以立天道 故朱子曰仁便有義 陽便有陰 非謂陽之中有陰 仁之中有義 (如此則亦可云義之中有仁矣) 乃天地閒旣有陰陽 則陽陰自生 人道中旣有仁 則義自顯也 而仁義之施 有其必不容不爲之等殺者 則禮所以貫仁義而生起此仁義之大用也 仁與義如首之應尾 呼之應吸 故下云思事親不可以不知人 禮貫於仁義之中而生仁義之大用 故下云不可以不知天 若統論之 則知天者 仁知之品節者也 知人者 知仁之同流者也 故曰脩道以仁 而不勞曰以義以禮也 立人之道曰仁與義 故曰人道敏政者 仁義之謂也 仁義之用 因於禮之體 則禮爲仁義之所會通 而天所以其自然之品節以立人道者也 禮生仁義 而仁義以脩道 取人爲政 咸此具焉 故曰人道敏政也 此言仁義禮者 總以實指人道之目 言天

所立人之道而人所率繇之道者若是 皆爲人道之自然 則皆爲天理之實

然 與夫知之爲德 人以其形其質受天靈明之用 得以爲用 應乎衆理萬

事而不適有體者自別 故仁義禮可云道 而知不可云道 雙峰眩於知天

知人兩知字 而以仁知分支 則文義旣爲牽扭割裂 而於理亦悖 凡此三

節 用兩故字 一順一逆 俱以發明人道之足以敏政者 但務言人道可以

敏政之理 而未及夫所以敏之功 是以下文三達德三近之文 必相繼立

言 而後意盡 或可以此一段作致知 下四節作力行分 則以明人道之如

是 (仁義禮) 而後有以施吾敏之之功 (知仁勇皆所以敏之) 亦與知先行後之

理相符合 然而有不盡然者 則以此論人道之當然 爲知中之知 而下知

斯三者論人道之能然 (能然之道卽德也) 則固猶爲行中之知 必待推其原

於一 顯其功於豫 立其程於擇善固執 而後全乎其爲力行之實矣 (用其

知仁勇者 必用之於學問思辨篤行) 或疑如此說 則仁義禮皆天所立人之道 而

人得以爲道 是自然之辭也 而又何以云知仁勇爲天性之德 而仁義禮

非以心德言耶 然而有不礙者 則以仁也 義也 仁之親親 義之尊賢也 親

親之殺尊賢之等也 皆就君子之脩而言也 仁義之有撰 禮之有體 則就

君子之所脩者而言也 故新安以依於仁證此 依者脩之也 所依之仁所

脩者也 顯然天理之實有此仁義禮 而爲人所自立之道 故章句云 仁者

天地生物之心 而人得以生 所謂元者善之長也 亦可云 義者天地利物

之理 而人得以宜 禮者天地秩物之文 而人得以立 是皆固然之道 而非

若知仁勇 (二仁字不同) 人得受於有生之後 乘乎志氣 (仁依志 勇依氣 知兼

依志氣) 以爲德於人 而人用之以行道者比矣 故愚前云心學之存主 亦

謂心學之所存所主 非謂君子之以吾心之仁存之主之也 若夫知仁勇

則人之所用以行道者 而非道之條理 (人道有仁 而抑有義禮 是謂條理) 與其

本原 (仁故親親 義故尊賢 禮故等殺生焉) 是其爲道之體與性之用 其相去不

紊亦明矣)

5

　인도(人道)에는 두 가지 뜻이 있으니 이를 모두 거론한 뒤에야 정사에 빠르게 나타나는 이치가 드러나게 된다. 도(道)ㅡ'수신이도(修身以道)'의 도(道)를 말한다.ㅡ는 위에 보이는 인(仁)·의(義)·예(禮)이다. 이것이 사람을 세우는 도로, 사람이 닦아야 할 것들이다. 이는 지도(地道)가 나무에 있어서 줄기가 되고 잎이 되고 꽃이 되고 열매가 되는 것과 같다. 그러나 인(仁)·지(智)·용(勇)은 사람의 도를 완성되는 것으로, 사람이 이 도를 얻어서 덕으로 삼는 것이다. 이는 지도가 나무에 있어서 줄기를 생기게 하는 것, 잎을 생기게 하는 것, 꽃을 피우게 하는 것, 열매를 맺게 하는 것이 있는 것과 같다. 도는 하늘[天]과 사람[人]이 함께 하는 것으로, 하늘은 부여해주고 세워주며 사람은 반드시 말미암는 것이다. 덕은 자기가 소유한 것으로, 하늘이 사람에게 주어 사람이 그것을 써서 자신을 행하는 것이다. 그러나 사람이 얻는 것은 또한 그 조리가 되는 것을 완성하여ㅡ지혜[智]로써 알고, 어짊[仁]으로써 지키고, 용기[勇]로써 일으킨다.ㅡ 각자 그 길이 있는 것이다.ㅡ지혜로운[智] 자는 도에 들어가고, 어진[仁] 자는 도를 모으고, 용감한[勇] 자는 도를 향한다.ㅡ 그러므로 두루 통하는 달덕(達德)이면서 또한 인도인 것이다. 덕으로써 도를 행하는데, 그것을 행하는 바는 반드시 한 가지니, 그것을 민첩하게 하는 일이다. 그러므로 이 한 장은 오직 성(誠)이 핵심이 된다.(人道有兩義 必備擧而後其可敏政之理著焉 道也 (脩身以道) 仁也 義也 禮也 此立人之道 人之所當脩者 猶地道之於樹 必爲莖爲葉爲華爲實者也 仁也 知也 勇也 此成乎其人之道 而人得斯道以爲德者 猶地道之於樹 有所以生莖生葉生華生實者也 道者 天與人所同也 天所與立而人必繇之者也 德者 己所有也 天授之人而人用以行也 然人所得者 亦成其爲條理 (知以知 仁以守

勇以作) 而各有其徑術 (知入道 仁凝道 勇向道) 故達德而亦人道也 以德行
道 而所以行之者必一焉 則敏之之事也 故此一章 唯誠爲樞紐)

6

'성(誠)'은 인(仁)·의(義)·예(禮)의 핵심이 되고, '성되게 하는 것
[誠之]'은 지(智)·인(仁)·용(勇)의 핵심이 된 뒤에야 "성(誠)은 하늘
의 도이고, 성되게 하는 것은 사람의 도다.[誠者 天之道也 誠之者 人
之道也]"[543]라고 나누어 말할 수 있다. 하늘의 도는 사람에 있는 하
늘의 도로, 모두 정사에 빠르게 나타나는 사람의 도임을 알아야 한
다.(誠爲仁義禮之樞 誠之爲知仁勇之樞 而後分言誠者天之道 誠之者
人之道 須知天道者 在人之天道 要皆敏政之人道爾)

7

어버이를 섬기는 일도 지혜[智]로써 알고, 어짊[仁]으로써 지키고,
용기[勇]로써 행해야 한다. 사람을 아는 것도 그렇고, 하늘을 아는
것도 그렇다.—예컨대 곽공(郭公)은 선(善)을 좋게 여기면서도 선한 사람을 등용하지 못했

---

543) 성(誠)은……도다 : 이 문구는 『중용장구』 제20장 제18절에 보인다.

으니[544], 지혜에 어짊·용기가 함께 하지 않으면 사람을 알 길이 없다.— 또 어버이를 섬길 적에 배우기를 좋아하여 그 이치를 밝혀야 하고, 힘써 행해 그 도리를 극진히 해야 하고, 부끄러운 줄을 알아서 그릇된 짓을 멀리 해야 한다. 그러니 쌍봉 요씨(雙峯 饒氏)가 "삼달덕(三達德)은 바로 어버이를 섬기는 어짊이며 사람을 아는 지혜다."[545]라고 한 것이, 견강부회하여 이치를 잃어버린 설임을 잘 알 수 있다. 더구나 진씨(陳氏)[546]가 "어진 사우(師友)가 있으면 친한 이를 친애하는 도가 더욱 밝아진다."[547]라고 한 설은, 천박하고 비루하니 다시 변론할 필요가 있겠는가? 또 진씨가 "불초한 자와 함께 거처하면 반드시 자신을 욕되게 하여 화가 부모에게 미친다."[548]라고 한 설은, 여항의 소인들이 흉악한 패거리를 지어 천리를 거역하는 짓을 하는 것이니, 어찌 하늘을 알고 사람을 아는 군자의 도가 되겠는가? 이런 자는 문왕·무왕의 정치를

---

544) 곽공(郭公)은……못했으니 : 곽공은 춘추시대 곽(郭)나라 임금을 말한다. 사고전서에 실린 『춘추고(春秋考)』에 의하면, 춘추시대 제 환공(齊桓公)이 곽 땅을 지나다가 원로들에게 곽나라가 왜 망했는지를 물었다. 그러자 원로들이 대답하기를 "선을 선히 여기고 악을 미워하다가 망했습니다."라고 하였다. 제 환공이 의아해 다시 묻기를 "선을 선히 여기고 악을 미워하는데 어찌 망하는 데 이르렀단 말인가?"라고 하자, 원로들이 답하기를 "그는 선을 선히 여기되 능히 선한 사람을 등용하지 못했고, 악을 미워하되 악한 사람을 능히 제거하지 못했습니다."라고 하였다.

545) 삼달덕(三達德)은……지혜다 : 이 문구는 『중용장구대전』 제20장 제7절 아래의 소주에 보이는데, 『독사서대전설』에 인용된 내용과 약간 다르다. 이 내용과 관련된 부분을 인용하면 다음과 같다. "雙峯饒氏曰……天下之達道五 便是修身之道 天下之達德三 便是事親之仁 知天之智 只添得箇勇字"

546) 진씨(陳氏) : 누구인지 자세치 않다.

547) 어진……밝아진다 : 이 문구는 『중용장구대전』 제20장 제7절 아래 소주에 보이는데, 그 전문은 다음과 같다. "陳氏曰 知人有賢否之別 賢者近之 不肖者遠之 有師友之賢 則親親之道 益明 與不肖處 則必辱其身 以及其親矣"

548) 불초한……미친다 : 이 문구도 『중용장구대전』 제20장 제7절 아래 소주 진씨의 설에 보인다.

행하는 데 뜻을 둔 임금과 서로의 거리가 어찌 만리 정도만 떨어질 뿐
이겠는가?

　경서를 해석하는 데 있어서 크게 삼가야 할 것이 성현의 언어를 가
져다 세속적인 사람들로 하여금 근원을 경솔히 토론하게 하는 것이
다. 천덕(天德)·왕도(王道)에 관한 은미한 말을 시골 서당의 어린아
이들이 『명심보감』을 익히듯이 이해하게 한다면, 오경·사서를 모욕
하는 것이 너무 잔혹하지 않은가!(事親亦須知以知之 仁以守之 勇以
作之 知人亦然 知天亦然 (如郭公善善而不能用 仁勇不給 則亦無以知人) 又
事親亦須好學以明其理 力行以盡其道 知恥以遠扵非 足知雙峰三達
德便是事親之仁 知人之知 牽合失理 又況如陳氏所云有師友之賢 則
親親之道益明 其爲膚陋更不待言者乎 況所云與不肖處 則必辱身以
及親 乃閭巷小人朋凶忤逆之所爲 曾何足爲知天知人之君子道 而扵
人君有志行文武之政者 其相去豈止萬里也 釋書之大忌 在那移聖賢
言語 教庸俗人易討巴鼻 直將天德王道之微言 作村塾小兒所習明心
寶鑑理會 其辱沒五經四子書 不亦酷哉)

8

　"그것을 행하는 것은 셋이다.[所以行之者三]"[549]라는 문구의 행
(行)은 널리 미루어 흘러가게 한다는 말이니, 자신이 다섯 가지 달도

---

549) 그것을……셋이다 : 이 문구는 『중용장구』 제20장 제8절에 보인다.

(達道)[550] 안에서 행동하면 이 세 가지[551]가 그에 의지하여 행한다는 말이다. 앞 절의 "몸을 닦는 데는 도로써 하고, 도를 닦는 데는 인으로써 한다.[修身以道 修道以仁]"[552]라는 말은 닦는[修] 것을 말한 것이다. 닦는 것은 각각의 경우에 맞게 절제하는 것을 말하니, '수신이도(修身以道)'는 도로 표준을 삼아 내 몸으로 하여금 재단해 완성하는 것을 얻게 하는 것이고, '수도이인(修道以仁)'은 인(仁)으로 의지할 바를 삼아서 도로 하여금 보존되어 주가 되도록 하는 바를 얻게 하는 것이다.

또한 도로써 자신을 닦지 않는 자가 있으니, 예컨대 한(漢)나라 문제(文帝)·경제(景帝)는 공손하고 검소했지만 선왕의 전례(典禮)에 참여하지 못하였다. 또 인(仁)으로써 도를 닦지 않은 자도 있으니, 예컨대 소위(蘇威)는 오교(五教)를 폈지만 백성들을 측은히 여기고 사랑하는 마음을 갖지 않고 백성들에게 강요하기만 하였다.[553] 인(仁)·의(義)·예(禮)·지(智)·신(信) 다섯 가지 안에서 행하면서 지(智)·인(仁)·용(勇)으로 실천할 줄 모르는 것은 세상의 용렬한 사람들이 모두 그렇다. 그러면 담장을 마주하고 서 있듯이 하나의 사물도 볼 수

---

550) 다섯 가지 달도(達道) : 군신유의(君臣有義)·부자유친(父子有親)·부부유별(夫婦有別)·장유유서(長幼有序)·붕우유신(朋友有信)을 가리킨다.

551) 세 가지 : 지(智)·인(仁)·용(勇)을 가리킨다.

552) 몸을……한다 : 이 문구는 『중용장구』제20장 제4절에 보인다.

553) 소위(蘇威)는……하였다 : 소위(蘇威 540-621)는 북조 북주(北周) 및 수(隋)나라 때 사람으로, 민부상서(民部尙書)·상서우복야(尙書右僕射) 등을 지냈다. 법을 새롭게 제정하여 백성들을 통제하려 하였으며, 양자강 이남에 오류가 없다고 하여 백성들에게 오류를 강제로 암송하게 하였다고 한다.(『북사(北史)』권63, 열전(列傳) 제51, 「소위열전(蘇威列傳)」)

없고 한 걸음도 나아갈 수 없다. 이 두 가지[554] 개념의 분변은 명확하니, 『중용』 본문에서 찾아보아도 충분하다.(所以行之者三 行者 推盪流動之謂 言以身行於五達道之中 而此三者所資以行者也 若脩身以道脩道以仁 則曰脩 脩者 品節之謂 以道爲準 而使身得所裁成 以仁爲依而使道得所存主也 亦有不以道脩身者 如文景之恭儉 而不足與於先王之典禮 亦有不以仁脩道者 如蘇威之五教 非果有惻怛愛民之心 而徒以強民也 若行於五者之間 而不以知仁勇行之 則世之庸流皆然 正牆面而立 一物不能見 一步不能行矣 二者之辨井然 取之本文而已足)

9

'생이지지(生而知之)'의 생(生)과 '안이행지(安而行之)'의 안(安)으로 지(智)를 삼고, '학이지지(學而知之)'의 학(學)과 '이이행지(利而行之)'의 이(利)로 인(仁)을 삼고, '곤이지지(困而知之)'의 곤(困)과 '면강이행지(勉强而行之)'의 면강(勉强)으로 용(勇)을 삼았는데[555], 이와 같이 말할 필요는 없다. 이 2조의 문자[556]는 위로는 "그것을 행하는

---

554) 이 두 가지 : 인·의·예·지·신의 도와 지·인·용의 덕을 말한다.

555) '생이지지(生而知之)'의……삼았는데 : 이는 『중용장구』 제20장 제9절의 주에 "以其分而言 則所以知者 智也 所以行者 仁也 所以至於知之成功而一者 勇也 以其等而言 則生知安行者 智也 學知利行者 仁也 困知勉行者 勇也"라고 한 것을 두고 한 말이다.

556) 2조의 문자 : 『중용장구』 제20장 제9절의 "或生而知之……或安而行之……"의 2절을 가리킨다.

것은 하나이다.[所以行之者一也]”를 이어 말한 것이니, 모두 하나의 성(誠) 자를 이면에 내포하고 있다. 뒤에 분명히 “조용히 도에 들어맞는다.[從容中道]”557)라고 말한 것은 이 절의 ‘생이지지(生而知之)’와 ‘안이행지(安而行之)’를 가리키고, “선을 택하여 굳게 잡는다.[擇善固執]”558)고 말한 것은 이 절의 ‘학이지지(學而知之)’와 ‘이이행지(利而行之)’를 가리키며, “어리석은 사람일지라도 반드시 밝아지고, 유약한 사람일지라도 반드시 강해진다.[雖愚必明 雖柔必强]”559)고 말한 것은 이 절의 ‘곤이지지(困而知之)’와 ‘면강이행지(勉强而行之)’를 가리킨다. ‘생이지지(生而知之)’는 ‘성을 말미암아 밝아지는[自誠明]’560) 것이고, ‘안이행지(安而行之)’는 ‘지극한 성[至誠]’561)이며, ‘학이지지(學而知之)’는 ‘밝음을 말미암아 성해지는[自明誠]’562)는 것이고, ‘이이행지(利而行之)’는 ‘성을 귀히 여기는[誠之爲貴]’563) 것이며, ‘곤이지지(困而知之)’와 ‘면강이행지(勉强而行之)’는 ‘부분적인 것을 지극하게 하는[致曲]’564) 것이다. 그것들은 모두 인도의 ‘성되게 하는[誠之]’ 것을 극진히 하여 그것으로 덕을 삼고 학문을 삼는 것이다. 그러므로 그것을 알고[知之] 공을 이룩하는[成功] 것은 하나[一]565)가 아님이 없

---

557) 조용히⋯⋯맞는다 : 이 문구는 『중용장구』 제20장 제18절에 보인다.

558) 선을⋯⋯잡는다 : 이 문구는 『중용장구』 제20장 제18절에 보인다.

559) 어리석은⋯⋯강해진다 : 이 문구는 『중용장구』 제20장 제21절에 보인다.

560) 성을 말미암아 밝아지는 : 이는 『중용장구』 제21장에 보인다.

561) 지극한 성 : 이는 『중용장구』 제22장에 보인다.

562) 밝음을 말미암아 성실해지는 : 이는 『중용장구』 제21장에 보인다.

563) 성을 귀히 여기는 : 이는 『중용장구』 제25장 제2절에 보인다.

564) 부분적인⋯⋯하는 : 이는 『중용장구』 제23장에 보인다.

565) 하나[一] : 『중용장구』 제20장 재8절에서 말한 ‘일(一)’로 성(誠)을 가리킨다.

다. 각자 성(誠)을 극진히 하여 지혜[智]를 쓸 줄 알고 어짊[仁]을 쓸 줄 알고 용기[勇]를 쓸 줄 알며, 지혜를 행해 그 이치를 알고 어짊을 행해 그것을 지키고 용기를 행해 그것을 일으키는 것이다.—위에서 '소이 행지(所以行之)'라고 한 구의 지(之) 자는 지(智)·인(仁)·용(勇)을 가리킨다.— 이 삼달덕은 지(知)·행(行)의 두 가지 쓰임이 있다. 따라서 지(知)를 지혜[智]에 속하게 하고, 행(行)을 인(仁)에 속하게 할 수는 없다. 그런데 주자의 설처럼 '생(生)'·'안(安)'을 지혜[智]에 소속시키고, '학(學)'·'이(利)'를 인(仁)에 소속시키고, '곤(困)'·'면강(勉强)'을 용(勇)에 소속시킬 수 있겠는가?

지혜[智]—거성(去聲)으로 읽음.—에 행(行)이 있다고 말하는 까닭은, 박학(博學)이 지(知)에 속하지만 배움이 넓지 않을 경우 그대로 두지 않고 부지런히 배우는 것이 바로 행(行)이기 때문이다. 인(仁)이 지(知)—본래의 글자이다.[如字]—를 가지고 있는 점으로 보면 더욱 분명히 구별된다. 안자(顔子)가 하나의 선이라도 얻으면 가슴에 새겨두고 잃지 않은[566] 것은 그가 중용을 택했기 때문이다.[567] 용(勇)에도 지(知)가 있으니, "부끄러움을 알면 용기에 가깝다.[知致 近乎勇]"[568]라고 한 것이 그것이다. 굳이 이런 식으로 구분해 보면, 성(誠)과 명(明)은 하나로 합할 리가 없다. 행(行)에 지(知)가 없다면 불가(佛家)에서 생각함을 허용하지 않고 곧장 나아가게 하는 것이 되고, 지(知)에 인(仁)이 없다면 불가의 '마음의 꽃이 문득 피어 소로[蹊徑]에 떨어지지 않

---

566) 안자(顔子)가……않은 : 이 내용은 『중용장구』 제8장에 보인다.

567) 그가…… 때문이다 : '중용을 택했다.'는 말은 중용이 좋은 것인 줄을 알아서 택했다는 말이니, 곧 지(知)가 그 속에 있다는 것이다.

568) 부끄러움을……가깝다 : 이 문구는 『중용장구』 제20장 제10절에 보인다.

는다.'는 설이 된다. 인(仁)으로 학이지지(學而知之)·이이행지(利而 行之)를 삼는 데 이르러 생이지지(生而知之)·안이행지(安而行之)를 알지 못하면, 저 "어진 사람은 인에 편안하고, 지혜로운 사람은 인을 이 롭게 여긴다.[仁者安仁 知者利仁]"569)라는 것이, 이와 어떻게 멀고 다 른 지를 명확히 분변할 길이 없게 된다. 용기[勇]로 곤이지지(困而知 之)·면강이행지(勉强而行之)를 삼으면, 『서경』에 "하늘이 이에 왕에 게 용기와 지혜를 내려주었다.[天乃錫王勇智]"570)라고 한 것과 맹자가 "〈순임금이 한 마디 선한 말을 듣고 한 마디 선한 행동을 봄에 이르러 서는〉 강물을 터놓은 것처럼 선으로 성대하게 흘러 막을 수 없었다.[若 決江河 沛然莫之能禦也]"571)고 한 것이, 어찌 순임금과 탕임금의 용기 가 아니겠는가?

주자와 여러 학자들의 설은 각각 일가의 말을 이루었지만, 대의는 합당치 않다. 오직 이 두 단락572)의 말은 성(誠)으로 달덕을 행하는 것 이지, 지·인·용으로 달도를 행하는 것은 아니다.(以生安爲知 學利爲 仁 困勉爲勇 直不消如此說 此兩條文字 上承所以行之者一而言 則俱 帶一誠字在內 後面明放着從容中道者 生安也 擇善固執者 學利也 愚 之明柔之彊者 困勉也 生知者 誠明也 安行者 至誠也 學知者 明誠也 利行者 誠之爲貴也 困知勉行者 致曲也 以其皆能極人道之誠之 以爲 德爲學 故知之成功 莫不一也 各致其誠而知用其知 知用其仁 知用其

---

569) 어진……여긴다 : 이 문구는 『논어』 「이인」 제2장에 보인다.

570) 하늘이……내려주었다 : 이 문구는 『서경』 「중훼지고(仲虺之誥)」에 보인다. 이 말 은 중훼(仲虺)가 탕임금에게 한 말이다.

571) 순임금이……없었다 : 이 문구는 『맹자』 「진심 상」 제16장에 보인다.

572) 두 단락 : 『중용장구』 제20장 제9절의 두 단락을 가리킨다.

勇 行其知以知之 行其仁以守之 行其勇以作之 (上言所以行之之字 指知仁
勇) 是三達德者 皆有知行之二用 且不得以知屬知行屬仁 而況於以生
安分知 學利分仁 困勉分勇乎 所以謂知 (去聲)有行者 如博學屬知 而
學之弗博弗措 則行矣 至於仁之有知 (如字) 尤爲顯別 顏子之服膺弗
失者 其擇乎中庸者也 若勇之亦有知者 則固曰知恥近乎勇矣 今必從
而區分之 則誠明無合一之理 於行無知 則釋氏之驀直做去 不許商量
於知無仁 則釋氏之心花頓開 不落蹊徑 至於以仁爲學利而非生安 既
無以明辨夫仁者安仁知者利仁之與此迥異 以勇爲困勉 則書所謂天錫
勇知 孟子所謂若決江河 沛然莫之能禦者 又豈非舜湯之勇乎 朱子與
諸家之說 彼此各成一家言 而要無當於大義 則唯此二段之言 以誠行
達德 而非以知仁勇行達道也)

10

　『중용장구』의 주에 "달덕에는 미치지 못하고[未及乎達德]"[573]라고
한 구는 병폐가 있으니, 소주에 실린 주자의 설 중 "학자들이 들어갈
바가 없기 때문에 이와 멀지 않은 것을 말하여 이로 말미암아 구하면
덕에 들어갈 수 있다는 것을 보인 것인 듯하다."[574]라는 한 단락이 편

573) 달덕(達德)에는 미치치 못하고 : 이 문구는 『중용장구』 제20장 제10절에 보인다.
574) 학자들이……듯하다 : 이 내용은 『중용장구대전』 제20장 제10절 아래의 소주 주
자의 설에 보인다. 그 전문은 다음과 같다. "朱子曰 上旣言達德之名 恐學者無所從入 故
又言其不遠者 以示之使由是而求之 則可以入德也 聖人之言 淺深遠近之序 不可差欠如
此"

안한 것만 못하다. 달덕은 사람이 하늘에서 얻은 것이다. 이는 본체로써 말하고 공용(功用)으로써 말한 것이지, 성덕(成德)으로써 말한 것이 아니다.─이는 도를 행하여 마음에 얻음이 있는 것이 아니다.─ 그러니 어떻게 "달덕에 미쳤다.[及乎達德]", "달덕에 미치지 못하였다.[未及乎達德]"고 말할 수 있겠는가?

지·인·용의 덕은 지극하기도 하고 세세하기도 하여 인성을 극진히 하면 모두 그것을 갖게 된다. 모두 이 덕을 가지고 있다고 갑자기 말하면, 초학자들은 우리 마음속에 어느 것이 지(智)가 되고, 어느 것이 인(仁)이 되고, 어느 것이 용(勇)이 되며, 스스로 그 덕을 가지고 있으면서 스스로 망각한 지 오랜 줄을 알지 못할 것이다. 오직 배우기를 좋아하고[好學] 힘써 행하고[力行] 부끄러움을 아는[知恥] 세 가지 마음은, 사람에게 있어서 지극하기도 하고 세세하기도 하여 단서를 보고 쓰는 데 동원되지 않음이 없다. 그리고 그런 마음을 소유하고 있어서 각자 이것이 나의 학문을 좋아하는 마음이 되고, 이것이 나의 힘써 행하는 마음이 되고, 이것이 나의 부끄러움을 아는 마음이 되는 줄 스스로 안다. 이 세 가지에 나아가 구하면 천덕이 멀지 않으며, 자신을 닦는 것도 그 도구가 없음을 걱정하지 않을 것이다.

이는 맹자가 "사람들은 모두 남에게 차마 함부로 하지 못하는 마음을 가지고 있다.[人皆有不忍人之心]"[575]라고 말한 것과 같다. 그러므로 어린아이가 우물 속으로 기어 들어가는 것을 보고서 슬퍼하고[怵惕] 측은(惻隱)히 여기는 마음이 생기니, 이는 마음[心]이 정(情)에 징험한 것이다. 지혜[智]에서 터득함이 있기 때문에 배움을 만나서는

<hr />

575) 사람들은……있다 : 이 문구는 『맹자』 「공손추 상」 제6장에 보인다.

좋아할 줄 알고, 어짊[仁]에서 터득함이 있기 때문에 행하는 데 능히 힘을 쓰며, 용기[勇]에서 터득함이 있기 때문에 부끄러워할 만한 것을 반드시 아는 것이니, 이는 성(性)이 마음에 징험한 것이다. 달덕이 가슴속에 충만히 갖추어졌기 때문에 가려지거나 없어지더라도 이 세 가지[576)]가 단서를 드러내는 것은 없어지지 않는다. 그 마음을 극진히 하면 본성을 알게 되니, 성인의 자질을 갖춘 사람이라 할지라도 이러한 데에 공력을 기울이지 않은 사람은 없다. 자신을 닦고 남을 다스리는 도는 모두 이런 데에서 이루어지는 것이다. 그러니 주자처럼 그것이 '달덕에는 미치지 못하고[未及乎達德]' 겨우 '용기의 다음[勇之次]'이 된다고 어찌 말할 수 있겠는가?

순임금이 묻기를 좋아하고 일상에서 가까운 말을 살피길 좋아한[577)] 것도 그 분의 지혜[智]가 학문을 좋아한[好學] 데에서 발단한 것이다. 안회(顏回)의 받들어 가슴속에 새긴[578)] 것도 그의 인(仁)이 힘써 행하는[力行] 데에서 발단한 것이다. 군자가 죽음에 이르러도 변치 않는[579)] 것도 그의 용기[勇]가 부끄러움을 아는[知恥] 데에서 발단한 것이다. 성(性)은 천덕이니, 자신도 모르는 사이에 상제의 법칙에 합한다. 마음[心]은 생각하는 기관이니, 발하는 것도 있고 징험하는 것도 있어 인사에 나타난다. 천덕은 멀고, 사람이 일상에서 쓰는[用] 것은 가깝다. 일상에서 쓰는 데 관계되고─본체를 극진히 하는 것이 아니다.─ 기(氣)에 바탕을 두기─성(性)이 될 뿐만이 아니다.─ 때문에 이를 '삼근

---

576) 세 가지 : 지(智)·인(仁)·용(勇)을 가리킨다.

577) 순임금이……좋아한 : 이는 『중용장구』 제6장에 보인다.

578) 안회(顏回)의……새긴 : 이는 『중용장구』 제8장에 보인다.

579) 군자가……않는 : 이는 『중용장구』 제10장 제5절에 보인다.

(三近)'[580]이라 한 것이다. 자신에게서 가까운 바를 따라 그 진리에 통하기 때문에 주자가 '따라 들어간다.[從入]'고 말하고, '이를 말미암아 그것을 구하면[緣是以求之]'이라고 말하고, '덕으로 들어간다.[入德]'고 말한[581] 것이다. 주자의 이 설은 성인의 말씀에 잘 통달하여 초학자들에게 공을 끼친 것이 지극히 크다. 그런데 『중용장구』의 주에는 그 뜻을 취하지 않았으니, 어찌된 일인가?(章句未及乎達德句有病 不知小註所載朱子恐學者無所從入一段文字爲安 達德者 人之所得於天也 以本體言 以功用言 而不以成德言 (非行道而有得於心) 如何可云及與未及 知仁勇之德 或至或曲 固盡人而皆有之 特驟語人以皆有此德 則初學者且不知吾心之中何者爲知 何者爲仁 何者爲勇 自有其德而自忘之久矣 唯是好學力行知恥之三心者 人則或至或曲 而莫不見端以給用 莫不有之 而亦各自知此爲吾好學之心 此爲吾力行之心 此爲吾知恥之心也 則卽此三者以求之 天德不遠 而所以脩身者不患無其具矣 此猶孟子言人皆有不忍人之心 故遇孺子入井而怵惕惻隱 心之驗於情也 唯有得於知 故遇學知好 唯有得於仁 故於行能力 唯有得於勇 故可恥必知 性之驗於心也 唯達德之充滿具足於中 故雖在蔽蝕 而斯三者之見端也不泯 盡其心則知其性 雖在聖人 未嘗不於斯致功 而脩身治物之道畢致焉 豈得謂其未及乎達德而僅爲勇之次哉 舜之好問好察亦其知之發端於好學 回之拳拳服膺 亦其仁之發端於力行 君子之至

---

580) 삼근(三近) : 『중용장구』 제20장 제10절에 보이는 "好學 近乎知 力行 近乎仁 知恥 近乎勇"을 가리킨다.

581) 주자가……말한 : 이는 『중용장구대전』 제20장 제10절 아래 소주에 보이는 주자의 주를 두고 한 말이다. 주자의 설 중 이와 관련된 문구를 진하게 표시하면 다음과 같다. "朱子曰 上旣言達德之名 恐學者無所從入 故又言其不遠者 以示之使由是而求之 則可以入德也 聖人之言 淺深遠近之序 不可差欠如此"

死不變 亦其勇之發端於知恥 性爲天德 不識不知 而合於帝則 心爲思
官 有發有徵 而見於人事 天德遠而人用邇 涉於用(非盡本體) 而資乎氣
(不但爲性) 故謂之三近 從所近以通其眞 故曰從入 曰繇是以求之 曰入
德 朱子此說 其善達聖言而有功於初學者極大 章句顧不取之 何也)

11

　이미 "도로써 몸을 닦는다.[修身以道]"582)고 하고, "수신을 생각할진
댄 어버이를 섬기지 않을 수 없다.[思修身 不可以不事親]"583)고 하였
다. 그리고 이 절에서는 또 "이 세 가지를 알면 수신할 방법을 알 것이
다.[知斯三者 則知所以修身]"584)라고 하였으니, 설이 난잡한 듯하다.
이런 점이 『중용』을 읽기가 쉽지 않은 까닭이다. 오직 본문을 익숙히
연역하여 그 조리를 구하면 스스로 터득하게 될 것이다. 앞에서 '도
로써[以道]'라고 말하고, "어버이를 섬기지 않을 수 없다.[不可以不事
親]"고 말한 것은, 수신(修身)의 일을 말한 것이다. 그리고 이 장에서
'이 세 가지를 알면[知斯三者]'이라고 한 것은 그것을 닦는 공부[功]
를 말한 것이다. 일은 상호 기다려 이루어지는 데에서 통일된다. 그러
므로 '수신을 생각할진댄 어버이를 섬기지 않을 수 없다.[思修身 不可
以不事親]'고 말할 수 있으며, 또 '어버이에게 순종하는 데 도가 있으

---

582) 도로써 몸을 닦는다 : 이 문구는 『중용장구』 제20장 제4절에 보인다.

583) 수신을……없다 : 이 문구는 『중용장구』 제20장 제7절에 보인다.

584) 이……것이다 : 이 문구는 『중용장구』 제20장 제11절에 보인다.

니 자신에게 돌이켜 성실하지 않으면 어버이에게 순종하지 못할 것이다.[順親有道 反身不誠 不順乎親]'라고 말할 수 있다. 그런데 공부는 좇아서 바탕으로 삼는 바가 있기 때문에 '세 가지 가까운 것[三近]'을 안 뒤에야 수신할 방법이 미혹되지 않는다. 좇아 들어가는[從入] 바탕을 버리면 멍하여 수신을 할 방법이 없게 된다.

인도가 그 성(誠)을 본디 그렇게 여기는 것은 몸의 이치가 도에 드러나는 것이며, 인도가 능히 자신을 성(誠)되게 하는 것은 덕의 기미가 마음에 나타나는 것이다. 본디 그러한 것과 능히 그렇게 하는 것이 다르지만, 하나로 성(誠)에 합하면 본성으로 하는 바를 같이 하여 어긋나지 않는다. 그러므로 그것을 통합하여 "사람의 도는 정사에 빠르게 나타난다.[人道敏政]"고 말한 것이다. "도로써 몸을 닦는다.[修身以道]"는 것은 태극(太極)에 음·양이 있는 것이며, '이 세 가지를 알면 수신할 방법을 알 것이다.[知斯三者 則知所以修身]'라고 한 것은 음·양에 변화와 통합이 있는 것이다. 음·양은 바탕[質]이고, 변화·통합은 기미[幾]이니 모두 사람이 인도로 삼는 것들이다. "군자는 그것을 닦는지라 길하다.[君子修之吉]"[585]라고 한 것이, 바로 이것을 닦는 것이다. 아! 은미하구나. 군자의 도는 은미한 데에 본체를 의탁하길 생각하니, 어찌 운봉 호씨(雲峯胡氏)의 역추(逆推)·순추(順推)의 천박한 설[586]로 알 수 있는 바이겠는가?(旣云脩身以道 抑云思脩身不可以

---

585) 군자는……길하다 : 이 문구는 주돈이(周敦頤)의 「태극도설(太極圖說)」에 보인다.

586) 운봉 호씨(雲峯胡氏)의……설 : 운봉 호씨는 원나라 때 학자 호병문(胡炳文 1250-1333)을 말한다. 운봉 호씨의 설은 『중용장구대전』 제20장 제11절 아래의 소주에 보이는데, 그 전문은 다음과 같다. "雲峯胡氏曰 黃氏云 此章當一部大學 大學以修身 爲本 此章自首至此 皆以修身爲要 上文言修身 而曰不可不知天者 卽大學逆推修身之工

不事親 此又云知斯三者則知所以脩身 說若龐雜 此中庸之所以不易
讀也 唯熟繹本文 以求其條理 則自得之 云以道云不可不事親者 言脩
身之事也 云知斯三者 言脩之之功也 事則互相待而統於成 故可云思
脩身不可以不事親 抑可云順親有道 反身不誠 不順乎親 功則有所循
以爲資 故知三近 而後脩身之所以者不迷也 舍其從入之資 則亦茫然
無所用以爲脩矣 人道之固然其誠者 身之理著於道 人道之能誠之者
德之幾見於心也 固然與能然者 而一合乎誠 則亦同乎所性而不悖 故
統之曰人道敏政 脩身以道者 太極之有其陰陽也 知斯三者 知所以脩
身 陰陽之有其變合也 陰陽 質也 變合 幾也 皆人之所以爲人道也 君
子脩之吉 脩此者也 嗚呼 微矣 君子之道斯以爲託體於隱 而豈雲峰逆
推順推 膚蔓之說所得而知）

12

　"몸을 닦으면 도가 확립된다.[修身則道立]"[587]는 것에 대해, 운봉 호
씨는 "이 도는 천하의 달도를 말한다.[道卽天下之達道]"[588]라고 하였
다. 글자의 뜻이 유사해 같은 유형으로 해석한 것인데, 이 말이 그의

夫 至於格物致知者也 此言修身而曰治人治天下國家者 卽大學順推修身之功效 至於家
齊國治天下平者也"

587) 몸을……확립된다 : 이 문구는『중용장구』제20장 제13절에 보인다.

588) 이……말한다 : 이 문구는『중용장구』제20장 제13장 아래 소주에 보이는데, 관
련 부분만 인용하면 다음과 같다. "雲峯胡氏曰 道卽前五者天下之達道 立是吾身於此五
者 各盡其道 而民皆於吾身取則也……"

설 중에서 가장 비루하다. 주자는 『서경』의 "황제가 그 표준이 있는 것을 세운다.[皇建其有極]"589)는 말을 인용하여 이 대목을 해석하였는데590) 지극히 법도에 맞고 올바르다. 『서경』「홍범(洪範)」에 '황극(皇極)'을 설명하면서 "자기 혼자만 좋아하는 것을 하지 않아 〈왕의 도를 따르며,〉 자기 혼자만 싫어하는 것을 하지 않아 〈왕의 길을 따르며,〉 치우침도 없고 공정치 못함도 없으면 〈왕도가 평탄할 것이며,〉 정상적인 것을 배반함도 없고 부정함도 없으면 〈왕도가 정직할 것이다.〉"라고 하였으니, 이런 것들이 『중용』의 '달도(達道)'와 어찌 서로 관련이 있겠는가? 『중용』 다음 절에 "재계하고 심신을 밝게 하고 제복을 성대하게 갖추어 입고서 예가 아니면 움직이지 않는다.[齊明盛服 非禮不動]"591)라고 한 것은 군신(君身)의 정직한 데에서 공부를 하는 것으로, 천하의 기이하거나 사악함이 없는 것으로 효험을 삼은 것이다. 그렇다면 『중용장구』의 주에 "도가 자기 몸에 이루어져 백성들의 본보기가 될 만함을 말한다.[謂道成於己而可爲民表]"592)라고 한 것은, 임금의 몸이 닦여져서 이 백성들의 닦지 않은 몸에 그 법칙을 보이는 것이 될 만하다는 말이다.

수신에는 절로 몸을 닦는 일이 있고, 인륜을 극진히 하는 데에는 절로 인륜을 극진히 하는 일이 있다.─'친친(親親)'593) 이하는 다섯 가지 달도(達道)의

589) 황제가……세운다 : 이 문구는 『서경』「홍범(洪範)」에 보인다.

590) 주자는……해석하였는데 : 『중용장구』 제20장 제13절의 주에 "道立 謂道成於己而可爲民表 所謂皇建其有極 是也"라고 하였다.

591) 재계하고……않는다 : 이 문구는 『중용장구』 제20장 제14절에 보인다.

592) 도가……말한다 : 이 문구는 『중용장구』 제20장 제13절의 주에 보인다.

593) 친친(親親) : 『중용장구』 제20장 제12절 이하의 '친친(親親)'을 말한다.

일이다.─ 이치는 서로 연관되지만, 일은 저절로 다르게 이루어진다. 사적으로 좋아하는 것이 없으면 천하에 치우치거나 공정치 못하거나 비정상적이거나 부정한 방법으로 좋아하는 것이 없게 될 것이며, 사적으로 미워하는 것이 없으면 천하에 치우치거나 공정치 못하거나 비정상적이거나 부정한 방법으로 미워하는 것이 없게 될 것이다. 그러면 '윗사람이 그의 뜻을 보고서 특이한 은전을 표하고, 윗사람이 그의 욕심을 보고서 구차하게 당장 편한 것만 취한다.[上見意而表異 上見欲而姑息.]'594)고 하는 폐단이나, '궁중의 사람들이 높은 상투 좋아하니 성안의 사람들은 한 자나 높였네.[宮中好高髻 城中高一尺.]'595)라고 하는 폐단에 대해 염려가 없을 수 있을 것이다. 이것이 도덕이 하나가 되고 풍속이 같아지는 것이다.

다섯 가지 달도의 일은, '어버이를 친애하는 것[親親]'은 부자·형제의 인륜을 극진히 하는 것이고, '대신을 공경하는 것[敬大臣]'과 '신하들을 체찰(體察)하는 것[體群臣]'과 '서민들을 자식처럼 대하는 것[子庶民]'은 군신의 인륜을 극진히 하는 것이고, '어진 이를 존중하는 것[尊賢]'과 '제후들을 회유하는 것[懷諸侯]'은 붕우의 인륜을 극진히 하는 것이다. 일에는 각각 베푸는 것이 있고 공부에는 각각 타당한 것이 있다. 임금은 인륜을 극진히 하는 것 외에 저절로 표준을 세우는 덕이 있으며, 백성은 인륜을 밝히는 것 외에 저절로 표준을 이해하

---

594) 윗사람이……취한다 : 출전이 자세치 않다. 사고전서 등에 보이지 않는 것으로 미루어보아, 아마도 후세 민간에서 유행하던 속어인 듯하다.

595) 궁중의……높였네 : 이는 후한 때 수도였던 장안에서 유행하던 속어로, 당시 궁중 사람들의 사치함을 사방에서 본받는다는 것을 비아냥거리는 말이다. 『후한서』 권54에 "성안 사람들 높은 상투 좋아하자, 사방 사람들 상투를 한 자나 높였네[城中好高髻 四方高一尺]"라는 말이 있는데, 저자가 이를 변용해 쓴 듯하다.

는 지모가 있다. 그러니 진(陳)나라처럼 사치하여[596] 절제함이 없거나 위(魏)나라처럼 검소하여[597] 너무 초라한 것들이 어찌 부자·군신·형제·부부·붕우의 은의(恩義)를 손상시킬 수 있겠는가? 임금이 도를 잃은 임금이 되면 그 나라는 무도한 나라가 될 것이니, 오직 임금의 좋아하고 미워함을 예에 맞게 재단하지 않으면 따를 만한 도가 없게 된다. 운봉 호씨(雲峯胡氏)는 이런 점을 모르고서 "이하 여덟 가지는 모두 도가 확립된 공효다."[598]라고 하였다. 그러니 그 폐단으로 인하여 나라가 함몰되고, 그 함몰됨을 인하여 민심이 이반되는 것은 변론을 기다리지 않더라도 저절로 분명하다.(脩身則道立 雲峰以爲道卽天下之達道 字義相肯 輒以類從 此說書之最陋者也 朱子引書皇建其有極以釋此 極爲典核 洪範說皇極 則是無有作好 無有作惡 無偏無黨 無反無側 其與達道豈有交涉 下云齊明盛服 非禮不動 止在君身之正直上做工夫 而以天下之無奇邪者爲效驗 然則章句所云道成於己而可爲民表 正謂君之身脩 而可爲斯民不脩之身示之則也 脩身自有脩身之事盡倫自有盡倫之事 (親親以下 乃五達道事) 理雖相因 而事自殊致 無有私好 而天下無偏黨反側之好 無有私惡 而天下無偏黨反側之惡 則所謂上見意而表異 上見欲而姑息 與夫宮中好高髻 城中高一尺之弊 可無慮矣 是道德一而風俗同也 若五達道之事 則親親爲盡父子兄弟之倫敬大臣體群臣子庶民爲盡君臣之倫 尊賢懷諸侯爲盡朋友之倫 事各有

---

596) 진(陳)나라처럼 사치하여 : 주희의 『시집전』에 "주나라 무왕의 딸이 진 호공(陳胡公)에게 시집을 갔는데, 자식이 없어 무격(巫覡)과 가무의 일을 좋아했다."라고 하였다.

597) 위(魏)나라처럼 검소하여 : 주희의 『시집전』 위풍(魏風) 첫머리에 "그 국토가 좁아 백성들은 가난하고 풍속은 검소하다."라고 하였다.

598) 이하……공효다 : 『중용장구대전』 제20장 제13장 아래 소주에 보이는 운봉 호씨의 설에 "……章句曰 此九經之效也 道立是修身之效 以下皆道立之效"라고 하였다.

施 效各有當 君於盡倫之外 自有建極之德 民於明倫之外 亦自有會極
之猷 且如陳之奢而無節 魏之儉而已褊者 夫亦何損於父子昆弟夫婦
朋友之恩義 而其君爲失道之君 國爲無道之國 則唯君之好惡不裁於
禮而無可遵之道也 雲峰旣不知此 乃云以下八者 皆道立之效 其因蔽
而陷 因陷而離 蓋不待辨而自明矣)

13

주자의 주에 '빈려(賓旅)'[599]라고 한 것은, '빈(賓)'은 제후의 대부로
서 천자를 찾아와 알현하는 자를 말하고, '여(旅)'는 다른 나라의 사신
으로서 이웃나라에 우호관계를 맺기 위해 길을 빌리러 온 자를 말한
다. 또한 지위를 잃고 남의 나라에 의탁해 있는 임금이나 국외로 망명
하여 얽매여 있는 신하 등이 모두 여(旅)다. 그들은 그런 신세이기 때
문에 "잘하는 것을 가상히 여기고 불능한 점을 불쌍히 여긴다.[嘉善而
矜不能]"[600]라고 한 것이다.

당시 예를 집행할 적에 한 마디 말이나 한 가지 행동의 잘잘못을 지
극히 중요하게 여겼다. 그러니 상대를 대우하는 방식이 다른 것이다.
그러나 그의 좋은 점[善]은 가상히 여기고, 그의 불능한 점에 대해서
도 망명해 온 사람이라는 점을 감안해 불쌍히 여기게 된다. 그런데 중

---

599) 빈려(賓旅) : 『중용장구』 제20장 제12절의 주에 "柔遠人 所謂無忘賓旅者也"라고
하였다.

600) 잘하는……여긴다 : 이 문구는 『중용장구』 제20장 제14절에 보인다.

이(重耳)의 어짊으로도 조(曹)나라 사람들이 그의 벌거벗은 모습을 보았으니[601], 이는 그의 좋은 점을 가상히 여긴 것이 아니다. 또한 주(周)나라 사람이 난영(欒盈)의 재물을 약탈하면서도 그 선인의 공적을 생각지 않았으니[602], 이는 불능한 바를 불쌍히 여기지 않은 것이다. 맹자가 말한 '행려(行旅)'[603]는 유세하는 사(士)로서 다른 나라에 가는 자를 겸하여 말한 것이다. 『주역』을 전한 자들이 공자를 나그네[旅人]로 여긴[604] 것이 또한 그런 유형이다.(所謂賓旅者 賓以諸侯大夫之來覲問者言之 旅則他國之使脩好扵鄰而假道者 又如失位之寓公 與出亡之羈臣 皆旅也 唯其然 故須嘉善而矜不能 當時禮際極重一言一動之失得 而所以待之者卽異矣 然善自宜嘉 而不能者亦當以其漂泊而矜之 以重耳之賢 而曹人裸而觀之 不能嘉善也 周人掠欒盈之財 而不念其先人之功 非以矜不能也 若孟子所言行旅 則兼游說之士將適他國者說 傳易者以孔子爲旅人 亦此類也)

---

601) 중이(重耳)의……보았으니 : 중이(重耳)는 춘추시대 진(晉)나라 헌공(獻公)의 아들로 왕자들의 왕권 다툼에 19년 동안이나 망명 생활을 하다가 귀국해 왕위에 오른 진문공(晉文公)을 가리킨다. 중이가 망명하여 조(曹)나라에 갔을 때 조 공공(曹共公)이 그의 갈비뼈가 붙어있다는 말을 듣고서 그의 벌거벗은 모습을 보고자 하여 목욕할 적에 발[簾]을 설치하여 엿보았다고 한다. 관련 내용은 『춘추좌씨전』 희공(僖公) 23년 조에 보인다.

602) 주(周)나라……않았으니 : 진(晉)나라 대부 난영(欒盈)이 망명을 해 주나라를 지날 적에 주나라 서쪽 변방의 사람들이 그의 재물을 약탈한 것을 가리킨다. 난영은 자기 조부 난서(欒書)가 주나라 왕실에 공이 있었음을 주나라 왕에게 간곡히 아뢰어 약탈당한 재물을 되돌려 받았다. 『춘추좌씨전』 양공(襄公) 21년 조에 그 내용이 보인다.

603) 행려(行旅) : 『맹자』 「양혜왕 상」 제7장에 보인다.

604) 공자(孔子)를……여긴 : 출전은 자세치 않으나, "문왕은 명이괘(明夷卦)로 자처했으니 그 나라 군주를 알 수 있고, 중니(仲尼)는 여인(旅人)이 되었으니 그 나라를 알 수 있다.[文王明夷 則主可知矣 仲尼旅人 則國可知矣]"라는 말이 예로부터 전래되었다. '여인(旅人)'은 『주역』 여괘(旅卦)와 관련시킨 말로, 곤궁함이 극에 달해 그의 덕에 맞는 지위를 얻지 못한다는 뜻을 취한 것이다.

14

　'예(豫)' 자[605]의 뜻은 절로 '일(一)' 자[606]와 같지 않다. 일(一)이란 성(誠)이다. 성(誠)은 천하의 이치를 요약하여 극진히 하지 않음이 없고, 모든 일의 중앙을 관통하여 통하지 않음이 없는 것이다. '예(豫)'란 모든 일에는 모든 일의 평소 정해진 것이 있다는 뜻으로, 한 가지만은 아니다. 평소 정해진 것이 한 가지더라도 일에 임할 경우에, 이단이 하나를 고집하는 것처럼 고집스러움이 없을 수 있겠는가? '일(一)'은 처음과 끝을 꿰뚫어 하나가 아닌 것이 없는 것이고, '예(豫)'란 처음에 닦고 뒤에 이롭게 쓰는 것이다. '일(一)'과 '예(豫)'는 비교하여 같은 뜻으로 볼 수 없으니, 장횡거(張橫渠)의 설[607]을 바꿀 수 없다.

　장횡거가 말한 "뜻을 정밀히 하여 신(神)의 경지에 들어간다.[精義入神]"[608]라는 것은 '선을 밝히는 것[明善]'이 그것이다. 주자는 '명선(明善)'을 '평소 정해진 것[豫]'으로 여기지 않은 것일까? 『중용장구』의 주에 "〈이 단락은〉 아랫자리에 있는 자로서 평소 정해야 하는 뜻을 미루어 말한 것이다."[609]라고 하였으니, 이는 백성을 다스리는 윗사람

---

605) '예(豫)' 자 : 『중용장구』제20장 제16절 '凡事 豫則立'의 예(豫)를 가리킨다.

606) '일(一)' 자 "『중용장구』제20장 제15절의 '所以行之者 一也'의 일(一)을 가리킨다.

607) 장횡거(張橫渠)의 설 : 장횡거는 북송 때 학자 장재(張載 1020-1077)를 말한다. 그의 설은 『중용혹문』제20장 해석 중 "日所謂前定何也……" 아래의 소주에 보이는데, 그 내용은 다음과 같다. "張子曰 事豫則立 必有教以先之 盡教之善 必精義以研之 精義入神 然後立斯立 動斯和矣"

608) 뜻을……들어간다 : 이 문구는 『중용혹문』제20장 해석 중 "日所謂前定何也……" 아래의 소주에 보인다.

609) 이……것이다 : 『중용장구』제20장 제17절의 주에 보인다.

이 선을 밝히는 데에 이르러서 평소 정해진 것을 이끌어 내 펴는 공부로써 통합해야 한다는 것이다. 이를 보면, 주자는 '명선(明善)'을 '평소 정해진[豫]' 것으로 여기지 않는 것을 용납하지 않은 것이다. 그런데 『중용혹문』에서는 또한 장횡거의 설을 반박하여 장자(張子)의 사적인 말이라고 하였으니[610], 나는 이해할 수 없다.

'명선(明善)'은 일을 집행하기 전에 먼저 택하는 것이니, 주자의 주에 '평소 정하다.[素定]'라는 것이다. 성(誠)은 사물의 시초를 이루어 주는 것인 동시에 그것으로써 사물의 끝을 완성시켜주는 것이다. 〈이 성(誠)을〉 쉬지 않으면 오래 가고, 오래 지속하면 그것으로써 사물을 완성하여 순일(純一)함이 그치지 않는다. 그러니 평소 정해진 것을 취하여 곧바로 일을 수립할 수 있는 것뿐만이 아니다. 이 성(誠)이 평소 정하는 것으로 공을 삼지 않는 것은 명선(明善)이 '하나로 하는 [一]' 것으로 공을 삼되 이단의 하나만을 고집하는 데에 빠지지 않는 것과 같다. 그러므로 미리 정하는[前定] 것으로 성(誠)을 말하면, 일에는 능하지 않은 바가 있고 이치에는 더욱 불합리한 점을 드러낸다. 더 들어가서 '먼저 그 성(誠)을 세운다.[先立其誠]'고 말하면, '선(先)'은 사물이 있기 전에 세우는 것이다. 이는 물(物)의 바깥에 성(誠)이 있는 것이고, 일[事]의 바깥에 성이 있는 것이다. 그렇다면 이 또한 허공을 떠돌며 사물의 쓰임을 기다리는 것이니, 어찌 한결같이 가득 차서 틈이 없는 이치이겠는가?

성(誠)을 말하는 자들이 '밖으로는 어버이를 섬기는 예가 있고, 안

---

610) 『중용혹문』에서는……하였으니 : 주자는 『중용혹문』 제20장 해석 중 '曰所謂前定何也' 다음에 "諸說惟游氏誠定之云 得其要 張子以精義入神爲言 是則所謂明善者也"라고 하였다.

으로는 친애하고 공경하는 실상이 있다.'라고 말한다면, 친애하고 공경하는 것과 어버이를 섬기는 예가 동시에 행해지니, 어찌 어버이를 섬기기 전에 미리 친애하고 존경하는 마음을 세울 수 있겠는가? 또한 어느 하루로 어버이를 섬기지 않은 날로 삼을 수 있겠는가? 돌아가신 분의 장례를 신중히 하고 먼 조상들을 추모하는[愼終追遠][611] 것이 성(誠)이다. 부모님을 모시고 기쁘게 해드리는 날에도 신중히 하는 바를 끝까지 하고 추모하는 바를 먼 데까지 하여, 널리 배우고[博學] 자세히 묻고[審問] 신중히 생각하고[愼思] 명확히 분변해서[明辨] 그 이치를 구하지 않을 수 없으니, 이것이 '미리 정할[豫]' 수 있는 것이다. 신중히 하는 것이 신중히 하는 데에 성실한 것이고, 추모하는 것이 추모하는 데에 성실한 것이라면, 어찌 미리 정하고서 쓰이기를 기다릴 수 있겠는가?

또 성(誠)을 말하는 자들이 '표리가 모두 인(仁)·의(義)여서 하나의 털끝만한 것도 인이 아닌 것이 없고 의가 아닌 것이 없다.'라고 한다면, 처음부터 끝까지 모두 인·의로 가득하여 한 순간도 인이 아닌 것이 없고 의가 아닌 것이 없을 것이다. 한 순간도 인이 아닌 것이 없고 의가 아닌 것이 없다면 수시로 극진하기를 구하여 전후의 구분이 없을 것이다. 하나의 선을 밝혀서 평생토록 쓰는 데 공급할 수 있지만, 하나의 성(誠)을 세워서 다른 사람이 감응하는 데 이르기는 부족하다. ─예컨대, 어버이에게 순종하지 않는 자는 참으로 벗에게도 신임을 받지 못한다. 그러나 어버이에게 순종하지만 벗을 파는 일을 한다면 벗이 그를 신임하겠는가?─ 그러므로 군자가 자신을 성되게 할 적에는 반드시 부분적으로 능한 것을 극진히 하여

---

611) 돌아가신……추모하는 : 이 문구는 『논어』 「학이」 제9장에 보인다.

어느 것인들 지극히 하지 않음이 없게 해야 한다.

널리 배우고[博學] 자세히 묻고[審問] 신중히 생각하고[愼思] 명확히 분변하는[明辨] 공부는 이런 일이 있기 전에 이치상 스스로 미리 택할 수 있다. 택하는 것을 평소에 하면 이로 말미암아 집행하여 밝게 할 수 있는 것을 반드시 실천해 선이 그로써 지극해진다. 그러므로 "모든 일은 미리 정하면 성립된다.[凡事 豫則立]"612)라고 말한 것이다. 일이 성립되는 것은 성(誠)이고, 미리 정하는 것은 명(明)이다. 〈선에〉 밝으면[明] 〈자신을〉 성(誠)하게 하고, 자신을 성(誠)하게 하면 〈일이〉 성립된다.

성(誠)을 한결같이 하면 인도를 극진히 하여 천덕에 합해서 그 지극한 데 이르는 것을 살피게 된다. 〈선을〉 밝히는 것을 미리 정하면 천덕을 쌓아 인도에 빠르게 반응하여 그 시초에 대해 크게 밝게 된다. 성(誠)의 이치는 사물이 있기를 기다리지 않지만 성되게 하는 공부는 고요한 데서 폐지되는 것이 아니다. 사물이 있을 때의 일관된 공부는 사물이 있기 전의 일관된 공부와 다르지 않으니, 고요할 때[靜]는 존양(存養)하고 움직일 때[動]는 성찰(省察)한다. 선을 밝히는[明善] 공부처럼 일이 이르지 않았을 적에는 그 이치를 미리 극진히 할 수 있고, 일이 이르면 평소 정한 것에서 취해 순순히 응해 수고롭지 아니한 것과 어찌 같을 수 있겠는가?

이는 "성(誠)을 보존하는 데에는 경(敬)을 주로 하니, 고요할 때[靜]에 길러 움직일 때[動]를 기다려야 한다."고 말하는 것과 같다. 여기서 '고요할 때에 기른다.[養之於靜]'는 것은 애초 움직임을 기다리

---

612) 모든……성립된다 : 이 문구는 『중용장구』 제20장 제16절에 보인다.

는 것을 미리 계산하는 것이 아니다. 이 점에 조금이라도 차이가 있으면, 노자(老子)가 "큰 형상을 잡으면 천하 사람들이 그에게로 갈 것이다.[執大象 天下往]"⁶¹³⁾라고 하고, 또 "〈도는〉 텅 비어 그것을 쓰더라도 다함이 없다.[沖 而用之或不盈]"⁶¹⁴⁾고 한 사설(邪說)이 될 것이니, 이런 설은 우리의 도를 해치는 것이 심하다.

주자는 성(誠)으로 미리 정하는[豫] 것을 삼았으니 성(誠)을『중용』의 핵심[樞紐]으로 삼은 것이다. 그러므로 성(誠)으로 선무를 삼지 않을 수 없다. 핵심과 선무는 해치거나 다른 것이 아니다. 천도로써 말하면, 오직 하나의 성(誠)이 있으니 명(明)은 그 본원이 아니다. 인도로써 말하면, 반드시 선을 밝힌[明善] 뒤에 자신을 성실하게 하는[誠身] 것이니, 명(明)으로써 기초를 삼고 성되게 하는 자가 선을 택해 굳게 잡는 것이다. 이를 통해 보면, 선을 밝히는[明善] 것이 곧 성(誠)을 세우는 사전의 도모[豫圖]임이 분명하다.

이 뒤에 천도를 말한 것은 성(誠)으로써 명(明)을 통합한 것으로, "지극히 성한 도는 미리 알 수 있다.[至誠之道 可以前知]"⁶¹⁵⁾라고 하였으며, "〈오직 천하의 지성(至誠)만이〉 천지의 화육해줌을 알며[知天地之化育]"⁶¹⁶⁾라고 하였으니, 성(誠)이 앞이고 명(明)이 뒤인 듯한 점이 있다. 그러나 천도가 본디 그러한 데 있으면, 어느 것이 앞이고 어느 것이 뒤이며, 어느 것이 미리 정하는 것이고 어느 것이 미리 정하는 것이 아니며, 어느 것이 성립되고 어느 것이 폐지되는 구별이 있겠는가?

---

613) 큰……것이다 : 이 문구는『노자도덕경』제35장에 보인다.

614) 도는……없다 : 이 문구는『노자도덕경』제4장에 보인다.

615) 지극히……있다 : 이 문구는『중용장구』제24장에 보인다.

616) 천지의……알며 : 이 문구는『중용장구』제32장에 보인다.

'미리 정한다.[豫]'고 말하고 '성립된다.[立]'고 말한 것은, 인도의 당연한 것을 위해 베풀어 놓은 것이다. 그러므로 제25장에 "그러므로 군자는 성을 귀하게 여긴다.[是故君子 誠之爲貴]"라고 하였으며, 이 장에서 "성되게 하는 것은 선을 택해 그것을 굳게 지키는 것이다.[誠之者 擇善而固執之也]"라고 말한 것이다. 그리고 제27장에 '도문학(道問學)'을 말하면서ㅡ이 도(道) 자는 존덕성(尊德性)으로써 길에서 취하는 것을 말한다.ㅡ "이미 밝고 또 밝아서 그 몸을 보존하네.[旣明且哲 以保其身]"라고 하였으며, 제29장에 '하늘의 도를 안다.[知天]', '사람의 도를 안다.[知人]'라고 말한 것이다. 이런 것들은 대체로 명(明)으로써 선무를 삼지 않음이 없다.

　도는 성(誠)을 한결같이 한다. 그러므로 이 장에 "그것을 행하는 것은 하나다.[所以行之者 一也]"라고 한 것이다. 배움은 〈선을〉 밝히는[明] 데에서 시작한다. 그러므로 이 장에 "모든 일은 미리 정하면 성립된다.[凡事 豫則立]"라고 말한 것이다. 성(誠)으로 미리 정함[豫]을 삼아 성신(誠身)은 반드시 명선(明善)을 인한다고 한다면, 어찌 미리 정함[豫] 앞에 다시 미리 정함[豫]이 있는 것이 아니겠는가? "성하면 밝아진다.[誠則明]"[617]라는 것은 하나[一]를 가리키는 것이니, 미리 정함[豫]을 말한 것이 아니다. 그리고 "밝아지면 성해질 수 있다.[明則誠]"[618]라는 것은 미리 정함[豫]이니, 그로써 하나[一]가 되게 하는 것이다. 이는 자연적인 구분이니 문란을 허용치 않는다.

　『중용』에는 성(誠)에 대해 상세히 말하고 명(明)에 대해서는 소략

---

617) 성하면 명해진다 : 이 문구는 『중용장구』 제21장에 보인다.
618) 명하면……있다 : 이 문구는 『중용장구』 제21장에 보인다.

하게 말했으니, 이는 『중용』이 도를 밝히는 책이어서 학문을 말하는
데는 소략하게 했기 때문이다. 그러나 학문을 말하는 데 이르러서는
반드시 명(明)을 앞에 말하고 성(誠)을 뒤로 하였다. 마지막 장에 이
르러 움직일 때는 성찰하고 고요할 때는 존양하는 것으로 성인이 되
는 공부의 귀결처로 삼았는데, 거기서 '덕에 들어가는 것[入德]'은 기
미를 아는 데 있다고 말하였다. 그렇다면 덕에 들어가는 것은 미리 정
하는[豫] 일이다.

　장자(張子)[619]는 드러내놓고 선을 밝히는[明善] 것으로 미리 정함
[豫]을 삼아 학자들이 덕에 들어가는 요점을 바로 열어 보여주었는데,
『중용』전편에서 구하고 본문에서 구해도 어느 것인들 합치되지 않음
이 없다. 주자는 그의 설을 취하지 않았지만 또한 그의 잘못을 바로잡
은 것도 없으니, 이치의 지극한 점은 쉽게 알 수 있는 것이 아니다.(豫
之爲義 自與一不同 一者 誠也 誠者 約天下之理而無不盡 貫萬事之中
而無不通也 豫則凡事有凡事之豫 而不啻一矣 素定一而以臨事 將無
爲異端之執一耶 一者 徹乎始終而莫不一 豫者 脩乎始而後遂利用之
也 一與豫旣不可比而同之 則橫渠之說爲不可易矣 橫渠之所云精義
入神者 則明善是已 夫朱子其能不以明善爲豫乎 章句云以在下位者
推言素定之意 則是該治民以上 至於明善 而統以引伸素定之功也 是
朱子固不容不以明善爲豫 而或問又駁之 以爲張子之私言 則愚所不
解 夫明善 則擇之乎未執之先也 所謂素定者也 誠則成物之始 而必以
成物之終也 不息則久 悠久而乃以成物 純亦不已 而非但取其素定者
而卽可以立事 是誠不以豫爲功 猶夫明善之不得以一爲功 而陷於異

619) 장자(張子) : 북송 때의 학자 장재(張載 1020-1077)를 말한다.

端之執一也 故以前定言誠 則事旣有所不能 而理尤見其不合 浸云先立其誠 則先者 立於未有事物之前也 是物外有誠 事外有誠 斯亦游於虛以待物之用 而豈一實無閒之理哉 言誠者曰 外有事親之禮 而內有愛敬之實 則愛敬與事親之禮而同將 豈其於未嘗事親之先 而豫立其愛敬乎 且亦將以何一日者爲未嘗事親之日耶 抑知愼終追遠 誠也 雖當承歡之日 而終所以愼 遠所以追 不可不學問思辨以求其理 是則可豫也 若愼之誠乎愼 追之誠乎追 斯豈可前定而以待用者哉 又曰表裏皆仁義 而無一毫之不仁不義 則亦初終皆仁義 而無一刻之不仁不義矣 無一刻之可不仁不義 則隨時求盡而無前後之分也 明一善而可以給終身之用 立一誠而不足以及他物之感 (如不順乎親 固不信乎友 然使順乎親矣 而爲賣友之事 則友其信之耶) 故君子之誠之 必致曲而無所不盡焉 唯學問思辨之功 則未有此事而理自可以預擇 擇之旣素 則緣此而執之可使所明者之必踐 而善以至 故曰凡事豫則立 事之立者誠也 豫者明也 明則誠 誠則立也 一乎誠 則盡人道以合天德 而察至乎其極 豫乎明則儲天德以敏人道 而已大明於其始 雖誠之爲理不待物有 誠之之功不於靜廢 而徹有者不殊其徹乎未有 存養於其靜者尤省察於其動 安得如明善之功 事未至而可早盡其理 事至則取諸素定者以順應之而不勞哉 若云存誠主敬 養之於靜以待動 夫所謂養之於靜者 初非爲待動計也 此處一差 則亦老子所謂執大象 天下往 沖 而用之或不盈之邪說 而賊道甚矣 夫朱子之以誠爲豫者 則以中庸以誠爲樞紐 故不得不以誠爲先務 而樞紐之與先務 正自不妨異也 以天道言 則唯有一誠 而明非其本原 以人道言 則必明善而後誠身 而明以爲基 誠之者擇善而固執之 是明善乃立誠之豫圖 審矣 後此言天道 則誠以統明 而曰至誠之道 可以前知 曰知天地之化育 有如誠前而明後 然在天道之固然 則亦何前何後 何豫何不豫 何立何廢之有 言豫言立者 爲人道之當然而設

289

也 故二十五章云是故君子誠之爲貴 誠之者 擇善而固執之也 二十七
章云道問學 (道者 所取塗以尊德性之謂) 曰旣明且哲 以保其身 二十九章
云知天知人 蓋無有不以明爲先者也 道一乎誠 故曰所以行之者一 學
始乎明 故曰凡事豫則立 若以誠爲豫 而誠身者必因乎明善焉 則豈豫
之前而更有豫哉 誠則明者一也 不言豫也 明則誠者豫也 而乃以一也
此自然之分 不容紊者也 中庸詳言誠而略言明 則以其爲明道之書 而
略於言學 然當其言學 則必前明而後誠 卽至末章 以動察靜存爲聖功
之歸宿 而其語入德也 則在知幾 入德者 豫之事也 張子顯以明善爲豫
正開示學者入德之要 而求之全篇 求之本文 無往不合 朱子雖不取其
說 而亦無以折正其非 理之至者不可得而易也)

15

　"밖으로는 어버이를 섬기는 예가 있고, 안으로는 친애하고 공경하
는 실상을 극진히 한다.[外有事親之禮 內有愛敬之實]"[620]라는 2구는
한 쪽으로 치중할 수 없다. 안으로 친애하고 공경하는 실상이 없으면
서 밖으로 그 예를 닦는 것은 안이 성실하지 않은 것이며,─'겉이 성실하
지 않은 것이다.[表不誠]'라고 잘못 쓰인 설은 불가하다.─ 안으로 친애하고 공경하는

---

620) 밖으로는……한다 : 이 문구의 정확한 출전은 자세치 않다. 다만『중용혹문』제20
　장 해석 중 "曰 在下獲上明善誠身之說 奈何……" 아래의 주자의 설에 "蓋反身不誠 則
　外有事親之禮 而內無敬愛之實 故親不悅……"이라는 말이 보이는데, 아마도 이 문구를
　저자가 변용해 쓴 듯하다.

실상이 있지만 밖으로 그 예를 소략하게 하면 이는 겉이 성실하지 않은 것이다. 어버이를 섬기는 예는 모두 친애하고 공경하는 실상이 나타난 것이며, 친애하고 공경하는 실상은 반드시 어버이를 섬기는 예에서 나타난다. 친애하고 공경하는 실상은 볼 수도 없고 들을 수도 없다. 어버이를 섬기는 예는 사물에 본체가 되어 빼버릴 수 없다.

『중용』에 "군자의 도는 작용[用]이 넓으면서 본체[體)]는 은미하다.[君子之道 費而隱]"⁶²¹⁾라고 하였는데, 여기서의 비(費)는 은(隱)에 의지하며, 은은 비를 기필한다. 안의 마음에서만 성(誠)을 구하면 두 조각이 되어 안팎이 합치되지 않는다. 제1장에 "본성을 따르는 것을 도라 하고, 도를 닦은 것을 교라 한다.[率性之謂道 修道之謂敎]"라고 하였는데, 여기서의 교(敎)는 모두 성(性)이다. 성(性)에는 반드시 교(敎)가 있으니 본체와 작용을 구분할 수 없다.(外有事親之禮 而內盡愛敬之實二句 不可欹重 內無愛敬之實 而外脩其禮 固是裏不誠 (不可誤作表不誠說) 內有愛敬之實 而外略其禮 則是表不誠 事親之禮 皆愛敬之實所形 而愛敬之實 必於事親之禮而著 愛敬之實 不可見不可聞者也 事親之禮 體物而不可遺也 中庸說君子之道費而隱 費必依隱 而隱者必費 若專求誠於內心 則打作兩片 外內不合矣 率性之謂道 脩道之請敎 敎者皆性 而性必有敎 體用不可得而分也)

621) 군자의……은미하다 : 이 문구는 『중용장구』 제12장에 보인다.

16

성(誠)의 도는 친애하고 공경하는 실상에서 극진한 것이 아니다. 주자는 어버이에게 순종하는 성(誠), 그 한 가지 단서만을 거론하여 그 나머지를 예로 들었을 뿐이다.[622] 성(誠)이 지극한 곳에 도달하면 어떤 일[事]이든 그렇지 않음이 없고, 어떤 물체[物]든 통하지 않음이 없다. 그러므로 『중용혹문』에서는 어버이에게 순종하는 것[順親], 벗에게 신임을 받는 것[信友], 윗사람에게 신임을 받는 것[獲上], 백성을 다스리는 것[治民] 등 어느 것을 베풀든지 그 효과가 나타나지 않음이 없다는 것으로 말하였다.[623]

위의 장에서 "그것을 행하는 것은 하나이다.[所以行之者 一也]"[624] 라고 하였으며, 맹자는 "지극히 성하면서도 남을 감동시키지 못하는 자는 아직까지 있지 않았다.[至誠而不動者 未之有也]"[625]라고 하였으니, 일(一)은 자신이 성실하면 모두 성실해지고, 자신이 행하면 서로

---

622) 주자는……뿐이다 : 이는 『중용장구』 제20장 제17절의 주에 "反諸身不誠 謂反求諸身 而所存所發 未能眞實而無妄也"라고 해석한 것을 두고 한 말이다. 제20장 제17절 본문에서는 백성을 다스리는 치민(治民), 윗사람에게 신임을 받는 획상(獲上), 벗에게 신임을 받는 신우(信友), 어버이에게 순종하는 순친(順親) 등 네 가지를 열거하였는데, 주자의 주에는 순친(順親)에 대해서만 주석한 것을 지적해 말한 것이다.

623) 『중용혹문』에서는……말하였다 : 『중용혹문』 제20장 해석 중 다음 내용을 지칭하는 듯하다. "曰在下獲上明善誠身之說 奈何 曰 夫在下位而不獲乎上 則無以安其位而行其志 故民不可治 然欲獲乎上 友不可以諛說取容也 其道在信乎友而已 蓋不信乎友 則志行不孚 而名譽不聞 故上不見知 然欲信乎友 又不可而便佞苟合也 其道在悅乎親而已 蓋不悅乎親 則所厚者薄 而無所不薄 故友不見信 然欲順乎親 又不可以阿意曲從也 其道在誠乎身而已 蓋反身不誠 則外有事親之禮 而內無敬愛之實 故親不見悅 然欲誠乎身 又不可以襲取强爲也 其道在明乎善而已……"

624) 그것을……하나이다 : 이 문구는 『중용장구』 제20장 제15절에 보인다.

625) 지극히……않았다 : 이 문구는 『맹자』 「이루 상」 제12장에 보인다.

행한다는 뜻이다. 또한 임금[君]·백성[民]·어버이[親]·벗[友]에 나아가 그 점을 말했는데, 이는 오히려 성신(誠身)의 반쪽 일이다. 다만 이는 다른 생명체의 본성을 극진히 하고[盡物之性], 남을 완성시켜주고[所以成物], 큰 법도를 경륜하는[經綸大經] 한 측면에서 말한 것이다. 성신(誠身)의 온전한 공은 본성을 극진히 하여 자기를 완성하며 근본을 세워 화육(化育)을 아는 것이 능함을 이룩하는 데 있다. 그러면 존심(存心)과 치지(致知)의 학문을 하여 덕성(德性)을 드높이고 문학(問學)을 말미암는 것은 절로 그런 일이 있을 것이다. 본문에서는 어버이를 섬기는 한 가지 특정 항목에 대해서만 말했으니, 그 남을 완성시켜주는 성(誠)과 본말(本末)·친소(親疎)의 시행으로써 차례를 나누어놓은 것이다. 더구나 이 단락은 원래 아랫자리에 있는 사람에게 나아가 미루어 말한 것으로, 사리의 전체를 총괄한 것은 아니다.

이 점을 알지 못하면, 『효경』에 보이는 입신(立身)·양명(揚名)의 설[626]로 성신(誠身)·사친(事親)의 맥락을 삼을 것이다. 이름을 드날리는 것으로만 효(孝)를 삼으면 처음부터 불성(不誠)이 있게 된다. 그러므로 나는 "『효경』은 공자가 남긴 옛 문장이 아니다."라고 말한다.(誠之爲道 不盡於愛敬之實 朱子特擧順親之誠一端以例其餘耳 到得誠之至處 則無事不然 無物不通 故或問以順親信友獲上治民無施不效而言 上云所以行之者一 孟子謂至誠未有不動 一實則皆實行則胥行之旨 且就君民親友而言之 猶是誠身一半事 但說得盡物之性 所以成物經綸大經一邊 若誠身之全功 固有盡性成己立本知化之成能 而存心致知之學 以尊德性道問學者 自有其事 若本文特頂事親一項說 則以

---

626) 『효경』에……설 : 『효경』 제1장에 "立身行道 揚名於後世 以顯父母 孝之終也"라고 한 것을 가리킨다.

其成物之誠 本末親疎之施 聊分次第爾 況此原但就在下位者而推之
而非以統括事理之全也 不知此 則將以孝經立身揚名之說 爲誠身事親
之脈絡 纔以揚名爲孝 則早有不誠矣 故曰孝經非孔氏之舊文)

17

　『중용』 한 책은 큰 강령이 작용의 측면에서 말한 데 있다. 곧 본체
를 말한 것이 있는 것도 작용의 본체다. 하늘[天]을 말한 데 이르러서
도 하늘의 작용을 말한 것이며, 천체(天體)를 말한 것도 하늘의 작용
의 본체다. 대체로 성현이 하늘을 말할 적에 반드시 작용을 버리지 않
았으니, 후세의 유학자들이 '태허(太虛)'라고 하는 것과는 같지 않다.
작용의 본체가 있지 않으면 '성(誠)은 하늘의 도다.[誠者 天之道也]'
라고 말할 수 없다. 이를 버리고 천지가 화육(化育)해 주고 천리가 유
행하는 세계 밖에서 별도로 아득하고 텅 빈 태허를 묻는다면 망령됨
이 있지 않을지라도 이른바 성(誠)은 없다. 불가·노장은 모두 그쪽을
향해 말했으니 그들이 궁구하는 모든 것들은 날조되고 허황된 말일
따름이다.

　『중용혹문』에 '일원지기(一元之氣)'·'천하지물(天下之物)'이라고
한 두 단락은 기화(氣化)에 머무는 측면에서 의의(意義)를 세운 것이
니, 사람[人]과 귀신[鬼]으로 나뉘는 분기점에 해당하는 말이다. 『중
용』 첫머리에서 하늘[天]을 말하고 명(命)을 말하였다. 명(命)은 영
(令)이다. 그런데 영(令)은 정(政)과 같다. 『중용』 말미에 하늘을 말
할 적에는 반드시 '싣는다[載]'는 점을 말하였다. 싣는 것은 일[事]이

다. 이는 하늘에 있는 천도도 인물을 빼놓고서 별도의 본체를 가지고 있지 않다는 것이다. 『주역』에 "하늘의 운행이 건강하다.[天行健]"[627] 라고 하였는데, 중요한 점은 행(行) 자를 끌어내 말했다는 것이다. 또 『주역』에 "크구나! 건원(乾元)이여. 만물이 거기에 근원하여 비롯되니, 이에 천덕을 통합하는구나.[大哉乾元 萬物資始 乃統天]"[628]라고 하였으니, 이 세상의 만물이 근원하여 비롯되는 것이 하늘에 통합되어 극진하게 된다면, 이 외에 또 하늘이 없다. 더구나 사람에게 있는 천도가 인(仁)에 드러나는 경우는 더욱 절실하고, 작용[用]에 깃들어 있는 경우는 더욱 은밀한 데 있어서이겠는가?

천도를 작용으로 말하면, 천(天) 자에서만 나타날 뿐, 도(道) 자에서 비로소 나타나는 것은 아니다. 도는 하늘의 큰 작용[大用]이 유행하는 바이니, 그것이 반드시 경유하는 길이다. 주자(周子)[629]가 성(誠)을 말하면서 고요할 적[靜]에는 없고 움직일 적[動]에만 있다고 하였는데, 주자는 이를 '인도를 말한 것이 된다.'고 하였다. 기실 천도의 성(誠)은 움직일 때 비로소 있게 된다. 움직임이 없으면 성(誠)도 없으니, 도로써 말할 수 있겠는가?(中庸一部書 大綱在用上說 卽有言體者 亦用之體也 乃至言天 亦言天之用 卽言天體 亦天用之體 大率聖賢言 天 必不捨用 與後儒所謂太虛者不同 若未有用之體 則不可言誠者天 之道矣 舍此化育流行之外 別問窅窅空空之太虛 雖未嘗有妄 而亦無 所謂誠 佛老二家 都向那畔去說 所以儘着鑽硏 只是揑謊 或問一元之 氣天下之物二段 絷住氣化上立義 正是人鬼關頭分界話 所以中庸劈

627) 하늘의 운행이 건강하다 : 이 문구는 『주역』 건괘 상전(象傳)에 보인다.

628) 크구나!……통합하는구나 : 이 문구는 『주역』 건괘 단전(彖傳)에 보인다.

629) 주자(周子) : 북송 때 학자 주돈이(周敦頤 1017-1073)를 말한다.

頭言天 便言命 命者 令也 令猶政也 末尾言天 必言載 載者 事也 此
在天之天道 亦未嘗遺乎人物而別有其體 易言天行健 喫緊拈出行來
說 又曰大哉乾元 萬物資始 乃統天 只此萬物之資始者 便足以統盡乎
天 此外亦無有天也 況乎在人之天道 其顯諸仁者尤切 藏諸用者尤密
乎 天道之以用言 只在天字上見 不在道字上始顯 道者天之大用所流
行 其必繇之路也 周子言誠 以爲靜無而動有 朱子謂爲言人道 其實天
道之誠 亦必動而始有 無動則亦無誠 而抑未可以道言矣)

18

　북계 진씨(北溪陳氏)는 천도를 '천도의 본연[天道之本然]'과 '사
람에게 있는 천도[在人之天道]'로 나누어보았는데[630], 지극히 정밀하
고 상세하다. 그 가운데 어린아이가 어버이를 사랑할 줄 아는 것과 조
금 성장한 뒤에 공경할 줄 아는 것으로 '사람에게 있는 천도'라고 여
긴 것은 더욱 친절하다. 이 점을 알면 "성(誠)은 하늘의 도다.[誠者 天
之道]"[631]라고 한 것을 알아 사람의 본성을 극진히 하여 모두 소유하

---

630) 북계 진씨(北溪陳氏)는…보았는데 : 북계 진씨는 송나라 때 학자 진순(陳淳
1159-1223)을 말한다. 그의 설은『중용장구대전』제20장 제18절 아래의 소주에 보이
는데, 관련 내용을 인용하면 다음과 같다. "北溪陳氏曰 天道人道 有數樣分別 且以上天
言之 維天之命 於穆不已 自元亨而利貞 貞而復元 萬古循環 無一息之間 凡天下之物 洪
纖高下飛潛動植靑黃白黑 萬古皆常然不易 又如日往月來 寒往暑來 萬古皆然 無一息之
差謬 此皆理之眞實處 乃天道之本然也 以人道相對 誠之乃人分上事 若就人論之 則天道
流行 賦予於人 而人受之以爲性 此天命之本然者 便是誠 故五峯謂誠者命之道 蓋人得天
命之本然 無非實理 如孩提知愛 及長知敬 皆不思而得 不學而能 卽在人之天道也……"

게 될 것이다. 그러므로 "필부필부에게서 단서가 비롯된다.[造端乎夫婦]"[632]고 한 것이니, 일반인들도 천도를 갖추고 있기 때문이다. 이 천도는 인위적으로 생각하지 않고 노력하지 않아도 일반인과 성인이 모두 갖추고 있는 것이니, 어찌 하늘의 도가 아니겠는가?

북계 진씨가 이와 같이 분별하여 밝혔지만 학자들은 '사람에게 있는 천도'와 '천도의 본연'을 확연하게 두 가지로 분별할 수 없다. 예컨대, 하늘·땅 사이에 본디 있는 화기(火氣)와 땔나무 섶에 옮겨 붙는 불은 원래 다른 불이 아니다. 기물(器物)에 붙는 것은 기(氣)가 모여 더 드러났을 뿐이다. 여기서 '성(誠)은 하늘의 도다.'라고 말한 것은 '천도의 본연'에 근본하지 않은 적이 없지만, 그것이 모여 더 드러나는 측면에서 말하면 '사람에게 있는 천도'인 것이다.

'천도의 본연'은 명(命)이고, '사람에 있는 천도'는 성(性)이다. 성(性)은 명(命)이지만, 명(命)은 성(性)뿐만은 아니다. 이를테면 '성되게 하는 것은 사람의 도다.[誠之者 人之道]'라고 한 것은 재질[才]의 측면에서 말한 것이다. 재질[才]은 성(性)의 재질이지만 성(性)은 재질 뿐만은 아니다. 오직 재질이 있기 때문에 배울[學] 수 있다. '선을 택해 굳게 지킨다.[擇善而固執之]'고 한 것이 배우는 것이다. 사람들이 택선(擇善)으로써 선을 택할 수 있고, 고집(固執)으로써 선을 굳게 지킬 수 있는 것은 재질[才]이다. ─이것이 바로 인도가 정사에 빠르게 나타나는 극치이다.─ 이 성(性)을 가지게 되면 이 재질[才]을 소유하며, 이 재질을 가지고 있으면 이 배움[學]이 있을 수 있다. 그러니 사람이 말미암을 길

---

631) 성(誠)은 하늘의 도다 : 이 문구는 『중용장구』 제20장 제18절에 보인다.
632) 필부필부에게서……비롯된다 : 이 문구는 『중용장구』 제12장에 보인다.

도 없이 천도에 합하는 것은 아니다. 이 재질을 가지고 있으면 반드시 이 배움이 있게 되며, 그런 뒤에 능히 자기 재질을 극진히 하게 된다. 그러니 사람은 이 길을 따라 천도에 합해야 한다.

사람이 자기의 재질을 극진히 하여 성(誠)에 이를 수 있는 것이 북계 진씨(北溪陳氏)가 말한 충(忠)과 신(信)이다. 그는 온축된 깊은 뜻을 열어 보여주었으니 깊고 절실하며 드러나고 밝다고 할 수 있다. 선을 택하여 굳게 지키는 것은 자신을 성(誠)되게 하는 일이다. 그리고 충·신은 선을 택하여 굳게 지키는 공부를 극진히 하는 것이다. 능하지 않으면 그냥 놔주지 않으며[弗能弗措], 남이 한 번에 능히 하면 자기는 백 번을 해서라도 능하게 하고, 남이 열 번에 능히 하면 자기는 천 번을 해서라도 능하게 하는[人一能之 己百之 人十能之 己千之] 것이 자신을 극진히 하여 성실하게 하는 공부다. 아무리 어리석은 사람일지라도 충·신에 대해서는 어리석은 점이 없으며, 아무리 유약(柔弱)한 사람일지라도 충·신에 대해서는 유약함이 없다. 그러므로 공자께서 "열 집밖에 안 되는 작은 고을에도 반드시 나와 같이 충·신한 자가 있을 것이다.[十室之邑 必有忠信如丘者焉]"[633]라고 한 것이다.─인도는 하늘에 근본하기 때문이다.─ 군자의 학문은 이로써 주를 삼는다.─삼달덕이 이로써 행하기 때문이다.─

지(智)·인(仁)·용(勇)은 성(性)의 덕이 되지만, 성(誠)이 발현되어 어리석고 밝고 유약하고 강한 나머지를 기다려야 나의 쓰임에 공급될 수 있다. 그러므로 지·인·용을 행하는 것은 하나[一]로써 하며, 지·인·용에 의지해 성(誠)을 보존하는 것은 아니다. 쌍봉 요씨(雙峯饒

---

633) 열……것이다 : 이 문구는 『논어』「공야장」 제27장에 보인다.

氏)나 운봉 호씨(雲峯胡氏)의 설은 이리저리 어지럽혀 그 근본을 잃게 했을 따름이다.

밝음[明]을 말미암아 성(誠)해지는 것은 자신을 성되게 하는[誠之] 것이다. '밝으면 성해질 수 있다.[明則誠]'[634]는 것은 사람의 도다. 자기를 극진히 하여 가득 차게 해서 밝음을 쓰지 않음이 없으면 성(誠)을 얻어서 지킬 수 있다. 그러므로 하나[一]에 천하의 도를 통합하여 평소 정한[豫] 데에서 인사를 구한 것이다. 미리 정한[豫] 것이 바로 성(誠)이다.(北溪分天道之本然與在人之天道 極爲精細 其以孩提之知愛稍長之知敬爲在人之天道 尤切 知此 則知誠者天之道 盡人而皆有之 故曰造端乎夫婦 以夫婦之亦具天道也 只此不思不勉 是夫婦與聖人合撰處 豈非天哉 北溪雖是恁樣分別疏明 然學者仍不可將在人之天道與天道之本然 判爲二物 如兩閒固有之火 與傳之於薪之火 原無異火 特麗之於器者 氣聚而加著耳 乃此所云誠者天之道 未嘗不原本於天道之本然 而以其聚而加著者言之 則在人之天道也 天道之本然是命 在人之天道是性 性者命也 命不僅性也 若夫所謂誠之者人之道 則以才而言 才者性之才也 性不僅才也 惟有才 故可學 擇善而固執之 學也 其以擇善而善可得而擇 固執而善可得而執者 才也 (此人道敏政之極致) 有是性固有是才 有是才則可以有是學 人之非無路以合乎天也 有是才必有是學 而後能盡其才 人之所當率循是路以合乎天也 人之可以盡其才而至於誠者 則北溪所謂忠信 其開示蘊奧 可謂深切著明矣 擇善固執者 誠之之事 忠信者 所以盡其擇執之功 弗能弗措 而已百己千 則盡己以實之功也 雖愚 而於忠信則無有愚 雖柔 而於忠信則

---

634) 명하면……있다 : 이 문구는 『중용장구』 제21장에 보인다.

無有柔者 故曰 十室之邑 必有如夫子者焉 （人道本於天故） 而君子之學
必此爲主 （三達德以此行故） 若知仁勇 則雖爲性之德 亦誠之發見 而須
俟之愚明柔彊之餘 始得以給吾之用 故行知仁勇者以一 而不藉知仁
勇以存誠 雙峰雲峰之說 徒爲葛藤而喪其本矣 繇明而誠者 誠之者也
明則誠者 人之道也 惟盡己以實 而明乃無不用 則誠乃可得而執 是以
統天下之道於一 而要人事於豫也 豫斯誠也）

19

인(仁)·의(義)·예(禮)는 선(善)이다. 선은 하나의 성(誠)이 드러난
도이니 하늘의 도다. 사람만이 자신에게 있는 인·의·예를 반드시 닦
으니 사람에게 있는 천도가 곧 인도다. 지(智)·인(仁)·용(勇)은 선에
이르러 자신을 성실하게 하는 것이다.—'성호신(誠乎身)'[635]의 성(誠)은 하늘과 사
람이 하나로 합하는 공효(功效)다.— 오륜(五倫)과 구경(九經)[636]에 대해 지혜
[智]가 아는 것과 인(仁)이 지키는 것과 용기[勇]가 행하는 것을 능히
행하는 것이 충(忠)·신(信)이니, 바로 사람의 도다. 사람은 지·인·용
에 있어서는 어리석고 밝음[愚明]과 유약하고 강함[柔彊]의 구분이
있지만, 충·신에 있어서는 그 누구도 갖추고 있지 않은 사람이 없으

---

635) 성호신(誠乎身) : 『중용장구』 제20장 제16절에 보이는 '不明乎善 不誠乎身'의
'성호신(誠乎身)'을 말한다.
636) 구경(九經) : 『중용장구』 제20장 제12절에 보이는 천하 국가를 다스리는 아홉 가
지 법도, 즉 수신(修身)·존현(尊賢)·친친(親親)·경대신(敬大臣)·체군신(體群臣)·자
서민(子庶民)·내백공(來百工)·유원인(柔遠人)·회제후(懷諸侯)를 말한다.

니, 인도가 천도를 따르는 것이다.

　인도는 충·신으로 모든 도구를 삼는데, 쓰는 데 있어서 더욱 통하지 않음이 없으니—토(土)는 금(金)·목(木)·수(水)·화(火)의 사행(四行)에 붙어 왕성하며 그것들의 왕이 된다. 낙서(雒書)[637]에서 가운데 궁(宮)의 오(五)는 일육(一六)·이칠(二七)·삼팔(三八)·사구(四九)가 모두 바탕으로 삼는 바이니, 이 이치가 아닌 것이 없다.— 인도가 정사에 빠르게 나타나는 것이 전적으로 여기에 있는 것이다. 그 덕을 드러내는 것은 지·인·용이 되고, 그가 도달한 바의 선은 인·의·예가 된다. 배우고[學] 묻고[問] 생각하고[思] 분변하고[辨] 행하는[行] 데에 쓸 경우, 넓게 함[博]으로써 배우고, 자세히 함[審]으로써 묻고, 신중히 함[愼]으로써 생각하고, 명확히 함[明]으로써 분변하고, 독실히 함[篤]으로써 행하면, 지·인·용이 그것을 행할 수 있고, 인·의·예가 그것을 닦을 수 있다. 그러므로 "사람의 도는 정사에 빠르게 나타난다.[人道敏政]"고 한 것이다. 주자가 "그러므로 인(仁)하면 표리가 모두 인하여 털끝만큼도 인하지 않음이 없고, 의(義)하면 표리가 모두 의로워서 털끝만큼도 의롭지 않음이 없다.[是以 仁則表裏皆仁 而無一毫之不仁 義則表裏皆義 無一毫之不義]"[638]라고 한 것과 "밖으로는 어버이를 섬기는 문장이 있고, 안으로는 사랑하고 공경하는 실상을 극진히 한다.[外有事親之文 內盡愛敬之實]"[639]라고 한 것은 모

---

637) 낙서(雒書) : 낙서(洛書)와 같은 말로, 우(禹)임금이 홍수를 다스릴 때 하수(河水)에 나온 신구(神龜)의 등에 새겨져 있었다고 하는 그림을 말한다.

638) 그러므로……없다 : 이 문구는 『중용혹문』 제20장 해석 중 "若夫人物之生……" 아래에 보인다.

639) 밖으로는……한다 : 이 문구는 출전이 자세치 않다. 『중용혹문』 제20장 해석 중 "蓋反身不誠 則外有事親之禮 而內無敬愛之實 故親不見悅"이라는 문구가 보이는데, 아마도 이를 저자가 변용해 쓴 듯하다.

두 충·신을 말한 것으로 이끌어내기만 하였을 뿐 드러내지는 않았다. 북계 진씨(北溪陳氏)는 두 글자[640]의 가운데서 천덕(天德)·성공(聖功)·왕도(王道)의 요점을 드러냈으니, 아! 지극하구나.(仁義禮是善善者一誠之顯道也 天之道也 唯人爲有仁義禮之必脩 在人之天道也 則亦人道也 知仁勇 所以至於善而誠其身也 (誠乎身之誠 是天人合一之功效) 所以能行此知之所知仁之所守勇之所作於五倫九經者 忠信也 人之道也 人於知仁勇 有愚明柔彊之分 而忠信無弗具焉 人道之率於天者也 人道惟忠信爲咸具 而於用尤無不通 (土寄王四行 而爲其王 雜書中宮之五 一六二七三八四九所同資 無非此理) 敏政者全在此 其見德也爲知仁勇 其所至之善爲仁義禮 其用之也於學問思辨行 而以博以審以愼以明以篤 則知仁勇可行焉 仁義禮可脩焉 故曰人道敏政 朱子所云表裏皆仁義 而無一毫不仁不義 及云外有事親之文 內盡愛敬之實 皆忠信之謂 特引而未發 北溪顯天德聖功王道之要於二字之中 嗚呼至矣哉)

20

성인은 성(誠)을 말할 수 있지만 천도를 말할 수는 없다. 이는 성인이 천도와 같을 수 없음을 말하는 것이 아니니, 또한 천도가 성인에게서 다하지 않기 때문이다.

"인위적으로 생각하지 않아도 터득하고, 노력하지 않아도 도에 들

---

640) 두 글자 : '인도(人道)'를 가리킨다.

어맞는다.[不思而得 不勉而中]"[641]는 것은, 사람들이 모두 그런 하나의 단서를 가지고 있다. 곧『중용혹문』에 "측은지심이 발한다.[惻隱之發]", "수오지심이 발한다.[羞惡之發]"고 한 것들[642]은, 모두 인위적으로 생각하거나 노력하는 것을 빌리지 않는다. 다만 중간 이하의 자질을 가진 사람들은 시기하거나 해치거나 탐욕스럽거나 혼매한 데에 뒤섞여 천도를 어기는 경우가 많다. 선을 택해 굳게 지키는 공부에 의지하여 남이 한 번에 능히 하면 자기는 백 번이라도 해서 능하게 하고, 남이 열 번에 능히 하면 자기는 천 번을 해서라도 능하게 한 뒤에 터득한 자는 반드시 사욕이 발할 적에 힘껏 막고 닫아 사욕이 밖으로 나아가서는 외부에 베풀어지는 바가 없게 하고, 안으로 들어와서는 내면에 간직되는 바가 없게 할 것이다. 이와 같이 절박하고 간절하게 공력을 기울여야 도에 들어맞게 된다. 성인은 사람이 배우거나 생각하지 않고서도 알고 능한 바를 모두 갖추어 혼잡함이 없으며, 선을 택해 굳게 지키는 것에 있어서도 천리를 보존하고 사욕을 물리치기 위한 치열한 노력을 기울임이 없으니, 조용히 도에 들어맞는다.

그것이 그런 것은 이 하나의 진실무망(眞實無妄)한 성(誠)의 이치가 성인의 몸[形器] 속에 있어 그 성이 하늘에 있으면서 화육(化育)을 행하는 것과 다름이 없기 때문이다. 표리가 융화되어 통하고 형색(形色)이 모두 본성 그대로이니, 이것이 천도와 이름을 같이 하여 성

---

641) 인위적으로……들어맞는다 : 이 문구는『중용장구』제20장 제18절에 보이는데, 여기서는 '不勉而中'과 '不思而得'을 바꾸어 썼다.

642)『중용혹문』에……것들 :『중용혹문』제20장 해석 중 "曰誠之爲義 其詳可得而聞乎……" 아래에 다음과 같이 말한 대목을 가리킨다. "若夫人物之生 性命之正 固亦莫非天理之實 但以氣質之偏 口鼻耳目四肢之好 得以蔽之以 而私欲生焉 是以當其惻隱之發 而忮害雜之 則所以爲仁者 有不實矣 其羞惡之發 而貪昧雜之 則所以爲義者 有不實矣……"

(誠)이 되는 것이며, 성인에게 있는 것은 결국 인도의 극치가 된다. 그러므로 『중용장구』의 주에 "〈성인의 덕은 하나로 융화된 천리인지라, 진실무망하여 인위적으로 생각하거나 노력하기를 기다리지 않고서도 조용히 도에 들어맞으니,〉 또한 하늘의 도다.[則亦天之道也]"[643]라고 한 것이니, 말에 절로 상세함이 있다. 그러니 끝내 천도로 성인을 말할 수 없음이 분명하다.(聖人可以言誠者 而不可以言天道 非謂聖人之不能如天道 亦以天道之不盡於聖人也 不思而得 不勉而中 人皆有其一端 即或問所謂惻隱羞惡之發者 皆不假於思勉 特在中人以下 則爲忮害貪昧之所雜 而違天者多矣 乃其藉擇執之功 己千己百而後得者 必於私欲之發 力相遏閼 使之出而無所施於外 入而無所藏於中 如此迫切用功 方與道中 若聖人 則人之所不學慮而知能者 旣咸備而無雜 於以擇執 亦無勞其理欲交戰之功 則從容而中道矣 其然 則此一誠无妄之理 在聖人形器之中 與其在天而爲化育者無殊 表裏融徹 形色皆性 斯亦與天道同名爲誠者 而要在聖人則終爲人道之極致 故章句云則亦天之道 語意自有分寸 不得竟以天道言聖人審矣)

21

"인위적으로 생각하지 않아도 터득하고, 노력하지 않아도 도에 들어맞는다.[不思而得 不勉而中]"[644]고 한 것은, '사람에게 있는 천도'

---

643) 또한 하늘의 도다 : 이 문구는 『중용장구』 제20장 제18절의 주에 보인다.

가 발현된 것으로 성인이 혼자 터득한 것은 아니다. "선을 택하여 굳게 지킨다.[擇善而固執]"는 것은 군자가 성인을 배우는 것으로 성인이 쓰지 않는 바가 아니다. 그러한 까닭은 성인의 덕은 천도에 합하고 군자의 학문은 성인의 공에 의지하기 때문이다.

그러므로 이 뒤의 13장은 모두 성인이 천도에 합하고 현인이 성인에 합하며, 하늘과 사람이 한 가지 이치이고 성인과 현인이 일치한다는 뜻을 말하고 있다. 인위적으로 생각하지 않고[不思] 노력하지 않는[不勉] 것으로 성인이 혼자 터득한 것을 삼으면, 천도라고 이름을 붙일 수 없다.─천(天)에는 사(私)가 없다. 모든 사물은 다 천도가 이룩한 것이다.─ 군자가 선을 택해 굳게 지키는[擇善固執] 것으로 성인이 쓰지 않는 것을 삼으면, 군자는 이를 따라 성인의 경지에 이를 수 없다. 그러나 아래에 "밝으면 성해질 수 있다.[明則誠]"[645]고 하였으며, "부분적으로 능한 것을 극진히 하면 능히 성함이 있게 된다.[曲能有誠]"[646]고 하였으며, "〈화육(化育)하는 데 이르러서는〉 성의 덕이다.[性之德也]"[647]라고 하였으며, "그때그때 조처한 바가 마땅하다.[時措之宜]"[648]고 하였으니, 어찌 그 길을 따라 성인의 경지에 이르는 것이 아니겠는가?

또한 '성인(聖人)'[649]은, 요·순·문왕·공자일 뿐이다. 요·순이 말한 '오직 앎을 정밀하게 한다.[惟精]'[650]는 것은 선을 택하는[擇善] 것

644) 인위적으로……들어맞는다 : 이 문구는 『중용장구』 제20장 제18절에 보이는데, 여기서는 '不勉而中'과 '不思而得'을 바꾸어 썼다.

645) 명하면……있다 : 이 문구는 『중용장구』 제21장에 보인다.

646) 부분적으로……된다 : 이 문구는 『중용장구』 제23장에 보인다.

647) 성의 덕이다 : 이 문구는 『중용장구』 제25장에 보인다.

648) 그때그때……마땅하다 : 이 문구는 『중용장구』 제25장에 보인다.

649) 성인(聖人) : 『중용장구』 제20장 제18절에 보이는 '성인(聖人)'을 가리킨다.

이며, '오직 마음을 전일하게 한다.[惟一]'651)는 것은 굳게 지키는[固執] 것이다. "순임금은 묻기를 좋아하고 가까운 말 살피기를 좋아하였다.[舜好問而好察邇言]"652)는 것은 선을 택하는 것이며, "〈양단을 잡고〉 백성들에게 그 중도를 썼다.[用其中於民]"653)는 것은 굳게 지키는 것이다. 문왕에 대해 "이어 밝혀서[緝熙]"654)라고 한 것은 선을 택하는 것이며, "〈그 덕이〉 사특하지 않았다.[厥德不回]"655)고 한 것은 굳게 지키는 것이다. 공자가 "배우면서 싫증을 내지 않는다.[學而不厭]"656)고 한 것은 선을 택하는 것이고, "묵묵히 받아들여 기억한다.[黙而識之]"657)고 한 것은 굳게 지키는 것이다. 다만 "남이 한 번에 능히 하면 자기는 백 번을 해서라도 능하게 하고, 남이 열 번에 능히 하면 자기는 천 번을 해서라도 능하게 한다.[人一能之 己百之 人十能之 己千之]"는 것에 대해서는, 조용히 중도에 맞게 할 수 있는 것이지, 이것을 일삼는 것은 없다. 능치 못하면 그대로 내버려두지 않고 자기가 백 번

---

650) 오직……한다 : 이 문구는 『서경』 「대우모」에 나오는 말로, 순임금이 우임금에게 전한 심법(心法)이다. 여기서 요·순을 함께 일컬은 것은, 요임금이 순임금에게 심법을 전하여 '윤집기중(允執其中)'이라고 하였는데, 순임금이 그것을 다시 부연하여 '인심유위 도심유미 유정유일 윤집궐중(人心惟危 道心惟微 惟精惟一 允執厥中)'이라고 하였기 때문에 요·순을 함께 칭한 것이다.

651) 오직……한다 : 이 문구도 『서경』 「대우모」에 나오는 말로, 순임금이 우임금에게 전한 심법이다.

652) 순임금이……좋아하였다 : 이 문구는 『중용장구』 제6장에 보인다.

653) 백성들에게……썼다 : 이 문구는 『중용장구』 제6장에 보인다.

654) 이어 밝혀서 : 『시경』 대아(大雅) 「문왕(文王)」에 "穆穆文王 於緝熙敬止"라고 한 구절의 '緝熙'를 가리킨다.

655) 사특하지 않았다 : 이 문구는 『시경』 대아 「대명(大明)」에 보인다.

656) 배우면서……않는다 : 이 문구는 『논어』 「술이」 제2장에 보인다.

657) 묵묵히 받아들여 기억한다 : 이 문구는 『논어』 「술이」 제2장에 보인다.

또는 천 번이라도 해서 능하게 하는 것은, 학이지지(學而知之)와 이이행지(利而行之)와 곤이학지(困而學之)와 면강이행지(勉強而行之)하는 사람들이 다 같이 노력하는 것이 되니, 학이지지와 이이행지를 하는 사람이라고 해서 필요치 않은 것은 아니다. 이는 체험을 통해서 아는 것이지, 문자를 통해 그 의미를 구할 수 있는 것이 아니다.

주자는 세 등급으로 나누어서 성인을 미루어 높였으니[658], 『중용』의 본지가 아니다. 게다가 본문에서 구해 보면, 문세가 순조롭게 내려가고 애초 경계를 정해 나누지 않았다. 그러니 『중용장구』의 주에는 이 점에 대해 보충해석이 없어서는 안 될 것이다.(不思而得 不勉而中 在人之天道所發見 而非爲聖人之所獨得 擇善而固執 君子之所學聖 而非聖人之所不用 所以然者 則以聖人之德合乎天道 而君子之學依乎聖功也 故自此以後十三章 皆言聖合天 賢合聖 天人一理 聖賢一致之旨 使不思不勉者爲聖人之所獨得 則不可名爲天道 (天無私 凡物皆天道所成) 使君子之擇善固執爲聖人之所不用 則君子終不能循此以至於聖人之域矣 而下云明則誠 云曲能有誠以至於化 云性之德也 時措之宜也 又豈因他塗而底聖境哉 且所謂聖人者 堯舜文王孔子而已矣 堯舜之惟精 擇善也 惟一 固執也 問察 擇善也 用中 固執也 文王之緝熙 擇善也 不回 固執也 孔子之學而不厭 擇善也 默而識之 固執也 特於所謂己百己千者 則從容可中 無事此耳 而弗能弗措 己百己千 爲學利困勉

---

658) 세……높였으니 : 이 말은 『중용장구』 제20장 제18절의 주에 "不思而得 生知也 不勉而中 安行也 擇善 學知以下之事 固執 利行以下之事"라고 하여, 제20장 제9절에 나오는 '生而知之'·'學而知之'·'困而學之'와 '安而行之'·'利而行之'·'勉強而行之'의 세 등급으로 나눈 것을 끌어다가 이 대목의 '성인(聖人)'을 논한 것에 대해 말한 것이다. 주자의 주에는 제18절을 '學而知之'·'安而行之'로, 제19절을 '學而知之'·'利而行之'로, 제20절을 '困而學之'·'勉強而行之'로 보았다.

者之同功 非學知利行之必不須爾 此自體驗而知之 非可徒於文字求
支派也 截分三品 推高聖人 旣非中庸之本旨 且求諸本文 順勢趨下 又
初未嘗爲之界斷 章句於是不能無訓詁氣矣)

22

도를 닦은 것은 성인의 일이지 군자의 일이 아니니,『중용장구』의
주에 그 점을 말한 것이 분명하다. 도를 닦고자 하면 택하는 것도 있
고 잡는 것도 있다. 군자는 성인이 택한 것을 택하고 성인이 잡은 것
을 잡을 따름이다. 널리 배우고 자세히 묻고 하는 것들이 어찌 성인이
일삼지 않는 것이겠는가? 성인의 경우는 〈공자가〉 노담(老聃)에게 예
를 묻고, 담자(郯子)에게 관직을 물은 것[659]처럼 어진 사람이든 어질
지 못한 사람이든 어찌 모르는 것을 배우지 않겠는가? 군자는 성인에
게 나아가 배우고 물어야 하니, 그렇게 하지 않으면 그들의 악을 숨겨
주고 선을 드날리며 양단을 잡고서 중도를 쓸 수 없어서 도리어 의혹
될 것이다. 이는 남의 말을 듣고 저절로 그 이치를 아는가[耳順], 그렇
지 못하는가 하는 구분이다.

성인은 선을 택해 굳게 잡는 것을 폐지하지 않으니, 성인인 뒤에야
인도를 극진히 하게 된다. 천도의 성(誠)은 성인도 능하지 못한 점이

---

659) 공자가……것:『중용장구대전』제12장 제1절 소주에 보인다. 공자가 노담(老聃)
에게 예를 물은 것은『공자가어』「관주(觀周)」에 보이며, 담자(郯子)에게 관직 제도를
물은 것은『춘추좌씨전』소공(昭公) 17년 조에 보인다.

있으며, 필부필부의 어리석거나 불초한 사람들도 함께 알 수 있고 능히 행할 수 있는 것이 있다. 성인은 천도의 성(誠)을 체득하여 하늘과 합하지만 천도라고 말할 수 없다. 군자는 성인의 도를 모아 사람의 도를 극진히 하지만 성인이라고 말할 수 없다. 그러나 사람의 도를 극진히 하면 덕이 거의 성인에 가깝게 되고, 하늘에 합하면 도가 모두 천도다. 이 점이 바로 이 뒤 13장이 일치하는 뜻을 밝힌 까닭이다.

독자들은 이 두 '성자(誠者)'와 '성지자(誠之者)'에 대해 합한 곳에서는 나누어 보고, 나눈 곳에서는 합해 보아 그 어의가 연관되어 관통하는 묘미를 알아야 한다. 고정되게 보거나 나누어 보면 모두 그 뜻을 잃게 된다.(脩道 聖人之事 而非君子之事 章句已言之明矣 旣須脩道 則有擇有執 君子者 擇聖人之所擇 執聖人之所執而已 卽如博學審問 豈聖人之不事 但聖人則問禮於老聃 問官於郯子 賢不賢而焉不學 君子則須就聖人而學問之 不然 則不能隱其惡 揚其善 執兩端而用其中 而反爲之惑矣 耳順不順之分也 聖人不廢擇執 唯聖人而後能盡人道 若天道之誠 則聖人固有所不能 而夫婦之愚不肖可以與知與能者也 聖人體天道之誠 合天 而要不可謂之天道 君子凝聖人之道 盡人 而要不可曰聖人 然盡人 則德幾聖矣 合天 則道皆天矣 此又後十三章所以明一致之旨也 讀者須於此兩誠者兩誠之者 合處得分 分處得合 認他語意聯貫之妙 儱侗割裂 皆爲失之)

23

『중용장구』의 주에 지(智)・인(仁)・용(勇)으로 나누어 놓은 부분[660]

은 매우 분명치 않다. 앞에서 지·인·용에 대해 말한 것은 이 세 가지 덕을 평등하게 일컬었으니 언제 지·인은 높이고 용은 낮춘 적이 있던가? 또한 "〈지·인·용〉 세 가지는 천하에 두루 통하는 덕이니 그것을 행하는 것은 하나이다.[知仁勇三者 天下之達德也 所以行之者 一也]"라고 하였으니, 천도로부터 말하면 성(誠)으로써 사람에게 명한 것이다. 그러므로 인성이 얻어서 그 지·인·용을 소유하는 것이다. 인사로부터 말하면, 충(忠)·신(信)을 주로 한 뒤에 다섯 가지 두루 통하는 도[達道] 사이에서 지·인·용의 덕을 행할 수 있다. 주자가 "어디에 베풀어도 이롭지 않음이 없다.[無施而不利]"[661]고 한 것은 지·인·용이 성(誠)에 근원하여 공을 삼는 것이다. '그것을 아는 데 이르러서는[及其知之]', '공을 이룩함에 이르러서는[及其成功]'이라고 하는 경지에 이르면, 조용히 도에 들어맞는 성인으로부터 어리석고 유약함을 면치 못하는 일반인에 이르기까지 지혜[智]는 모두 순임금과 같고, 인(仁)은 모두 안회와 같고, 용기[勇]는 모두 한 쪽으로 흐르지 않고[不流] 의지하지 않는[不倚] 군자와 같을 것이다. 이 경지에 이르는 것은 지·인·용을 말미암아 성(誠)을 얻는 것이 아닌데, 하물며 배워서 알고[學而知之] 이롭게 여겨 행하는[利而行之] 것을 분석하여 지·인으로 삼고, 곤궁하여 배우고[困而學之] 노력하여 행하는[勉强而行之] 것으로 용(勇)을 삼을 수 있겠는가?[662]

---

660) 『중용장구』……부분 : 『중용장구』 제20장 제19절·제20절의 주를 말한다. 주자는 이 2절을 해석하면서 제19절의 '博學之 審問之 愼思之 明辨之'는 지(智)의 일로, '獨行之'는 인(仁)의 일로, 제20절의 '有弗學……己千之'는 용(勇)의 일로 보았다.

661) 어디에……없다 : 이 문구는 출전이 자세치 않다.

662) 배워서……있겠는가 : 이는 주자가 『중용장구』 제20장 제19절과 제20절을 해석하면서 "學問思辨 所以擇善而爲知 學而知之也 篤行 所以固執而爲仁 利而行也"라 하고,

『중용장구』의 주에 '이위(而爲)'663)라고 한 2자는 비교적 타당하다. 이는 '성되게 하는 것[誠之者]'의 공력으로, 지·인에서 공부를 하는 것이다. 그러나 이와 같은 설은 겨우 폐단이 없을 뿐 대의에 있어서는 참으로 무관하다. 쌍봉 요씨(雙峯饒氏)와 운봉 호씨(雲峯胡氏)의 설664)은 이 단락의 내용을 분할하여 끌어다 붙인 것으로, 학문의 도와 경전을 해석하는 뜻에 있어서 모두 상관이 없다. 유학자들이 얼마간의 시간을 갖고 이런 공부에 공력을 기울이는지 나는 모르겠다. 공자가 마음을 씀이 없는 것보다는 장기나 바둑을 두는 것이 오히려 낫다고 한 말씀665)이, 어찌 이런 경우를 두고 말한 것이 아니겠는가? 쌍

"此 困而知 勉而行者也 勇之事也"라고 한 것을 비판한 것이다.

663) 이위(而爲): 『중용장구』 제20장 제19절의 주에 "所以擇善而爲知……所以固執而爲仁……"이라고 한 부분의 진하게 표시한 '이위(而爲)'를 가리킨다.

664) 쌍봉 요씨(雙峯饒氏)와……설: 쌍봉 요씨는 주자의 재전 문인 요로(饒魯 ?–?)를 말하고, 운봉 호씨는 원나라 때 학자 호병문(胡炳文 1250-1333)을 말한다. 여기서 말하는 쌍봉 요씨와 운봉 호씨의 설은 『중용장구대전』 제20장 제18절 아래의 소주에 보이는 것을 주로 말하는데, 이를 인용하면 다음과 같다. "雙峯饒氏曰 不勉而中 安行之仁也 不思而得 生知之知也 從容中道 自然之勇也 或疑從容非勇 曰今有百鈞於此 一人談笑而擧之 力有餘也 一人竭蹶而不能擧 力不足也 然則聖人之於道也 衆皆勉强 而己獨從容 非天下之大勇 而何擇善近知 固執近仁 而勇在其中 論誠者 則先仁而後知 以成德之序 言也 論誠之者 則先知而後仁 以入德之序 言也" "雲峯胡氏曰 自此以前十六章言誠之不可揜 是以天道言誠 上文誠身 是以人道言誠 所以於此總兩者言之曰 誠者 天之道 誠之者 人之道也 不勉而中者 安行之仁 不思而得者 生知之知 從容中道者 自然之勇 此以上 皆言知仁勇 學者入德之事 此以下 兼言知仁勇聖人成德之事 論語曰 知者不惑 仁者不憂 勇者不懼 學之序也 此以上見之 又曰 仁者不憂 知者不惑勇者不懼 德之序也 此以下 見之下章 盡性 仁也 前知 知也 無息 勇也 博厚 仁也 高明 知也 悠久 勇也 如地之持載 仁也 如天之覆幬 知也 如日月之代明 四時之錯行 勇也 往往皆言知仁勇 而於此始焉至論學知利行之事 擇善爲知 固執爲仁 又依舊先知而後仁 其所以開示學者 至矣"

665) 공자가……말씀: 『논어』 「양화」 제20장에 보이는 내용으로, 원문을 인용하면 다음과 같다. "子曰 飽食終日 無所用心 難矣哉 不有博奕者乎 爲之猶賢乎已"

311

봉 요씨는 '조용히 도에 들어맞는 것'을 용(勇)으로 삼았으니[666], 더욱한 바탕 웃음거리가 될 만하다. 그의 설 가운데 "한 사람은 담소를 하면서 백 균(百鈞)[667]을 들고[一人談笑而擧之]"[668]라고 하였으니, 이는 힘을 가진 사람이지 용기를 가진 사람이 아니다. 요리(要離)는 순풍을 탔지만 패했고[669], 양호(羊祜)는 활을 쏘면 얇은 나뭇조각도 뚫지 못하였지만[670] 그들의 행위가 어찌 용기[勇]가 아니겠는가? 오획(烏獲)[671]은 역사(力士)라고 말할 수 있을 뿐이지, 용사(勇士)라고 말할 수는 없다. 용사와 역사에 대한 판별은 오래되었다. 힘을 가진 자는 인(仁)으로 지키는 데는 배합할 수 있지만 용기에는 배합할 수는 없다. 힘은 무거운 것을 책임지고, 용기는 모욕을 방어한다. 그러므로 주자는 인욕을 막는 것을 용기[勇]에 속하게 했고, 천리를 보존하는 것

666) 쌍봉 요씨는……삼았으니 : 『중용장구대전』 제20장 제18절 아래 소주에 보이는 쌍봉 요씨의 설에 "從容中道 自然之勇也"라고 한 것을 가리킨다.

667) 백 균(百鈞) : 일균(一鈞)은 30근(斤)으로, 백 균은 3000근이나 되는 무거운 물건을 말한다.

668) 한……들고 : 이 문구는 『중용장구』 제20장 제18절 소주 쌍봉 요씨의 설에 보인다.

669) 요리(要離)는……패했고 : 요리(要離)는 춘추시대 오(吳)나라 사람이다. 공자 광(光)을 위해 위(衛)나라에 망명해 있던 공자 경기(慶忌)를 죽이기로 결심하고 그를 유인하여 배를 타고 강을 건너게 되었다. 그는 순풍을 타고 앉아 있다가 공자 경기를 찔렀으나, 실패하여 도리어 잡히는 신세가 되었다. 그러나 공자 경기는 그를 용사라고 하여 죽이지 않고 돌려보냈다.

670) 양호(羊祜)는……못하였지만 : 이 고사는 저자가 두예(杜預)의 고사를 양호(羊祜)의 일로 착각하여 잘못 인용한 듯하다. 이 두 사람은 모두 진(晉)나라 때 사람으로, 『진서(晉書)』 권34에 들어 있는데, 양호가 앞에 나오고 두예가 바로 뒤에 따라 나오기 때문에, 잠시 착각을 한 듯하다. 두예는 몸은 말에 걸터앉을 수 없고, 활을 쏘면 얇은 나뭇조각도 뚫지 못하였다고 한다. 그러나 매번 큰일을 맡아 문득 장수의 자리에 있었다고 한다.

671) 오획(烏獲) : 전국시대 힘이 센 사람이다. 소의 꼬리를 잡아당기면 소가 앞으로 나아갈 수 없었다고 한다. 『맹자』・『여씨춘추』 등에 그의 이름이 보인다.

을 인(仁)에 속하게 하였다. 인을 보존하는 공부는 조용하게 하는 것[從容]과 지쳐 쓰러질 때까지 힘을 다하는 것[竭蹶]의 구별이 있다. 모욕을 방어하는 용기는 조용하게 하느냐 그렇지 않느냐를 따지지 않는다. 항우(項羽)가 큰소리로 성내어 꾸짖으면 〈천 명이 기가 죽었으니[672]〉, 어찌 그의 용기가 지극하지 않았다고 말할 수 있겠는가? 그러므로 주자는 "〈이는 중용이 덕을 이룬 것이니, 지혜[智]가 극진하고 인(仁)이 지극하여〉 용기[勇]에 의지하지 않고서도 넉넉한 것이다.[不賴勇而裕如者][673]"라고 한 것이다. 용기[勇]에 의지한다면, 예로부터 조용한 용사는 없을 것이다. 그대가 큰 용기를 말하여 "비록 천 명만 명의 대중을 상대한다 할지라도 나는 갈 것이다.[雖千萬人 吾往矣][674]"라고 한다면, 이 얼마나 천하를 진동시키고 위엄을 갖추고 굳센 것이겠는가? 이런 사람은 남보다 앞장서고 남들의 마음을 빼앗으니, 어찌 담소나 하면서 무거운 솥을 드는 힘센 사람을 말하는 것이겠는가?(章句分知仁勇處 殊少分曉 前言知仁勇 只平數三德 何嘗尊知仁而卑勇 且云三者天下之達德 所以行之者一 則自天道而言 唯命人以誠 故人性得以有其知仁勇 自人事而言 則以忠信爲主 而後可以行其知仁勇之德於五達道之閒 朱子所謂無施而不利者 知仁勇之資誠以爲功也 及其知之 及其成功 則自從容中道 以至於未免愚柔者 知皆如舜 仁皆如顏 勇皆如不流不倚之君子 旣不緣知仁勇以得誠 況可析學

672) 항우(項羽)가……죽었으니 : 이 내용은 『사기』 권32 「회음후열전(淮陰侯列傳)」에 보이는데, 한신(韓信)이 한왕(漢王)에게 하는 말 가운데 "項王暗噁叱咤 千人皆廢 然不能任屬賢將 此特匹夫之勇耳"라는 말이 있다.

673) 이는……것이다 : 이 문구는 『중용장구』 제11장 제3절의 주에 보인다.

674) 비록……것이다 : 이 문구는 『맹자』 「공손추 상」 제2장에 보인다.

利爲知仁 困勉爲勇哉 且朱子前業以生安爲知 學利爲仁 而此復統知
仁於學利 足見語之蔓者 必有所窒也 唯章句而爲二字 較爲得之 以誠
之者之功 乃以爲功於知仁也 然如此說 亦僅無弊 而於大義固然無關
至於雙峰雲峰之爲說 割裂牽纏 於學問之道 釋經之義 兩無交涉 則吾
不知諸儒之能有幾歲月 而以消之於此 豈博奕猶賢之謂乎 若雙峰以
從容爲勇 則益可資一笑 其曰談笑而舉百鈞 則有力之人 而非有勇之
人也 要離之順風而頹 羊祜之射不穿札 豈不勇哉 若烏獲者 則又止可
云力 而不可云勇 勇力之判久矣 有力者可以配仁守 而不可以配勇 力
任重 而勇禦侮 故朱子以遏欲屬勇 存理屬仁 存仁之功 則有從容竭蹶
之別 禦侮之勇 則不問其從容與否 項羽之喑噁叱咤 豈得謂其勇之未
至哉 故朱子曰 不賴勇而裕如 如賴勇矣 則千古無從容之勇士 子之語
大勇曰 雖千萬人 吾往矣 是何等震動嚴毅 先人奪人 豈談笑舉鼎之謂
哉)

24

배우고[學]·묻고[問]·생각하고[思]·분변하고[辨]·실천하는[行]
것에 대해『중용장구』의 주에는 조목[目]만 말하고 순서[序]는 말하
지 않았다.[675] 조목은 그물에 눈금[目]이 있어서 천 개의 눈금이 일제
히 사용되는 것과 같고, 사람에게 눈[目]이 있어서 두 눈이 동시에 밝

---

675) 주자의……않았다 :『중용장구』제20장 제19절의 주에 "此 誠之之目也 學問思辨
所以擇善而爲知 學而知也 篤行 所以固執而爲仁 利而行也"라고만 하였다.

은 것과 같다. 그러므로 정자(程子)가 "이 다섯 가지 가운데 하나라도 폐지하면 불가하다."[676]고 한 설을 끌어다가 그 점을 증명한 것이다. 『중용혹문』에 이 다섯 가지의 순서[序]를 말하였으니[677], 초학자들이 한결같이 이해하지 못하기 때문에 느리게 의논을 진행하면서 배움[學]으로 시초를 삼지 않을 수 없었을 것이다. 그러나 이는 자신을 성(誠)되게 하는 자가 선을 택하여 굳게 지키는 온전한 공력에는 해당이 없다.

『주자어록』에 "〈이 다섯 가지는〉 선후는 없고 완급만 있다.[無先後而有緩急]"[678]라고 하였는데, 『중용혹문』의 부족한 부분을 통하게 할 수 있다. 배움[學]을 급한 것으로 삼고 실천[行]을 느린 것으로 삼는 것은 전적으로 이해하지 못하는 자의 말일뿐이다. 실제로 배움이 능하지 못하면 급히 분변해야 하고, 물을 줄 모르면 급히 생각해야 하고, 생각을 할 수 없으면 배워야 한다. 분변이 밝지 못하면 그로 인해 물어야 하고, 실천이 독실하지 못하면 다시 배우고 묻고 생각하고 분변하는 것으로써 그 힘을 길러야 한다. 배우고 묻고 생각하고 분변할 때 행해야 할 것을 만나면, 바로 힘을 전일하게 하여 행하는 것을 급히 해야지, 나의 배움·물음·생각·분변이 지극하지 않으니 훗날을 기다려 하겠다고 말해서는 불가하다.

---

676) 이……불가하다 : 이 내용은 『중용장구』 제20장 제19절의 주에 보이는데, 원문은 다음과 같다. "程子曰 五者 廢其一 非學也"

677) 『중용혹문』에……말하였으니 : 『중용혹문』 제20장 해석 중 뒷부분에 다음과 같은 말이 보인다. "曰 學問思辨 亦有序乎 曰 學之博 然後有以備事物之理 故能參伍之 以得所疑而有問 問之審 然後有以盡師友之情 故能反復之 以發其端而可思 思之謹 則精而不雜 故能有所自得 而可以施其辨 辨之明 則斷而不差 故能無所疑惑 而可以見於行 行之篤 則凡所學問思辨而得之者 又皆必踐其實而不爲空言矣 此五者之序也"

678) 이……있다 : 이 내용은 『주자어류』 권121, 「훈문인 9(訓門人九)」에 보인다.

이 다섯 가지를 논할 적에 느리게 하는 것을 가장 용납할 수 없는 것으로는 실천[行]만 한 것이 없다. 그러므로 "실천하고 남은 힘이 있거든 그 힘으로써 글을 배워라.[行有餘力 則以學文]"[679]라고 말씀한 것이다. 이를 보면 공자의 제자들도 오히려 실천이 부족했는데, 하물며 군자가 성(誠)으로써 다섯 가지 달도 사이에서 실천할 적에 있어서이겠는가? 또 임금이 하루에 만 가지 일을 처리하면서 정사에 빠르게 나타나길 구하는 데 있어서이겠는가?(學問思辨行 章句言目而不言序 目者若網之有目 千目齊用 又如人之有目 兩目同明 故存程子廢一不可之說以證之 或問言序 則爲初學者一向全未理會 故不得不緩議行 而以學爲始 其於誠之者擇執之全功 固無當也 朱子語錄有云無先後而有緩急 差足通或問之窮 乃以學爲急 行爲緩 亦但爲全未理會者言爾 實則學之弗能 則急須辨 問之弗知 則急須思 思之弗得 則又須學 辨之弗明 仍須問 行之弗篤 則當更以學問思辨養其力 而方學問思辨之時 遇著當行 便一力急於行去 不可曰吾學問思辨之不至 而俟之異日 若論五者第一不容緩 則莫如行 故曰行有餘力 則以學文 弟子尙然 而況君子之以其誠行於五達道之閒 人君一日萬幾而求敏其政者哉)

---

679) 그런……배워라 : 이 문구는 『논어』「학이」제6장에 보인다.

제21장

성(誠)으로부터 밝아지는 것을 성(性)이라 하며, 명(明)으로부터 밝아지는 것을 교(敎)라 하니, 성(誠)하면 밝아지고 밝아지면 성(誠)해진다.

自誠明 謂之性 自明誠 謂之敎 誠則明矣 明則誠矣

1

　『중용』 첫머리에 '성(性)'·'도(道)'·'교(敎)'라 한 것은 바탕[質]이 있어서 문장을 이룩한 것이고, '천명(天命)'·'솔성(率性)'·'수도(修道)'는 일이 허(虛)에 이르러 아직 명실상부함이 있지 않은 것이다. 허에 이르렀을 적에 바탕이 있어 문장을 이룩한 것을 소급하여 그것이 유래한 바를 알기 때문에 '지위(之謂)'[680]라고 한 것이다.

　이 장에서 '자성명(自誠明)'이라고 말한 것은 그것의 실제 이치가 있는 것이고, '자명성(自明誠)'이라고 말한 것은 그것의 실제 일이 있는 것이다. '성(性)'은 하늘[天]에 공(功)이 되고, '교(敎)'는 사람[人]에게 공이 된다. 그 실제를 인하여 그것이 공이 됨을 아는 것이기 때문에 이 장에서 '위지(謂之)'[681]라고 말한 것이다.

---

680)　지위(之謂) : 『중용장구』 제1장 "天命之謂性 率性之謂道 修道之謂敎"의 '지위(之謂)'를 가리킨다.

681)　위지(謂之) : 『중용장구』 제21장 "自誠明 謂之性 自明誠 謂之敎 誠則明矣 明則誠矣"의 '위지(謂之)'를 가리킨다.

천명은 크고, 성(性)은 작다.─성(性)은 한 사람에게 소속시켜 말한 것이다.─ 솔성(率性)은 허하고, 도(道)는 실하다. 수도(修道)는 바야흐로 행하는 것이고, 교(敎)는 이미 그러한 것이다. 명(命) 밖에 성(性)이 없고, 성 밖에 도가 없고, 도 밖에 교가 없다. 그러므로 제1장에서 '지위(之謂)'라고 말한 것이니, 그것이 본디 그러한데 나에게 주어졌다는 명칭이다.

성(誠)과 명(明)은 모두 성(性)이고, 모두 교(敎)다. 자연에서 얻은 것은 성(性)이고, 그 자연을 회복한 것도 성이며, 교 또한 자연의 이치 아닌 것이 없다. 밝음이 생기는 것도 성(性)이고, 밝음이 붙어 있는 것도 성이며,─인(仁)·의(義)·예(禮)와 같은 것들이다.─ 교 또한 하늘의 밝음이 생기는 바에 근본을 한다. 다만 그것들이 서로 인할 적에는 이어짐도 있고 보존됨도 있고─성(性)을 이루어 보존하는 것이 도의(道義)의 문이다.─ 통함도 있고 회복됨도 있다. 그것이 본디 그러하여 분별이 없는 경지에서 어떤 일을 할 수 있도록 나뉘기 때문에 이 장에서 '위지(謂之)'라고 한 것이니, 내가 무엇을 한다는 명칭으로 분변하여 드러낸 것이다.

황순요(黃洵饒)[682]가 이에 대해 완급을 나타낸 것이라고 한 설[683]은 두 가지 뜻 모두 온당치 않다.(曰性曰道曰敎 有質而成章者也 曰天命曰率性曰脩道 則事致於虛而未有其名實者也 溯其有質成章者於致虛之際 以知其所自來 故曰之謂 曰自誠明 有其實理矣 曰自明誠 有其實事矣 性 爲功於天者也 敎 爲功於人者也 因其實而知其所以爲功 故

682) 황순요(黃洵饒) : 순요(洵饒)는 자이고, 이름은 관(寬)이다. 복녕(福寧) 사람이며, 저술로『사서부찬(四書附纂)』이 있다. 사고전서에 수록된『민중이학연원고(閩中理學淵源考)』에 실려 있다.

683) 황순요(黃洵饒)가……설 : 출전이 자세치 않다.『중용장구대전』및『중용혹문』에는 그의 설이 보이지 않는다.

曰謂之 天命大而性小 (性屬一人而言) 率性虛而道實 脩道方爲而敎已然
命外無性 性外無道 道外無敎 故曰之謂 彼固然而我授之名也 誠明皆
性 亦皆敎也 得之自然者性 復其自然者亦性 而敎亦無非自然之理 明
之所生者性 明之所麗者亦性 (如仁義禮等) 而敎亦本乎天明之所生 特
其相因之際 有繼有存 (成性存存 道義之門) 有通有復 則且於彼固然無分
之地而可爲之分 故曰謂之 我爲之名而辨以著也 黃洵饒緩急之訓 未
當二者之義)

2

　『중용장구』의 주에 "〈성인의 덕은〉 본성[性]을 부여받은 대로 소유
한[所性而有] 것"이라 하였고, "〈현인의 학문은〉 가르침을 말미암아
들어간 것[繇敎而入]"이라 하였으니, 이는 성(性)이 응축된 바와 가
르침[敎]이 이루어진 바에 나아가 말한 것이다.─이는 아래로 한 층 내려간 설
이다.─ 그로 인하여 성인과 현인을 취해 그에 해당하는 사람으로 나누
어 그 점을 실증하였으니, 말이 절로 통할 수 있다. 『중용장구대전』 소
주에 실린 『주자어류-중용』에서 인용한 말[684]과 『중용혹문』에서 취한
남전 여씨(藍田呂氏)의 설[685]은 필경 이 장의 '성(性)'자와 '교(敎)'

---

684) 『중용장구대전』……말 : 『중용장구대전』 제21장 소주에 "朱子曰 此性字 是性之
也 此敎字 是學知也 與首章天命謂性修道謂敎二字義 不同"이라 하였다.
685) 『중용혹문』에서……설 : 『중용혹문』 제21장 소주에 보이는데, 그 내용은 다음과
같다. "藍田呂氏曰 自誠明 性之者也 自明誠 反之者也 性之者 自成德而言 聖人之所性
也 反之者 自志學而言 聖人之所敎也 成德者 至于實然不易之地 理義皆此出也 天下之

자 두 글자에 대해 불안하다.

맹자가 말한 '군자소성(君子所性)'[686]의 소(所) 자는, '바라는 바[所欲]'나 '즐거운 바[所樂]'와 한 가지 용례이니, "군자는 보는 바로써 자기 성품을 삼는다."는 것을 말한 것이다. 맹자가 이목구비가 하고자 하는 것을 "군자는 성(性)이라고 하지 않는다."라고 한 말[687]을 살펴보건대, '소성(所性)'이란 군자가 이른바 성(性)이라고 하는 것으로, 군자의 성품 안에 있는 경계를 말하는 것이 아니고, 본성을 본 뒤의 의거하는 바를 말하는 것이다. "요·순은 본성대로 하였다.[堯舜性之]"[688]라고 말하면 요·순의 공용에 나아가 말하려 하는 것이다. 그리고 "일상생활에서의 모든 행위가 예에 맞는다.[動容周旋中禮]"라고 하는 것과 같은 네 가지의 일[689]은 모두 그 본성이 갖추고 있는 것을 미루어 근본해서 자연스럽게 모두 마땅함을 얻는 것이 본성의 덕임을 근원적으로 말한 것이지, 본성으로 자연을 삼은 말은 아니다.

가르침[敎]이 배움[學]이 아니고 배움이 가르침이 아닌 데 이르면, 뜻이 반드시 통할 수 없는 점이 더욱 분명해진다. 『중용장구』의 주에

理 如目睹耳聞 不應而知 不言而喩 此之謂誠則明 志學者 致知以窮天下之理 則天下之理皆得 卒亦至於實然不易之地 至簡至易 行其所無事 此之謂明則誠"

686) 군자소성(君子所性) : 이 문구는 『맹자』 「진심 상」 제21장에 보인다.

687) 이목구비……말 : 『맹자』 「진심 하」 제24장에 "孟子曰 口之於味也 目之於色也 耳之於聲也 鼻之於臭也 四肢於安佚也 性也 有明焉 君子不謂性也"라고 한 것을 가리킨다.

688) 요……하였다 : 이 문구는 『맹자』 「진심 상」 제30장에 보인다.

689) 일상생활에서의……일 : 『맹자』 「진심 하」 제33장에 보이는 네 가지 일을 가리키는데, 그 내용은 다음과 같다. 일상생활에서의 모든 행위가 예에 맞는 것[動容周旋中禮], 죽은 이에게 곡하며 슬퍼하는 것[哭死而哀], 떳떳한 덕을 지키며 간사하지 않는 것[經德不回], 언어를 반드시 미덥게 하는 것[言語必信]이다.

"가르침을 말미암아 들어간다.[由敎而入]"고 한 것은 현인의 학문이긴 하지만, 가르침이 현인의 일이라고 꼭 말할 수는 없다. 그러므로 남전 여씨(藍田呂氏)는 이에 대해 속일 수 없는 점이 있어서 굳이 '성인이 가르치는 바[聖人之所敎]'라고 말한 것이다.[690] 배움은 가르치는 바를 배우는 것이기 때문에 배움이 반드시 가르침은 아니다. 가르침은 남이 배우는 것을 가르치는 것이기 때문에 가르침이 반드시 배움은 아니다. 배움은 일이 있다는 말이고, 가르침은 법을 이룬다는 말이다. 이런데도 남으로 하여금 나의 설을 굽혀 따르게 할 수 있다면, 어찌 고인을 억눌러 자신의 사견을 따르게 할 수 있지 않겠는가?

요컨대, 이 한 절의 문자는 두 단락으로 나뉜다. 위의 2구는 이치[理]로써 말한 것이고, 아래의 2구는 일[事]로써 말한 것이다. 이치의 측면에서 그것이 나뉘는 바를 보면, 본성[性]은 하늘에 근원하고 가르침[敎]은 사람으로부터 말미암는다. 일의 측면에서 그것이 합하는 것을 드러내면 하늘에 합하는 것은 사람에게 동일하고, 사람에게 극진한 것은 하늘에 동일하다. 두 단락으로 분명하게 나누어 놓았으니, 진씨(陳氏)의 "아래 2구는 위의 뜻을 맺은 것이다."라고 한 설[691]은 경솔한 말이다.

이치가 나뉜 것은 합하지 않는 적이 없으니 제1장에서 그런 뜻을

---

690) 남전 여씨(藍田呂氏)는……것이다 : 남전 여씨는 북송 때의 학자 여대림(呂大臨 1040-1092)을 가리킨다. 자는 여숙(與叔), 호는 남전(藍田)이다. 장재(張載)·정이(程頤)에게 배웠으며, 사량좌(謝良佐)·유작(游酢)·양시(楊時)와 함께 '정문 사선생(程門四先生)'으로 일컬어졌다. 저술로 『대학중용해(大學中庸解)』가 있다. 여기서 말하는 남전 여씨의 설은 『중용장구』 제21장 소주에 인용된 것을 말한다.

691) 진씨(陳氏)의……설 : 진씨는 누구인지 자세치 않다. 이 설은 『중용장구대전』 제21장 소주에 보이는데, 그 내용은 다음과 같다. "陳氏曰 下二句結上意 可以至於誠 可以是做工夫處"

드러내 밝혔다. 본성[性]과 가르침[敎]은 하나로 관통된다. 따라서 본성을 말하면 그 가르침이 있게 되며, 가르침을 말하면 본성을 따르지 않음이 없다. 일이 합한 경우에는 나뉨이 있으니, 본문에 '성(誠)을 말미암아서 밝아지는 것을 본성이라 한다.[自誠明 謂之性]'는 것은 본성을 따라 자연히 그렇게 되는 것으로 하늘에서 공을 이룩한 것이고, '밝음을 말미암아서 성해지는 것을 가르침이라 한다.[自明誠 謂之敎]'는 것은 가르침을 기다려 완성하는 것으로 사람에게서 공을 이룩한 것이다. 앞의 2구만으로도 그 이치에 충분히 도달하니, 뒤의 2구에서 거듭 말하는 것을 기다리지 않는다.

　나는 이 두 단락이 서로 이어지는 관계에 대해 다음과 같이 말하고 싶다. "성인이 본성을 극진히 한 것은 성(誠)이고, 현인이 가르침을 받드는 것은 명(明)이다. 본문에 '성하면 밝아진다.[誠則明]'고 한 것은 가르침이 세워지는 것이고, '밝으면 성해질 수 있다.[明則誠]'고 한 것은 본성이 극진해지는 것이다." 이와 같이 보면, 두 단락의 뜻이 연결되어 분명해질 것이니, 이 장의 의혹을 타파할 수 있을 것이다.

　그러나 본문에 "성하면 밝아진다."고 하고 '본성대로 하면 밝아지지 않음이 없다.[性則無不明]'고 말하지 않았으며, "밝으면 성해질 수 있다."고 하고 '가르치면 성(誠)에 이를 수 있다.[敎則可以至於誠]'고 말하지 않았다. 위의 2구에서는 성인·현인에 대해 언급하지 않았으니, 반드시 아래 2구의 '성즉명의(誠則明矣)'의 성(誠)이라는 한 글자를 기다린 뒤에야 성인의 덕은 성(誠)에 충족된다고 말할 수 있고, '명즉성의(明則誠矣)'의 명(明)이라는 한 글자를 기다린 뒤에야 현인의 학문은 명(明)을 인한다고 말할 수 있음을 알 수 있다. 이에 대한『중용장구』의 주의 '덕무부실(德無不實)' 이하 8구의 해석은 아래 2구의 '성(誠)'·'명(明)' 자의 해석으로는 쓸 수 있지만, 위의 2구에 대해서는 해석하지 않은 것이니 이 점이 바로 『중용장구』의 주의 엉성함이다.

성인의 덕은 성(誠)을 말미암아 밝아지니, 그렇게 되는 까닭은 천명의 성(性)이 성(誠)을 말미암아 밝아지기 때문이다. 현인의 학문은 명(明)을 말미암아 성해지니, 그러한 까닭은 성인의 가르침만이 명(明)을 말미암아 성해지기 때문이다.

하늘[上天]의 일은 소리도 없고 냄새도 없지만 합하고 열고 변하고 화(化)하여, 실제로 그러함이 있으면 차등이 있거나 감쇄(減殺)하는 것이 만물 가운데 환히 드러난다. 마치 하늘에 솔개가 날고 연못에 물고기가 뛰놀아 위·아래로 살펴보아 그 이치가 드러나지 않음이 없는 것과 마찬가지다. 성(誠)을 말미암아 밝아지는 것은 그런 것을 가지고 있기 때문에 드러내는 것이다. 그것은 하늘에서는 명(命)이 되고, 사람에게는 성(性)이 된다. 그러나 이 단락에서 명(命)을 말하지 않은 까닭은 명은 하나의 성(誠)일 뿐이지만 성(性)에는 허령불매(虛靈不昧)의 명(明)이 있기 때문이다.

성인의 덕은 자신에게 깨달은 것인데 기강이 되고 조리가 되어 밝고 밝아서 어긋나지 않는다. 그것을 펴서 예(禮)·악(樂)·형(刑)·정(政)을 만들어 천하 후세에 밝게 행해지게 하여 일반인들로 하여금 누구든지 알고 능히 행해 자기의 본성을 극진히 할 수 있게 한다. 명(明)을 말미암아 성해지는 것은 자기의 이미 밝은 것을 미루어 성하지 않은 것을 밝히는 것이다. 천리의 본디 성(誠)한 것을 밝히면 문장도 소유하고 재질[質]도 소유하는데 천리에 돌이켜도 모두 망령되지 않는다. 그래서 성인에게는 도가 되고 천하 사람들에게는 가르침[敎]이 된다. 그러나 여기서 도를 말하지 않은 것은 성인이 도에 대해서는 그 본디 밝은 것을 따를 뿐, 가르침이 되는 것을 세워 이치로 하여금 실체에 드러나게 하기 때문이다.

하늘[天]은 성(誠)에서 그치지는 것을 용납하지 않고 명(明)에도 마음이 없다. 성(誠)은 하늘의 도이고, 명(明)은 사람의 하늘이다. 성인은 명(明)에 공이 있지만, 천하의 성(誠)·명(明)을 기필할 수 없으니, 성인은 가르침을 세우는 근본이다. 성(誠)은 가르침 속에 있는 덕이다. 현인은 성(誠)에 지향을 두고 명(明)에서 그 일을 미리 행하니, "선에 밝지 않으면 자신을 성하게 할 수 없다.[不明乎善 不誠乎身]"[692]는 것으로, 널리 배우고[博學之] 자세히 묻고[審問之] 신중히 생각하고[愼思之] 명확히 분변하는[明辨之] 것이 성(聖)을 통해 공부하는 것이다. 이는 하늘에도 있고 사람에게도 있으니, 성인이 가르침을 닦고 현인이 가르침을 말미암는 차등은 참으로 분별이 있다.―『중용장구』제21장 위 2구의 뜻이다.― 하늘에 있어서는 성(誠)이 되지만, 사람에게 있어서는 반드시 그 명(明)이 있게 된다. 그런데 명(明)은 성(性)에서 주어지는 것으로 성(性)에 성(誠)만 있고 명(明)이 없는 것은 아니다.

그러므로 성인은 그 성(誠)을 소유하고 반드시 명(明)도 있으니 성인이 본성을 극진히 하여 하늘에 합하는 까닭은 참으로 그 자연이 발현되기 때문이다. 성인이 밝힌 것을 현인이 얻어 자신을 성(誠)하게 할 수 있다. 명(明)은 성인의 가르침에서 열리지만 그들을 가르치는 것은 아니다. 단지 밝힐 수 있을 뿐, 성(誠)에 합당하게 할 수는 없다. 그러므로 현인은 성인이 밝힌 것을 밝히고, 또 성인이 성(誠)한 바를 성하게 한다. 현인이 성인을 배워 하늘에 거의 이르는 것은 그 공력을 기울이는 바탕과 시작을 밝히는 것이다. 그렇다면 성(性)에는 반드시

---

692) 선에……없다 : 이 문구는『중용장구』제20장 제17절에 보인다.

명(明)이 있은 뒤에 가르침[敎]이 세워지고, 학문[學]에는 반드시 명(明)을 말미암은 뒤에 가르침을 인해 도에 들어간다. 그러므로 앞 장에서 "선(善)에 밝지 않으면 자신을 성하게 할 수 없다.[不明乎善 不誠乎身]"고 말한 것이다. 명(明)이 하늘에 있어서는 아직 있지 않은 것이지만, 성인에게는 반드시 있는 것이고, ─'명(明)을 말미암아 성해진다.[自明誠]'의 명(明) 자는 성인에 속한 설이다.─ 현인에게는 반드시 쓰는 것이다. ─'명하면 성해질 수 있다.[明則誠矣]'의 명(明) 자는 현인에 속한 설이다.─ 그러니 『중용』은 성(誠)에서 공을 구하되 반드시 명(明)으로써 그 계단과 문을 삼은 것이다.

이 한 장의 뜻이 대개 이와 같다. 이런 뜻으로 이하 12장에서 구하면 합하지 않음이 없다. 마지막 장은 덕에 들어가는 공부를 지적해 보여주었는데, 반드시 기미를 아는 것으로써 첫머리를 삼았다. 제1장에서는 평범하게 성(性)·도(道)·교(敎)를 나열했는데, 반드시 가르침[敎]으로써 귀결점을 삼았으니, 또한 이 뜻과 합하지 않음이 없다. 그렇다면 이 장에 대해 진씨(陳氏)가 '아래 2구는 위의 2구를 맺은 것이다.'라고 한 설[693]처럼 절차를 없애고 혼합하여 1구로 만든다면, 그 뜻을 세운 것이 산만하여 귀결되는 곳이 없고 대의도 드러나지 않을 것이다. 이런 구별하는 말을 하여 천하 사람들과 동떨어진 것으로 성인의 공을 삼는 것을 자사(子思)가 어찌 일삼았겠는가?(章句云所性而有 繇敎而入 則就性之所凝與敎之所成者言 (是移下一層說) 因取聖賢而分實之以其人 語自可通 小註所載朱子語錄及或問所取藍田之說 則畢竟於性敎兩字不安 孟子言君子所性一所字 與所欲所樂一例 言君

---

693) 진씨(陳氏)가……설 : 『중용장구대전』제21장 소주에 보이는 "陳氏曰 下二句結上意 可以至於誠 可以是做工夫處"라고 한 설을 가리킨다.

子所見以爲己性者也 觀孟子言耳目口鼻之欲君子不謂之性 則知所性
者 君子所謂之性 非言君子性中之境界 而謂見性後之所依據也 若其
云堯舜性之 則要就堯舜之功用而言 如動容周旋中禮四事 皆推本其
性之撰 而原其所以得自然咸宜者 性之德也 而非以性爲自然之詞也
至於教非學 學非教 義之必不可通也 則尤明甚 繇教而入者 賢人之學
而必不可謂教者賢人之事 故藍田於此 亦有所不能誣 而必云聖人之
所教 夫學以學夫所教 而學必非教 教以教人之學 而教必非學 學者 有
事之詞也 教者 成法之謂也 此而可屈使從我之所說 則亦何不可抑古
人以徇其私見哉 要此一節文字 自分兩段 上二句以理言 下二句以事
言 於理而見其分 則性原天而教自人 於事而著其合 則合天者亦同乎
人 而盡人者亦同乎天 旣顯分兩段 則陳氏下二句結上意之說 眞成鹵
莽 若夫理之分者未嘗不合 則首章已顯明其旨 性教原自一貫 纔言性
則固有其教 凡言教則無不率於性 事之合者固有其分 則自誠明謂之性
而因性自然者 爲功於天 自明誠謂之教 則待教而成者 爲功於人 前二
句固已足達其理 不待後之複爲申說也 愚欲於兩段相承之際爲之語曰
聖人之盡性 誠也 賢人之奉教 明也 誠則明矣 教斯立矣 明則誠矣 性
斯盡矣 如此 則轉合明而可以破此章之疑 然本文云誠則明矣 而不云
性則無不明矣 明則誠矣 而不云教則可以至於誠矣 是亦足見上二句
之未及乎聖人賢人 必待下二句誠則明矣一誠字 方以言聖人之德足乎
誠 明則誠矣一明字 方以言賢人之學因乎明 是章句德無不實八句 僅
可用以釋下二句誠明二字 而上二句則未之釋 此章句之疎也 聖人之
德自誠而明 而所以爾者 則天命之性自誠明也 賢人之學自明而誠 而
其能然者 惟聖人之教自明誠也 上天之載 無聲無臭 而翕闢變化 有其
實然 則爲等爲殺 粲然昭著於萬物之中 一鳶飛魚躍之可以仰觀俯察
而無不顯 自誠而明者 惟其有之 是以著之也 於天爲命 而於人爲性也

327

然其所以不言命者 則命唯一誠 而性乃有此虛靈不昧之明也 聖人之
德 以其喻乎已者 紀綱條理 昭晰不忒 得以列爲禮樂刑政 確然行於天
下後世 使匹夫匹婦可以與知與能而盡其性 自明而誠者 推其所已明
以爲明爲不誠者 明夫天理之固誠 而有章有質 反之天理而皆非妄也
於聖人爲道 而於天下爲教也 然其所以不言道者 則聖人之於道 唯率
其本明 而旣立爲教 乃使理麗於實也 天不容已於誠 而無心於明 誠者
天之道也 明者人之天也 聖人有功於明 而不能必天下之誠明者 聖人
立教之本也 誠者教中所有之德也 賢人志於誠 而豫其事於明 則不明
乎善 不誠乎身 學問思辨所以因聖而爲功者也 此在天在人 聖脩教賢
緤教之差等 固然其有別 (上二句之旨) 而在天爲誠者 在人則必有其明
明授於性 而非性之有誠而無明 故聖人有其誠而必有明 聖之所以盡
性而合天者 固其自然之發見 聖之所明者 賢者得之而可以誠 明開於
聖教 而非教之但可以明而無當於誠 故賢人明聖人之所明 而亦誠聖
人之所誠 賢之所以學聖人而幾於天者 明尤其用功之資始 然則性必
有明而後教立 學必緤明而後因教以入道 故曰不明乎善 不誠乎身 明
雖在天所未有而聖必有 (自明誠明字屬聖人說) 在賢必用 (明則誠矣明字屬賢
人說) 中庸所以要功於誠 而必以明爲之階牖也 一章之旨 大槩如此 乃
以求以下十二章 無不合符 末章指示入德之功 必以知幾爲首 首章平
列性道教 而必以教爲歸 亦無不合符者 然則於此章竟删抹節次 混合
爲一 如陳氏所云下結上者 要其立義漫無歸宿 而大義不顯 子思亦何
事爲此區別之言 絕天下以作聖之功哉)

오직 천하의 지극히 성(誠)한 분이어야 자기의 본성을 다할 수 있다. 자신의 본성을 다할 수 있으면 남의 본성을 다할 수 있으며, 남의 본성을 다할 수 있으면 물(物)의 본성을 다할 수 있으며, 물(物)의 본성을 다할 수 있으면 천지(天地)의 화육(化育)을 도울 수 있으며, 천지의 화육을 도울 수 있으면 천지와 더불어 참여할 수 있다.

惟天下至誠 爲能盡其性 能盡其性 則能盡人之性 能盡人之性 則能盡物之性 能盡物之性 則可以贊天地之化育 可以贊天地之化育 則可以與天地參矣

제22장 이하에 대해『중용장구』의 주에는 "〈이장은〉 천도를 말한 것이다.[言天道也]", "〈이장은〉 인도를 말한 것이다.[言人道也]"라는 말을 붙여놓았다.[694] 〈독자들은〉 주자가 각 장의 요지를 이와 같은 표 제어로 요약해 독자들로 하여금 기억하기 편리하도록 한 뜻을 알아야 한다. 기실 "천도를 말한 것이다."라고 한 것은 성인이 천도를 몸에 갖추고 있음을 말한 것이고, "인도를 말한 것이다."라고 한 것은 군자가 인도에 극진히 함을 말한 것이다. 성인은 스스로 성인이고 하늘은 스스로 하늘이기 때문에 "〈성인이 천지의 화육을〉 도울 수 있다.[可以贊]", "〈성인은 천지와 더불어 나란히 서서 그 일에 참여할 수 있다.[可以參]"고 말한 것이다. '신과 같다.[如神]'[695]고 하거나 '하늘에 배합한

---

694) 제22장……붙여놓았다 : 주자는 제22장은 천도를 말한 것으로, 제23장은 인도를 말한 것으로, 제24장은 천도를 말한 것으로, 제25장은 인도를 말한 것으로, 제26장은 천도를 말한 것으로, 제27장·제28장·제29장은 인도를 말한 것으로, 제30장·제31장·제32장은 천도를 말한 것으로 보았다.

695) 신과 같다 :『중용장구』제24장에 "그러므로 지극한 성은 신과 같다.[故至誠 如

다.[配天]'696)고 한 것은 모두 비의(比擬)한 것인데 차등이 있다. '가이(可以)'는 할 수 없는데 할 수 있게 되었다는 말이다. '같다[如]'고 하거나 '배합한다[配]'고 하는 경우는, 다르기는 하지만 서로 같기도 하고 서로 배합하기도 한다는 것이다.

맹자가 성인의 천도에 대한 관계를 말할 적에는 분별이 있어서 한결같이 인(仁)이 부자(父子)에 있어서의 관계를 말하는 것과 같이 하였다.697) 인은 마음의 덕이고 부자는 천륜(天倫)이다. 인이 곧 부자가 아니니 천도도 곧 성인이 아님은 분명하다.

또한 인도만 군자에 귀속시키는 것도 불가하다. 인도는 성인이라야 다 얻을 수 있다. 그러므로 인도를 말한 장에 "오직 천하의 지극히 성한 분이어야 능히 변화시키는 일을 한다.[唯天下至誠 爲能化]"698), "위대하구나! 성인의 도여.[大哉 聖人之道]"699)라고 하였으며, 천도를 말한 장에서도 "능히 자기의 본성을 극진히 한다.[能盡其性]"700)라고 하였다. 하늘에 있으면 명(命)이 되고, 사람에게 있으면 성(性)이 된다. '본성을 극진히 한다.[盡性]'는 것은 인도를 극진히 하는 것이다.

神]'고 한 것을 가리킨다.

696) 하늘에 배합한다 : 『중용장구』 제26장에 "높고 밝은 것은 하늘에 배합한다.[高明配天]'고 한 것을 가리킨다.

697) 맹자가……하였다 : 『맹자』「진심 하」 제24장에 "인(仁)이 부자의 사이에 있어서와 의(義)가 군신의 사이에 있어서와 예(禮)가 빈주(賓主) 사이에 있어서와 지(智)가 현자에 있어서와 성인이 천도에 있어서는 명(命)이지만 거기에는 성(性)이 있는지라 군자는 그것만을 명(命)이라 하지 않는다.[仁之於父子也 義之於君臣也 禮之於賓主也 智之於賢者也 聖人之於天道也 命也 有性焉 君子不謂命也]"라고 한 것을 가리킨다.

698) 오직……한다 : 이 문구는 『중용장구』 제23장에 보인다.

699) 위대하구나! 성인의 도여 : 이 문구는 『중용장구』 제27장에 보인다.

700) 능히……한다 : 이 문구는 『중용장구』 제22장에 보인다.

『논어』에 "선생께서 성과 천도를 말씀하시는 것은 얻어들을 수 없었다.[夫子之言性與天道 不可得而聞也]"[701]라고 하였으니, 성(性)과 천(天)을 구분한 것이 분명하다. 곧장 '천지의 화육을 돕고', '천지와 더불어 나란히 서서 그 일에 참여하는' 데에 이른 뒤에야 성인이 천도를 본체로 하는 것이 나타난다. 천도를 본체로 하는 것도 인도를 극진히 하는 것으로써 그것을 체득하는 것일 따름이다.

이러한 대목이 바로 『중용』에서 원래 각각의 설이 합치되기를 의도한 것이니, "그것을 아는 데 이르러서는 마찬가지다.[及其知之 一也]"[702], "공을 이룩하는 데 이르러서는 마찬가지다.[及其成功 一也]"[703]라고 한 데에서 그런 점을 알 수 있다. 그러므로 성인의 분수에 대해서는 '천지의 화육[天地之化育]'[704]과 '천지의 도[天地之道]'[705]와 '하늘의 명[維天之命]'[706]과 '천지가 위대하게 된 까닭[天地之所以爲大]'[707]을 말하고, 군자의 분수에 대해서는 "성인의 도는 넓고 넓게 만물을 발육하여 우뚝 높은 것이 하늘에 이르렀다.[大哉 聖人之道 洋

----

701) 선생께서……없었다 : 이 문구는 『논어』「공야장」 제12장에 보인다.

702) 그것을……마찬가지다 : 『중용장구』 제20장 제9절에 "혹 태어나면서부터 그것을 아는 경우도 있고, 혹 배워서 그것을 아는 경우도 있고, 혹 곤궁해서 그것을 아는 경우도 있으니, 그가 그것을 아는 데 이르러서는 마찬가지다.[或生而知之 或學而知之 或困而知之 及其知之 一也]"라고 한 것을 가리킨다.

703) 공을……마찬가지다 : 『중용장구』 제20장 제9절에 "혹 편안하게 여겨 그것을 행하기도 하고, 혹 이롭게 여겨 그것을 행하기도 하고, 혹 억지로 힘써 그것을 행하기도 하니, 그가 공을 이룩하는 데 이르러서는 마찬가지다.[或安而行之 或利而行之 或勉強而行之 及其成功 一也]"라고 한 것을 가리킨다.

704) 천지의 화육 : 이 문구는 『중용장구』 제22장에 보인다.

705) 천지의 도 : 이 문구는 『중용장구』 제26장에 보인다.

706) 하늘의 명 : 이 문구는 『중용장구』 제26장에 보인다.

707) 천지가……까닭 : 이 문구는 『중용장구』 제30장에 보인다.

洋乎發育萬物 峻極于天]"[708]고 말하고, "성(誠)은 스스로 자신을 이룩하는 것으로……자신만 완성할 뿐만이 아니라 남까지도 완성시켜 주는 것이다.[誠者 自成也……誠者 非自成己而已也 所以成物也]"[709]라고 말하고, "천지에 세워도 어긋나지 않는다.[建諸天地而不悖]"[710]라고 말한 것이다. 움직일 때 성찰하고 고요할 때 존양하는 공부를 지극히 하여 "상천(上天)의 일은 소리도 없고 냄새도 없다.[上天之載 無聲無臭]"[711]고 하는 경지에 순순히 이르면, 이런 이치 아닌 것이 없을 것이다. 성인은 하늘에 합하고, 현인은 성인에 합한다. 성인에 합하면 하늘에 대해서도 어찌 멀겠는가? 유학자들은 생이지지(生而知之)와 안이행지(安而行之), 학이지지(學而知之)와 이이행지(利而行之), 곤이지지(困而知之)와 면강이행지(勉强而行之)의 분별에만 구구하게 매달리며 본성을 극진히 하는 것이 천명에 합하는 데 이르는 것임을 모르고 있으니 본지를 크게 잃은 것이다.(二十二章以下 章句繫之語 云言天道也 言人道也 須知朱子是隱括來說箇題目 便人記憶 其實則 所云言天道者 言聖人之具體乎天道也 言人道者 言君子之克盡乎人 道也 聖人自聖人 天自天 故曰可以贊 可以參 曰如神 曰配天 俱有比 擬 有差等 可以者 未可而可之詞也 曰如曰配者 雖異而相如相配也 孟 子言聖人之於天道 固有分別 一如言仁之於父子 仁者心德 父子者天 倫 仁非卽父子 則天道亦非卽聖人審矣 又獨以人道歸君子 亦不可 人

---

708) 성인의……이르렀다 : 이 문구는『중용장구』제27장에 보인다.

709) 성(誠)은……것이다 : 이 문구는『중용장구』제26장에 보인다.

710) 천지에……않는다 : 이 문구는『중용장구』제29장에 보인다.

711) 상천(上天)의……없다 :『중용장구』제33장 말미에 보인다. 이 문구는 본디『시경』대아(大雅)「문왕(文王)」에서 인용한 것이다.

道須是聖人方盡得 故言人道章亦曰唯天下至誠爲能化 曰大哉聖人之
道 言天道章亦云能盡其性 在天爲命 在人爲性 盡性 固盡人道也 論語
言性與天道 性天之分審矣 直至贊化育 參天地 而後聖人之體天道者
見焉 要其體天道者 亦以其盡人道者體之爾 此等處 中庸原要說合 見
得知之成功之一 故於聖人分上 說天地之化育 天地之道 維天之命 天
地之所以爲大 於君子分上 說聖人之道 峻極于天 說誠者自成 所以成
物 說建諸天地而不悖 乃至動察靜存之功 馴至於上天之載 無聲無臭
無非此理 聖則合天矣 賢則合聖矣 合聖 而於天又豈遠哉 諸儒徒區區
於生安學利困勉之分 而不知盡性卽以至命之合 大失本旨)

2

『중용혹문』에서는 제20장의 성(誠)을 말한 대목[712]에서 하늘[天]과
사람[人]이 본디 합하는 점을 미루어 밝히고, 그 뒤에 사람이 성하지
못하여 하늘과 다른 점이 있게 되었는데 그 해로움이 인욕(人欲)에
있음을 말하였으며, 이 제22장의 '지성(至誠)'·'진성(盡性)'을 말한
대목에 이르러서 '인욕의 사사로움이 없는 것[無人欲之私]'[713]을 가
지고 그 맥락을 삼았다. 이는 주자가 독자들에게 절실하게 보여준 말
로, 논리전개가 분명하고 수미가 잘 갖추어져 두루뭉술하게 덮어버리

---

712) 성(誠)을……대목 : 『중용장구』제20장 제18절 "誠者 天之道也 誠之者 人之道
也……"라고 한 대목을 가리킨다.
713) 인욕의……것 : 이는 『중용장구』제22장 주자의 주에 보인다.

지 않은 것이다. 주자가 정자(程子)의 "이치를 궁구하는 것이 바로 명(命)에 이르는 것이다."[714]라는 설을 취하지 않은 것도 이런 점을 쟁론(爭論)한 것이다.

대체로 성(誠)은 성(性)이 갖추고 있는 것이며, 성(性)은 성(誠)이 붙어 있는 곳이다. 성(性)에는 불성(不誠)이 없으니 ─인·의·예·지는 모두 충(忠)·신(信)을 싣고 있다.─ 이는 성(誠)을 말하는 것뿐만 아니라, 곧 성(性)도 말하는 것이다. ─성(性)에는 인·의·예·지가 있다.─ 성(誠)으로써 성(性)의 덕을 행하니 성(性)을 달리 이름 할 만한 것이 없어서 단지 성(誠)으로써 이름 한 것이 아니다. 성(性)은 실로 그 전례(典禮)가 있지만 성(誠)은 텅 빈 상태로 응하여 회통한다. 성(性)은 선을 구비하고, 성(誠)은 성(性)에 의지한다. 성(誠)은 하늘[天]의 작용이고 성(性)이 통하는 것이다. 성(性)은 하늘의 작용의 본체로 성(誠)이 주간(主幹)으로 하는 것이다. 그러므로 이 장에서 "오직 천하의 지극히 성한 분이어야 능히 자기의 본성을 극진히 하는 일을 한다.[唯天下至誠 爲能盡其性]"라고 말한 것이다. ─성(誠)과 성(性)을 나누어 둘로 삼아 서로 연관하여 그 점을 말할 수 있다.─ 하늘의 작용의 본체인 성(性)은 성인이나 일반인이나 차이가 없다. 그러나 성(誠)으로써 그 근본을 삼지 못하면, 시기하고 해치는 생각이 인(仁)에 뒤섞이고, 탐욕스럽고 혼매한 마음이 의(義)에 뒤섞이게 되며, 심한 경우는 그런 마음이 인·의를 빼앗기도 한다. 내가 본디 가지고 있는 큰 작용[大用] ─성(誠)─ 을 인하여 하늘이 나에게 명한 본체 ─성(性)─ 를 행해 가득 채워서 뒤섞임이 없게 하면, 인욕이 거기에 탈 수 없어서 ─시기하거나 해치려는 생각 등이 가탁할 바가 없으면 뒤섞임이

---

714) 이치를……것이다 : 이 문구는 『중용혹문』 제22장에 보인다.

없게 된다.— 성(誠)은 성(性)에 근본하지 않음이 없고, 성(性)은 성(誠)에 통하지 않음이 없게 된다.

또한 주자는 진심(盡心)으로써 그 묘용(妙用)을 극진히 하는 것으로 삼고, 진성(盡性)으로써 그 전체(全體)를 극진히 하는 것으로 삼았으니, 본체로써 성(性)을 말하는 것이 나의 설과 같다. 그러나 그 허령지각(虛靈知覺)[715]의 묘용을 극진히 하는 것이 어찌 성(誠)이 아니겠는가? 이 점에 대해서는 다시 논변할 것이 있다.

『맹자』에서는 지(知)로써 성(性)을 말하였는데[716], 이 『중용』에서는 행(行)으로써 말한 것이다.[717] 『맹자』의 '지성(知性)'[718]과 『중용』의 '진성(盡性)'[719]을 대구로 보면, 지(知)·진(盡)은 지(知)·행(行)으로 나누어지고, 『맹자』의 '진심(盡心)'[720]과 『중용』의 '지성(至誠)'[721]을 대구로 보면, 심(心)·성(誠)이 지·행으로 나누어진다. 질문하는 자가 제대로 살피지 못한 점이 있기 때문에 '진심(盡心)'과 '진성(盡性)'을 의심한 것인데, 주자가 그 점을 분별해 밝혔다.[722] 『맹자』의 '진심(盡

---

715) 허령지각(虛靈知覺) : 마음을 가리킨다.

716) 『맹자』에서는……말하였는데 : 『맹자』「진심 상」제1장의 "孟子曰 盡其心者 知其性也 知其性 則知天矣"라고 한 것을 가리킨다.

717) 여기서는……것이다 : 『중용장구』제22장의 "惟天下至誠 爲能盡其性……"을 가리킨다.

718) 지성(知性) : 『맹자』「진심 상」제1장의 "孟子曰 盡其心者 知其性也 知其性 則知天矣"의 '知其性'을 가리킨다.

719) 진성(盡性) : 『중용장구』제22장 "惟天下至誠 爲能盡其性"의 '盡其性'을 가리킨다.

720) 진심(盡心) : 『맹자』「진심 상」제1장의 '盡其心'을 가리킨다.

721) 지성(至誠) : 『중용장구』제22장 "惟天下至誠"의 '至誠'을 가리킨다.

722) 질문하는……밝혔다 : 『중용장구대전』제22장 소주에 보이는 내용으로, 혹자가 주자에게 "이 장의 '진성(盡性)'이 곧 『맹자』의 '진심(盡心)'입니까?"라고 묻자, 주자가

心)'은 허령지각의 묘용을 극진히 하는 것이니,『중용』의 이른바 '명선(明善)'이라고 한 것이다.『중용』의 '지성(至誠)'은 독실하고 충만한 큰 작용을 끝까지 쓰는 것이니,『중용』의 이른바 '성신(誠身)'이라고 한 것이다. 존심양성(存心養性)은 자신을 성실하게 하는 일이고, 진성(盡性)은 하늘을 섬기는 공효다.

군자의 학문은 가르침[敎]를 말미암아 들어가니, 명(明)을 말미암아 성(誠)하는[自明誠] 것은 마음을 극진히 하는[盡心] 것으로 처음할 일을 삼는다. 반면 성인의 덕은 하늘과 합하니, 성(誠)을 말미암아 명(明)하는[自誠明] 것은 마음을 극진히 함을 소략하게 하고 단지 성신(誠身)으로부터 시작한다. 성인은 인욕이 없으니, 마음을 극진히 하여 천리와 인욕의 경계를 분간하길 기다리지 않는다. 현인은 인욕을 막아 천리를 보존하는 사람이다. 인욕을 막을 적에는 반드시 인욕을 환히 아는 데에서 시작하기 때문에 진심(盡心)에 힘쓰고, 천리를 보존할 적에는 반드시 이치를 살피는 데 근본하기 때문에 지성(知性)에 힘쓴다. 맹자가 말한 '진심(盡心)'은 성(誠)을 생각하고서 그 의미를 말한 것이 되니,『중용』의 뒷부분에서 인도를 말한 여러 장의 뜻과 통한다. 그러나『맹자』의 '진심(盡心)'을 인용해『중용』의 이 장의 증거로 삼을 수는 없다.(或問於第二十章說誠之處 推天人之本合 而其後 人遂有不誠以異乎天者 其害在人欲 至此章言至誠盡性 而以無人欲之私爲之脈絡 此朱子喫緊示人語 轉折分明 首尾具足 更不囫圇蓋覆 其不取程子窮理便是至命之說 亦爭此耳 蓋誠者性之撰也 性者誠

다른 점을 밝힌 것이다. 원문은 다음과 같다. "問 盡性卽孟子盡心否 朱子曰 盡心是就知上說 盡性是就行上說 能盡得眞實本然之全體 是盡性 能盡得虛靈知覺之妙用 是盡心 盡性 盡心之盡 不是做工夫之謂 蓋言上面工夫已至 至此 方盡得耳"

之所麗也 性無不誠 (仁義禮知 皆載忠信) 非但言誠而卽性 (性有仁義禮知)
誠以行乎性之德 非性之無他可名而但以誠也 性實有其典禮 誠虛應
以爲會通 性備乎善 誠依乎性 誠者天之用也 性之通也 性者天用之體
也 誠之所幹也 故曰惟天下至誠 爲能盡其性 (可以分誠與性爲二 而相因言
之) 天用之體 不閒於聖人之與夫婦 無誠以爲之幹 則忮害雜仁 貪昧雜
義 而甚者奪之 因我所固有之大用 (誠) 以行乎天所命我之本體(性) 充
實無雜 則人欲不得以乘之 (忮害等無所假託則不雜) 而誠無不幹乎性 性
無不通乎誠矣 抑朱子以盡心爲盡其妙用 盡性爲盡其全體 以體言性
與愚說同 而盡其虛靈知覺之妙用者 豈卽誠乎 於此則更有辨 孟子以
知言 此以行言 則知性與盡性對 而於知與盡分知行 盡心與至誠對 而
於心與誠分知行 問者有所未察 故以盡心盡性爲疑 朱子則已別白之
矣 盡心者 盡其虛靈知覺之妙用 所謂明善也 至誠者 極至其篤實充滿
之大用 所謂誠身也 存心養性者 誠之之事也 盡性者 事天之效也 君子
學繇教入 自明而誠 則以盡心爲始事 聖人德與天合 自誠而明 則略盡
心而但從誠身始 聖人無欲 不待盡心以揀乎理欲之界 賢人遏欲以存
理者也 而遏欲必始於晰欲 故務盡心 存理必資乎察理 故務知性 孟子
爲思誠言其義 與下言人道諸章義通 不可引作此章之證)

3

　『중용장구』의 주에 "이 장은 성(誠)을 말미암아 밝아지는 자의 일
이다.[此 自誠而明者之事也]"[723)라고 하였으니, 사람과 생물의 본성
을 극진히 하여 천지의 화육(化育)을 돕고 천지와 더불어 그 일에 참

여해 셋이 되는 것은, 모두 명(明)을 지극히 하는 작용으로써 하기 때문이다. 앎[知]에 밝지 않음이 없는 것이 명(明)이다. 처함에 합당하지 않음이 없으면 이는 성(誠)으로써 남을 완성시켜주는 것이니, 또한 명(明)의 공효가 된다. 명(明)이 이르는 바에는 성(誠)의 작용이 모두 도달한다.

사람과 생물의 본성을 극진히 할 적에는 명(明)이 가르침이 될 뿐이니 성(性)이라 말할 수 없다. 그러니 "밝음을 말미암아 성(誠)해지는 것을 가르침이라 한다.[自明誠謂之教]"라고 한 것은, "성(誠)을 말미암아 밝아지는 것을 성(性)이라 한다.[自誠明謂之性]"라고 말한 것이 나중의 공용(功用)임을 밝힌 것이다. 이미 성(誠)해짐으로써 명(明)을 낳고 명(明)이 다시 성(誠)을 세우니, 이는 끝내 현인의 학문을 말한 것이 아님을 알 수 있다. 현인은 사람과 생물의 본성에 대해 앎이 밝아지기를 구하고 처함이 합당하기를 구한다. 그래서 자기의 본성에서 그런 점을 살펴 말미암아야 하니, 그런 경우는 곧바로 '그것을 가르침이라 한다[謂之教]'라고 말할 수 없음이 분명하다.

이로써 '밝음을 말미암아 성해지는[自明誠]' 것의 명(明) 자가 이루어진 덕으로 말하여 공부가 없는 것임을 알겠다. '성(誠)을 말미암아 밝아지는[自誠明]' 것도 '밝음을 말미암아 성해지는[自明誠]' 것과 마찬가지다. 곧 '밝으면 성해질 수 있다.[明則誠矣]'의 명(明) 자에 이르면, 바야흐로 현인의 학문이 되어 힘을 씀이 있게 된다. 그렇지 않다면 이 '성(誠)을 말미암아 밝아지는[自誠明]' 일이 어떻게 저절로 밝아서 그치질 않겠는가?─반드시 조처함이 합당하기 때문이다.─ 주자가 "성인이 교화

---

723) 이는……일이다 : 이 문구는 『중용장구』 제22장 주자의 주에 보인다.

를 펴서 일반인의 선한 본성을 개통시켜 일을 조처하는 데 그 이치를 얻게 하였다."724)라고 한 것이, 어찌 가르침을 말한 것이 아니겠는가?

대저 이런 대목은 생동감 있게 보아야 한다. 예컨대, 아래 장의 "내면이 성실하면 밖으로 나타나고, 밖으로 나타나면 현저하게 드러나고, 현저하게 드러나면 밝게 빛이 난다.[誠則形 形則著 著則明]"725)라고 한 것이, '성(誠)을 말미암아 밝아지는[自誠明]' 일이 아닌데, 무엇 때문에 성(誠)을 먼저 말하고 명(明)을 뒤에 말했겠는가?─'밝음을 말미암아 성해지는[自明誠]' 것 또한 성(誠)을 말미암아 다시 밝아지는 것이다.─(章句云此自誠而明之事 則盡人物之性 贊化育 參天地 皆以極明之用也 知無不明 固明也 處無不當 則是誠以成物 而亦爲明之效者 明之所至 誠用皆達也 盡人物之性 明只是教 而不可謂性 則自明誠謂之教 乃以言自誠明者明後之功用 旣誠以生明而明復立誠 其非竟言賢人之學可知已 若賢人則須於人物之性 求知之明 求處之當 於己之性 察而緖之 其不能卽謂之教 審矣 以此知自明誠明字 亦以成德言 而無工夫 自誠明者亦有其自明誠也 直至明則誠矣明字 方爲賢人之學而有力 不然 則此自誠明之事 何以不自明止 (必處之當故) 而朱子所云教化開通處得其理 又豈非教之謂乎 大抵此等處須要活看 如下章言誠則形 形則著 著則明 固非自誠明之事 而抑何以先誠而後明耶 (自明誠者 亦自誠而復明))

---

724) 성인이……하였다 : 이 말은 『중용장구대전』 제22장 소주에 보이는 내용으로, 주자의 말을 저자가 축약해 놓은 것이다. 소주에 실린 주자의 말은 다음과 같다. "性只一般人物氣稟不同 人雖稟得 氣濁 本善之性 終在有可開通之理 是以聖人有教化去開通他 使復其善 物稟氣偏 無道理 使開通 只是處之各當其理 且隨他所明處 使之 他所明處 亦只是這箇善 聖人便用他善底 如馬悍者 用鞭策 方乘得 此亦教化是隨他天理流行發見處 使之也"

725) 내면이……난다 : 이 문구는 『중용장구』 제23장에 보인다.

4

이 '지극히 성한 분[至誠]'은 반드시 덕도 있고 지위도 있는 사람이라고 말한 것은, 진씨(陳氏)[726]의 피상적인 견해다.[727] 본문에 "사람의 본성을 극진히 한다.[盡人之性]", "다른 생물의 본성을 극진히 한다.[盡物之性]"고 한 것의 진(盡) 자는 성(性)의 측면에서 말한 것이지 사람[人]·생물[物]의 측면에서 말한 것이 아니다. 한 사람도 사람[人]이고 천만 명의 사람도 사람[人]이다. 생물의 큰 측면을 말하더라도 생물[物]이고 생물의 적은 측면을 말하더라도 생물[物]이다. 어찌 공자가 지위를 얻지 못했다고 해서 사람과 생물의 본성을 능히 극진히 하지 않았겠는가?

이 장은 예·악을 만드는 것과는 같지 않다. 천하에 시행하는 관점으로 말하면 지위가 있어야 한다. 이 장은 자기가 아는 바와 처한 바의 사람[人]·생물[物]에 나아가 말한 것이니, 지위를 필요로 하지 않는다. 진씨(陳氏)는 주자가 "〈사람들의 본성을 극진히 한다는 것은〉 '백성들이, 아! 변하여 이에 화목해졌다.[黎民於變時雍]'[728]는 것과 같고, 〈다른 생명체의 본성을 극진히 한다는 것은〉 '날짐승·길짐승·물고기·자라 등이 모두 순응했다.[鳥獸魚鼈咸若]'[729]는 것과 같다."[730]

---

726) 진씨(陳氏) : 『중용장구대전』 소주에 보이는데, 누구인지 자세치 않다.

727) 이……견해다 : 『중용장구대전』 제22장 소주에 실린 진씨(陳氏)의 설에 "이는 곧 덕을 갖고 지위도 있는 성인의 일이니, 오직 요·순만이 족히 이런 데에 해당된다.[此乃有德有位之聖人之事 惟堯舜足以當之]"라고 하였다.

728) 백성들이……화목해졌다 : 이 문구는 『서경』 「요전(堯典)」에 보인다. 이는 일반인이 모두 성인의 교화에 젖어 변화한 것을 말한다.

729) 날짐승……순응했다 : 이 문구는 『서경』 「이훈(伊訓)」에 보인다. 이는 인간은 물

라고 한 말을 그대로 받아들여 바로 요·순을 끌어다 말하였다.[731] 진씨의 설은 주자의 설에 있는 하나의 '여(如)' 자가 생동감 있는 말[活語]임을 모른 것이다. 그 지극한 점을 극진히 하면, 일반 백성들도 변해 모두 화목해지고[時雍] 날짐승·길짐승 등도 모두 순응하게 될 것이니, 이는 모두 분수 밖의 일이 아니다. 그러나 어찌 일반 백성들이 모두 화목해지고, 날짐승·길짐승 등이 모두 순응한 뒤에 사람의 본성을 극진히 하고 생물의 본성을 극진히 하여 천지의 화육을 돕고 천지와 더불어 참여하는 것이겠는가?(說此至誠必是有德有位 陳氏之膚見也 本文云盡人之性盡物之性 盡字自在性上說 不在人物上說 一人亦人也 千萬人亦人也 用物之宏亦物也 用物之寡亦物也 豈孔子之未得位而遂不能盡人物之性耶 此與作禮樂不同 彼以行於天下言 則須位此就其所知所處之人物言 則不須位 陳氏死認朱子黎民於變時雍 鳥獸魚鼈咸若之語 使煞著堯舜說 不知朱子本文一如字 是活語 極其至處 則時雍咸若而皆非分外 然抑豈必時雍咸若而後能盡人物之性 以幾於贊化參天也哉)

───────────────────────

론 이 세상의 모든 생명체가 다 교화되어 순응함을 말한다.

730) 사람(들)의……같다 : 이는『중용장구대전』제22장 소주에 보이는데, 원문은 다음과 같다. "盡己之性 如在君臣則義 在父子則親之類 盡人之性 如黎民於變時雍 盡物之性如鳥獸魚鼈咸若"

731) 진씨(陳氏)는……말하였다 :『중용장구』제22장 소주에 실린 진씨의 설에 "此乃有德有位之聖人之事 惟堯舜足以當之"라고 하였다.

제23장

그 다음은 한 부분을 극진히 하는 것이다. 한 부분을 극진히 하면 능히 성(誠)이 있게 된다. 성(誠)이 있게 되면 나타나고 나타나면 드러나고 드러나면 밝아지고 밝아지면 움직이고 움직이면 변하고 변하면 동화될 것이다. 오직 천하의 지극한 성(誠)이어야 동화시킬 수 있을 것이다.

其次 致曲 曲能有誠 誠則形 形則著 著則明 明則動 動則變 變則化 唯天下至誠 爲能化

1

'곡(曲)'[732]이라고 한 것은, 산의 한 굽이[山一曲]나 물의 한 굽이
[水一曲]를 말할 때의 곡(曲)이지, 한 지방[一方]·한 모퉁이[一隅]를
말하는 것은 아니다. 이는 종적(縱的)인 측면에서 말한 것이지, 공간
적인 측면에서 말한 것이 아니다. 이 도가 유행하여 그치지 않는데, 곡
(曲)은 그런 속에서 눈앞에 보이는 한 부분을 말하는 것으로, 전체가
유행하는 속의 일부분이다.

결국 이 곡(曲)이 성(誠)을 가리키는 것이므로 여기서 말한 것이니
인(仁)·의(義)의 한 가지 단서로써 대신할 수는 없다. 이 장에서 "한
부분을 미루어 극진히 하면[致曲] 그 한 부분에 능히 성(誠)이 있게
된다.[曲能有誠]"라고 하였으니, 이런 종류의 타고난 자질은 어린아
이가 우물로 기어 들어가는 것을 얼핏 보고 측은한 마음이 생기는[733]

---

732) 곡(曲) : 『중용장구』 제23장 '其次 致曲'의 곡(曲)으로, 전체가 아닌 어떤 한 부분
의 선(善)을 말한다.

733) 어린아이가……생기는 : 이 문구는 『맹자』「공손추 상」 제6장에 보인다.

오늘날의 사람들과 비교해 저절로 같은 품격이 아니다. 측은한 마음이 생긴 것은 한 생각의 선함이 자신도 모르는 사이에 발현되어 무의식적으로 영감이 움직인 것이니, 진실무망(眞實無妄)의 성(誠)이 근거할 만한 점이 있지 않다. 이런 사람은 어린아이를 보기 전과 어린아이가 자신을 본 뒤에는 불인(不仁)한 사람과 마찬가지다. 이 장의 '곡(曲)'은 모두 의리(義理)를 따라 행하는 것으로 특별히 관심 있는 것에서 친절히 각성하여 그런 마음을 본디 가지고 있는 것처럼 할 수는 없다. 오직 이 하나의 '곡(曲)'은 실제로 그런 마음을 가지고 있어 진실무망한 것이다. 선택한 것이 모두 선하면 믿는 바는 더욱 넓어져서 성하지 않음이 없게 된다. 그리하여 마침내 나타나고[形], 드러나고[著], 밝아지고[明], 감동시키고[動], 변화시키고[變], 교화시키는[化] 공효가 빠르게 이루어지지 않음이 없으니, '어린아이가 우물에 기어 들어가는 것을 얼핏 보고 생긴 측은한 마음'이 미칠 수 있는 바가 아님을 잘 알 수 있다. 정자·주자의 말[734]은 곡(曲)을 드러내는 것으로 전체가 모두 드러나는 것을 삼은 1절을 빌어다 '치(致)' 자의 뜻을 확충하여 극진히 한 것일 뿐, 사단(四端)이 바로 곡(曲)이 된다고 말한 것은 아니다.

　소주에 "이미 그것은 사단이니, 어찌 곡(曲)이라 할 수 있습니

---

734) 정자·주자의 말 : 정자의 말과 주자의 말은 『중용장구대전』 제23장 소주에 실린 것을 가리키는데, 그 원문은 다음과 같다. "○程子曰 其次致曲者 學而後知之也 而其成也 與生而知之者 不異焉 故君子莫大於學 莫害於畫 莫病於自足 莫罪於自棄 學而不止 此湯武所以聖也 ○朱子曰 至誠盡性 則全體著見 次於此者 未免爲氣質所隔 只如人氣質溫厚 其發見多是仁 氣質剛毅 其發見多是義 隨其善端發見 便就上推致以造其極 非是止就其發見一處 推致之也 如充無欲害人之心 而仁不可勝用 充無穿窬之心 而義不可勝用 此正是致曲處 如從惻隱處發 便就此發見處 推致其極 從羞惡處發 亦然 孟子謂擴充其四端 是也"

까?"⁷³⁵⁾라고 한 질문은, 질문한 자가 분명히 알지 못한 것이다. 주자도 그가 질문한 바에 대해 답하였을 뿐이므로 이에 근거하여 기준을 삼아서는 불가하다. 주자가 "이는 일[事]에 나아가 논해야지, 사람[人]에 나아가 논해서는 합당치 않다."⁷³⁶⁾라고 한 설은 근사하다. 곡(曲)은 한 가지 일에 나아가 주의를 기울여 터득한 것이니 이 설이 참으로 친절하다. 기실 이 성(誠)은 원래 온갖 행위를 다 싣고 있다. 양요기(養繇基)⁷³⁷⁾가 활을 쏠 적에도 이 성(誠)의 전체가 하나의 곡(曲)에 발현된 것이니 그 일이 작으면 그가 성한 바도 또한 작다. 정자(程子)가 인용해 비유한 것⁷³⁸⁾ 또한 지나친 것이 되지 않는다. 다만 정자가 "뜻을 쓰는 것이 나누어지지 않았다.[用志不分]"⁷³⁹⁾라고 한 것은 학문을 좋아하여 힘써 행하는 것에 속한 것이니, 성(誠)이 아니다.

성(誠)은 온갖 일과 물체에 두루 통하니, 한 번 성(誠)하게 되면 진실을 온전히 하여 두 마음이 없게 된다. 한 생각이 성해지면 한 가지 일이 성해진다. 곧 전체가 성해지면 곧바로 본성을 극진히 하여 하늘

---

735) 이미……있습니까 : 이 문구는 『중용혹문』 제23장 소주에 보인다.

736) 이는……않다 : 이 문구는 『주자어류-중용』에 보인다.

737) 양요기(養繇基) : 양유기(養由基)를 가리킨다. 양유기는 춘추시대 초나라 사람으로 반왕(潘尫)의 아들 반당(潘黨)과 함께 명사수였다. 그들은 갑옷을 모아 놓고 활을 쏘아 한 번에 일곱 벌을 꿰뚫었다고 한다. 『중용혹문』 제23장 소주에 정자(程子)가 양유기의 활쏘기를 인용하여 『중용』 본문의 '곡능유성(曲能有誠)'의 예로 들었다.

738) 정자(程子)가……것 : 정자는 본문의 '곡능유성(曲能有誠)'의 예를 기예(技藝)의 측면에서 볼 수 있다고 하면서 양유기의 활쏘기를 예로 들었는데, 『중용혹문』 제23장 소주에 실린 원문은 다음과 같다. "程子曰 曲 偏曲之謂 非大道也 曲能有誠 就一事中 用志不分 亦能有誠 且如技藝上可見 如養由基射之類 是也"

739) 뜻을……않았다 : 『중용혹문』 제23장 소주에 실린 "程子曰 曲 偏曲之謂 非大道也 曲能有誠 就一事中 用志不分 亦能有誠 且如技藝上可見 如養由基射之類 是也"의 '用志不分'을 가리킨다.

과 합하게 되어서 다시 그 위에 올려놓을 것이 없게 된다.ㅡ어린아이가 우
물 속으로 기어 들어가는 것을 얼핏 보고서 생긴 마음은 측은지심의 단서는 있지만 인(仁)을 크게
쓰는 것은 없으니, 성(誠)은 이와 같지 않다.ㅡ 즉 이 성(誠)은 한 점의 불꽃이나 흘
러나오는 샘물 같은 사단(四端)과는 같지 않다.

사단은 사람이 사지(四肢)를 가지고 있는 것과 같으니, 손은 저절
로 손이 되고 발은 저절로 발이 된다. 반면 성(誠)은 사람이 마음을 가
지고 있는 것과 같으니, 정해진 곳에 있는 것은 아니지만 어느 곳인들
마음이 머물러 있지 않은 곳이 없다. 그러므로 한 가지 일이나 한 가
지 생각은 원래 전체 속에 포함되어 있으니, 그것을 극진히 하여 충만
하게 하면 가까이에서 취해 비유를 삼아 널리 통하기를 기다리지 않
는다. 그렇다면 『중용혹문』에 "일을 따라 힘을 써서 모두 중선(衆善)
을 갖게 되는 뜻은 없다."⁷⁴⁰⁾라고 한 설도 이로부터 나온 것이다. 다만
그 설을 펼 적에 '성(誠)' 자에 의지하지 않음으로써 사단의 설과 같
이 막히는 바가 있음을 면치 못하였다. 대체로 측은지심은 수오지심
(羞惡之心)과 다른 마음이다.ㅡ나머지 사양지심(辭讓之心)·시비지심(是非之心)도 그
렇다.ㅡ 그러므로 그것을 말할 적에 넷이 되는 것으로 지목할 수 있고,
함께 나열하여 단서로 삼을 수도 있다. 반면 성(誠)은 귀추점은 같지
만 다른 길로 행한다. 마치 한 가지를 극진히 하여 천 가지 생각에 미
치는 것과 같다. 따라서 그것이 하나의 부분이지만 나뉘어 병립할 수
도 없다. 오직 곡(曲)이 곡(曲)이 되는 의미를 잘 살펴보면 분분한 여
러 설을 분변하지 않더라도 절로 그 뜻이 정해질 것이다.(曲云者 如山

---

740) 일을……없다 : 이 문구는 『중용혹문』 제23장에 보이는 주자의 설이다. 주자는 정
자의 설을 언급한 뒤, "程子之言 大意如此 但其所論不詳 且以由基之射爲說 故有疑於
專務推致其氣質之所偏厚 而無隨事用力悉有衆善之意"라고 하였다.

一曲水一曲之曲 非一方一隅之謂也 從縱上說 不從方上說 斯道之流
行者不息 而曲者據得現前一段田地 亦其全體流行之一截也 總緣此
指誠而言 固不可以仁義之一端代之 致曲而曲能有誠 此等天資 與乍
見孺子入井而惻隱之今人 自不一格 彼特一念之善 發於不知不覺之
際 恍惚靈動 而非有无妄之可據 其於未見孺子之前 孺子見已之餘 猶
夫人之不仁也 若此之曲 則大槩皆循義理而行 特不能於痛癢關心之處
親切警惺 如固有之 唯此一曲 則實有之而无妄 苟能所擇皆善 則所信
益弘 而無有不誠 遂俾形著明動變化之效 無不捷得 足以知非乍見孺
子入井之心所可幾也 程朱之言 特借以顯曲爲全體盡露之一節 而以
擴充盡致字之義 非謂四端之卽爲曲也 小註既是四端 安得謂之曲一
問 問者先不曉了 朱子亦但就其問處答 故不可據爲典要 若朱子須於
事上論 不當於人上論之說 斯爲近之 曲者 獨於一事上灌注得者誠親
切 其實此誠 元是萬行共載的 則養繇基之於射 亦是誠之全體見於一
曲 其事小則其所誠者亦小耳 程子引喩 亦未爲過 但所云用志不分 則
屬乎好學力行而非誠耳 誠者 周流乎萬事萬物 而一有則全眞無二者
也 一念之誠 一事之誠 卽全體之誠 直至盡性合天 更無增加 (與見孺子
入井之心 有端而無仁之大用者不同) 非猶夫四端爲一星之火 涓涓之水也 抑
四端如人之有四體 手自手而足自足 誠如人之有心 無定在而無在非
其定在也 故一事一念 原該全體 致之卽充 而不待於取譬以旁通 則或
問悉有衆善之說 亦從此而生 特未爲之靠定誠字 不免有所窒礙 如四
端之說者 蓋惻隱與羞惡殊心 (餘二亦爾) 故可目言之爲四 並列之爲端
誠則同歸而行乎殊塗 一致而被乎千慮 雖其一曲 亦無有可分派而並
立也 唯察乎曲之爲曲 則衆說紛紜 不辨而自定矣)

2

황씨(黃氏)[741]의 '사물의 이치가 이르러 앎이 지극해진 뒤에는 부분적인 선을 극진히 하는[致曲] 것과 선을 택해 굳게 잡는[固執] 것이 병행된다.'는 설은, 성인의 학문에 매우 공이 있는 말이다. 이 설은 구산(龜山)[742]의 박학(博學)·심문(審問)·신사(愼思)·명변(明辨)·독행(篤行)이 치곡(致曲)이라는 설[743]과 서로 다른 듯하다.

이른바 독행(篤行)이란 것에는 원래 두 가지 뜻이 있다. 하나의 일을 거행할 적에는 힘을 오로지 해서 그 궁극에 나아가는 것이니, 이는 일을 집행하는[執] 것으로 돈독함[篤]을 삼는다. 그러나 여러 가지의 일을 행하려 할 적에는 미루어 넓혀 모두 그 이치를 극진히 하니, 이는 극진히 하는[致] 것으로 돈독함을 삼는다. 그러므로 "그것을 행할 적에 돈독하지 않으면 그냥 놔두지 않는다.[行之 弗篤 弗措]"[744]라고 한 것이다. 그러니 위에서 "〈배우지 아니함이 있을지언정 배운다면〉 능하지 못하거든 〈그대로 놔두지 않는다.〉[弗能]", "〈묻지 아니함이 있을지언정 묻는다면〉 알지 못하거든 〈그대로 놔두지 않는다.〉[弗知]", "〈생각하지 아니함이 있을지언정 생각한다면〉 터득하지 못하거

---

741) 황씨(黃氏) : 누군지 자세치 않다. 여기에 인용된 황씨의 설은 『중용장구대전』·『중용혹문』 등에 보이지 않는다.

742) 구산(龜山) : 북송 때 학자 양시(楊時)를 가리킨다. 구산은 그의 호이다.

743) 구산(龜山)의……설 : 구산(龜山) 양시(楊時)의 설은 『중용혹문』 소주에 보이는데, 그 원문은 다음과 같다. "能盡其性者 誠也 其次致曲者 誠之也 學問思辨而篤行之致曲也"

744) 그것을……않는다 : 『중용장구』 제20장 제20절에 보인다.

든 〈그대로 놔두지 않는다.〉[弗得]"라고 한 것[745]과는 같지 않다. 행
(行)은 돈독함[篤]을 기약하는 것이지, '그 일을 행한다면 완성하지
못하거든 그대로 놔두지 않는다.[行之 弗成 弗措]'고 말할 수 없다. 그
러니 애초 한 가지 행위를 완성하는 것으로 그칠 경계를 삼는 것이 아
니다.

'치곡(致曲)' 2자는 '자신을 성(誠)되게 하는[誠之者]'[746] 한 단락
큰 공부를 거두어 극진히 한 것이다. 널리 배우고[博學之], 자세히 묻
고[審問之], 신중하게 생각하고[愼思之], 명확하게 분변하는[明辨]
것은 '치곡(致曲)'보다 앞에 하는 공부다.—널리 배우고, 자세히 묻고 신중하게
생각하고 명확하게 분변하지 않으면 부분적 선[曲]을 극진하게 할 방법이 없다.— 한 부분적
인 선을 능히 성하게 하면 붙잡고 실천함이 견고하지 못함을 걱정하
지 않으니, 오직 이 극진히[致] 하는 노력을 넓혀야 한다. 능히 극진히
함에 이르면 한 부분적인 선을 잡고서 견고하게 하는 것은 말할 필요
도 없으며, 널리 배우고 자세히 묻고 신중하게 생각하고 명확하게 분
변하는 데에 힘을 씀이 깊은 점도 알 수 있다. 그렇다면 황씨의 설은
선을 택한 이후의 공부를 드러내 나누어 둘로 삼은 것이고—두 가지 모두
독행(篤行)의 일이다.— 구산(龜山)이 말한 뜻은 그것을 굳게 잡는 공부 이
전에 포함시켜 그것이 이루어지는 것까지 통합해 말한 것이니, 독자
들이 잘 이해하는 데 달려있을 따름이다.(黃氏物格知至之後 致曲與
固執並行之說 甚爲有功於聖學 似與龜山學問思辨篤行之說 相爲異
同 乃所謂篤行者 元有二義 一事之已行者 專力以造其極 此以執爲篤

---

745) 위에서⋯⋯것 : 이는 모두 『중용장구』 제20장 제20절에 보인다.

746) 자신을⋯⋯하는 : 『중용장구』 제20장 제18절에 보인다.

也 衆事之待行者 推廣而皆盡其理 此以致爲篤也 故曰行之弗篤弗措
與上言弗知弗能弗得不同 行但期於篤 而不可云行之弗成弗措 初非
以一行之成爲止境也 致曲二字 收拾盡誠之者一大段工夫 學問思辨
者 致前之功也 (非博審愼明 則曲無以致) 一曲能誠 則旣不患其執之不固
而唯是致之宜弘也 至於能致 則其執一曲而能固者不待言 而其用力
於學問思辨之深 亦可見矣 則黃氏之說以著夫擇善以後之功而析爲二
(二者皆篤行事) 龜山之旨 則以包乎固執之前而統其成也 又在讀者之善
通爾)

3

나에게 있으면 '형(形)'이 되고, 다른 사람에게 전해지면 '저(著)'가
된다. 내가 남을 감동시키는 것을 '동(動)'이라 하고, 남이 감응하는
것을 '변(變)'이라 한다. 여섯 개의 '즉(則)' 자는 모두 급한 말[急辭]
이 되는데, '나타나면 드러나고[形則著]', '움직이면 변하고[動則變]'
의 두 층위는 더욱 하나로 일관된 일이다. 예컨대, 고수(瞽瞍)[747]가 순
임금의 뜻에 순응한 것은 화(化)[748]니, 이는 변(變)[749] 뿐만이 아니다.
고수가 기쁨에 이른 것이 곧 변(變)이다. 순임금이 고수를 감동시켜

---

747) 고수(瞽瞍) : 순임금의 아버지로, 완악한 성품의 소유자였으나 결국 순임금의 지
극한 효성에 감복하였다.

748) 화(化) : 상대방이 교화를 입어 마음으로 감복하는 것이다.

749) 변(變) : 마음으로 완전히 감복하는 것이 아니라, 겉으로만 변한 상태를 말한다.

기쁨을 갖게 한 것은 동(動)이고, 고수가 스스로 기뻐함을 인하여 자신의 완악(頑惡)함을 잊은 것은 변(變)이다. 생각을 일으키는 것이 동(動)인데 그렇게 하는 기미는 마음을 움직이게 하는 데 달려있으니, 그가 스스로 주관하는 것은 아니다. 생각을 완성한 것이 변(變)이니, 그 움직이지 않은 마음을 바꾸어 자기에게 선을 얻는 것이다.(在己爲形 被物爲著 己之感物曰動 物之應感曰變 六則字皆爲急辭 而形則著動則變二層 尤是一串事 如瞽瞍允若 化也 非但變也 瞽瞍底豫 則變也 舜之感瞍而生其豫者動也 瞍因自豫悅而忘其頑者變也 起念爲動 其幾在動之者 而彼未能自主 成念爲變 變其未動以前之心 而得善於己矣)

4

'형(形)'은 말[言]·행실[行]·동작[動]을 겸하여 말한 것이다. '저(著)'는 다른 사람이 그의 말을 듣고서 그 말이 선언(善言)인 줄 알고, 그의 행실과 동작을 보고서 그것이 선행(善行)·선동(善動)인 줄 아는 것이다. '명(明)'은 말은 법이 되고, 행실은 법칙이 되고, 동작은 도가 되는 것으로, 천하 사람들과 더불어 이 도를 함께 밝히는 것이다. 이 '명(明)' 자는 '밝으면 성해질 수 있다.[明則誠矣]'[750]의 명(明)자와 전혀 다르지만, '성(誠)을 말미암아 밝아진다.[自誠明]'[751]의 명

---

750) 명하면……있다 : 이 문구는『중용장구』제21장에 보인다.

751) 성(誠)을 말미암아 밝아진다 : 이 문구는『중용장구』제21장에 보인다.

(明) 자와는 뚜렷한 구분이 없다.

　'광휘(光輝)'[752]는 교화가 천하 후세에 행해지는 것이다. 천하 후세의 도가 자기에게 크게 밝은 것을 광(光)이라 하고, 군자의 도가 천하 후세에 미치는 것을 휘(輝)라 한다. 광(光)은 해와 달의 둥근 형체 속의 붉은 빛이나 흰 빛과 같다. 휘(輝)는 그 빛이 하늘로부터 땅으로 비추는 중간의 빛나는 것이다. '명(明)' 자는 광휘(光輝) 자와 저절로 구별된다. 안에 있는 것을 명(明)이라 하고, 밖으로 드러내는 것을 광(光)이라 한다. 여기서 남에게 미치는 광휘를 말하면서 명(明)이라고 한 것은, 남들이 바탕으로 삼아 밝게 되고 자기가 밝은 것으로써 남에게 베푸는 것을 말한 것이다. 마치 해의 빛처럼 눈과 거울로 그것을 얻어 밝게 되기 때문에 "밝으면 남을 감동시킨다.[明則動]"고 한 것이다. 이는 나와 남을 나누는 지점으로 하나의 큰 경계선이지만, 또한 '즉(則)' 자로써 급하게 그 뜻을 이었다.(形兼言行動而言 著則人聞其言而知其爲善言 見其行與動而知其爲善行善動 明則言爲法 行爲則 動爲道 與天下共明斯道矣 此明字與明則誠矣明字大異 而與自誠明明字亦無甚分 所謂光輝者 敎之行於天下後世者也 天下後世之道大明於己之謂光 君子之道及於天下後世之謂輝 光如日月輪郭裏的赤光白光 輝則其芒耀之自天而下屬於地中閒的暉焰 明字與光輝字自別 茹者之謂明 吐者之謂光 此言及物之光輝而云明者 言物之所資以爲明 己之所施物以明者也 如日之光輝 令目與鏡得之以爲明 故明則動 分己與物處 雖是一大界限 而亦以則字急承之)

752) 광휘(光輝) :『중용장구』제23장 주자의 주에 보이는 어휘로, 본문의 '명(明)'을 풀이한 말 속에 보인다.

『중용장구』의 주에 "성(誠)은 능히 남을 감동시킨다.[誠能動物]"[753]
고 한 뜻을 맹자(孟子)는 백성을 다스리고, 윗사람에게 신임을 얻고,
어버이에게 순종하고, 벗들에게 신의를 얻는 측면에서만 말하였다.[754]
기실 맹자가 말한 것은 행실이지 교화에 미친 것은 아니다. 여기서
"밝으면 남을 감동시킨다.[明則動]"고 한 것은 포괄하는 의미가 매우
크니, 행실이 감동시킨 것과 교화가 열어준 것을 겸하여 통합해 말한
것이다. '남에게 드러나고[著]', '남에게 밝은 법도가 된다.[明]'는 점
을 말하게 되면, 예를 제정하고 음악을 만들고 형벌을 상세히 갖추고
정령(政令)을 신칙(申飭)하는 일이 있게 된다. 지위가 없는 군자의 경
우에는 도가 있는 사람이 족히 흥기하고 그렇지 않은 사람은 풍화를
듣고 흥기하니, 이 모두 그 사람이 남들을 감동시킨 공효다. 내가 여기
서 거론한 고수(瞽瞍)가 기쁨에 이른 경우도 한 가지 단서를 지적해
글자의 뜻을 드러낸 것일 뿐이다.(章句所謂誠能動物者 在孟子但就治
民獲上順親信友而言 實則孟子所言 行也 而未及於敎也 此言明則動
者 包括甚大 兼行之所感與敎之所啓而統言之 曰著曰明 則有制禮作
樂詳刑勅政之事矣 若無位之君子 則有道足興 聞風而起 皆其動物之
效 愚所擧瞽瞍底豫 亦聊指一端 以發字義爾)

---

753) 성(誠)은……감동시킨다 : 이 문구는 『중용장구』 제23장의 주에 보인다.
754) 맹자(孟子)는……말하였다 : 이는 『맹자』 「이루 상」 제15장에 보이는데, 원문은
다음과 같다. "孟子曰 居下位而不獲於上 民不可得而治也 獲於上有道 不信於友 弗獲於
上矣 信於友有道 事親弗悅 弗信於友矣 悅親有道 反身不誠 不悅於親矣 誠身有道 不明
乎善 不誠其身矣"

제24장

지성(至誠)의 도(道)여야만 닥칠 일을 미리 알 수 있다. 국가가 흥성할 때
는 반드시 상서로운 조짐이 있으며, 국가가 쇠망할 때에 반드시 요사스러
운 조짐이 있어서 시초(蓍草)의 산가지와 거북의 껍질에 나타나고 사지
(四肢)에 움직이므로 화복(禍福)이 이르려 할 때에 좋은 것을 반드시 먼
저 알고 좋지 않은 것을 반드시 먼저 안다. 그러므로 지성은 귀신과 같다.

至誠之道 可以前知 國家將興 必有禎祥 國家將亡 必有妖孽 見乎蓍龜 動
乎四體 禍福將至 善 必先知之 不善 必先知之 故至誠如神

1

　『중용혹문』에 '술수(術數)로 미루어 증험하는 번거로움[術數推驗之煩]'이라고 한 것은 지극한 성[至誠]이 정상(禎祥)·요얼(妖孽)·시초점[蓍]·거북점[龜]으로 미리 아는[前知] 것을 삼는 설[755]을 타파한 말이고, '생각으로 헤아리는 사사로움[意想測度之私]'이라고 한 것은 지극한 성이 사지(四肢)의 움직임으로 인해 미리 아는 것으로 여기는 설을 타파한 말이다. 자공(子貢)이 두 임금이 죽을 것을 미리 알았는데[756] 공자(孔子)는 이를 두고 '불행하게[不幸]'라고 하였으니[757], 자

---

755) 지극한……설 : 하락도서출판사에서 간행한 『독사서대전설』에는 원문의 '불(不)' 자를 문리가 통하지 않는다고 보아 연문(衍文)으로 처리했는데, 문세로 보아 연문으로 처리하는 것이 옳은 듯하다. 또한 아래 문장 '불연사체지동이지(不緣四體之動而知)'의 불(不) 자도 마찬가지로 보았는데, 번역문은 그 설에 따라 불(不) 자를 모두 연문으로 보아 번역하지 않았다.

756) 자공(子貢)이……알았는데 : 자공은 공자의 제자 단목사(端木賜)다. 『춘추좌씨전』 정공(定公) 15년 조에 다음과 같은 이야기가 실려 있다. "주(邾)나라 은공(隱公)이 노(魯)나라에 조회하러 왔는데, 자공이 이를 구경하게 되었다. 주 은공이 옥을 잡은 것이 너무 높아 얼굴을 치켜들었고, 노 정공은 옥을 잡는 것이 너무 낮아 얼굴을 숙였다. 자공이 말하기를 '예로써 보건대 두 나라 임금은 모두 사망할 것이다.'라고 하였다."

공이 추측으로 헤아렸기 때문이다.

『중용장구대전』 소주에 실린『주자어록』의 말은 주자의 문인들이 들은 말을 문자로 기록한 것이니 정밀하게 통하는 말이 아니다. 그 중에 "사람들이 보지 못할 따름이다.[但人不能見耳]"758)라고 한 것은 이치가 나타나는 측면에 나아가서 말한 것인데, 요얼·정상·시초점·거북점 및 사지(四肢) 등의 상면(上面)을 버리고 말한 것이다. 그것도 모두 이 이치지만 이 이치는 평범한 사람이 볼 수 있는 바가 아니니, 그가 보는 것은 반드시 상수(象數)를 말미암은 것이다. 또 소주에 실린『주자어류』의 "또한 시초점과 거북점이 일러주는 길흉은 매우 분명하다. 다만 지극히 성한 사람이 아니면 볼 수가 없다.[且如蓍龜所告之吉凶 甚明 但非至誠人 却不能見也]"라고 한 데 이르러 보면, 이는 세속의 인정에 나아가 하나를 빌어다 인증한 것이다. 여기서의 '지극히 성한 사람[至誠人]'도 그런 술수 가운데 독실하게 믿는 사람에 나아가 말한 것일 뿐이다. 그러므로 '지성(至誠)'에다 인(人) 자를 더하여 구별한 것이다. 인(人)이라고 한 것이 은미한 말인데, 운봉 호씨(雲峯胡氏)는 이런 뜻을 모르고서 상수의 측면에서 길흉을 아는 것으로 인정하였으니759), 그의 어리석음이 심하다.

----

757) 공자(孔子)는……하였으니 :『춘추좌씨전』정공(定公) 15년 조에 자공(子貢)이 주 은공(邾隱公)이 노 정공(魯定公)에게 예물을 바치는 것을 보고 두 나라 임금이 모두 죽을 것이라고 예언하였는데, 몇 달 뒤에 노 정공이 죽었다. 그러자 공자가 말씀하기를 "사(賜:자공의 이름)가 불행하게도 말을 하였는데, 적중하였다."라고 하였다.

758) 사람들이……따름이다 : 이 문구는『중용장구대전』제24장 소주 주자의 설에 보인다.

759) 운봉 호씨(雲峯胡氏)는……인정하였으니 :『중용장구대전』제24장 소주에 실린 운봉 호씨의 설을 말하는데, 원문은 다음과 같다. "雲峯胡氏曰 禎祥者 興之幾 妖孼者 亡之幾 蓍龜四體 莫不善不善之幾 知幾其神 至誠者 能之 卽周子通書所謂無欲故靜虛

357

정상(禎祥) · 요얼(妖孼)이 반드시 있고, 시초점 · 거북점 및 사지에 먼저 나타나니, 이것이 귀신의 성(誠)이다. 귀신은 생물에 본체가 되어 빼버릴 수 없는 존재[760]로, 그것을 아는 데 무심하더라도 징조가 나타나는 것을 밝게 살피는 자는 속이지 않는다. 그러므로 사람들이 귀신에 의지하여 미리 어떤 일을 아는 것이니, 이 점이 바로 귀신의 밝음이다. "성하면 밝아진다.[誠則明]"[761]고 한 것이 귀신의 성(誠)은 가릴 수 없다는 것이다. 그러므로 지성(至誠)을 기다리지 않고서도 사람들이 그로 인하여 미리 알 수 있는 것이다.

하늘과 땅 사이에는 이(理) · 기(氣)가 있을 뿐이다. 기는 이를 싣고 있는데, 이는 정연하게 기에 펼쳐져 있다. 이는 형체가 없지만 기는 형상[象]이 있으며, 형상이 있으면 상수[數]가 있게 된다. 이 이가 문란해지면 형상이 바르지 않게 되고 상수도 고르지 않게 되어 크게는 현저하게 드러나고 작게는 미미하게 움직인다. 지성(至誠)이 실제로 그 이를 가지고 있지 않으면, 드러난 것에 근거하여 증험하고 미미한 것을 맞이하여 징조를 삼으니, 이 점이 바로 상수학(象數學)이 일어난 까닭이다.

지성은 이가 자기에게 꽉 찬 것이니, "도를 순응하면 길하다.[惠迪吉]"[762]라고 한 것은 나를 선하게 하여 길함에 나아가는 것이고, "거역

靜虛則明 明則通 亦卽所謂誠精故明 神應故妙 幾微故幽 誠神幾曰聖人 但通書所謂神 以妙用謂之神 此所謂神 以功用謂之鬼神 言誠 自第十六章始 彼言誠者 鬼神之所以爲 鬼神 此則言聖人之至誠 聖人之所以如鬼神也……"

760) 귀신은……존재 : 이 문구는 『중용장구』 제16장에 보인다.
761) 성하면 밝아진다 : 이 문구는 『중용장구』 제21장에 보인다.
762) 도를 순응하면 길하다 : 이 문구는 『서경』 「대우모」에 보인다.

함을 따르면 흉하다.[從逆凶]"763)라고 한 것은 나를 거역하여 흉함으로 나아가는 것이다. 예컨대, 글을 짓는 사람들을 모아 놓고서 과거시험장에 남들이 작성한 답안을 보게 할 경우, 자기 마음에 합당하면 작성자가 재주 있다 여기고 자기 마음에 합당하지 않으면 작성자가 재주 없다 여기게 될 것이다. 여기서는 도리어 점을 치는 데 정밀한 자와 같은 예로 삼아서 준칙을 취한 것이다. 그러므로 『서경』에 "먼저 나의 뜻이 향하는 바를 정하고, 그 뒤에 큰 거북에게 명한다.[唯先斷志 昆命於元龜]"764)라고 하였으니, 자기의 뜻을 하늘의 뜻보다 먼저 했는데 하늘이 어기지 않은 것이다.

귀신이 요얼(妖孽)이 되고 정상(禎祥)이 되어 시초점이나 거북점에 나타나기도 하고 사람의 사지에 감응하기도 하는 것은, 마음속으로 상상함[意想]이 있는 것이 아니라 지성(至誠)의 도다.─하늘에 있어서의 지극한 성이다.─ 사람이 이로써 귀신이 아는 바를 아니, 이는 미루어 헤아리는 작은 방법이다. 이 장에서 "지성은 귀신과 같다.[至誠如神]"고 한 말은 귀신과 마찬가지로 지성의 도로써 어떤 일을 미리 아는 것이다. 술수(術數)를 잘하여 추측하는 데 정밀한 자가 귀신의 성명(誠明)에 의지하여 어떤 일을 아는 것은 신이 저절로 효험을 보인 것이지 그 사람이 능히 신과 같은 것은 아니다. 동오경(董五經)765)이 정자(程子)가 찾아올 것을 미리 안 것과 같은 경우766), 도리어 "성식(聲息)이 매

763) 거역함을 따르면 흉하다 : 이 문구도 『서경』 「대우모」에 보인다.

764) 먼저……명한다 : 이 문구는 『서경』 「대우모」에 보인다.

765) 동오경(董五經) : 북송 시대 촉산(蜀山) 사람으로, 10년 동안 생각을 일으키지 않아 앞일을 미리 안 은자다. 『중용혹문』 제24장 소주에 그에 관한 기록이 보인다.

766) 동오경(董五經)이……경우 : 『중용혹문』 제24장 소주에 보이는 내용으로, 요약하면 다음과 같다. 정자(程子)가 그의 명성을 듣고 찾아가는데, 길에서 차와 다과를 사 가

우 컸다.[聲息甚大]"767)라고 하였으니, 그가 의지한 바는 성식이었던 것이다. 성식이 아니면 그는 또한 멍하니 몰랐을 것이다.

세속에 '본명(本命)768)은 정월 초하룻날 와서 일러준다.'는 속설이 있는데, 본체에 해당하는 귀신에 의지한 것이다. 정자가 "아는 것은 알지 못하는 것이 더 나은 것만 못하다.[知不如不知之愈]"769)라고 한 것은 내 몸의 성(誠)에 부족함이 있기 때문에 신(神)에 의지해 밝음[明]을 삼은 것이지 그 자신이 밝은 것은 아니다. 신에 의지하면 자신과 신이 둘이 된다. 그로 하여금 알게 하는 것은 하나지만, 인하여 아는 것이 또 하나니, 이것이 바로 둘이라는 설770)이다. 자신과 신이 둘이 되면 신은 참으로 성(誠)하지만 자신은 성한 것이 아니다. 자신이 성하지 않으면 저 신의 구구한 말을 독실하게 믿어 성으로 삼을 것이니, 그가 아는 것 또한 희미해질 것이다.

큰 단서로 구별하면, 지성(至誠)이 아는 것은 국가가 흥하느냐 망하느냐 하는 것이니 선하면 복이 되고 선하지 못하면 화가 된다. 예컨대, 오늘은 개이고 내일은 비가 온다느니, 정선생(程先生)이 온다느니 오지 않는다느니 하는 것들을 어찌 번거롭게 소소한 데 얽매여 알 필

지고 가는 노인을 만났다. 그가 정자에게 "정선생이 아니신가?"라고 하여, 정자가 기이하게 여겼다. 또 그 노인이 말하기를 "선생이 나를 찾아오려고 하니, 신식(信息)이 매우 컸소. 내가 단지 성에 들어가 차와 다과를 조금 사 가지고 와 선생에게 대접하려는 것이오."라고 하였다.

767) 성식(聲息)이……컸다 : 『중용혹문』 제24장 소주에는 '신식심대(信息甚大)'로 되어 있다. 성식·신식은 모두 소식을 뜻한다.

768) 본명(本命) : 여기서는 '본디 타고난 목숨'을 가리킨다.

769) 아는……못하다 : 이 문구는 『중용혹문』 제24장 소주 정자(程子)의 설에 보인다.

770) 둘이라는 설 : 『중용혹문』 제24장에 정자(程子)가 '편리함을 쓰면 둘에 가깝게 된다.[用便近二]'고 한 말을 가리킨다.

요가 있겠는가? 성인이 미리 알아야 한다고 한 것은 섭리(燮理)를 조화하고 구원할 것을 보완하며 우환을 생각하고 방비를 준비하여 법제를 정하고 넓혀서 후대의 성인을 기다려도 의혹되지 않는 것일 뿐이다. 일체의 예리하고 신랄한 인사(人事)와 가계(家計)에 대해서는 심정이 그 위로 옮겨감이 없다.

또 "진(秦)나라를 망하게 할 자는 호(胡)이다.[亡秦者胡]"[771], "점검(點檢)을 세워 천자를 삼을 것이다.[點檢作天子]"[772]라는 말들은 어떻게 조처할 수 없는 것들이니, 이를 아는 것에 대해 공로로 여기지 않는다. 그리고 자로(子路)가 올바른 죽음을 얻지 못할 것이라고 공자가 말씀한 것[773]은 그를 경계시켜 그의 강한 기상을 함양하게 한 것이다. 공자처럼 그런 의도를 갖지 않는다면 그것은 장경장(張憬藏)[774]의 부류처럼 생사를 판단해 자기들의 술수를 파는 것일 뿐이다. 국가의 흥망과 사람의 화복을 한 단서의 이치만으로 판단하면 잘못되는 경우가 많다. 공자가 위 영공(衛靈公)이 무도한데도 나라를 잃지 않는 이

---

771) 진(秦)나라를……호(胡)이다 : 이 말은 사마천의 『사기』 권5 「진본기(秦本紀)」에 보인다. 진시황 32년 노생(盧生)이 불로초를 구하러 동해로 갔다가 돌아와 아뢰기를 "도참(圖讖)을 기록한 책에 '진나라를 망하게 할 자는 호이다.'라는 말이 있습니다."라고 하였다.

772) 점검(點檢)을……것이다 : 점검(點檢)은 오대(五代) 후주(後周)의 황제를 호위하는 근위대장을 일컫는 관직명이다. 송(宋)나라 태조가 후주 공제(恭帝) 때 이 점검을 지냈다. 이 말은 후주 공제 때 민간에서 떠돌던 참언(讖言)이다.

773) 자로(子路)가……것 : 『논어』 「선진」 제13장에 보이는 내용으로, 그 원문은 다음과 같다. "閔子侍側 誾誾如也 子路 行行如也 冉有子貢 侃侃如也 子樂 若由也 不得其死然"

774) 장경장(張憬藏) : 당나라 때 장사(長社) 사람으로, 남의 길흉화복을 기이하게 잘 맞추었다.

유를 말한 것⁷⁷⁵⁾과 같은 점은 계강자(季康子)가 알 수 있는 바가 아니다. 그러나 계강자가 말한 것⁷⁷⁶⁾도 이치가 없는 것이 아니다.

반드시 공자처럼 선악과 잘잘못에 대해 차갑고 따뜻함이 몸에 절실히 느껴지는 것처럼 해야 한다. 왕이 상벌을 스스로 잡고서 참작하고 헤아려 모두 균평히 하는 것처럼 하면, 경중·장단·완급이 알맞게 되어 이치상 분수를 얻음이 절실할 것이다. 기(氣)가 이(理)에서 받아 이루어질 적에 순(順)이 되기도 하고 역(逆)이 되기도 하며, 느림[舒]이 되기도 하고 빠름[促]이 되기도 하며, 바꾸어 구제할 수 있는 경우도 되고 바꾸어 구제할 수 없는 경우도 된다. 일찍이 자기 몸에서 이런 병을 치료해 본 적이 있는 유명한 의원이 남의 이런 병을 보았을 때 전혀 걱정하거나 기뻐하지 않는 것과 같다. 그 의원이 약을 쓸 적에는 한결같이 함부로 투약하지 않아 시험해 본 적이 있는데 살리지 못한 적이 없는 것처럼 한다.

다른 사람에게 있어서는 술수로 헤아리더라도 미리 아는 경우가 있고, 이치로 헤아리더라도 잘못되는 경우가 있다. 그 이치가 진실되지 않으면 신(神)의 성(誠)한 바에 도달하지 못한다. 술수로 헤아리는 경우, 그 사람이 알 수 있는 바가 아니라 그의 한 생각이 돈독하고 신실함을 인하여 신이 그에게 의지하는 것이다. 귀신이 성(誠)을 본체로

---

775) 공자가……것: 『논어』「헌문」 제19장에 이에 관한 다음과 같은 내용이 기록되어 있다. 공자가 위 영공의 무도함을 말하자, 계강자가 "이와 같은데도 그는 어찌하여 나라를 잃지 않습니까?"라고 하였는데, 공자가 말씀하시기를 "위나라에는 중숙어(仲叔圉)가 외국 손님 접대를 담당하고, 축타(祝鮀)가 종묘를 다스리고, 왕손가(王孫賈)가 군대를 다스리고 있습니다. 이와 같으니 어찌 그가 나라를 잃겠습니까?"라고 하였다.

776) 계강자가……것 : 계강자는 노나라 실권자인 계씨(季氏) 집안의 강자(康子)를 말한다. 계강자가 말한 것은 『논어』「헌문」 제19장에 보이는 내용으로, 위 영공이 무도한데 어찌 나라를 잃지 않느냐는 말이다.

하여 가릴 수 없는 경우, 그 도를 미리 알 수 있다. 이치로 아는 경우는 귀신을 기다림이 없으니 귀신과 더불어 그 길흉을 함께 한다. 지극한 성(誠)이 그 성을 본체로 하여 '성하면 밝아진다.[誠則明]'는 경지에 이르게 되면 그 도를 미리 알 수 있다. 그 도가 같기 때문에 "지성은 신과 같다.[至誠如神]"고 한 것이니 신은 미리 알 수 있는 존재인지라 모르는 것이 없다. 운봉 호씨(雲峯胡氏)의 설[777]에는 이런 경계가 없기 때문에 믿을 수가 없다. 그러나 그가 반드시 요얼·정상·거북점·시초점을 말미암는다고 한 것은 그의 설이 마땅하다.(或問所云術數推驗之煩 正以破至誠之不以祥妖蓍龜爲知 其云意想測度之私 正以破至誠之不緣四體之動而知 子貢知二君之死亡 而夫子以爲不幸 以其爲測度也 小註所載朱子語錄 是門人記成文字時下語不精通 其云但人不能見者 就理之形見而言 已撇開妖祥蓍龜四體等項上面說 彼亦皆是此理 而此理則非常人之所見 其所見必緣象數也 至其云蓍龜所告之吉凶 非至誠人不能見 此又就俗情中借一引證 所謂至誠人者 亦就其術中之篤信者言之耳 故加人字以別之 人者微詞也 雲峰不知此意 乃認定在象數上知吉凶 則甚矣其愚也 禎祥妖蘖之必有 蓍龜四體之先見 此是鬼神之誠 鬼神體物而不可遺 無心於知 而昭察兆見者不誣 故人得憑之以前知 斯鬼神之明也 唯誠則明 鬼神之誠不可揜者也 是以不待至誠 而人得因以前知 天地閒只是理與氣 氣載理而理以秩敍乎氣 理無形 氣則有象 象則有數 此理或紊 則象不正而數不均 大而顯著 細而微動 非至誠之實有其理 則據其顯者以爲徵 迎其微者以爲兆 象數之學所自興也 至誠者理誠乎已 則惠迪吉 迪乎我而卽吉也 從

777) 운봉 호씨(雲峯胡氏)의 설 : 『중용장구대전』 제24장 소주에 보이는 설이다.

逆凶 逆乎我而卽凶也 如會做文字人看人試闈文字 當於其心則知其售
不當於其心則知其不售 卻與精於卜筮者一例取準 所以書云唯先蔽志
昆命於元龜 則固已先天而天不違矣 鬼神之爲妖爲祥 在蓍龜而見 在
四體而動者 非有意想也 至誠之道也 (在天之至誠) 人之用此以知鬼神
之所知者 則推測之小道也 至誠如神 與鬼神同以至誠之道而前知之
而善爲術數精於測度者 則藉鬼神之誠明以知之 是神自效也 非彼之
能如神也 如董五經知程子之至 卻云聲息甚大 其所藉者聲息也 非聲
息則彼且惘然矣 俗有本命元辰來告之說 亦是藉當體之鬼神 而程子
所云知不如不知之愈 直以吾身之誠有不足 故藉乎神以爲明 而非其
明也 藉乎神 則己與神爲二 令其知者一 因而知者又一 此二之說也 與
神爲二 則神固誠而己不誠 己旣不誠 乃以篤信夫神之區區者爲誠 其
亦微矣 乃其大端之別 則至誠所知者 國家之興亡也 善不善之禍福也
若今日晴 明日雨 程先生之來不來 此亦何煩屑屑然而知之哉 聖人所
以須前知者 亦只爲調爕補救 思患預防 與夫規恢法制 俟後聖而不惑
耳 一切尖尖酸酸底人事家計 則直無心情到上面去 又如亡秦者胡 點
撿作天子 旣無可如何區處 亦不勞知得 如夫子說子路不得其死 亦須
是警戒他 敎涵養其行行之氣 不成只似張憬藏一流 判斷生死以衒其
術 但國家之興亡 夫人之禍福 徒以一端之理斷之 則失者亦衆 如孔子
言衛靈公之不喪 卽非季康子之所知 康子之言 非無理也 乃必如孔子
於善惡得失 如冷暖之喻於體 亦如王者之自操賞罰 酌量皆平 則輕重
長短緩急宜稱 在理上分得分數清切 而氣之受成於理 爲順爲逆 爲舒
爲促 爲有可變救 爲無可變救 直似明醫人又曾自療過己身此病來 及
看人此病 斷不浪憂浪喜 而所以施之藥石者 一無妄投 苟嘗試焉 而未
有不能生之者也 其在他人 則或以數測而反知之 以理度而反失之 唯
其理之未實而不達乎神之所以誠也 以數測者 非其人之能知也 因其

一念之篤信而神憑之也 鬼神之體乎誠而不可揜 其道可以前知也 以
理知者 無待於鬼神 而與鬼神同其吉凶也 至誠之能體夫誠 而誠則明
其道可以前知也 其道同 故至誠如神 神可以知者 無不知矣 雲峰無此
境界 故信不能及 而謂必繇妖祥卜筮 亦其宜矣)

2

　『중용장구』의 주에 "하나의 털끝만한 사사로움이나 거짓—자기를 극진
히 하면 사사로움이 없게 되고, 그런 마음을 꽉 채워나가면 거짓이 없게 된다.—이 마음과 눈
의 사이에 머물지 않는 사람이라야[無一毫私僞 留於心目之間者]"[778)
라고 말한 것은, 겹겹이 에워싼 껍질을 꿰뚫어본 말이다. '사(私)'는
사사로운 생각이고, '위(僞)'는 의(義)를 절취한 것이다.

　자기의 사사로운 생각으로 순(順)·역(逆)을 논하면, 자기의 사사로
운 생각에 순응하는 것은 순이라 여기고, 자기의 사사로운 생각에 거
역하는 것은 역이라 여길 것이다. 자로(子路)가 "어찌 굳이 독서를 한
뒤에 학문을 하겠습니까?[何必讀書然後爲學]"라고 말한 것[779)은, 수령
노릇을 하는 것이 자고(子羔)[780)를 해칠 수 있다는 점을 모른 것이다.

---

778) 하나의……사람이라야 : 이 문구는 『중용장구』 제24장의 주에 보인다.

779) 자로(子路)가……것 : 자로(子路)는 공자 제자 중유(仲由)다. 이 내용은 『논어』
「선진」 제22장에 보이는데, 그 원문은 다음과 같다. "子路使子羔爲費宰 子曰 賊夫人之
子 子路曰 有民人焉 有社稷焉 何必讀書然後爲學 子曰 是故惡夫佞者"

780) 자고(子羔) : 공자의 제자 고시(高柴)이다. 자고는 그의 자이다.

입과 귀가 얻은 바로 의(義)를 훔쳐 취하면, 이른바 순(順)에는 반드시 불순함이 있을 것이지만 역(逆)에는 반드시 거역함이 있지 않을 것이다. "벼슬자리를 잃으면 빨리 가난해지려 하며, 죽으면 빨리 썩기를 바란다.[喪欲速貧 死欲速朽]"[781]는 말만 들은 경우는 실제로 자기에게서 터득하여 그 이치가 반드시 그러한 것을 본 것이 아니다. 빨리 가난해지려 하면 부모님을 섬기고 처자식을 양육할 길이 없을 것이고, 빨리 썩기를 바라면 효성스럽지 못한 목각인형[俑]을 만들 것이다.

의리는 본래 저절로 광대하여 용납해도 사사로움을 얻지 않고, 의리는 본래 저절로 정미하여 거짓이 미칠 수 있는 바가 아니다. 화복과 흥망이 한번 광대하고 정미한 천도를 받아 이루어지면, 반드시 그것은 광대하여 사사로움이 없고 정미하여 거짓이 없게 된다. 그런 뒤에 귀신과 그 길흉을 함께 하여 어긋나지 않을 수 있다. 이와 같은 것이 어찌 소주에서 말한 '능히 시초점과 거북점을 보고서 길흉을 점치는 지성인(至誠人)'[782]과 같을 수 있겠는가? 그러므로『중용장구』의 주와『중용혹문』이외의 주자 문하 제자들이 주자의 말씀을 기록한 것들은 입으로 전해지면서 변질된 것들이니, 독자들은 적절히 가려 취할 줄 알아야 한다.(章句云無一毫私僞 (盡己則無私 以實則無僞) 留於心目之閒一句 是透徹重圍語 私者私意也 僞者襲義也 以己之私意論順逆 順於己之私者則以爲順 逆於己之私者則以爲逆 如子路言何必讀書然後爲學 則亦不知爲宰之足以賊子羔也 以口耳所得 襲義而取之則所謂順者必有其不順 所謂逆者未必其果逆 如徒聞喪欲速貧 死欲

781) 벼슬자리를……바란다 : 이 문구는『예기』「단궁 상(檀弓上)」에 보인다.

782) 소주에서……지성인(至誠人) :『중용장구대전』제24장 소주에 실린 운봉 호씨(雲峯胡氏)의 설에 보이는 내용을 말한다.

速朽 非實得於己而見其必然 則速貧而無以仰事俯育 速朽而作不孝
之俑矣 義理本自廣大 容不得私 本自精微 非僞所及 而禍福興亡 一受
成於廣大精微之天道 則必其廣大無私精微不僞者 然後可與鬼神合其
吉凶而不爽 若此者 豈但如小註所云能見蓍龜吉凶之至誠人乎 故章
句或問而外 朱門諸子所記師言 過口成酸 讀者當知節取)

제25장

성(誠)은 저절로 이루어진 것이요, 도(道)는 스스로 걸어가야 할 길이다. 성(誠)은 만물의 처음과 끝이니 성하지 않으면 만물은 없는 것이나 마찬가지이다. 이런 까닭에 군자는 성(誠)을 귀하게 여긴다. 성(誠)은 자신을 완성할 뿐만 아니라 남을 완성시켜준다. 자신을 완성시키는 것은 인(仁)이고 남을 완성시켜주는 것은 지(智)이니, 이것은 본성의 덕으로 내외(內外)를 합하는 도이다. 그러므로 때에 따라 조치하여 적의(適宜)할 것이다.

誠者 自成也 而道 自道也 誠者 物之終始 不誠 無物 是故 君子 誠之爲貴 誠者 非自成己而已也 所以成物也 成己 仁也 成物 知也 性之德也 合內外之道也 故 時措之宜也

1

　이 장의 본문은 청량하고 순조로운데, 학자들의 말은 짐짓 어지러워 갈림길에서 양을 잃어버리게 할 따름이다. 결국 이런 대목에서는 한 글자라도 제대로 살피지 않으면 길목을 잃어버리게 된다.『중용장구』의 주를 보면, 제1구에 대해서는 '물(物)' 자를 써서 해석하였고[783], 제2구에 대해서는 '인(人)' 자를 써서 해석하였다.[784] 이는 도리를 위해 이와 같이 말한 것일 뿐이니, 성(誠)의 범주에 넣지 않으면 그 사물[物]을 빼놓고서 도(道)를 그 사물에 붙이게 된다. 실제로 2개의 '자(自)' 자[785]는 한 가지 뜻이니, 모두 그 사람의 신체 위를 가리켜 말한 것이다. 그러므로『중용혹문』에는 다시 정자(程子)의 "지성으로 어버

---

783) 제1구에……해석하였고 :『중용장구』제25장 제1구 '誠者 自成也'에 대해 주자의 주에 "言誠者 物之所以自成"이라고 해석한 것을 가리킨다.

784) 제2구에……해석하였다 :『중용장구』제25장 제2구 '而道 自道也'에 대해 주자의 주에 "而道者 人之所當自行也"라고 해석한 것을 가리킨다.

785) 2개의 '자(自)' 자 :『중용장구』제25장에 보이는 '자성(自成)'의 자(自)와 '자도(自道)'의 자(自)를 가리킨다.

이를 섬기면 아들이 되고, 지성으로 임금을 섬기면 신하가 된다."⁷⁸⁶⁾는
설을 취하여 귀결점으로 삼았다.

『중용장구』의 주를 말미암으면 만물에 모두 해당되어 그 본연을 논
한 것이 되고, 정자의 설을 말미암으면 그 사람의 몸으로 귀결되어 그
가 능히 그 점을 논한 것이 된다. 그러니 두 설이 어찌 서로 모순되지
않겠는가?『중용장구』의 주에 하나의 '물(物)' 자를 쓴 것이 모두 도체
(道體)에 붙여 말해 원만하게 한 것임을 알아야 한다.『중용혹문』에서
정자의 설을 취한 것은 유작(游酢)⁷⁸⁷⁾·양시(楊時)⁷⁸⁸⁾의 '기다림이 없
이 그러하다.[無待而然]'⁷⁸⁹⁾는 말이 본문의 '자(自)'를 '자연(自然)'의
자(自)로 잘못 해석하여 사람에게 그 일을 귀결되게 하는 본지에서
크게 어긋나는 것과 거리를 두기 위해서이다. 그러므로『중용장구』의
주에 "성(誠)은 마음[心]으로써 말한 것이다."⁷⁹⁰⁾라고 한 것이다. '마
음'을 말하면 하늘이 만물을 이루어주는 데 있는 것이 아님을 알 수
있다.

---

786) 지성으로……된다 : 이 문구는『중용혹문』소주에 실린 정자(程子)의 설에 보인다.

787) 유작(游酢 1053-1123) : 북송 때 학자로, 자는 정부(定夫), 호는 광평(廣平), 시
호는 문숙(文肅)이며, 복건성 건양(建陽) 사람이다. 정자(程子)의 문하에서 수학하여
사량좌(謝良佐)·양시(楊時)·여대림(呂大臨)과 함께 '정문 사선생(程門四先生)'으로
불렸다. 저술로『중용의(中庸義)』·『논어맹자잡해(論語孟子雜解)』·『역설(易說)』등이
있다.

788) 양시(楊時 1053-1135) : 북송 때 학자로, 자는 중립(中立), 호는 구산(龜山), 시
호는 문정(文靖)이며, 복건성 남건(南劍) 장락(將樂) 사람이다. 이정(二程)에게 수학하
였으며, 사량좌(謝良佐)·유작(游酢)·여대림(呂大臨)과 함께 정문 사선생(程門四先生)
으로 불렸다. 저술로『삼경의변(三經義辨)』·『이정수언(二程粹言)』·구산어록(龜山語
錄)』등이 있다.

789) 기다림이 없이 그러하다 : 이 문구는『중용혹문』에 보인다.

790) 성(誠)은……것이다 : 이 문구는『중용장구』제25장의 주에 보인다.

『중용장구』의 주에 '마음[心]'이라고 한 것은『중용혹문』에서『중용장구』제25장 제2절을 해석하면서 '실리(實理)'와 '실심(實心)'으로 나누어 말한[791] 것과 같지 않다.『중용혹문』에서 말한 '실심'은 사람이 실심으로 도를 행하는 것이며,『중용장구』의 주에서 말한 '마음[心]'은 하늘이 사람에게 성(誠)을 부여하여 사람이 얻어서 마음으로 삼은 것이다.

이 '심(心)' 자는 '성(性)' 자와 근사하다. 그러나 성(性)을 말할 수 없고 마음[心]만 말할 수 있을 경우에는 성으로 하늘이 명한 바의 본체[體]를 삼고 마음으로 하늘이 준 바의 작용[用]을 삼는다. 인·의·예·지는 성이니, 이루어진 본체가 있어서 유행하지 않는 것이다. 성(誠)은 심(心)이니, 정해진 본체가 없어서 그 성(性)을 행하는 것이다. 심(心)이 성(性)을 통섭하기 때문에 성(誠)이 인·의·예·지, 네 덕을 꿰고 있으니 네 덕이 하나씩 나뉘면 성(誠)을 극진히 하기에 부족하다. 성(性)은 태어나면서부터 함께 하고, 심(心)은 성(性)을 말미암아 발한다. 그러므로 성(誠)은 반드시 인·의·예·지에 의탁해 그 작용을 드러내고, 인·의·예·지는 고요히 머물며 성(誠)을 기다려 행한다. 그러므로 호씨(胡氏)[792]·사씨(史氏)[793] 등은 성(誠)을 성(性)으로 여긴

<hr />

791) 『중용혹문』에서……말한 :『중용혹문』제25장 제2절 해석에 "所謂誠者 物之終始 不誠無物者 以理言之 則天地之理 至實 而無一息之妄 故自古及今 無一物之不實 而一物之中 自始至終 皆實理之所爲也 以心言之 則聖人之心 亦至實 而無一毫之妄 故從生 至死 無一事之不實 而一事之中 自始至終 皆實心之所爲也"라고 한 것을 가리킨다.

792) 호씨(胡氏) : 원나라 때 학자 호병문(胡炳文)을 가리킨다. 운봉 호씨(雲峯胡氏)를 말한다.『중용장구대전』소주에 실린 운봉 호씨의 설에 "此誠字 卽是天命之性 是物之所以自成也"라 하였다.

793) 사씨(史氏) : 원나라 때 학자 사백선(史伯璿)을 가리킨다. 그의 저술『사서관규(史書管窺)』권8「중용」제25장을 해석한 대목에 "按 通云 誠自成也 誠卽是天命之

것이니, 『중용장구』의 주에 성(誠)을 심(心)으로 말한 것과 같지 않다.

이른바 심(心)이란 사람이 본디 가지고 있는 마음으로, 나에게 만물을 갖추고 있는 점으로 말한 것이니, 『중용혹문』에서 말한 '실심(實心)'과 크게 구별된다. 이런 점을 알면, 정자(程子)가 '능히 그러한 이치[能然]'로 말한 것은 『중용장구』의 설에서 '본연(本然)'으로 말한 것과 같다.

『중용장구』의 주에 "성(誠)은 심(心)으로써 말하고, 도(道)는 리(理)로써 말한 것이다."[794]라고 한 설은, 본문의 '성자(誠者)'와 '이도(而道)' 4자를 위해 해석한 것일 뿐이지, 저 '자성(自成)'·'자도(自道)'를 해석한 것은 아니다. 본문의 본지는, 성(誠)과 도(道)는 모두 본디 그러한 본체로써 말한 것이며, 모두 사람과 만물을 겸하여 말한 것이다. 그런데 자성(自成)과 자도(自道)는 모두 마땅히 그러하여 그 공부를 힘써 극진히 한다는 말로 만물을 소략하게 하여 그 사람의 몸에 귀결시킨 것이다. 마치 "하늘이 성(誠)으로써 만물에 명하여 내가 그것을 얻어 마음으로 삼은 것은 내가 그 덕을 이룩하는 방법이다. 하늘이 나에게 성(性)으로써 명하여 사람이 그 본성을 따라 도로 삼는 것은 내가 반드시 스스로 행한 뒤에야 도로 삼을 수 있다. 성(誠)으로써 스스로 이룩한 뒤에야 천도의 성(誠)이 공허하지 않고, 그 도를 스스로 말미암은 뒤에야 본성을 따르는 도가 이탈하지 않는다. 성(誠)은 만물에 붙어 있으면서 공(功)을 드러내고, 만물은 그 성을 얻어 주간

性……愚往年每與同志說如此 後來四書通板行 其說果與管見有契達此 則饒氏師弟子之疑 可氷釋矣"라 하였다.

794) 성(誠)은……것이다 : 『중용장구』 제25장 제1절의 주에 "誠 以心言 本也 道 以理言 用也"라 하였다.

(主幹)으로 삼는다. 만물은 모두 성심(誠心)을 갖추고 있는데, 이것이 바로 만물의 처음과 끝을 크게 완성시켜주는 것이다. 성(誠)이 지극하지 않으면 만물이 나에게 갖추어지지 않고, 만물이 나에게 갖추어지지 않으면 만물이 없게 된다."라고 말하는 것과 같다.

그러므로 군자는 인심에 본디 그 성(誠)이 있지만 스스로 그것을 완성하지 않으면 만물에 그 시종을 삼을 바가 없어서 그 생명체도 없다는 사실을 안다. 그러니 내가 내 마음을 성하게 하는 공부는 그 성함을 응집하여 도를 행하는 것이다. 그 '자성(自成)', '자도(自道)'가 되는 것은 한결같이 모두 천도의 성(誠)과 솔성(率性)의 도가 공효를 드러낸 것이다. 이는 하늘에 본체를 두어 본성을 회복한 것이니 귀히 여길 만하다. 하늘이 나에게 성(誠)을 부여해준 것만 믿지 않고 도로써 나를 드러내어 맡은 바를 따라 자득하는 것이 귀한 것이 된다. 그런즉 귀히 여길 것은 반드시 자신이 자성(自成)하고 자도(自道)하는데에 있으니, 군자라야 능히 자신을 성(誠)되게 할 수 있다. 자신을 성되게 하면 그 성(誠)을 갖게 된다. 그 성을 갖게 되면 '자기만을 완성할[成己]' 뿐만이 아니고, 또한 남까지도 완성시켜 주게 된다.[成物] ─
이 뒤로는 이치와 일을 둘 다 드러냈다. ─

이로써 본다면, 성(誠)이란 원래 나를 완성하는 데에 충분하고 남을 완성시켜 주는 데에도 부족함이 없는 것이니, 자신을 성되게 하여 완성하는 데 이르면 반드시 남들까지도 완성시켜주는 것이 분명하다. 자신을 완성하는 것은 인(仁)의 본체이고, 남을 완성시켜주는 것은 지혜[智]의 작용이다. 하늘이 명한 성(性)은 사람이 본디 가지고 있는 덕이다. 능히 자신을 완성하면 이 인의 본체가 성립되고, 능히 남들을 완성시켜주면 이 지혜의 작용이 행하게 된다. 인과 지혜를 모두 얻으면 이는 본성의 덕을 회복한 것이다. 하나의 성(誠)에 통합되어 자신을 완성하고 남을 완성시켜 주게 되면, 이 하나의 도를 함께 하여 내외가 합하게 될 것이고, 도는 본래 마땅하지 아니함이 없게 될 것이다. 성(誠)에 본성을 두어 인과 지혜가 극진하게 되고, 도에 준거하여 내외를 합하게 되면, 이것이 그때그때 적절하게 조처해도 모두 마땅하게 되는 경지다. 군자가 자신을 성되게 하는 공부는 능히 성(誠)을 소유함이 이와 같다.

그가 스스로 이룩한 것은 성(誠)이니 사람으로서 하늘의 경지에 이른 것이고, 스스로 말미암은 것은 도(道)니 자기 몸으로써 본성을 회복한 것이다. 천도가 쉬지 않고 묘하게 운용되는 것은 반드시 인도를 인하여 능함을 완성한다. 그러므로 인사(人事)를 스스로 극진히 하는 궁극에 이르면 천도에 합해 하나가 된다. 이것이 가르침[敎]을 말미암아 도에 들어가는[795] 것으로, '밝으면 성해질 수 있다.[明則誠]'는 것이 되어 성공이 하나가 되는 까닭인 것이다. 이 장의 대지는 이와 같은 데 불과하다. 이로써 제유들의 잘잘못을 고찰하면 거의 어긋나지 않을 것이다.(此章本文 良自淸順 而諸儒之言 故爲紛糾 徒俾歧路亡羊 總以此等區處 一字不審 則入迷津 如第一句 章句下個物字 第二句 下個人字 止爲道理須是如此說 不容於誠則遺夫物而以道委之物 實則兩自字 卻是一般 皆指當人身上說 故或問復取程子至誠事親則成人子 至誠事君則成人臣之說 以爲之歸 緣章句言 則該乎物而論其本然 緣程子之言 則歸乎當人之身而論其能然 兩說豈不自相矛盾 須知章句於此下一物字 是儘着道體說 敎圓滿 而所取程子之說 則以距游楊無待之言誤以自爲自然之自 而大謬於歸其事於人之旨也 故章句又

795) 가르침[敎]을……들어가는 : 『중용』 첫머리 '率性之謂道 修道之謂敎'의 교(敎)와 도(道)를 가리킨다.

云誠以心言 曰心 則非在天之成萬物者可知矣 乃此所云心 又與或問

解第二節以實理實心分者不同 或問所云實心者 人之以實心行道者也

章句所云心者 謂天予人以誠而人得之以爲心也 此心字與性字大略相

近 然不可言性 而但可言心 則以性爲天所命之體 心爲天所授之用 仁

義禮知 性也 有成體而莫之流行者也 誠 心也 無定體而行其性者也 心

統性 故誠貫四德 而四德分一 不足以盡誠 性與生俱 而心緣性發 故誠

必託乎仁義禮知以著其用 而仁義禮知靜處以待誠而行 是以胡史諸儒

竟以誠爲性者 不如章句之言心也 乃所謂心 則亦自人固有之心備萬

物於我者而言之 其與或問所云實心 固大別也 知此 則程子之以能然

言者 一章句之說爲本然者也 抑所謂以心言以理言者 爲誠者而道四

字釋耳 非以釋夫自成自道也 若本文之旨 則誠與道皆以其固然之體

言之 又皆兼人物而言之 自成自道 則皆當然而務致其功之詞 而略物

以歸之當人之身 若曰 天所命物以誠而我得之以爲心者 乃我之所以

成其德也 天所命我以性而人率之爲道者 乃我之所必自行焉而後得爲

道也 以誠自成 而後天道之誠不虛 自道夫道 而後率性之道不離 誠麗

乎物以見功 物得夫誠以爲幹 萬物皆備之誠心 乃萬物大成之終始 誠

不至而物不備於我 物不備則無物矣 故君子知人心固有其誠 而非自

成之 則於物無以爲之終始而無物 則吾誠之之功 所以凝其誠而行乎

道 其所爲自成自道者 一皆天道之誠率性之道之所見功 是其以體天

而復性者 誠可貴也 而又非特天之畀我以誠 顯我以道 遂可因任而自

得之爲貴 則所貴者 必在己之自成而道己也 惟君子之能誠之也 誠之

則有其誠矣 有其誠 則非但成己 而亦以成物矣 (從此以下 理事雙顯) 以

此 誠也者 原足以成己 而無不足於成物 則誠之而底於成 其必成物審

矣 成己者 仁之體也 成物者 知之用也 天命之性 固有之德也 而能成

己焉 則是仁之體立也 能成物焉 則是知之用行也 仁知咸得 則是復其

性之德也 統乎一誠 而己物胥成焉 則同此一道 而外內固合焉 道本無
不宜也 性乎誠而仁知盡焉 準諸道而合外內焉 斯以時措之而宜也 君
子誠之之功 其能有誠也如此 是其自成者卽誠也 人而天者也 自道者
卽道也 身而性焉 惟天道不息之妙 必因人道而成能 故人事自盡之極
合諸天道而不貳 此繇敎入道者所以明則誠焉 而成功一也 此章大旨
不過如此 以是考諸儒之失得 庶不差矣)

2

　이 장이 크게 혼미한 것은 몇 글자가 상호 혼용되어 있기 때문이다.
주자가 그것을 분석해 그 혼미함을 열어주었는데, 후세의 제유들은
주자가 분석한 것을 잡고서 혼미하게 만들었다. 이것이 바로 훈고학
이 번성하면 할수록 그 뜻은 더욱 멀어지게 되는 까닭이다.

　'자성(自成)'의 자(自) 자는 기(己) 자와 같지 않다. 기(己) 자는 물
(物)과 상대적인 말로 내 몸의 일에 오로지 나아가 말한 것이다. 자
(自) 자는 남을 끌어당겨 자기에게 돌아오게 하는 말이다. 주자는 사
람들이 '자성(自成)'을 자기만을 완성하는 것으로 여겨 쌍봉 요씨(雙
峯饒氏)처럼 오해함[796]이 있을까 염려했다. 그러므로 『중용장구』의

---

796) 쌍봉 요씨(雙峯饒氏)처럼 오해함 : 쌍봉 요씨는 주자의 재전 제자인 요로(饒魯 ?
－ ?)를 가리킨다. 쌍봉 요씨는 '誠者 自成'에 '물(物)' 자를 침입할 필요가 없다고 보아,
성(誠)이 곧 도(道)라고 하였다. 쌍봉 요씨의 이와 같은 설은 『중용장구대전』 제25장 소
주 운봉 호씨의 설 속에 들어 있다.

주에 '물(物)'⁷⁹⁷⁾을 겸하여 말한 것이다. 그런데 미혹한 자들은 이를 가지고서 "만물이 이루어지는 것은 하늘이 완성시켜 주는 데 있지, 사람을 인하여 완성되는 것이 아니다."라고 생각하여 '자성(自成)'을 거론하면서 한결같이 천리의 자연에 속하게 하였으니, 유작(游酢)·양시(楊時)의 '기다림이 없이 그러하다.[無待而然]'는 망령된 견해와 은연중 들어맞는데도 그것을 모른 것이다.

본문의 뜻은 천도의 성(誠)을 말한 것이니,—이는 기다림이 없다.— 내가 스스로 그 마음을 이룩할 수 있으면 비로소 그 물(物)을 소유할 수 있다.—이는 기다림이 있다.— 그러므로 '성(誠)'의 의미는 물(物)의 이치를 겸하고 있지만, '자성(自成)'은 자기의 공부만을 오로지 하는 것이다. 성(誠)은 자기가 완성하는 것이기도 하고, 남이[物] 완성하는 것이기도 하다. 이루어지게 하는 것은 자기[己]는 본디 나[我]로부터 그것을 완성하고 남도 나로부터 그것을 이룩한다.

또 '성(誠)'을 말하고 다시 '도(道)'를 말하였는데, 앞에서 "성(誠)은 하늘의 도다.[誠者 天之道]"⁷⁹⁸⁾라고 말한 것이 바로 쌍봉 요씨가 미혹하게 된 이유다. 쌍봉 요씨는 도는 성(性)을 따른 것이고, 성(誠)은 마음[心]에서 이루어진 것임을 모른 것이다. 마음과 본성[性]은 본디 둘이 아니다. 본성은 본체가 되고 마음은 작용이 된다. 마음은 본성을 함양하고 본성은 마음에 붙어 있다. 그러므로 주자는 마음[心]으로 성(誠)을 말하고 이(理)로 도(道)를 말한 것이다.—『중용장구』의 주에 '성이 곧

---

797) 물(物) : 『중용장구』 제25장의 주 '言 誠者 物之所以自成'의 물(物) 자를 가리킨다.

798) 성(誠)은……도다 : 이 문구는 『중용장구』 제20장에 보인다.

이다.[性卽理]'라고 말하였다.[799] ― 그러니 도는 본성이 갖추어 보존하는 바의 본체가 되고, 성(誠)은 마음이 유행하는 바의 작용이 된다.―도는 작용을 갖추어 보존하고 있기 때문에 비(費)라고 할 수 있다.[800] 성(誠)은 유행하기 때문에 무식(無息)이라고 할 수 있다.[801] ― 학자들이 이 점을 살피지 못하여 성(性)으로 성(誠)을 말하였다. 쌍봉 요씨는 주자가 다르다고 한 바의 다른 점을 몰랐으며, 제유들은 또 주자가 같다고 한 바의 다른 점을 모른 것이다.

또한 이 장 안에는 모두 4개의 '물(物)' 자가 있다. 앞의 2개 '물(物)' 자는 자기[己]와 물(物)을 겸하여 말한 것이다. 물(物)과 사(事)를 겸하여 말하면 아래로 초목·금수에 미치는 경우도 있다. 그러나 군자가 자신을 성되게 할 적에는 자연히 남을 만나고 일을 접하는 것으로 본연의 임무를 삼는다. 예컨대, 소주에 "보는 것이 밝지 않고 듣는 것이 총명하지 않으면, 이 물(物)을 듣지 못하고 이 물을 보지 못하여 물이 없는 것과 같다."[802]라고 하였는데, '듣지 못하고 보지 못하는' 것은 자기에게 귀가 없고 눈이 없는 것과 같으며, '이 물을 듣지 못하고 이 물을 보지 못하는' 것은 자기가 이 물을 보지 못하고 이 물을 듣지 못하는 것과 같다. 요컨대, 반드시 자기가 마땅히 일삼음이 있는 바를 행하되 처음부터 끝까지의 조리를 생략해서는 안 된다. 예컨대, 날

---

799) 『중용장구』……말하였다 : 이는 『중용장구』 제1장의 주에 '天命之謂性'을 풀이한 말이다.

800) 도는……있다 : 이는 『중용장구』 제12장에 '君子之道 費而隱'이라고 한 것을 가리켜 말한 것이다.

801) 성(誠)은……있다 : 이는 『중용장구』 제26장에 '至誠無息.'이라고 한 것을 가리켜 말한 것이다.

802) 보는……같다 : 이는 『중용장구』 제25장 제2절의 소주에 실린 주자의 설에 보인다.

아가는 새가 내 곁에서 울고, 뛰는 풀벌레가 내 앞을 지나치는 경우는 눈이 밝지 않고 귀가 총명하지 않더라도 어찌 큰 해로움이 있겠는가? "성(誠)은 만물의 처음과 끝이다.[誠者 物之終始]"라는 말이 내가 이 물(物)을 소유하고 있는지의 여부를 가리지 않고서도 모두 본디 그런 것이라면 아래로 조수·초목에 이르러서도 말을 할 수 있을 것이다. 따라서 "성하지 않으면 물이 없다.[不誠無物]"고 한 것은 초목·조수를 버리고 인사만을 말한 것이다.

이 '물이 없다.[無物]'는 2자는 자기[己]를 겸하여 말한 것이니, 아래 '남을 이루어준다.[成物]'는 문구의 물(物) 자가 기(己) 자와 상대적인 말이 되는 것과는 같지 않다. 대체로 '무물(無物)'의 물(物)은 큰 요점이 사(事) 자로 해석되는 데 있다. 『중용혹문』에 그 점을 매우 상세히 언급해 놓았다.[803] 다만 사(事) 자로 물(物) 자를 바꾸어서는 안 되니, 그렇게 하면 양주(楊朱)의 임금을 무시하는[無君] 설이 충(忠) 아닌 것이 없고, 묵적(墨翟)의 아비를 무시하는[無父] 설이 효(孝) 아닌 것이 없는 것과 같다. 말하자면, 통발[筌]을 떨어뜨리기는 쉽지만 의지하는 바가 있으면 치우치게 된다. 그러므로 북계 진씨(北溪陳氏)[804]는 계씨(季氏)가 제사를 지낼 적에 유사(有司)들이 지쳐서 한 쪽 발을 비스듬히 하거나 다른 물체에 의지해 제사를 지낸 고사[805]를

---

803) 『중용혹문』에……놓았다 : 『중용혹문』 제25장에 '물(物)'을 '사(事)'의 뜻으로 풀이하여 '一事之中 自始至終 皆實心之所爲也'라 하고, '盖不違之終始 卽事之終始也'라고 하였다.

804) 북계 진씨(北溪陳氏) : 송나라 때 학자 진순(陳淳 1159-1223)을 말한다. 북계는 그의 호이다.

805) 계씨(季氏)……고사 : 계씨는 노 환공(魯桓公)의 막내아들 우(友)의 후손들로, 후대에 가장 번성한 대부의 집안이다. 이 고사는 『예기』 「예기(禮器)」에 보이는 내용으로, 계씨가 밤에 제사를 지내 유사들이 모두 지쳐서 발을 한 쪽으로 비스듬히 하거나 다른

인용한 것이다.[806] 이 비유가 절실하고 합당하기는 하지만, 북계 진씨가 마지막에 "제사를 지내지 않은 것과 무엇이 다르겠는가?[與不祭何異]"라고 한 것은 어의에 하자가 있다. 따라서 이 구절은 "귀신을 무시한 것과 무엇이 다르겠는가?[與無鬼神何異]"라고 하거나, "제주가 없는 것과 무엇이 다르겠는가?[與無祭主何異]"라고 하는 것이 합당한 것만 못하다.

또 "물의 처음부터 끝까지이다.[物之終始]"라는 구의 종(終) 자는 아래 '무물(無物)'의 무(無) 자와 하늘과 땅만큼이나 차이가 난다. 무(無)는 시작[始]도 없고 끝[終]도 없는 것이다. 시(始)는 참으로 시작함이 있고, 종(終)도 끝맺음이 있다. 정자(程子)는 머리부터 꼬리까지[徹頭徹尾]로 종시(終始)를 말하였으니[807], 머리가 있고 꼬리가 있어한 마리 물고기가 되는 것처럼 시작도 있고 끝도 있어 하나의 물(物)이 되는 것이다. 그러니 머리[頭]로 유(有)를 삼고 꼬리[尾]로 무(無)를 삼을 수 있겠는가?

소주 중에 "〈그 시(始)가 되는 까닭은 실리(實理)가 이르러〉 유(有)를 향하는 것이고[向於有]", "〈그 종(終)이 되는 까닭은 실리가 다해〉무(無)를 향하는 것이다.[向於無]"라고 한[808] 것은, 하늘이 만물에 부여한 측면에 치우쳐 말한 것으로, 사람이 하늘에서 받은 성(誠)에 해당되지 않는다. "성(誠)은 하늘의 도다.[誠者 天之道]"라고 한 것의 큰

물체에 의지해 제사를 지냈다는 말이다.

806) 북계 진씨(北溪陳氏)는……것이다 : 북계 진씨의 설은 『중용장구대전』 제25장 소주에 보인다.

807) 정자(程子)는……말하였으니 : 정자의 설은 『중용혹문』 제25장 소주에 보이는데, 그 내용은 다음과 같다. "誠者 物之終始 猶俗語徹頭徹尾 不誠 更有甚物也"

808) 소주……한 : 이는 『중용장구대전』 제25장 소주에 실린 주자의 설을 말한다.

뜻이 사람에게 있는 천도[在人之天]로써 말한 것임을 알아야 한다. 하늘에 있는 천도[在天之天]는 사람이 일삼을 수 없는 것으로, 그것은 성(誠)으로 도를 삼지 않는다고 말할 수 없다.

소주의 '무를 향한다.[向於無]'의 무(無) 자는 사(死)에 해당하는 뜻으로 보아야지, 본문의 '무(無)' 자[809]와는 같지 않다. 이는 곧 하늘에 있는 천도의 측면에서 말한 것이니, 조씨(趙氏)의 성을 가진 한 사람을 출생하는 것이 시(始)고, 그 조씨의 성을 가진 사람이 죽는 것이 종(終)이다. 그를 태어나게 하는 것이 유(有)를 향하는 것이고, 그를 죽게 하는 것이 무(無)를 향하는 것이다. 성(誠)이 이르지 않는 곳에는 이 물(物)이 없으니, 이 세상에는 이 조씨의 성을 가진 사람이 원래 없는 것과 같다. 이 세상에 태어나지 않았으니, 어찌 죽음이 있을 수 있겠는가? 더구나 사람에게 있는 천도는 이(理)와 일[事]을 겸하고 있으니, 시(始)는 일의 처음이고, 종(終)은 일의 완성이다. 그러니 더욱 시(始)만 있고 종(終)이 없는 것은 아니다. 생사로써 말한다면, 온전히 하여 낳고 온전히 하여 죽인 뒤에야 성(誠)의 종(終)이 될 것이다. 보통 사람의 경우는 기(氣)가 다하고 신(神)이 떠난 뒤에 죽는다. 그러니 그의 불성(不誠)이 이미 오래되었는데 어찌 그런 사람을 종(終)이라 할 수 있겠는가?

그러므로 "군자의 죽음을 종(終)이라 하고, 소인의 죽음을 사(死)라 한다."[810]고 한 것이다. 종(終)은 완성의 뜻을 가진 말로,『대학』의 '사

---

809) 본문의 '무(無)' 자 :『중용장구』제25장 제2절 '불성무물(不誠無物)'의 무(無) 자를 가리킨다.

810) 군자의……한다 : 이 문구는『예기』「단궁 상(檀弓上)」에 보이는데, 원문은 다음과 같다. "子張病 召申祥而語之曰 君子曰終 小人曰死 吾今日其庶幾乎"

유종시(事有終始)'[811]의 종(終)과 근사함을 알 수 있으니, '소멸되어 거의 다한다.'는 뜻으로 말해서는 안 된다. 죽은 자에게는 이미 주검이 있으니 없다고 말하는 것과는 다르다. 무(無)는 있을 수 있는 바가 아니니 그 종(終)을 말하는 것이 아니다. 양주(楊朱)가 임금을 무시하는[無君] 설을 폈는데 그것을 두고 임금이 종(終)했다고 할 수 있겠으며, 묵적(墨翟)이 아비를 무시하는[無父] 설을 주장했는데 그것을 두고 아비가 죽었다고 할 수 있겠는가?

이로써 살펴보면, 정자(程子)가 주장한 철두철미의 뜻은 바꿀 수 없는 설이 됨을 알 수 있다. 주자가 미루어 넓혀서 "처음부터 끝까지 모두 실리가 하는 것이다.[自始至終 皆實理之所爲]"[812]라고 한 것은 말이 더욱 명확하고 절실하다. 그런데 다시 "〈하루에 한 번, 한 달에 한 번〉 인(仁)에 이르는 것의 종시(終始)가 곧 물(物)의 종시다."[813]라고 하였으니, 이는 또한 끊어진 곳으로 종(終)을 삼은 것이다. 그러니 『중용혹문』의 하자에 대해서는 털끝만큼의 잘못도 분간하지 않아서는 안 된다.

또 『중용장구』의 주에는 '성지덕(性之德)'을 해석하여 "이는 모두 나의 본성이 본디 가지고 있는 것이다.[是皆吾性之固有]"[814]라고 하였는데, 이는 이치로써 말한 것이지 공효로써 말한 것이 아니다. 그런

---

811) 사유종시(事有終始) : 이 문구는『대학장구』경1장에 보인다.

812) 처음부터……것이다 : 이 문구는『중용혹문』제25장에 보인다.

813) 하루에……종시다 : 이 문구는『중용혹문』제25장에 보이는데, 그 원문은 다음과 같다. "日月至焉 則至此之時所爲 皆實 而去此之後 未免於無實 蓋至焉之終始 卽其物之終始也"

814) 이는……것이다 : 이 문구는『중용장구』제25장 제3절의 주에 보인다.

데 그 위에 "인(仁)은 본체가 보존된 것이다.[仁者 體之存]"[815)라고 하였으니, 반드시 그 본체를 보존한 것이 있다. 또 "지혜는 작용이 발하는 것이다.[知者 用之發]"[816)라고 하였으니, 반드시 그 작용을 발함이 있다. 소주에 "자기를 극진히 하여 털끝만큼도 사사로움과 거짓이 없다.[盡己而無一毫之私僞]", "물(物)을 인해 성취하여 각각 그 합당함을 얻는다.[因物成就 各得其當]", "자기의 사욕을 극복해 예로 돌아간다.[克己復禮]", "지혜는 만물에 두루 유행한다.[知周乎萬物]"라고 하고[817), 『중용혹문』에 "자사(子思)의 말은 행(行)을 주로 하였다.[子思之言主於行]"[818)라고 하였으니, 모두 군자의 공효에 나아가 설을 세운 것이다. "성의 덕인지라, 내외를 합한 도이다.[性之德也 合內外之道也]"라는 2구는 위 문장을 순하게 이으면서 다시 전환하는 뜻이 없으니, 인(仁)·지(智)는 자신을 완성하고 남을 완성시켜주는 자가 이룩한 덕이 아니라고 할 수 없다. 그러니 "성의 덕이다.[性之德也]", "내외를 합한 도이다.[合內外之道也]"라고 한 것을 자연의 이치로 여기지 않을 수 없다.

그러므로 나는 이 대목에서 이치[理]와 일[事] 두 가지 설로써 이절 7구의 뜻을 극진히 하였다. 이절의 '성(性)' 자의 의미는 '성(性)·

---

815) 인(仁)은……것이다 : 이 문구도 『중용장구』 제25장 제3절의 주에 보인다.

816) 지혜는……것이다 : 이 문구도 『중용장구』 제25장 제3절의 주에 보인다.

817) 소주에……하고 : 이 문구는 모두 『중용장구대전』 제25장 제3절 소주 주자의 설에 보인다.

818) 자사(子思)의……하였다 : 이 문구는 『중용혹문』 제25장에 보이는 말로, 자사가 『중용』에서 "成己 仁也 成物 知也"라고 한 것을 가리킨다. 이는 『맹자』 「공손추 상」에 "孔子曰 聖則吾不能 我學不厭而教不倦也. 子貢曰 學不厭 智也 教不倦 仁也"라고 한 말에서 자공이 인(仁)·지(智)를 말한 것을 『중용장구』 제25장에 자사가 인(仁)·지(智)를 말한 것과 비교해 논한 것이다.

도(道)'⁸¹⁹⁾의 성(性)과 한 가지라고 할 수 있으며, 또한 '요(堯)·순(舜)
은 본성대로 하였다.[堯舜性之]'⁸²⁰⁾의 성(性) 자와도 견주어 볼 수 있
다. 저 "오직 천하의 지극히 성한 분이어야 능히 변화시키는 일을 한
다.[唯天下至誠爲能化]"⁸²¹⁾는 것은, 곧 "힘쓰지 않아도 적중하고, 생각
하지 않아도 터득한다.[不勉而中 不思而得]"⁸²²⁾는 것의 지성(至誠)이
며, 또한 "한 부분적인 선을 극진히 하면 성(誠)이 있게 된다.[曲能有
誠]"⁸²³⁾는 것의 지성(至誠)인 것이다.

　『중용』은 매양 혼합해 말하여 자칫 학자들로 하여금 한쪽으로 치우
치게 하였다. 주자만이 양쪽을 모두 취하여 군자는 성인에 합하고 성
인은 하늘에 합하며, 일은 반드시 이치에 맞고 도는 덕에 응집되는 미
묘함을 충분히 드러냈다. 주자 이후로 담씨(譚氏)·고씨(顧氏)⁸²⁴⁾ 등
은 그루터기나 지키며 분석하였는데, 문장이 뜻을 전달하지 못하니
이치에 어찌 합당하겠는가? 사백선(史伯璿)⁸²⁵⁾·허 동양(許東陽)⁸²⁶⁾에

<hr />

819) 성(性)·도(道) : 『중용』 첫머리의 '天命之謂性 率性之謂道'의 성(性)과 도(道)를
말한다.

820) 요(堯)……하였다 : 이 문구는 『맹자』 「진심 상」 제30장에 보인다.

821) 오직……한다 : 이 문구는 『중용장구』 제23장에 보인다.

822) 힘쓰지……터득한다 : 이 문구는 『중용장구』 제20장 제18절에 보인다.

823) 한……된다 : 이 문구는 『중용장구』 제23장에 보인다.

824) 담씨(譚氏)·고씨(顧氏) : 『중용장구대전』 제25장 제3절 소주에 보이는데, 담씨
는 담유인(譚惟寅)이고, 고씨는 자세치 않다.

825) 사백선(史伯璿 ? - ?) : 자는 문기(文璣)이며, 절강성 평양(平陽) 사람이다. 원나
라 때 학자로 주자학을 종주로 하였다. 저술로 『사서관규(四書管窺)』·『관규외편(管窺
外編)』이 있다.

826) 허 동양(許東陽) : 원나라 때 학자 허겸(許謙 1270-1337)을 말한다. 자는 익지
(益之), 호는 동양(東陽)·백운(白雲)이며, 강서성 금화(金華) 사람이다. 하기(何基)-왕
백(王柏)-김이상(金履祥)으로 이어지는 주자학맥을 계승하였다. 북방의 허형(許衡)과

이르러서는 '자성(自成)'을 자연이성(自然而成)으로 해석했고, 쌍봉
요씨(雙峯饒氏)[827]는 '내외를 합한 도인 인(仁)·지(知)'를 성(誠)으로
여겼으며, 운봉 호씨(雲峯胡氏)[828]는 '성지덕(性之德)'을 미발지중(未
發之中)으로 여겼으니, 점치는 사람이 엎어놓은 그릇 속에 든 물건을
알아맞히게 하는 것처럼 어렴풋이 억측하여 망령된 데로 귀결되게 하
였을 따름이다.(此章之大迷 在數字互混上 朱子爲分析之以啓其迷 乃
後來諸儒又執所析以成迷 此訓詁之學所以愈繁而愈離也 自成自字
與己字不同 己 對物之詞 專乎吾身之事而言也 自 則攝物歸己之謂也
朱子恐人以自成爲專成夫己 將有如雙峰之誤者 故於章句兼物爲言
乃迷者執此 而以爲物之成也 固有天成之 而不因乎人者矣 遂擧自成
而一屬之天理之自然 則又暗中游楊無待之妄而不覺 乃本文之旨 則
謂天道之誠 (此無待) 我可以自成其心而始可有夫物也 (此有待) 故誠之
爲言 兼乎物之理 而自成則專乎己之功 誠者 己之所成 物之所成 而成
之者 己固自我成之 物亦自我成之也 又言誠而更言道 前云誠者天之
道 此雙峰之所緣迷也 不知道者率乎性 誠者成乎心 心性固非有二 而
性爲體 心爲用 心涵性 性麗心 故朱子以心言誠 以理言道 (章句已云性
卽理也) 則道爲性所賅存之體 誠爲心所流行之用 (賅用存故可云費 流行故
可云無息) 諸儒不察 乃以性言誠 則雙峰旣不知朱子異中之異 而諸儒抑
不知朱子同中之異也 又章中四物字 前二物字兼己與物而言 兼物與
事而言 則或下逮於草木禽獸者有之 然君子之誠之也 自以處人接事

함께 이허(二許)로 불렸다. 저술로 『독사서총설(讀四書叢說)』·『시집전명물초(詩集傳
名物抄)』·『춘추삼전소의(春秋三傳疏義)』 등이 있다.
827) 쌍봉 요씨(雙峯饒氏) : 주자의 문인인 요로(饒魯 ? - ?)를 말한다.
828) 운봉 호씨(雲峯胡氏) : 원나라 때 학자 호병문(胡炳文 1250-1333)을 말한다.

爲本務 如小註所云視不明聽不聰 則不聞是物不見是物 而同於無物 不聞不見者 同於己之無耳無目也 不聞是物不見是物者 同於己之未視是物未聽是物也 然要必爲己所當有事者 而其終始之條理 乃不可略 若飛鳥之啼我側 流螢之過我前 卽不明不聰 而亦何有於大害哉 誠者物之終始 不擇於我之能有是物與否而皆固然 則可下洎於鳥獸草木而爲言 若夫不誠無物 固已捨草木鳥獸而專言人事矣 顧此無物字 則猶兼己而言 而不如下成物物字之與己爲對設之詞 蓋無物之物 大要作事字解 或問言之極詳 特不可以事字易之 則如楊氏無君之非不忠墨氏無父之非不孝也 言筌之易墮 有倚則偏 故北溪引季氏跂倚以祭雖爲切當 而末云與不祭何異 語終有疵 不如云與無鬼神何異或云與無祭主何異之爲當也 又物之終始一終字 與下無物一無字 相去天淵無者無始也 並無終也 始者固有始也 而終者亦有終也 程子以徹頭徹尾言終始 則如有頭有尾 共成一魚 有始有終 共成一物 其可以頭爲有尾爲無乎 小註中向於有向於無之云 乃偏自天之所以賦物者而言 而不該乎人之所受於天之誠 須知誠者天之道 大段以在人之天爲言 而在天之天 則人所無事 而特不可謂其非以誠爲道耳 乃向於無一無字止當死字看 與本文無字不同 卽在天而言 如生一趙姓者爲始 趙姓者之死爲終 其生之也向於有 其死之也向於無 若夫誠所不至而無此物則如天下原無此趙姓之人 旣已不生 何得有死 況於在人之天而兼乎理與事矣 則始者事之初也 終者事之成也 尤非始有而終無也 若以生死而言 則必全而生之 全而歸之 而後爲誠之終 若泛然之人 氣盡神離而死也 則其不誠固已久矣 而又何得謂之終哉 故曰 君子曰終 小人曰死 是知終者成之詞 與大學事有終始之終相近 而不可以漸滅殆盡爲言 且死者亦旣有死矣 異於無之謂矣 無者非所得有也 非其終之謂也楊氏無君而可謂君之終 墨氏無父而可謂父之死乎 以此知程子徹首徹

尾之義爲不可易 朱子推廣之曰自始至終 皆實理之所爲 言尤明切 乃又曰至焉之終始 卽其物之終始 則又以閒斷處爲終 則亦或問之疵 不可不揀其毫釐之謬者也 又章句釋性之德也 云是皆吾性之固有 以理言而不以功效言 乃上云仁者體之存 則必有存其體者矣 知者用之發 則必有發其用者矣 則小註所云盡己而無一毫之私僞 因物成就 各得其當 克己復禮 知周萬物 而或問抑云子思之言主於行 固皆就君子之功效而立說 性之德也二句 順頂上文 更無轉折 不得以仁知非成己成物者已成之德 則亦不得以性之德合外內之道爲自然之理矣 故愚於此以理事雙說 該盡此七句之義 而性字之釋 則旣可與性道之性一例 亦可以堯舜性之也之性爲擬 猶夫唯天下至誠爲能化 卽爲不思不勉之至誠 亦卽致曲有誠之至誠也 中庸每恁渾淪說 極令學者誤墮一邊 唯朱子爲能雙取之 方足顯君子合聖 聖合天 事必稱理 道凝於德之妙 下此如譚顧諸儒 則株守破裂 文且不達 而於理何當哉 至於史伯璿許東陽之以自成爲自然而成 饒雙峰之以合外內而仁知者爲誠 雲峰之以性之德爲未發之中 則如卜人之射覆 恍惚億測 歸於妄而已）

제26장

그러므로 지극한 성(誠)은 그침이 없다. 그치지 않으면 오래가고, 오래가면 징험하게 되고, 징험하게 되면 넉넉하게 멀리 가며, 넉넉하게 멀리 가면 넓고 두터워지며, 넓고 두터워지면 높고 밝게 된다. 넓고 두터운 것은 만물을 실어주는 것이요 높고 밝은 것은 만물을 덮어주는 것이니, 넉넉하게 오래가는 것이 만물을 완성시켜주는 것이다. 넓고 두터운 것은 땅에 배합하고 높고 밝은 것은 하늘에 배합하니, 넉넉하게 오래가는 것이 끝없는 것과 같다. 이와 같은 분은 드러내 보이지 않아도 드러나며, 움직이지 않아도 만물이 변화하며, 인위적으로 함이 없어도 만물이 완성된다. 천지의 도는 한 마디로 다 할 수 있다. 그것의 물(物)이 됨은 둘이 아니니 만물을 생육하는 것은 헤아릴 수 없다. 천지(天地)의 도는 넓고 두터우며 높고 밝으며 유원하고 장구하다. 지금 하늘은 이 반짝거리는 별들이 많이 모여 있는 것이지만 무궁한 데에 이르러 보면 해, 달, 별 등이 거기에 매달려 있으며, 만물이 거기에 덮여 있다. 지금 저 땅은 한 줌의 흙이 많이 모여 있는 것이지만 넓고 두터운 데에 이르러 보면 화산(華山) 같은 큰 산을 싣고 있으면서도 무거워하지 않고, 하수(河水)나 바다같은 큰물을 거두어 담고 있으면서도 새지 않게 하며 만물이 거기에 실려 있다. 지금 저 산은 한 주먹만한 돌들이 많이 모여 있는 것이지만 그 광대한 데에 이르러 보면 초목이 생겨나고 금수가 살며 보물이 나온다. 지금 저 물은 한 잔의 물이 많이 모여 있는 것이지만 그 헤아릴 수 없는 데에 이르러 보면 큰자라, 악어, 교룡, 용, 물고기, 자라 등이 생육하고 재화가 되는 것이 번식한다. 『시경』에서 "하늘의 명은, 아! 심원하여 그치지 않네."라고 하였으니, 이는 대체로 하늘의 하늘됨을 말한 것이요, 『시경』에서 "아! 드러나지 않는가, 문왕의 덕의 순일(純一)함이여."라고 하였으니, 이는 대체로 문왕의 문왕된 까닭이 또한 순일하여 그치지 않음을 말한 것이다.

故至誠無息 不息則久 久則徵 徵則悠遠 悠遠則博厚 博厚則高明 博厚 所以載物也 高明 所以覆物也 悠久 所以成物也 博厚 配地 高明 配天 悠久

無疆 如此者 不見而章 不動而變 無爲而成 天地之道 可一言而盡也 其爲
物不貳 則其生物不測 天地之道 博也厚也高也明也悠也久也 今夫天 斯昭
昭之多 及其無窮也 日月星辰繫焉 萬物覆焉 今夫地一撮土之多 及其廣厚
載華嶽而不重 振河海而不洩 萬物載焉 今夫山一卷石之多 及其廣大 草
木生之 禽獸居之 寶藏興焉 今夫水一勺之多 及其不測 黿鼉蛟龍魚鼈生焉
貨財殖焉 詩云 維天之命 於穆不已 蓋曰天之所以爲天也 於乎不顯 文王
之德之純 蓋曰文王之所以爲文也 純亦不已

1

하늘의 하늘이 된 이유는 알 수 없지만, 하늘이 넓고 두텁고[博厚], 높고 밝고[高明], 유구(悠久)함을 말미암아 만물을 낳는 것은 헤아릴 수 없으니, 그 성(誠)이 변치 않는 것을 알 수 있다. 지성(至誠)이 보존된 바는 일반인들이 쉽게 알 수 있는 바가 아니다. —오직 성인만이 그것을 안다.— 그 넓고 두텁고, 높고 밝고, 유구한 것이 징험하는 바에 나타나는 것을 말미암으면 그 성(誠)이 그치지 않음을 알 수 있다. 이는 작용으로부터 그 본체를 살펴서 아는 것이다.『중용』에는 확실히 그런 점을 아는 방법이 있는데, "그러므로 지성은 그침이 없다.[故至誠無息.]"의 '고(故)' 자를 깊이 체득해야 그것이 비로소 보일 것이다.

『중용장구』의 주에는 그것이 큰 뜻에 관계된 바가 아니기 때문에 생략하였다. 요씨(饒氏)829) · 호씨(胡氏)830)의 지혜로는 이 점을 알기

---

829) 요씨(饒氏) : 쌍봉 요씨(雙峯饒氏)인 요로(饒魯)를 말한다. 쌍봉 요씨의 설은『중용장구대전』제26장 소주에 보이는데, 그 원문은 다음과 같다. "此章 承上二章而言 所以劈頭下箇故字 蓋盡性 仁之至 前知 知之至 而無息 勇之至也"

부족하기에, "위의 장을 이어 말한 것이다."[831)라고 하였다. 제25장 본문 끝에 "그러므로 그때그때 조처한 것이 마땅한 것이다.[故時措之宜也]"라고 하였는데, 연이어 2개의 '고(故)' 자를 쓴다면[832) 어찌 문리가 이루어지겠는가? 주자가 분장(分章)을 해 놓았는데, 그들은 오히려 이와 같이 얼키설키 얽어매 놓았으니 어찌된 일인가?(天之所以爲天者不可見 緣其博厚高明悠久而生物不測也 則可以知其誠之不貳 至誠之所存者非夫人之易知 (唯聖知之) 緣其博厚高明悠久之見於所徵者 則可以知其誠之不息 此自用而察識其體 中庸確然有以知之 而曰故至誠無息 故字須涵泳始見 章句以其非大義所關而略之 饒胡智不足以知此 乃云承上章而言 上章末已云故時措之宜也 連用兩故字 豈成文理 朱子業已分章矣 猶如此葛藤 何也)

2

이 장에서 '징(徵)'이라고 한 것은, 곧 제22장에서 말한 '남의 본성을 극진히 하고[盡人之性]', '다른 생명체의 본성을 극진히 하는[盡物

830) 호씨(胡氏) : 운봉 호씨(雲峯胡氏)인 호병문(胡炳文)을 말한다. 운봉 호씨의 설은 『중용장구대전』 제26장 소주에 보이는데, 그 원문은 다음과 같다. "首句上便有故字承上章而言也"

831) 위……것이다 : 『중용장구대전』 제26장 소주 쌍용 요씨와 운봉 호씨의 설에 보인다.

832) 연이어……쓴다면 : 제25장 끝에 '故時措之宜'라 하고, 제26장 처음에 '故至誠無息'이라 하였는데, 운봉 호씨의 설처럼 제26장을 해석하면서 '위의 장을 이어 말한 것이다.'라고 하면, 고(故) 자가 연이어 나오게 된다는 것이다.

之性]' 일이며, 또한 제27장에서 말한 '만물을 발육하여 그 우뚝함이
하늘에 이르고[發育萬物 峻極于天]', '예의(禮儀)가 3백 가지이고 위
의(威儀)가 3천 가지[禮儀三百 威儀三千]'인 일이며, 또한 제31장에
서 말한 '나타나면 백성들이 공경하고, 말을 하면 백성들이 믿고, 행하
면 백성들이 기뻐하는[見而民莫不敬 言而民莫不信 行而民莫不說]'
일이다. 이 장에서 말한 유원(悠遠)·박후(博厚)·고명(高明)은, 그 덕
이 다른 사람과 다른 생명체에 영향을 주는 것이 크고 작거나 오래거
나 잠시거나를 막론하고 그렇지 않음이 없음을 형상한 것이다. 그러
니 지성한 분의 한 마디 말과 한 가지 실천과 한 가지 행동은 모두 그
유원(悠遠)함의 징험인 것이다. 주나라 문왕 때에는 주나라의 도가
아직 완성되지 않았지만, 그 덕의 순수함은 이미 하늘과 함께 하여 그
치지 않았다.[833] 북계 진씨(北溪陳氏)가 "오직 요·순이 능히 그런 분
이 된다."는 설[834]은, 나이를 가지고 '유구(悠久)'를 논한 것이니 말단
적인 설이다.(所謂徵者 卽二十二章盡人物之性之事 亦卽二十七章發
育峻極禮儀威儀之事 亦卽三十一章見而敬 言而信 行而說之事 悠遠
博厚高明 卽以狀彼之德被於人物者 無大小久暫而無不然也 則至誠
之一言一動一行 皆其悠遠之徵 文王之時 周道未成 而德之純也 已與
天同其不已 北溪唯堯舜爲能然之說 是以年壽論悠久也 其亦末矣)

---

833) 그……않았다 : 이는 이 장 말미의 "於乎不顯 文王之德之純 蓋曰文王之所以爲文
也 純亦不已"를 풀이한 것이다.

834) 북계 진씨(北溪陳氏)가……설 : 북계 진씨는 진순(陳淳)을 말한다. 북계 진씨의
설은 『중용장구대전』 제26장 제4절 소주에 보인다.

3

   일(一)·이(二)는 수(數)이지만, 일(壹)·이(貳)는 수가 아니다. 일(壹)은 전일(專壹)하다는 뜻이고, 이(貳)는 틈이 나거나 둘이 된다는 뜻이다. 유씨(游氏)가 '불이(不貳)'를 '득일(得一)'로 해석한 설[835]은 그 뜻이 이단에 관계될 뿐만 아니라 글자의 뜻에 있어서도 잘못이다. 노씨(老氏)는 "하늘은 일(一)[836]을 얻어 맑고, 땅은 일(一)을 얻어 편안하다.[天得一以淸 地得一以寧]"라고 하였다.[837] 여기서의 '일(一)'이란 이(二)를 낳고 삼(三)을 낳는 일(一)이다.[838] 곧 도(道)를 잃은 뒤에 덕(德)이 있고, 덕을 잃은 뒤에 인(仁)·의(義)가 있다는 뜻이다. 『노자도덕경』에 "그것을 현묘하게 하고 또 현묘하게 한다.[玄之又玄]"[839], "도는 텅 비어 그것을 써도 차지 않는다.[道沖而用之或不盈]"[840]고 한 것이 일(一)을 말한 것이다. 덕이 있으면 도와 더불어 둘이 된다. 인·의가 있으면 끝내 둘이 되어 하나가 될 수 없다. '일을 얻었다.[得一]'는 것은 둘이 없음을 말한다. 반드시 인(仁)도 없고 의

---

835) 유씨(游氏)가……설 : 유씨는 북송 때 정자(程子)의 제자인 유작(游酢 1053-1123)을 말한다. 유작은 광평 유씨(廣平游氏)로 불리는데, 그의 설은 『중용혹문』 제26장 소주에 보이며 그 원문은 다음과 같다. "廣平游氏曰 其爲物不二 天地之得一也 一則不已 故載萬物 彫刻衆形 而莫知其端也 故生物不測"

836) 일(一) : 『노자도덕경』에서 말하는 일(一)은 도(道)를 말한다.

837) 노씨(老氏)는……하였다 : 노씨는 노자(老子)를 가리킨다. 이 문구는 『노자도덕경』 제39장에 보인다. 『중용혹문』 제26장 소주에도 이 말이 인용되어 있다.

838) 일(一)이란……일(一)이다 : 이는 『노자도덕경』 제42장에 "道生一 一生二 二生三 三生萬物"이라고 한 데서 연유해 말한 것이다.

839) 그것을……한다 : 『노자도덕경』 제1장에 보인다.

840) 도는……않는다 : 『노자도덕경』 제4장에 보인다.

(義)도 없은 뒤에야 그 일(一)을 잃지 않을 것이다. 『유마경(維摩經)』에 '불이법문(不二法門)'이라 한 것이 이런 뜻이다. 그러니 이 어찌 사설(邪說)의 으뜸이 아니겠는가?

『중용』에서 '불이(不貳)'라고 한 것은, 『주역』 건괘(乾卦)에 '원형이정(元亨利貞)'[841]이라 하고 건괘 단사(彖辭)에 "때로 육룡을 탄다.[時乘六龍]"[842], "크게 처음과 끝을 밝힌다.[大明終始]"[843]고 한 것과 같은 의미로 어느 곳인들 성(誠)하지 않음이 없다는 의미니, 어찌 단지 둘[二]뿐이겠는가? 둘도 불이(不貳)고, 셋도 불이니, 헤아릴 수 없는 천만 개일지라도 또한 불이다. 불교에서는 쌀 한 톨 속에 세계가 들어 있다고 말하는데, 이는 귀결점은 같지만 길이 다르고 목적지는 하나지만 생각은 백 가지로 다른 것이니 어찌 서로 관련이 있겠는가?

또한 성(誠)이 지극하지 않아서 둘로 나뉘는 것은 불성(不誠)이 성(誠)에 끼어들기 때문이다. 천(天)은 그 화(化)가 무궁하여 불성할 때가 있지 않으며 불성한 곳도 있지 않다. 만물을 화육하며 살리기도 하고 죽이기도 하여 날마다 끊임없이 새로워져 그치거나 쉼이 없다. 그리하여 원(元)이 되고 형(亨)이 되고 이(利)가 되고 정(貞)이 되어 덕이 있지 않음이 없으며 행함이 강건하지 않음이 없으니, 원(元)도 불이(不貳)고, 형(亨)·이(利)·정(貞)도 불이가 아닌 것이 없다. 그러니 어찌 외롭게 하나의 원(元)만 세우고 형(亨)·이(利)·정(貞)은 없애고서 더불어 대대(對待)[844]가 된다고 말할 수 있겠는가? 그러므로 지

---

841) 원형이정(元亨利貞) : 원(元)은 만물의 시초이고, 형(亨)은 만물의 성장이고, 이(利)는 만물의 이루어짐이고, 정(貞)은 만물이 완성되는 것이다.

842) 때로……탄다 : 육룡(六龍)은 『주역』 건괘의 여섯 개 양효(陽爻)를 가리킨다.

843) 크게……밝힌다 : 여기서의 처음은 원(元)을 가리키고, 끝은 정(貞)을 말한다.

성(至誠)은 하늘과 합하는 것이니, 인(仁)도 불이(不貳)고, 의(義)도 불이다. 3백 가지 예의(禮儀)와 3천 가지 위의(威儀)가 빈틈없이 빽빽하게 갖추어져 있어 그 주밀한 데서 마음을 썼으니, 또한 어찌 노자가 〈임금은〉 하나를 얻어 천하의 곧은 정치를 삼는다.[得一以爲天下貞]'845)고 한 것과 같겠는가?—하나를 얻으면 반드시 천하의 곧은 정치가 될 수 없다. 예컨대, 남쪽을 얻으면 동쪽을 바르게 하지 못하고, 인(仁)을 얻으면 의(義)를 바르게 하지 못한다. 그러므로 "하나만 고집하는 것을 미워하는 것은 그것이 도를 해치기 때문이니, 하나를 들어 백 가지를 폐하기 때문이다."846)라고 한 것이다.—

이 장에 "한 마디 말로써 다할 수 있다.[可一言而盡]"고 한 것은 제20장에 "그것을 행하는 바는 하나다.[所以行之者一也]"라고 말한 것과 마찬가지 사례니, 성(誠)을 지적해 말하지 않고 짐짓 인용만 하고서 드러내지 않은 말이다. 따라서 한 마디 말로 다할 수 있지, 두 마디 말로는 다할 수 없다는 것을 말한 것은 아니다. 공자가 "하나로써 그것을 꿰뚫었다.[一以貫之]"847)고 한 말씀처럼 그 꿰뚫는 바의 하나를 지적해 말하는 것을 허용하지 않는다. 증자(曾子)가 위 공자의 말씀에 대해 '충서(忠恕)'로써 문인들에게 답한848)것은 『중용장구』의 주

---

844) 대대(對待) : 두 형상이 서로 대립하기도 하고 서로 기다리기도 하는 상호 관계를 말한다. 주로 『주역』에서 괘(卦)와 효(爻)를 상호 연관시켜 설명할 때 쓰는 말이다.

845) 하나의……삼는다 : 이 문구는 『노자도덕경』 제39장에 보인다.

846) 하나만…… 때문이다 : 이 문구는 『맹자』「진심 상」제26장에 보이는 맹자의 말이다.

847) 하나로써……꿰뚫었다 : 이 문구는 『논어』「이인」 제15장에 보인다.

848) 증자(曾子)가……답한 : 『논어』「이인」 제15장에 보이는 내용으로, 공자가 "증삼아, 나의 도는 하나로써 그것을 꿰뚫었느니라."라고 하자, 증자가 "예, 알겠습니다."라고 하였다. 공자가 나간 뒤, 함께 있는 문인들이 증자에게 "선생님께서 무엇을 말씀하신 것인가?"라고 묻자, 증자가 "선생님의 도는 충서일 뿐이다."라고 대답하였다. 이에 대해 주

에 '성(誠)'으로써 '일(一)'을 해석한[849] 것과 같다. 성인이 이런 대목에 대해 그 뜻을 드러내고자 하지 않은 것은 아니지만, 말을 다듬고 정성을 세울 적에 쉽게 알고 빨리 행할 수 있는 설을 사람들에게 주어 눈곱만큼도 이치에서 어긋나지 않도록 한 것이다. 충서(忠恕)로써 대답한 것은 증자가 일이관지(一以貫之)에 대해 터득한 것이지 공자가 충서로써 일(一)을 삼은 것은 아니다. 천지의 도는 사람에게 있는 성(誠)과 짝이 될 수 있지만, 천지는 불성(不誠)이 없으니 성(誠)으로써 말할 수 없다.—'성(誠)은 하늘의 도다.[誠者 天之道]'[850]라고 말한 것은 사람에게 있는 천도로써 말한 것일 뿐이다.—

천지의 '만물을 낳는 것이 헤아릴 수 없게[生物不測]' 된 이유는 그것이 한 마디 말로써 다할 수 있는 도이기 때문이다. '물체 됨이 둘이 아니다.[爲物不貳]'라는 것은 지극히 성실한 데에 있는 이른바 성(誠)이라는 것이다. 지성의 징험이 나타나 박후(博厚)하고 고명(高明)하고 유구(悠久)하게 되는 까닭은 한 마디 말로 다할 수 있는 천지의 도를 얻어서 성(誠)이 지극하여 쉼이 없기 때문이다. '한 마디 말로써 다한다.'는 것은 성인의 지성(至誠)으로써 배합되고, '물체 됨이 둘이 아니다.'라는 것은 성인의 그침이 없는[無息] 것으로써 배합된다. 한 마디 말이 중요한 곳을 차지하고서 둘[二]을 기다림이 없다는 것을 말

자는 '일이관지(一以貫之)'의 '일(一)'을 '충(忠)'으로, '관지(貫之)'를 '서(恕)'로 보았다. 그러나 후대의 주석 중에는 '충서(忠恕)'를 모두 '일(一)'로 보는 설이 있는데, 이 책의 저자 왕부지도 그와 같은 견해를 갖고 있다.

849) 주자의……해석한 : 『중용장구』 제20장 '所以行之者一也'의 주에 '一者 誠也'라고 하였고, 제26장 '可一言而盡也'의 주에 '天地之道 可一言而盡 不過曰誠而已'라고 하였다.

850) 성(誠)은 하늘의 도다 : 이 문구는 『중용장구』 제20장에 보인다.

하는 것이 아님이 분명하다.

이 장에 보이는 '그침이 없다.[無息]', '둘이 아니다.[不貳]', '그치지 않는다.[不已]'는 말은 그 뜻이 한 가지다. 『중용장구』의 주에 "성(誠) 하기 때문에 그치지 않는다.[誠故不息]"[851]라고 하였으니, '불식(不息)'으로 '불이(不貳)'를 대신한 것이 분명하다. 절재 채씨(節齋蔡氏) 가 그 뜻을 이끌어 내 더 부연했으니[852] 그 의미가 매우 분명하다. 진 씨(陳氏)는 이 점을 살피지 못하고 '불이(不貳)'와 '성(誠)'을 혼합하 여 하나로 삼고, '일(一)'과 '불이(不貳)'로 대를 삼았으니[853] 그의 의 혹됨이 매우 심하도다!

천지의 도가 둘이 아닌 것은 그것이 항상 변치 않아 한 번 숨 쉬는 사이에도 그침이 없기 때문이다. 망령됨이 없는 진실이 흘러가서 아 울러 화육시켜 주고 아울러 행하게 하니, 냇물처럼 갈라져 흘러 만 가 지로 다른 것들이 어찌 일찍이 하나[一]를 얻을 수 있었던 적이 있었 던가? 제유들은 이 점을 살피지 못하고 '하나를 주로 하여 섞이지 않 는다.[主一不雜]'는 설을 억지로 끌어다가 그 증거로 삼았다. 어찌 천 지의 화육에 있어 해[日]를 운행하면 다시는 달[月]을 운행하지 않고, 버드나무를 낳으면 다시 복숭아나무를 낳지 않는단 말인가?

---

851) 성(誠)하기……않는다 : 이 문구는 『중용장구』 제26장 제7절의 주에 보인다.

852) 절재 채씨(節齋蔡氏)가……부연했으니 : 절재 채씨는 주자의 문인 채연(蔡淵 1156-1236)을 말한다. 절재 채씨의 설은 『중용장구대전』 제26장 제7절 소주에 보이는 데, 그 원문은 다음과 같다. "節齋蔡氏曰 不貳則無間斷 所以不息."

853) 진씨(陳氏)는……삼았으니 : 진씨는 신안 진씨(新安陳氏) 진력(陳櫟 1252-1334)를 말한다. 신안 진씨의 설은 『중용장구대전』 제26장 제7절 소주에 보이는데, 그 원문은 다음과 같다. "新安陳氏曰 不貳者 一也 一卽誠也 惟其爲物 誠一而不貳 所以不 息而其生物之多 所以不可得而測度也……"

'지성(至誠)'은 그것의 겉과 속이 모두 가득 찼다는 의미로 말한 것이고, '무식(無息)'은 그 처음과 끝이 틈이 없다는 것으로 말한 것이다. 겉과 속이 모두 가득 찬 것이 처음부터 끝까지 틈이 없기 때문에 "지성은 그침이 없다.[至誠無息]"고 하고, "지극히 성하면 그치지 않는다.[至誠則不息]"고 하지 않은 것이다. "한 마디 말로써 다할 수 있다.[可一言而盡]"는 것은 하늘이 싣고 있는 것이 간직되어 망령됨이 없다는 것이며, "그 물체 됨이 헤아릴 수 없다.[其爲物不測]"는 것은 하늘의 운행이 강건하여 쉬지 않는다는 것이다. 작용에 간직해도 망령됨이 없는 것은 인(仁)에 드러내도 쉬지 않는다. 그러므로 "도는 한 마디 말로 다할 수 있으며, 그 물체 됨은 쉬지 않는다."고 말한 것이다. 도(道)로써 물(物)을 주간하고, 물로써 도를 운행하니―도(道)는 화(化)의 실체[實]이고, 물(物)은 화의 작용[用]이다.― '도는 둘을 섞는 것이 아니다.[道不雜二]'라고 말하지 않았지만 만물을 낳는 것은 헤아릴 수 없다. 도는 근본[本]이고, 물(物)은 실체[體]이며 화(化)이다. 도는 하늘을 통섭하고, 체(體)는 하늘에 위치하며, 화(化)는 하늘에 운행한다. 아! 성(聖)을 말하고 천(天)을 말하자니, 그 또한 말을 만들기가 어렵구나. 그런데 다시 망령된 말을 더하겠는가?(一二者數也 壹貳者非數也 壹 專壹也 貳 閒貳也 游氏得一之說 不特意犯異端 而字義亦失 老氏云 天得一以清 地得一以寧 其所謂一者 生二生三之一 卽道失而後有德德失而後有仁義之旨 玄之又玄沖而不盈者曰一 有德 則與道爲二矣 有仁義 則終二而不一矣 得一者 無二之謂 必無仁無義 而後其一不失也 維摩經所言不二法門者 亦卽此旨 是豈非邪說之宗耶 若中庸之言不貳也 則元亨利貞 時乘六龍而大明終始 固無所不誠 而豈但二哉 二亦不貳 三亦不貳 卽千萬無算而亦不貳也 彼言一粒粟中藏世界而此言同歸而殊塗 一致而百慮 豈相涉哉 且誠之不至而有貳焉者 以

不誠閒乎誠也 若夫天 則其化無窮 而無有不誠之時 無有不誠之處 化
育生殺 日新無已 而莫有止息焉 爲元爲亨爲利爲貞 德無不有 行無不
健 而元亦不貳 亨利貞亦無弗不貳 豈孤建一元 而遂無亨利貞以與爲
對待之謂乎 故至誠之合天也 仁亦不貳 義亦不貳 三百三千 森然無閒
而洗心於密 又豈如老氏所云得一以爲天下貞哉（得一則必不可爲天下貞
如得南則不正乎東 得仁則不正乎義 故曰 所惡於執一者 爲其賊道 擧一而廢百也）若
其云可一言而盡者 則與第二十章所云所以行之者一也一例 不斥言誠
而姑爲引而不發之詞 非謂一言可盡 而二言卽不可盡也 猶夫子之言
一以貫之 而不容斥指其所貫之一 曾子以忠恕答門人 則猶章句之實
一以誠也 聖人於此等處 非不欲顯 而脩辭立誠 不能予人以易知而煞
爲之說 以致銖絫之戾於理 繇忠恕者 曾子之所得於一 而聖人非執忠
恕以爲一 天地之道 可以在人之誠配 而天地則無不誠 而不可以誠言
也（云誠者天之道 以在人之天言耳）乃天地之所以生物不測者 惟其一言可
盡之道 爲物不貳者 卽在至誠之所謂誠 至誠之所以必徵爲博厚高明
悠久者 惟其得乎天地一言可盡之道 以誠至而無息 一言而盡 配以聖
人之至誠 爲物不貳 配以聖人之無息 非謂一言之居要而無待於二 審
矣 無息也 不貳也 不已也 其義一也 章句云誠故不息 明以不息代不貳
蔡節齋爲引伸之 尤極分曉 陳氏不察 乃混不貳與誠爲一 而以一與不
貳作對 則甚矣其惑也 天地之不貳 惟其終古而無一息之閒 若其无妄
之流行 並育並行 川流而萬殊者 何嘗有一之可得 諸儒不察 乃以主一
不雜之說 強入而爲之證 豈天地之化 以行日則不復行月 方生柳則不
復生桃也哉 至誠者 以其表裏皆實言也 無息者 以其初終不閒言也 表
裏皆實者 抑以初終無閒 故曰至誠無息 而不曰至誠則不息 可一言而
盡者 天載之藏无妄也 其爲物不貳者 天行之健不息也 藏諸用而无妄
者 顯諸仁而抑不息 故曰道可一言而盡而爲物不息 道以幹物 物以行

道 (道者化之實 物者化之用) 不曰道不雜二而生物不測也 道者本也 物者
體也 化也 道統天 體位天 而化行天也 嗚呼 言聖言天 其亦難爲辭矣
而更益之妄乎)

제27장

위대하구나, 성인의 도여! 충만하게 만물을 발육시키며 그 높음이 하늘에 닿았도다. 넉넉하고 위대하구나! 예의(禮儀)가 삼백 조목이고 위의(威儀)가 삼천 가지로다. 그 사람을 기다린 뒤에야 행해진다. 그러므로 "진실로 지극한 덕이 아니면 지극한 도는 이루어지지 않는다."라고 말하는 것이다. 그러므로 군자는 덕성(德性)을 높이면서도 문학(問學)을 말미암는데, 광대하게 하기를 극진히 하고 정미하게 하기를 극진히 하며, 고명하게 하기를 지극하게 하고 중용(中庸)을 말미암으며, 알고 있는 것을 익숙히 익히고서 새로운 것을 알아 나가며, 돈독하고 두터움으로 예를 숭상한다. 그러므로 윗자리에 있으면서 아랫사람에게 교만하지 않고, 아랫자리에 있으면서 윗사람을 배반하지 않는다. 나라에 도가 있을 때는 그 말로 인해 족히 일어나 벼슬을 할 수 있고, 나라에 도가 없을 때는 그 침묵으로 인해 족히 용납할 수 있다. 『시경』에서 "이미 명철(明哲)하여 자신을 보전하네."라고 하였으니, 바로 이것을 두고 하는 말이로다.

大哉 聖人之道 洋洋乎發育萬物 峻極于天 優優大哉 禮儀三百 威儀三千 待其人而後行 故曰 苟不至德 至道不凝焉 故君子 尊德性而道問學 致廣大而盡精微 極高明而道中庸 溫故而知新 敦厚以崇禮 是故居上不驕 爲下不倍 國有道 其言足以興 國無道 其黙足以容 詩曰 旣明且哲 以保其身 其此之謂與

1

선조의 사당을 수리하고[修祖廟], 종묘에 보관하고 있는 선조의 기
물(器物)을 진열하고[陳宗器], 선조가 입던 의상을 진설하고[設裳
衣], 제철에 나는 음식을 올리는[薦時食]⁸⁵⁴⁾ 것과 같은 것으로부터
제사 지내는 사람들이 모두 모여 음복주를 권하고[旅酬], 제사가 끝
난 뒤 연회할 적에 나이순으로 자리에 앉는[燕毛]⁸⁵⁵⁾ 것에 이르기까
지 '예의(禮儀)'·'위의(威儀)'가 드러나 도가 된다. 교제(郊祭)⁸⁵⁶⁾·사
제(社祭)⁸⁵⁷⁾의 예와 체제(禘祭)⁸⁵⁸⁾·상제(嘗祭)⁸⁵⁹⁾의 뜻을 분명히 알

---

854) 선조의……올리는 : 이는 『중용장구』 제19장에 보이는 내용이다.

855) 제사 ……앉는 : 이 역시 『중용장구』 제19장에 보이는 내용이다.

856) 교제(郊祭) : 하늘의 신에게 지내는 제사이다.

857) 사제(社祭) : 땅의 신에게 지내는 제사이다.

858) 체제(禘祭) : 여기서는 태조(太祖)의 선조들을 추존하여 지내는 제사를 말한다.

859) 상제(嘗祭) : 천자나 제후가 종묘에서 4계절에 한 번씩 지내는 제사 중 가을 제사
를 말하는데, 여기서는 4계절의 제사를 대표하는 뜻으로 쓰였다. 봄에 지내는 제사를 약
(礿)이라 하고, 여름 제사를 체(禘)라 하고, 겨울 제사를 증(烝)이라 한다.

면, 나라를 다스리는 것은 손바닥 위에 물건을 올려놓고 보여주듯이
쉽다[860]고 하였으니, 성인의 도는 '만물을 발육하여 그 드높음이 하늘
에까지 이르는[發育萬物 峻極于天]'[861] 것임을 알 수 있다.『시경』국
풍(國風) 주남(周南) 제1편「관저(關雎)」부터 마지막 편「인지지(麟
之趾)」까지 11편의 정밀한 뜻이 만물을 발육하여 그 드높은 덕이 하
늘에까지 이른 실상을 드러낸 것이다. 그러므로『중용』에서는 아래에
'고명(高明)'·'광대(廣大)'[862]로써 말한 것이다. 이런 뜻을 얻어서 그
종지(宗旨)를 삼고,『주관(周官)』[863]의 법도로써 행하면, 이장에서 말
하고 있는 '예의(禮儀)'·'위의(威儀)'가 그 '정미(精微)'[864]함을 갖추
어 '중용(中庸)'[865]에 합할 것이다. 성인이 사심이 없고 사욕이 없는
마음으로 자기의 본성을 극진히 하고, 남들의 본성을 극진히 하고, 다
른 생물의 본성까지도 극진히 하면 '만물을 발육하는[發育萬物]' 도
가 세워지게 된다. 남들의 본성을 극진히 하고, 다른 생물의 본성까지
도 극진히 하여 천지의 화육을 돕고 천지와 더불어 참여하게 되면 '그
드높은 도가 하늘에까지 이르는[峻極于天]' 도가 세워지게 된다.『중
용』은 전력으로 성인이 천지 만물에 대해 공이 있음을 보고 터득한 글
이다. 그러므로 단서를 드러내면 곧바로 천지가 제자리를 잡고 만물
이 거기에서 길러짐을 말하였다. 그러니 어찌 '성인으로 하여금 만물

---

860) 교제(郊祭)……쉽다 : 이 내용은『중용장구』제19장에 보인다.

861) 만물을……이르는 : 이 문구는『중용장구』제27장에 보인다.

862) '고명(高明)'·'광대(廣大)' :『중용장구』제27장 제6절에 보이는 어휘이다.

863) 『주관(周官)』:『주례(周禮)』를 말한다.

864) 정미(精微) :『중용장구』제27장 제6절에 보이는 어휘이다.

865) 중용(中庸) :『중용장구』제27장 제6절에 보이는 어휘이다.

을 발육하게 할 수 없다.'866)고 말할 수 있겠는가? 그러므로 『중용장구대전』 제27장 소주에 실린 주자의 설867)은 분명 그의 문인들이 잘못 기록한 것인 줄을 알겠다.

더구나 소주 주자의 설에 '충색(充塞)'이라고 한 말은 채우고[充之] 메우다[塞之]는 뜻이 반드시 있으니, 도의 본디 그러한 점은 본래 가득 채워진 것이 어찌 아니겠는가? 도의 본디 그러한 점은 하늘이다. 이 하늘이 천지에 가득하다고 말할 수 있겠는가? 가령 '천지의 화육이 천지에 가득하다.'고 하는 점은, 이 또한 말을 하지 않아도 저절로 그러한 것이니 말을 하면 군더더기가 된다.

이 장의 첫머리에 "위대하구나, 성인의 도여.[大哉 聖人之道]"라고 한 것은 성인이 닦은 도이니, 어찌 어지러이 이(理)를 말하고 기(氣)를 말하겠는가?868) 『주역』에 "성인이 무망괘(無妄卦)의 뜻으로써 성대하게 천시(天時)를 대하여 만물을 발육한다.[聖人 以 茂對時 育萬物]"869)라고 하였으며, 『시경』에 "문왕의 신이 위에 계셔서, 아! 하늘에서 밝게 비추시니.[文王在上 於昭于天]"870)라고 하였으니, 실제로

---

866) 성인으로……없다 : 이 문구는 『중용장구대전』 제27장 제2절 소주에 실린 주자의 설에 보인다.

867) 주자의 설 : 『중용장구대전』 제27장 제2절 소주에 실린 주자의 설은 다음과 같다. "朱子曰 洋洋是流動充滿之意 聖道發育 卽春生夏長秋收冬藏 便是聖人之道 不成須要 聖人 使他發育 峻極于天 只是充塞天地底意思"

868) 어찌……말하겠는가 : 이는 『중용장구대전』 제27장 제2절 소주에 실린 쌍봉 요씨(雙峯饒氏)의 설을 비판한 것이다. 쌍봉 요씨의 설은 다음과 같다. "發育萬物 以道之功用而言 萬物發生 養育於陰陽五行之氣 道卽陰陽五行之理 是氣之所流行 卽是理之所流行也……"

869) 성인이……발육한다 : 이 문구는 『주역』 무망괘(無妄卦) 상사(象辭)에 보인다.

870) 문왕의……비추시니 : 이 문구는 『시경』 대아(大雅)「문왕(文王)」에 보인다.

이런 기상이 있어야 이런 공능(功能)이 있게 된다. 그런데 그러한 까닭은 사심이 없고 욕심이 없어서 고명하고 광대한 본성을 극진히 하여 다른 사람과 다른 생물의 본성을 극진히 했기 때문이다. 성인이 그런 것을 닦아 도를 세우되 반드시 천하 사람들이 모두 말미암을 수 있게 하였다. 이른바 "오직 정밀하게 하고 오직 전일하게 해야 진실로 그 중도를 잡을 수 있다.[惟精惟一 允執厥中]"[871]라고 한 것과 "움직이지 않아도 사람들이 공경하고, 말하지 않아도 사람들이 믿는다.[不動而敬 不言而信]"[872]라고 한 것이 모두 도가 후세의 군자들을 가르칠 수 있는 내용이다.

『중용』에 인도(人道)를 말한 장[873]에는 하늘로부터 논의를 일으키지 않았으니, 그 의미를 드러낸 사례가 매우 분명하다. 이 장에서도 다시 '성인(聖人)'이라는 2자를 드러냈으니 더욱 분명하고 절실하다. 덕성(德性)[874]은 천도다. ─또한 사람에게 있는 천도이다.─ 덕성이 높아진 것이 성인의 도다. '존덕성(尊德性)'은 군자의 공부다. 쌍봉 요씨(雙峯饒氏)는 소주에 실린 주자의 뜻을 따랐는데[875], 사람을 끌어들여 가시덤

───────────────

871) 오직……있다 : 이 문구는 『서경』「대우모」에 보이는 말로, 순(舜)임금이 우(禹)임금에게 심법을 전한 말이다.

872) 움직이지……믿는다 : 이 문구는 『중용장구』제33장 제3절에 보인다.

873) 인도(人道)를……장 : 『중용장구』제23장·제25장·제27장·제28장·제29장을 가리킨다.

874) 덕성(德性) : 『중용장구』제27장 제6절의 '존덕성(尊德性)'의 덕성(德性)을 말한다.

875) 쌍봉 요씨(雙峯饒氏)는……따랐는데 : 소주에 실린 주자의 설은 『중용장구대전』제27장 제5절의 소주에 실린 "朱子曰 發育峻極 三千三百 皆至道 苟非至德之人 則不能凝此道而行之 凝字最緊 若不能凝 更沒些子屬自家 須是凝方得 又曰 道非德不凝 故下文遂言修德事"를 말한다. 쌍봉 요씨의 설은 그 다음에 실려 있는데, 다음과 같다. "雙峯饒氏曰 德者 得是道於己也 道之大小 各極其至 故曰 至道 德之大小 各極其至 斯爲至

불로 빠지게 하였으니 그의 설은 빼버리는 것이 마땅하다.(如脩祖廟 陳宗器設裳衣薦時食 以至旅酬燕毛等 則禮儀威儀之著爲道者也 如 郊社之禮禘嘗之義 明之而治國如示諸掌者 則聖人之道所以發育萬物 峻極于天者 亦可見矣 關雎麟趾之精意 發育峻極者也 故下以高明廣 大言之 得此以爲之統宗 而周官之法度以行 則禮儀威儀之備其精微 而合乎中庸也 自聖人以其無私無欲者盡其性而盡人物之性 則發育萬 物之道建矣 盡人物之性 而贊化育參天地 則峻極于天之道建矣 中庸 一力見得聖人有功於天地萬物 故發端卽說位育 如何可云不成要使他 發育 故知小註朱子之所云 必其門人之誤記之也 況其所云充塞者 亦 必有以充之塞之 而豈道之固然者本充塞乎 道之固然者天也 其可云 天充塞天地耶 卽使云天地之化育充塞天地 此亦不待言而自然 言之 爲贅矣 章首說個大哉聖人之道 則是聖人所脩之道 如何胡亂說理說 氣 易云聖人以茂對時育萬物 詩云文王在上 於昭于天 須是實有此氣 象 實有此功能 而其所以然者 則亦其無私無欲 盡高明廣大之性 以盡 人物之性者也 乃聖人脩之爲道 亦必使天下之可共繇 則所謂精一執 中 所謂不動而敬不言而信者 皆道之可以詔夫後之君子者也 中庸說 人道章 更不從天論起 義例甚明 於此更著聖人二字 尤爲顯切 德性者 天道也 亦在人之天道 德性之尊者 聖人之道也 尊德性者 君子之功也 雙峰用小註之意 而益引人入棘 删之爲宜)

德 有是至德 然後足以凝聚 是至道而爲己有 否則道自道己自己 判然二物 豈復爲吾用 也哉"

2

『중용장구』의 주에는 제27장 제6절을 존심(存心)과 치지(致知)의 일로 보아 두 단락으로 나누었는데[876], 매우 합당한 말이다. 쌍봉 요씨는 역행(力行)을 무단히 끌어들였고[877], 사백선(史伯璿)은 쌍봉 요씨의 잘못을 알고 있으면서도 스스로 설을 만들어 또다시 치지(致知) 가운데 반을 떼어내 역행으로 삼았다.[878] 이는 이른바 머리가 두 개인 말을 탔다고 하는 격이다. 결국 그는 본문에 대해 절실한 의미를 터득하지 못했기 때문에 그처럼 혼란스러워진 것이다.

지(知)·행(行)의 구분에 대해서는 큰 단락을 따라 한계를 나누는 점이 있으니, 의리를 강구하는 것은 지(知)가 되고, 일에 응하고 사물에 접하는 것은 행(行)이 되는 것이 그것이다. 의리를 강구하는 가운데 그 의리를 강구하는 일을 힘쓰면 거기에도 행(行)이 있게 된다. 일에 응하고 사물에 접할 적에 살피고 고려하는 노력을 폐하지 않으면 거기에도 지(知)가 있게 된다. 이는 지·행이 처음부터 끝까지 서로

---

876) 『중용장구』의……나누었는데 : 『중용장구』제27장 제6절 주자의 주에 "尊德性 所以存心而極乎道體之大也 道問學 所以致知而盡乎道體之細也 二者 修德凝道之大端也 不以一毫私意自蔽 不以一毫私欲自累 涵泳乎其所已知 敦篤乎其所已能 此皆存心之屬也 析理則不使有毫釐之差 處事則不使有過不及之謬 理義則日知其所未知 節文則日謹其所未謹 此皆致知之屬也 蓋非存心無以致知 而存心者又不可以不致知"라고 하였다.

877) 쌍봉 요씨는……끌어들였고 : 쌍봉 요씨의 설은 사백선(史伯璿)의『사서관규(四書管窺)』권8「중용」에 보인다. 쌍봉 요씨는 주자가 제27장 제6절을 크게 존심(存心)과 치지(致知)로 나누어 요지를 파악한 것에 대해 존심을 역행(力行)으로 보아 지(知)·행(行)의 논리로 파악하였다.

878) 사백선(史伯璿)은……삼았다 : 사백선의 설은 그의 저술『사서관규』권8「중용」에 보인다. 사백선은 쌍봉 요씨의 설을 비판하는 데 역점을 두었는데, 그는 존심(存心)을 지행(知行)의 근본이 되는 것으로 파악하고, 선지후행(先知後行)의 논리에 따라 치지(致知) 속에 지와 행이 있는 것으로 보았다.

분리되지 않음을 말한다. 존심(存心)에도 지·행이 있고, 치지(致知)에도 지·행이 있다. 따라서 다시 한 가지 일을 나누어 지(知)로 삼고서 행(行)이 아니라고 할 수도 없고, 또 한 가지 일을 나누어 행으로 삼고서 지가 아니라고 할 수도 없다. 그러므로 쌍봉 요씨나 사백선의 설 또한 성립될 수는 있다.

『중용장구』의 주에 '치지(致知)'라고 말한 것은 역행(力行)의 큰 단락과 한계를 나눈 것이다. 본문의 '정미함을 다하다.[盡精微]'는 문구에서 다하다[盡]는 뜻은 분석을 끝까지 한다는 것이지 행함을 끝까지 한다는 것이 아니다. 그 점을 살필 적에 그 정미함을 보고, 그것을 행할 적에 또한 현저하게 하는 것이다. '도중용(道中庸)'은 그것으로 도로를 삼아 가는 길에 미혹되지 않는 것이다. 예컨대, 사람이 길을 정해 가는 곳이 있을 경우, 그가 길을 택하는 것은 떠나려고 하는 날에 있지 바야흐로 떠나는 날에 있는 것이 아니다. '지신(知新)'이 지(知)가 되는 것은 참으로 그렇다. '숭(崇)'이라는 말은 숭상한다는 뜻이다. '예(禮)'로써 숭상을 삼으니 택하는 바를 아는 것이다. 가령 이 '숭례(崇禮)'를 역행의 일로 삼으면 예가 본디 낮은데 군자가 그것을 더 높게 만드는 것이 아니겠는가? 이 장 본문의 뜻은 역행에 미친 것이 아님이 분명하다.

이 장이 역행에 미치지 않은 까닭은 이 장이 성인의 도의 큰 점을 말하고 있기 때문이다. 군자가 그것을 배우는 일에는 본래 배움[學]을 말하고 공용(功用)에는 미치지 않는다. '그 다음은 한 부분을 미루어 극진히 하는 것이다.[其次 致曲]'라는 1장[879]은 군자의 덕이 이루어진

879) 1장 : 『중용장구』 제23장을 가리킨다.

것으로부터 말한 것이다. 그러므로 지성(至誠)의 도를 기술하여 단서를 드러내지 않고 단지 덕을 이루는 측면으로부터 논의를 이끌어냈을 뿐이다. 그리고 그로 인해 그가 행하는 것이 성실하고[誠] 자기 몸에 드러나고[形] 남에게 나타나고[著] 온 세상에 밝아지는[明] 것을 미루어서 남을 감동시키고[動] 변하게 하고[變] 교화시키는[化] 데까지 이른 것이다. 이 제27장은 군자가 덕을 닦는 측면으로 말한 것이다. 그러므로 위에 성인의 도의 큰 점을 인용하여 그 분의 공이 저절로 표준이 됨을 드러내고, 그 뒤에는 응집된 도로써 요체를 삼았을 뿐, 다시 도를 행하는 점에 대해 말하지 않았다. 응(凝)이란 도가 내 마음에 있는 것이고, 행(行)이란 도가 일에 조처되는 것이다. 도가 마음에 있은 뒤 일에 조처되기 때문에 행함은 응집된 뒤에 있게 된다. 제29장에서 '군자의 도는 내 몸에 근본을 하여 백성들에게서 징험한다.[君子之道 本諸身 徵諸庶民]'라고 말하기를 기다린 뒤에야 행함을 말하게 된다. 그러니 바야흐로 덕을 닦을 적에는 도를 응집하길 기약하지 행하기를 기약한 적이 없다.

　또한 군자가 응집하는 바는 '지극한 도[至道]'이며, 성인의 큰 도이며, 만물을 발육하여 드높음이 하늘에 이르고 예의(禮儀)가 3백 가지고 위의(威儀)가 3천 가지인 도다. 군자가 그 '지극한 도'를 닦아 만물을 발육하여 드높음이 하늘에까지 이르는 도를 응집할 적에는 말하지 않고 움직이지 않고 완상(玩賞)하지 않고 노하지 않는 가운데에서 조용히 그 마음을 보존하고 사심(私心)·욕심에 그 마음을 행하지 않으니, 몸소 실천하는 데 조처하는 바가 아닌지라 행(行)이라고 말할 수 없다. 군자가 예의·위의의 도를 닦아 그것을 응집해 행하기를 기다릴 적에는 행하는 데 때가 있는지라 지금 태어나면 옛날의 도를 회복할 수 없고, 행하는 데 지위가 있는지라 천한 신분으로서는 자신의 뜻대로 오로지 할 수가 없다. 오직 그 도가 응집되었을 적에 각각의 경우에 맞게 절제하는 도구는 자기에게 있으니, 윗자리에 있으면서 도가 있는 세상을 만나면 자기가 응집한 것을 행할 수 있고, 아랫자리에 있으면서 무도한 세상을 만나면 행할 수 없어서 그 도를 응집할 따름이다. 공자는 하(夏)나라의 예를 말할 수 있었고 은(殷)나라·주(周)나라의 예를 배웠으니, 공자는 그 도를 응집하고 있었던 것이다. 그러나 사람들이 믿지 않고 따르지 않는지라 그 도를 행할 수 없었다.

요컨대, 이 장은 성인의 도의 큰 점으로 말한 것인데, 넉넉한 큰 쓰임은 덕과 지위가 상호 전제된 뒤에야 행할 수 있다. 그러므로 '정미(精微)'를 극진히 하고, '중용(中庸)'을 말미암고, '새로움[新]'을 알아내고, '예(禮)'를 숭상하여 이 도를 자기에게 체험해 모두 조리를 갖게 되면, 윗자리에 있을 경우 그 도를 행할 수 있고, 아랫사람이 되었을 경우 그 도를 행할 수 없더라도 그 도를 응집하게 된다. 이는 공자와 안연(顏淵)이 정치를 논하면서 사대(四代)[880]의 예악을 빼버리거나 덧붙일 수 있는 일이지 아랫사람이 되었다고 등지는 것이 아니다. 또한 그 도를 응집하는 것이지 행하는 것이 아니다. 공자가 『춘추』를 지어 천자의 일을 행한 데 이르러서는 마음이 하고자 하는 바를 따르더라도 법도에서 벗어나지 않는[從心所慾不踰矩][881] 나머지로 세상을 변화시켜 하늘에 도달하게 한 데 있지 군자가 덕을 닦고 도를 응집하는 것이 이르는 바가 아니다. 그러므로 『중용』에서 성(聖)을 말할 적에는 반드시 하늘에 합하는 점을 미루어 밝혔고, 군자를 말할 적에는

---

880) 사대(四代) : 순(舜)임금의 우(虞)나라와 하(夏)나라·은(殷)나라·주(周)나라를 가리킨다.

881) 마음이……않는 : 이 문구는 『논어』「위정」 제4장에 보인다.

성(聖)에 합함을 미루어 밝혔을 따름이다. 그러니 자연히 같을 수 없는 분수이다.

대체로 이 장에 이른바 도(道)라고 한 것은 제13장과 제15장에서 말한 '군자의 도[君子之道]'와 같지 않다. 이 장에서 말한 도는, 성인이 본성을 극진히 하여 천지에 참여하고 제도를 창제하고 쓰는 것을 현저하게 하는 대용(大用)의 도를 말하니, 반드시 때[時]와 지위[位]가 서로 합한 뒤에 행할 수 있는 것이다. 이는 아들·신하·동생·벗으로서 처지에 따라 자신을 극진히 하는 도와는 같지 않다. 처지에 따라 자신을 극진히 하는 도는 어느 날이나 어떤 처지에도 행하지 아니할 만함이 없으니, 반드시 역행(力行)으로 급무를 삼는다. 이 점을 알면 쌍봉 요씨(雙峯饒氏)나 사백선(史伯璿)의 의논은 보존할 가치가 없다. '중용을 말미암는다.[道中庸]'는 것은 정성껏 가슴에 새겨 실천했던 안자(顏子)의 경우가 그러할 뿐, 대순(大舜)[882]이 백성들에게 중용의 도를 쓴 것과 반드시 같은 것은 아니다. '숭례(崇禮)'는 공자가 삼대의 예를 배운 경우가 그러할 뿐, 반드시 주공(周公)이 덕을 이룩한 것은 아니다.(章句以存心致知分兩截 此是千了萬當語 雙峰以力行生入 史伯璿業知其非 而其自爲說 又於致知中割一半作力行 此正所謂騎兩頭馬者 總緣他於本文未得淸切 故爾膠轕 知行之分 有從大段分界限者 則如講求義理爲知 應事接物爲行是也 乃講求之中 力其講求之事 則亦有行矣 應接之際 不廢審慮之功 則亦有知矣 是則知行終始不相離 存心亦有知行 致知亦有知行 而更不可分一事以爲知而非行 行而非知 故饒史之說 亦得以立也 乃此章句所云致知者 則與力行大

---

882) 대순(大舜) : '위대한 순임금'이라는 뜻으로, 순임금을 말한다.

段分界限者也 本文云盡精微 盡者析之極也 非行之極也 於察之則見
其精微 於行之則亦顯著矣 道中庸者 以之爲道路而不迷於所往也 如
人取道以有所適 其取道也在欲行之日 而不在方行之日也 知新之爲
知 固已 崇之爲言 尚也 以禮爲尚 知所擇也 使以爲力行之事 則豈禮
本卑而君子增高之乎 是本文之旨 固未及乎力行 審矣 乃其所以不及
力行者 則以此章言聖人之道之大 而君子學之之事 則本以言學 而未
及功用 其次致曲一章 自君子德之成而言之 故不述至誠之道以發端
而但從成德發論 乃因以推其行之誠著明 而效之動變化 此章以君子
脩德而言 故須上引聖道之大 以著其功之所自準 而其後但以凝道爲
要歸 而更不言行道 凝也者 道之有於心也 行也者 道之措於事也 有於
心而後措於事 故行在凝之後 待第二十九章言本身徵民而後言行 則
方其脩德 固以凝爲期 而未嘗期於行也 且君子之所凝者 至道也 聖人
之大道也 發育峻極禮儀威儀之道也 於以脩夫至德 而凝其育物極天
之道 則靜而存之於不言不動不賞不怒之中 於私於欲 能不行焉 而非
所措諸躬行者也 固不可謂之行也 於以脩夫禮儀威儀之道 而凝之以
待行焉 則行之有時矣 生今不能反古也 行之有位矣 賤不能自專也 唯
其道之凝而品節之具在己也 居上而際乎有道 則以其所凝者行之 居
下而際乎無道 則不能行而固凝焉 說夏而學殷周 夫子固已凝之 而不
信弗從 固未之行也 要此以聖道之大者爲言 而優優之大用 又必德位
相資而後可行者 故於精微盡之 中庸道之 新知之 禮崇之 使斯道體驗
於己 而皆有其條理 則居上可以行 而爲下則雖不行而固已凝矣 此子
與顏淵論治 所以可損益四代之禮樂 而非以爲倍 亦凝也而非行也 至
於孔子作春秋 而行天子之事 則固在從心不踰矩之餘 變化達天 而非
君子脩德凝道之所至 是以中庸言聖 必推其合天 言君子則但推其合
聖 亦自然不可齊之分數也 蓋此章所謂道 與第十三章十五章言君子

之道者不同 此聖人盡性參天創制顯庸之大用 必時位相配 而後足以
行 非猶夫子臣弟友 隨地自盡之道 無日無地而可不行 則必以力行爲
亟也 知此 則饒氏之論 不足以存 而道中庸者 但顏子之拳拳服膺而卽
然 非必如大舜之用中於民 崇禮者 孔子之學三代而卽然 非必周公之
成德也)

3

 '온고(溫故)'는 자기가 예전에 얻은 바를 찾아 연역하는 것이니, 도
문학(道問學)의 일이 아니고 존덕성(尊德性)의 공부라고 생각된다.
이 점은 이해하기가 쉽지 않다. 예전에 얻은 것을 말하면, 그것을 실천
하여 마음에 터득함이 있는 것이다. 마음에 터득함이 있는 것이 어찌
본성이 공부에 드러난 것이 아니겠는가? 『중용장구』의 주에는 '시습
(時習)'[883]으로 그 뜻을 증명하였다.[884] 『논어』에 "배우고서 수시로 그
것을 익히면 또한 즐겁지 아니하겠는가?[885]"라고 한 것이 이런 경계
인 듯하니, 어찌 존덕성의 일이 아니겠는가?
 본성의 덕으로 말하면, 사람에게는 앎[知]도 있고 능함[能]도 있

---

883) 시습(時習) : 『논어』「학이」 제1장의 '學而時習之 不亦說乎'의 시습(時習)을 가리
킨다.

884) 주자의……증명하였다 : 『중용장구』 제27장의 주에 "溫猶燖溫之溫 謂故學之矣
復時習之也"라 한 것을 가리킨다.

885) 배우고서……아니하겠는가 : 이 문구는 『논어』「학이」 제1장에 보인다.

다. 이는 모두 사람 마음에 본디 가지고 있는 앎·능함이 배움을 얻어서 그 뜻을 만난 것이다. 본성에 이런 앎·능함이 없다면 응당 꿈속 같아서 서로 접속되지 않을 것이다. 그러므로 "오직 미치광이라도 능히 생각을 하면 성인이 될 수 있다.[惟狂 克念 作聖]"[886]라고 한 것이다. 생각은 잊지 않는 것이니, 마음에서 구하여 알고 있고 능한 것을 얻는 것이다. 또 "마음의 기관은 생각을 하니, 생각하면 그 이치를 얻는다.[心之官則思 思則得之]"[887], "이는 하늘이 나에게 부여해준 것이다.[此天之所以與我者]"[888]라고 하였다. 마음의 기관은 능히 생각을 할 수 있다. 그러므로 생각을 하면 그 이치를 얻게 되고, 그 이치를 얻게 되면 '고(故)'[889]가 된다. 이는 하늘이 나에게 부여해준 것이니 어찌 본성이 능함[能]을 이룬 것이 아니겠는가?

덕이 본성을 완성하는 측면으로 말하면, 내가 일을 접할 적이나 마음이 사물에 감흥할 적에 예전 사람의 말이나 행동에 마음이 열려 통하는 경우는 모두 천리가 유행하는 실상이어서 날마다 그 본성을 낳는다. '그것을 계승한 것이 선(善)이고, 그것을 완성한 것이 성(性)이다.'[890]라고 한 경우는 형체가 시작될 때 부여된 본성이다. 그것을 완성하여 본성이 된 뒤 보존하고 또 보존해서 도의(道義)의 문이 된 경우는 형체가 생겨서 소유한 본성이다.—오늘날 사람들은 모두 이런 성을 능히 알지

886) 오직……있다 : 이 문구는『서경』「다방(多方)」에 보인다.

887) 마음의……얻는다 : 이 문구는『맹자』「고자 상」제15장에 보인다.

888) 이는……것이다 : 이 문구도『맹자』「고자 상」제15장에 보인다.

889) 고(故) :『중용장구』제27장의 '온고(溫故)'의 고(故)를 말한다.

890) 그것을……성(性)이다 : 이는『주역』「계사전 상」제5절에 보이는 내용으로, 원문은 다음과 같다. "一陰一陽之謂道 繼之者善也 成之者性也"

못한다.- 본성으로써 덕을 삼으니 덕은 곧 그의 본성이다. 그렇다면 '고(故)'가 덕성이 되는 것은 분명하다. 받들어 잃지 않고 이 마음의 밝은 것으로 하여금 항상 밝게 하니, 그것이 존심(存心)이 되지 치지(致知)가 아님도 분명하다.(溫故者 乃尋繹其舊之所得 而以爲非道問學之事 乃尊德性之功 此極不易理會 乃言舊所得 則行焉而有得於心者矣 而其所以有得者 豈非性之見功乎 章句以時習證此 學而時習之 不亦說乎 似此境界 豈不是尊德性事 以性之德言之 人之有知有能也 皆人心固有之知能 得學而適遇之者也 若性無此知能 則應如夢 不相接續 故曰唯狂克念作聖 念不忘也 求之心而得其已知已能者也 抑曰心之官則思 思則得之 此天之所與我者 心官能思 所以思而卽得 待之則爲故矣 此固天之所與我者 而豈非性之成能乎 以德之成性者言之 則凡觸於事 興於物 開通於前言往行者 皆天理流行之實 以日生其性者也 繼之者善 而成之爲性者 與形始之性也 成以爲性 而存存以爲道義之門者 形而有之性也 (今人皆不能如此性) 性以爲德 而德卽其性 故之爲德性也明矣 奉而勿失 使此心之明者常明焉 斯其爲存心而非致知也 亦明矣)

제28장

공자께서 말씀하셨다. "어리석으면서 자신의 의견 쓰기를 좋아하고, 미천하면서도 자기 마음대로 하기를 좋아하면서 지금 세상에 태어나서 옛 도로 돌아가고자 한다면 이와 같은 자는 재앙이 그 몸에 미칠 것이다." 천자가 아니면 예를 의논하지 않고 제도를 제정하지 않으며 문자를 고정하지 않는다. 지금 천하는 수레는 궤도를 같이 하고 글은 문자를 같이 하며 행동은 윤리를 같이 한다. 비록 그 지위에 있으나 그 덕이 없으면 감히 예악을 제정하지 못하여 비록 그 덕이 있으나 그 지위가 없으면 또한 감히 예악을 제정하지 못한다. 공자께서 말씀하셨다. "나는 하나라의 예를 말할 수 있으나 기(杞)나라로는 증거삼기에 부족하며, 내가 비록 은나라 예를 말할 수 있으나 송(宋)나라가 보존하고 있다. 나는 주(周)나라의 예를 배웠는데 지금 그 예를 사용하고 있으니, 나는 주나라의 예를 따르겠다."

子曰 愚而好自用 賤而好自專 生乎今之世 反古之道 如此者 災及其身者也 非天子 不議禮 不制度 不考文 今天下 車同軌 書同文 行同倫 雖有其位 苟無其德 不敢作禮樂焉 雖有其德 苟無其位 亦不敢作禮樂焉 子曰 吾說夏禮 杞不足徵也 吾學殷禮 有宋存焉 吾學周禮 今用之 吾從周

1

　'고문(考文)'은 그 점·획·형체가 유사한 점을 분변하는 것일 뿐이
다. 예컨대, 한(漢)나라 때 옥리(獄吏)가 '지구(止句)'를 '가(苟)'로 여
긴 것[891], 마원(馬援)[892]이 논한 바 '장군의 직인(職印)의 전서(篆書)
가 잘못되었다.'고 한 것, 송(宋)나라 사람들이 섬(陝)─실(失)과 염(冉)의
반절음(半切音)으로, 협(夾)을 따른다.─과 협(陜)─후(侯)와 협(夾)의 반절음으로, 협(夾)
을 따른다.─ 2주(州)의 직인 문양이 서로 혼란스럽다고 한 유형은, 반드
시 고찰해 확정해야 할 것들이다. 그러나 여기서는 건국 초기에 한 시
대의 문자를 정하는 것으로 말한 것이다. 『박고도(博古圖)』[893]에 실

---

891) 한(漢)나라……것 : 『설부(說郛)』권85 상(上)에 한나라 때 사람들이 글자의 음을
잘못 읽거나 제멋대로 읽은 예를 기록한 내용이 있는데, 그 원문은 다음과 같다. "……胡
毋之毋 用母 其濫讀有如此者 馬頭人爲長人 持十爲斗 苟爲止句 虫謂詘中……"

892) 마원(馬援) : 자는 문연(文淵)이며, 무릉(茂陵) 사람으로 후한 광무제(光武帝) 때
장군이다.

893) 『박고도(博古圖)』: 송나라 때 왕보(王黼) 등이 칙령으로 만든 책으로, 고대의 기
물[古器]에 대해 품평한 것이다.

린 상(商)나라 때 그릇에 그려 넣은 관지문자(款識文字)[894]는 모두 주(周)나라 때 문자와 다르지만, 바탕[質]과 문채[文]의 구별은 어렵지 않게 알 수 있다. 이는 모두 주공(周公)이 상나라의 옛 문자에 대해 빼버리거나 새로 더한 것이 많았던 것이다. 『중용혹문』에 진(秦)나라는 소전(小篆)과 예서(隷書)로 법을 삼았다는 점을 인용해 이를 증명하였는데[895], 지극히 타당하다. 『홍무정운(洪武正韻)』[896]에 어제(御製)로 정한 '군(羣)'·'영(景)' 등의 글자가 있는데, 또한 그런 유풍이다. 문자를 반포하였는데 혼란스러우면 천자가 아닐지라도 그것을 바로잡을 수 있다.

『주자어록』에 "'대(大)'─도(徒)와 개(蓋)의 반절음이다.─자를 '아(大)'─일(一)과 가(駕)의 반절음이다.─자로 부르는 것과 같다."[897]라고 한 것과 동양 허씨(東陽許氏)가 "그 글자의 소리를 이름한 것이다.[名其字之聲]"[898]라고 한 설은 모두 잘못이다. 다섯 지방[899]의 성음(聲音)이 바르지 않으니, 민(閩)·월(粤) 지역 사람들은 '화(花)'를 부(敷)와 파(巴)의 반절음으로 읽고 '홍(紅)'을 방(房)과 용(容)의 반절음으로 읽으며, 북

---

894) 관지문자(款識文字) : 금석(金石)에 새긴 음각(陰刻)의 문자를 말한다.

895) 『중용혹문』에는……증명하였는데 : 『중용혹문』제28장에 "必至於秦滅六國 而其號令法制 有以同於天下 然後 車以六尺爲度 書以小篆隷書爲法 而周制始改耳"라 하였다.

896) 『홍무정운(洪武正韻)』 : 명나라 홍무 연간(洪武年間 1368-1398) 한림시강학사 악소봉(樂韶鳳) 등이 칙령으로 만든 운서(韻書)이다.

897) 대(大)……같다 : 『주자어록-중용』제28장에 보이며, 『중용장구대전』제28장 소주에도 인용되어 있다.

898) 그……것이다 : 이 설은 『중용장구대전』에 보이지 않는다.

899) 다섯 지방 : 중앙과 사방을 말한다.

쪽 지방 사람들은 '사(師)'를 상(商)과 지(知)의 반절음으로 읽고 '적(賊)'을 순(旬)과 위(爲)의 반절음으로 읽는다. 성인이 천자의 자리에 있을지라도 이러한 것들은 어찌할 수가 없다.(考文 只是辨其點畫形似 若漢獄史以止句爲苟 馬援所論將軍印篆錯謬 宋人陜 (失冉切 從夾) 陜 (侯夾切 從夾) 二州印文相亂之類 須與考定 然此又以建國之初 定一代之文者爲言 如博古圖所繪商器欵識文字 儘與周異 質文之別 居然可見 皆周公於商之舊文所損益者多矣 或問引秦以小篆隸書爲法證此極當 洪武正韻有御定群㬥等字 亦其遺意 若文已頒而或亂之 則雖非天子 亦得而糾正之也 朱子語錄謂如大 (徒蓋切) 字喚作大 (一駕切) 字及東陽所云名其字之聲者皆誤 五方聲音之不正 如閩粵人呼花爲敷巴切 紅爲房容切 北人呼師爲商知切 賊爲旬爲切 雖聖人而在天子之位亦無如之何也)

2

『주자어록』에는 지위는 있지만 덕이 없으면 감히 예·악을 제작하지 못하니 이는 자기 의견을 쓰지[自用] 않은 것이 되며, 덕은 있지만 지위가 없으면 감히 예·악을 제작하지 못하니 이는 자기 마음대로 하지[自專] 않는 것이 되며, 공자가 하(夏)나라·상(商)나라의 예를 따르지 않은 것은 옛날의 도로 돌아가지[反古] 않은 것이 된다는 점으로 나누어 놓았는데[900], 문장의 뜻이 지극히 순조롭다. 『중용장구』의 주에 "공자가 지위를 얻지 못하였으니 주나라의 예를 따를 따름이다.[孔子旣不得位 則從周而已]"⁹⁰¹⁾라고 한 것은 말에 하자가 있다. 공자가 굳이 주나라의 제도를 따르려 한 것은 시대가 그러했기 때문이다. 공자가 당시에 크게 쓰였더라도 주나라 제도를 마음대로 개정할 수 없었을 것이다. 반드시 주공(周公)처럼 나라를 새롭게 건설하는 변혁의 시점에 있어야 예·악을 제정하는 공을 완성할 수 있다. 그러나 지위가 없으면서 짐작하여 빼버리거나 더하는 일을 멋대로 하게 되면 자기 마음대로 하는[自專] 것이다. 하나라의 예를 말할 수 있으면서 하나라의 예를 순수하게 사용하는 경우와 은(殷)나라의 예를 배우고서 은나라의 예를 순수하게 사용하는 경우라야 옛날의 도로 돌아간[反古] 것이 된다. '천자가 아니면[非天子]' 이하 1절은 신분이 천한 사람이 자기 마음대로 해서는 안 된다는 점을 나타낸 것이고, '지금 천하에는[今天下]' 이하 1절은 오늘날에 태어나서 옛날의 도로 돌아갈 수 없다는 점을 나타낸 것이다. 다음 장의 '이보다 위의 것[上焉者]', '이보다 아래의 것[下焉者]'은 이로부터 나눈 것이다.(朱子語錄 分有位無德而不敢作禮樂爲不自用 有德無位而不敢作禮樂爲不自專 孔子不從夏商爲不反古 文義極順 章句云孔子不得位 則從周而已 語有疵 在孔子之必從周者 以時也 孔子卽大用於當時 亦不得擅改周制 必若周公居鼎革之際 方得成其制作之功 然無位而擅爲斟酌損益 亦是自專 若能說夏禮 便純用夏禮 旣學殷禮 便純用殷禮 方是反古 非天

---

900) 『주자어류』에는……놓았는데 : 『주자어류-중용』권64, 제28장 해석에 "有位無德 而作禮樂 所謂愚而好自用 有德無位而作禮樂 所謂賤而好自專 居周之世而欲行夏殷之 禮所謂居今之世反古之道"라고 하였다.
901) 공자가……따름이다 : 이 문구는 『중용장구』제28장 제5절의 주에 보인다.

子一節 以見賤之不可自專 今天下一節 以見生今之不可反古 下章言
上焉者下焉者 正從此分去)

제29장

천하에 왕 노릇 함에 세 가지 중요한 것이 있으니, 이것을 잘하면 허물이 적을 것이다. 위의 시대의 것은 비록 좋으나 증명할 만한 것이 없으니, 증명할 것이 없기 때문에 믿지 않고 믿지 않으므로 백성이 따르지 않는다. 아래 지위에 있는 자는 비록 잘하나 존귀하지 않으니, 존귀하지 않기 때문에 믿지 않고 믿지 않기 때문에 백성이 따르지 않는다. 그러므로 군자의 도는 자신에게 근본하여 서민에게 징험하며, 삼왕(三王)에게 상고해도 어긋나지 않으며, 천지에 세워도 어그러지지 않으며, 귀신에게 질정해도 의심이 없으며, 백세 뒤에 성인(聖人)을 기다려도 의혹(疑惑)하지 않는 것이다. 귀신에게 질정해도 의심이 없음은 하늘을 아는 것이요, 백세 뒤에 성인을 기다려도 의혹하지 않음은 사람을 아는 것이다. 그러므로 군자는 움직이면 대대로 천하의 도가 되는 것이니, 행동을 하면 대대로 천하의 법도가 되고 말을 하면 대대로 천하의 법칙이 된다. 멀리 있으면 우러러봄이 있고, 가까이 있으면 싫어하지 않는다. 『시경』에 이르기를 "저기에 있어도 미워하는 사람이 없고 여기에 있어도 싫어하는 사람이 없다. 거의 이른 아침부터 늦은 밤까지 힘써서 명예(名譽)를 길이 마치리라." 하였으니, 군자가 이렇게 하지 않고서 일찍이 천하에 명예를 얻은 자는 있지 않다.

王天下 有三重焉 其寡過矣乎 上焉者 雖善 無徵 無徵 不信 不信 民弗從 下焉者 雖善 不尊 不尊 不信 不信 民弗從 故君子之道 本諸身 徵諸庶民 考諸三王而不謬 建諸天地而不悖 質諸鬼神而無疑 百世以俟聖人而不惑 質諸鬼神而無疑 知天也 百世以俟聖人而而不惑 知人也 是故 君子 動而 世爲天下道 行而世爲天下法 言而世爲天下則 遠之則有望 近之則不厭 詩 曰 在彼無惡 在此無射 庶幾夙夜 以永終譽 君子 未有不如此而蚤有譽於 天下者

1

　『중용장구』의 주에 "귀신은 조화의 자취다."[902]라고 하였는데, 조화는 하늘과 땅의 작용이다. 그러므로 황순요(黃洵饒)[903]가 "〈귀신은〉 천지와 작용[用]을 함께 한다."라고 한 말은 매우 분명하다.『중용장구』의 주를 자세히 들여다보면, '조화(造化)' 다음에 '적(跡)' 자를 덧붙여 놓았으니, 조화가 이미 그러한 점으로부터 귀신을 말한 것이지 작용과 본체를 구별한 것만은 아니다. '상고하다[考]'·'질정하다[質]'·'기다리다[俟]'라고 한 것은 '근본하다[本]'·'징험하다[徵]'·'세우다[建]'라고 한 것과 다름이 없으니, 상고하고 질정하고 기다리는 것은 모두 군자다. '질(質)'은 '질성(質成)'[904]의 질(質)과 같으니,

<hr />

902) 귀신은 조화의 자취 : 이 문구는『중용장구』제29장 제3절의 주에 보인다.

903) 황순요(黃洵饒) : 순요는 그의 자(字)로, 이름은 관(寬)이다. 복녕(福寧) 사람으로 생애가 자세치 않다. 저술로『사서부찬(四書附纂)』이 있다.『민중이학연원고(閩中理學淵源考)』에 그에 대한 간략한 기록이 전한다.

904) 질성(質成) : 이 어휘는『시경』대아(大雅)「면(緜)」의 '우나라와 예나라가 그들의 화평을 질정하다.[虞芮質厥成]'의 질성(質成)을 말한다.

군자가 이 도를 가지고 귀신에게 질정한다는 것이다.

하늘과 땅이 도가 되는 까닭은 형적(形跡)이 없기 때문이다. 그러므로 군자의 도는 고명(高明)한 데에 본체를 의탁해 하늘이 갖추고 있는 도에 어긋나지 않으며, 쉼 없이 유행하여 하늘의 질서에 어긋나지 않으며, 박후(博厚)한 데에 본체를 세워 땅이 갖추고 있는 도에 어긋나지 않으며, 처지에 안분하여 각각 바르게 해서 땅의 이치에 어긋나지 않는다. 그러나 하늘과 땅이 사람에게 보이는 것은 굴신(屈伸)·왕래(往來)·음양·동정(動靜)의 조화뿐이니, 이미 천지의 본체가 아니다. 그러므로 '덕을 작게 하면 냇물처럼 갈라져서 흐른다.[小德川流]'고 말할 수 있지만, 이 덕을 나누어 '인(仁)이다'·'의(義)다'·'예(禮)다'·'지(智)다'라고 할 수는 없으며, '덕을 크게 하면 교화를 두텁게 한다.[大德敦化]'고 말할 수 있지만, '성(誠)이다'라고 말할 수는 없다. 그렇다면 바른 것을 취하여 질정할 바가 없으니 '세우다[建]'[905]고 말할 따름이다.

귀신은 성(誠)으로써 말할 수 있다. 그것이 굽히고 펴고 오고 가는 것으로써 그의 성실함을 극진히 하면 반드시 믿게 되니, 이 또한 인·의·예·지로써 그 점을 말할 수 있다. 귀신이 생기는 것은 인(仁)이고, 귀신이 그치는 것은 의(義)고, 귀신이 충만한 것은 예(禮)고, 귀신이 밝게 드러나는 것은 지(智)다. 그러므로 "밝으면 예악이 있고 어두우면 귀신이 있다.[明則有禮樂 幽則有鬼神]"[906]라고 말한 것이다. 예악은 음양의 조화를 본받는다고 할 수 있는데, 또한 소리[聲]에서 구하

---

905) 세우다[建] :『중용장구』제29장 제3절의 '建諸天地而不悖'의 건(建)을 가리킨다.

906) 밝으면……있다 : 이 문구는『예기』「악기(樂記)」에 보인다.

고 기(氣)에서 구하는 사이에 귀신과 통할 수 있다.

귀신이 조화를 돕는 측면에 근본을 해보면, 예(禮)도 되고 법도[度]도 되고 문자[文]도 되니, 귀신이 드러나는 바를 억누르거나 귀신이 굽히는 바를 드러내주는 것이 아니다. 귀신이 영령(英靈)을 대하는 측면에 근본을 해보면, 예로써 하기고 하고 법도로써 하기도 하고 문자로써 하기도 하여 귀신에게 일삼음이 있으니, 귀신이 드러날 경우에는 오는 것을 맞이할 수 있고 굽히는 경우에는 지난 것을 이을 수 있다. 군자가 예·법도·문자, 세 가지 중요한 도를 가지고 귀신에게 질정하여 그 잘·잘못을 징험한다. 이는 대체로 삼왕(三王)[907]은 그들이 완성한 법을 가지고 있어서 후대에 고찰할 수 있는 것과 다름이 없다. 그것들을 귀신에게 질정해도 의심이 없다는 것은 이 세 가지 중요한 도를 굳세게 행하였다는 것이다. 조화의 남음이 있는 것은 빼버리기도 하고 조화의 부족함이 있는 것은 더하기도 하여 마음과 자취의 차이를 걱정함이 없으니, 이는 대체로 일반 백성들에게 좋아하고 미워하는 바가 있어 그것을 징험할 수 있는 것과 다름이 없다.

『중용』에 실린 이런 말들은 원래 헛되이 써 놓은 것이 없으니, 과연 질정할 만한 이치가 있고, 과연 질정할 만한 일이 있다. 따라서 소주에 '거북점에 나타나고[龜從][908]', '시초점에 나타나는[筮從][909]' 것뿐만이 아니고 기필할 수 없는 그림자나 메아리에서 취하기도 한

---

907) 삼왕(三王) : 삼대, 즉 하나라·은나라·주나라 초기의 성왕(聖王)인 우(禹)·탕(湯)·문왕(文王)·무왕(武王)을 말한다.

908) 거북점에 나타나고 : 이 문구는 『중용장구대전』 제29장 제3절 소주 주자의 설에 보인다.

909) 시초점에 나타나는 : 이 문구는 『중용장구대전』 제29장 제3절 소주 주자의 설에 보인다.

다. 북계 진씨(北溪陳氏)가 "귀신은 천리의 지극함이다.[鬼神 天理之至]"[910]라고 한 것은 더욱 사리에 통하지 않는 말이다. 천리의 지극함은 천지가 그것이니, 천지에 세워 어긋나지 않는 것이 어찌 귀신이겠는가?(章句云 鬼神者 造化之跡也 造化者天地之用 故黃洵饒與天地同用之言 甚爲分曉 乃細玩章句 於造化下加一跡字 則又自造化之已然者而言之 而非但用與體之別 云考云質云俟 無殊其云本云徵云建 則考之質之俟之者 皆君子也 質如質成之質 是君子嘗以此道質正於鬼神矣 天地之所以爲道者 直無形跡 故君子之道 託體高明 便不悖於天之撰 流行不息 便不悖於天之序 立體博厚 便不悖於地之撰 安土各正 便不悖於地之理 然而天地之所見於人者 又止屈伸往來陰陽動靜之化 則已非天地之本體 故可云小德川流 而不分此德曰仁曰義曰禮曰知 可云大德敦化 而不可曰誠 則亦無所取正而質 而特可曰建 若鬼神 則可以誠言之矣 以其屈伸往來 盡其實而必信也 斯亦可以仁義禮智言之矣 其生者仁 其止者義 其充滿者禮 其昭明者知也 故曰明則有禮樂 幽則有鬼神 禮樂固以法陰陽之化 而亦可通鬼神於求之聲 求之氣之閒矣 質以其所贊乎造化者爲禮爲度爲文 非抑鬼神之所伸而揚鬼神之所屈 質以其對越乎靈爽者 則以禮以度以文 而有事乎鬼神 伸者可迎其來 屈者可紹其往 君子之以其三重之道質之於鬼神 以證其得失 蓋無異於三王之有其成憲而可考 其質之而無疑也 乃以毅然行其三重 而卽或損造化之有餘 益造化之不足 亦無憂其心跡之差 蓋不異於庶民之有好惡而可徵 中庸此語 原非虛設 果有其可質之理 果有其

910) 귀신은 천리의 지극함이다 : 이 문구는 『중용장구대전』제29장 제4절 소주에 보인다.

質之之事 非但如小註所云龜從筮從 取諸不可必之影響 而北溪之言
曰鬼神天理之至 語尤顓頊 天理之至者 天地是也 建之而不悖者也 豈
鬼神哉)

제30장

중니(仲尼)는 요임금, 순임금을 조술(祖述)하시고, 문왕, 무왕의 도를 본받아 드러내시며, 위로는 천시(天時)를 본받으시고 아래로는 수토(水土)의 이치를 따르셨다. 비유하자면 하늘과 땅이 실어주지 않음이 없고 덮어주지 않음이 없는 것과 같으며, 비유하자면 사계절이 번갈아 운행하는 것과 같으며 해와 달이 교대로 밝히는 것과. 만물(萬物)이 함께 길러지는데도 서로 해치지 않으며, 도가 함께 행해지는데도 서로 어긋나지 않는다. 작은 덕은 냇물의 흐름이요 큰 덕은 교화를 두타이 하니, 이것 천지가 위대한 까닭이다.

仲尼 祖述堯舜 憲章文武 上律天時 下襲水土 辟如天地之無不持載 無不覆幬 辟如四時之錯行 如日月之代明 萬物並育而不相害 道並行而不相悖 小德川流 大德敦化 此天地之所以爲大也

1

『중용장구』의 주에 "이는 성인의 덕을 말한 것이다.[此言聖人之德]"[911]라는 1구는 오로지 "비유하자면 하늘과 땅이……[辟如天地……]" 이하 4구[912]에 나아가 말한 것이다. 쌍봉 요씨(雙峯饒氏)는 "이 장은 공자의 덕을 말하였다.[此章言孔子之德]"[913]라고 하였으니, 이는 살피지 못함이 큰 것이다.

"위로는 천시(天時)를 본받으시고[上律天時] 아래로는 수토(水土)의 이치를 따르셨다.[下襲水土]"고 한 자취에 대해 『중용혹문』에 "그 책이 있음을 말미암아 하나라의 책력을 얻고 『주역』의 뜻을 보익(輔翼)했다.[由其書之有 得夏時贊周易]"라고 한 것은, 모두 도를 말한 것이지 덕을 말한 것이 아니다. 또 『중용혹문』에 "옛날의 성왕들이 해를 맞이하고 점대[策]을 미루어 미래를 예측해서……[古昔聖王所以

---

911) 이는……것이다 : 이 문구는 『중용장구』 제30장 제2절의 주에 보인다.

912) 4구 : 『중용장구』 제30장 제2절의 4구를 말한다.

913) 이장은……말하였다 : 이 문구는 『중용장구대전』 제30장 제2절 소주에 보인다.

迎日推策……]"라고 한 것도 도를 말한 것이지 덕을 말한 것이 아니다. 『중용장구』 본문 아래 장에 "만물이 함께 길러지는데도 서로 해치지 않으며, 도가 함께 행해지는데도 서로 어긋나지 않는다.[萬物並育而不相害 道並行而不相悖]"라고 한 것도 천지의 도를 말한 것이지 천지의 덕을 말한 것이 아니다. 하늘이 덮어주고 땅이 실어주며 해와 달이 교대로 밝으며 사시가 번갈아 운행하는 것은 천도일 뿐이다. 이 도를 능히 포괄하여 통합하고 나누어져 도가 되어 각각 구별되는 것이 『중용장구』의 주에 이른바 '해치지 않고 어긋나지 않는 까닭[所以不害不悖]'이고 '함께 화육하고 함께 행하는 까닭[所以並育並行]'이니[914], 이것이 바로 덕이다. 요임금·순임금에 대해서는 도를 말하고, 문왕·무왕에 대해서는 법을 말했으니[915], 도를 말하고 법을 말하면 모두 덕이 아니다. 그 도를 조술하고 그 법을 밝히는 것은 중니(仲尼)[916]의 도다.

그러므로 본문에 '조술(祖述)'·'헌장(憲章)'·'상률(上律)'·'하습(下襲)'이라고 한 것은 도다. 그리고 제왕이 하늘을 본받고 땅을 인습(因襲)한 통기(統紀)[917]를 짐작하여 모두 알맞게 하여 쉬지 않도록 한 것은 덕이다. 그것을 통합하는 관점에서 보면, 하늘이 덮어주고 땅이 실

914) 이른바……까닭이니 : 이 2구는 『중용장구』 제30장 제3절의 주에 보인다.

915) 요임금……말했으니 : 이는 『중용장구』 제30장 제1절의 주에 "祖述者 遠宗其道 憲章者 近守其法……"이라고 한 것을 가리킨다.

916) 중니(仲尼) : 저자가 굳이 '중니(仲尼)'라고 말한 것은 『중용장구』 제30장 제1절 본문에 '중니(仲尼)'라는 말이 있기 때문에 그 점을 드러내기 위해서이다.

917) 통기(統紀) : 통(統)은 여러 가닥의 실을 총체적으로 묶는 것이고, 기(紀)는 여러 가닥의 실을 구별하는 것이다. 따라서 통(統)은 전체적인 관점을 의미하여 이일(理一)에 해당하고, 기(紀)는 개별적인 관점을 의미하여 분수(分殊)에 해당한다고 볼 수 있다.

어주지 않음이 없는 덕이 모두 구비되어 부족함이 없어서 사계절이 갖추어져 한 해를 이루고 해와 달이 밤낮으로 밝게 비추는 것과 같으니, 중니의 교화를 두텁게 한 덕이다. 그것을 개별적인 관점에서 보면, 하늘이 덮어주고 땅이 실어주는 것이 모든 생명체에 각각 이루어져 사계절이 각각 그 질서를 바르게 하고 해와 달이 각각 그 길을 운행하는 것과 같으니, 중니의 냇물처럼 갈라져서 흐르는 덕이다.

이 1장은 모두 천도(天道)·성도(聖道)를 드러냈는데 그 대의는 한결같이 덕에 근본을 했으니, 제27장의 뜻과 대략 같다. 제27장에서는 군자가 성도를 응집하는 것이 덕을 닦는 데 있고, 성인의 도는 원래 성덕(聖德)을 말미암아 응집됨을 말하였다. 이 장에서는 성인이 천도에 합하는 것은 그 덕 때문인데, 하늘이 위대하게 되는 이유는 원래 천덕(天德)에 의지해 이루어졌기 때문임을 말하였다.

『중용』의 3대지(大支)는 모두 도(道)로 시작해서 덕(德)으로 귀결된다. 제3장의 "중용, 그것은 지극한 것이로다![中庸 其至矣乎]"라고 한 이하 8장은 도를 말했고, 제11장의 "군자는 중용에 의지해 세상에 숨어 알려지지 않더라도 후회하지 않는다.[君子依乎中庸 遯世不見知而不悔]"라고 한 데에 이르러서는 도를 행하고 도를 밝히는 것이 오직 성덕임을 드러내었다. 또 제13장의 "도는 사람에게서 멀리 있지 않다.[道不遠人]" 이하하는 모두 도를 말하였고, "애공이 정사에 대하여 물었는데[哀公問政]"라고 시작되는 제20장에 이르러 비로소 지(智)·인(仁)·용(勇)을 미루어 도를 행하는 덕으로 삼고 한결같이 성(誠)에 근본을 하여 군신·부자·부부·형제·붕우의 관계—다섯 가지 달도(達道)—로부터 하늘과 사람이 하나로 합해 제작한 것—구경(九經)—을 드러내었으니, 그것을 닦은 것은 오직 덕이다. 그리고 제22장의 "오직 천하의 지극히 성(誠)한 분이어야 자기의 본성을 다할 수 있다.[唯天

下至誠 爲能盡其性]"이하는 모두 도를 말하였고— 천지의 도와 성인의 도와
군자의 도를 말하였다.— 제27장에 이른 뒤에 다른 사람에게 드러나고 천하
사람들에게 밝혀지고 남들을 변하게 하고 사람들을 교화시키며 자기
를 완성하고 남을 완성시켜 주는 지극한 도를 군자가 응집하여 존덕
성(尊德性)·도문학(道問學)의 덕에 근본을 함을 말하였다. 이에 이
른 뒤에 성인이 다른 사람과 다른 생명체의 본성을 극진히 하며, 천지
와 더불어 만물을 화육하는 데에 참여하며, 박후(博厚)하고 고명(高
明)하고 유구(悠久)한 도를 갖추고서 냇물처럼 갈라져 흐르기도 하고
교화를 두텁게 하기도 하는 덕에 근본을 함을 말하였다. 덕이 지극하
면 도가 그로써 지극해지고 덕이 크면 도가 그로써 커진다.

그러므로 마지막 장에서는 한결같이 덕에 중점을 두었다. 처음에는
덕이 어디로부터 들어오는지를 미루어서 중화(中和)를 이룩하여 천
지가 제자리를 잡고 만물이 길러지는 근본을 밝혔고, 끝에는 덕이 지
극한 바를 도와 고요할 적에는 존양하고 움직일 적에는 성찰하며 본
성을 극진히 하여 천명에 이르는 공부를 드러냈다. 전편의 대의가 덕
으로 기초를 삼고 성(誠)으로 핵심을 삼아 그 뜻이 완비되었다. 이런
점을 밝히면, 허씨(許氏)·사씨(史氏) 등이 억지로 지(智)·인(仁)·용
(勇)으로써 기둥을 세우고, 억지로 비은(費隱)·소대(小大)로 제3대
지(大支)를 삼아 골격·맥락을 만든 것은 갈등만 증폭시켰을 뿐이니,
어찌 합당하겠는가?

제1대지의 지·인·용의 뜻이 제2대지에 이르러 비로소 드러나고—
제20장— 제2대지의 성(誠)의 뜻도 제3대지에 이르러 비로소 상세하게
언급했다. 덕을 말할 적에 지·인·용으로 성(性)의 덕을 삼은 것은 본
성을 따르는 도[率性之道]를 닦아 가르침[敎]의 근본을 삼은 것이고,
성(誠)으로 마음의 덕을 삼은 것은 하늘이 명한 본성[天命之性]을 극

진히 하여 도(道)의 귀의처를 삼은 것이다. 가르침을 구별하였는지라 거기에는 만 가지 다른 점[萬殊]이 있는데, 지·인·용은 일에 응하고 남을 접하는 방법으로 냇물처럼 갈라져 흘러 모든 것을 빠뜨리지 않는다. 도를 통합하였는지라 거기에는 한 가지 근본[理一]이 있는데, 성(誠)은 둘이 아니어서 만물을 낳는 것을 측량할 수 없어 교화를 두터이 하여 쉬지 않는다. 이 또한 덕을 작게 하고[小德] 덕을 크게 하는[大德] 것이니, 하나의 성(誠)에 지·인·용을 합하고 하나의 성(誠)으로 지·인·용, 세 가지 달덕을 행하는 것이다.

천지(天地)로써 말하면, "크게 처음과 끝을 밝힌다.[大明終始]"[918)라고 한 것은 지(智)이고, "각각의 생명체가 유행한다.[品物流形]"[919)라고 한 것은 인(仁)이고, "수시로 여섯 용을 타고서[時乘六龍]"[920)라고 한 것은 용(勇)이다. 무망괘(無妄卦)로 대종(大宗)을 삼은 것은 '한 마디 말로서 다할 수 있는[一言而可盡]'[921) 것으로 사람에게 있어 성(誠)이 되는 것이다. 교화의 측면으로 말하면, 사람과 다른 생명체에 공을 나타내는 것이니, 성(誠)이 하늘의 도가 된다. 교화를 두터이 하는 측면으로 말하면, 소리도 없고 냄새도 없는 데에 서 있거나 실려 있으니, 성(誠)이 천지의 덕이 된다. 그러나 도에 있어서는 그것을 이름하여 성(誠)이라 할 수 있지만, 덕에 있어서는 성(誠)을 지적해 말할 수 없어서 단지 '대(大)'[922)라고만 할 뿐이다. 그러니 성(誠)은 마

---

918) 크게……밝힌다 : 이 문구는 『주역』 건괘 단사(彖辭)에 보인다.

919) 각각의 생명체가 유행한다 : 이 문구는 『주역』 건괘 단사(彖辭)에 보인다.

920) 수시로……타고서 : 이 문구는 『주역』 건괘 단사에 보인다.

921) 한 마디……있는 : 이는 『중용장구』 제26장에 보인다.

922) 대(大) : 『중용장구』 제30장 '대덕(大德)'의 대(大)를 가리킨다.

음의 덕이 되지만 하늘은 마음이 없다. 천지의 덕은 성(誠)이라고 이름할 수 없지만, 중니(仲尼)가 하늘에 배합한 덕은 "그것을 행하는 것은 하나다.[所以行之者 一也]"[923]라고 말할 수 있으니, 또한 성(誠)이라고 할 수 있다. 그러므로 아래 문장에 "오직 천하의 지극히 성한 분이어야[唯天下至誠]"[924]라고 말한 것이다. 『중용』은 내용이 합하고 분리되는 전개 방식이 미묘하구나!(章句此言聖人之德一句 專就譬如天地四句說 雙峰乃云此章言孔子之德 大爲不審 或問言上律下襲之迹 夏時周易云云 皆言道也 非言德也 又推之於古聖王迎日推策云云 亦言道也 非言德也 下云萬物並育而不相害 道並行而不相悖 亦言天地之道也 非言天地之德也 天覆地載 日月之明 四時之行 只是天道 其所以能括此道而統之 分爲道而各紀之 則章句所謂所以不害不悖 所以並育並行者 乃德也 於堯舜曰道 於文武曰法 言道言法 則皆非德也 述其道 明其法 則亦仲尼之道也 故祖述憲章上律下襲者 道也 其爲斟酌帝王律天襲地之統紀 以咸宜而不息者 德也 其統之也 則如無不覆載之咸備無缺 四時之具以成歲 日月之昱乎晝夜 仲尼敦化之德也 其紀之也 則如天所覆地所載之品彙各成 四時之各正其序 日月之各行其陸 仲尼川流之德也 凡此一章 皆以見天道聖道 其大也一本於德 與二十七章意略相同 彼言君子之所以凝聖道者在脩德 以聖人之道原縣聖德而凝 此言聖人之能合天道也唯其德 以天之所以爲大者 原依天德而成 中庸三支 皆始乎道 而極乎德 中庸其至矣乎以下八章 言道也 至君子依乎中庸 遯世不見知而不悔 則以見行道明道者唯聖德

---

923) 그것을……하나다 : 이 문구는 『중용장구』 제20장에 보인다.

924) 오직……분이어야 : 이 문구는 『중용장구』 제22장에 보인다.

也 道不遠人以下 皆言道也 至哀公問政一章 始推知仁勇爲行道之德
而一本於誠 於以見自子臣弟友 (五達道) 以至天人制作 (九經) 其脩之
者唯德也 唯天下至誠爲能盡其性以下 皆言道也 (天地聖人君子之道) 至
二十七章而後言君子之凝此著明變化 成己成物之至道 本於尊性道學
之德 至此而後言聖人之備此盡人物參天地博厚高明悠久之道 本於川
流敦化之德 德至而道乃以至 德大而道乃以大也 故末章一歸重於德
而始推德之自入 以明致中和而以位以育之本 終贊德之所極 以著靜
存動察盡性至命之功 全篇大義 以德爲基 以誠爲紐 其旨備矣 明乎此
則許史諸儒強以知仁勇立柱 及強以費隱小大爲第三支作骨脈者 徒增
葛藤 曾何當耶 第一支知仁勇之義 至第二支而始顯 (第二十章) 第二支
誠之爲義 至第三支而始詳 乃其言德也 以知仁勇爲性之德 所以脩率
性之道 而爲教之本 以誠爲心之德 則以盡天命之性 而以爲道之依 紀
乎教 是以有其萬殊 而知仁勇則所以應事酬物 而川流不遺 統夫道 是
以有其一本 而誠者則不貳以生不測 而敦化不息 此又小德大德 合知
仁勇於一誠 而以一誠行乎三達德者也 以天地言之 則其大明終始者
知也 品物流形者仁也 時乘六龍者勇也 其无妄以爲大宗者 則所謂一
言可盡而在人爲誠者也 自其化而言 則見功於人物者 誠爲天之道 自
其敦化而言之 則立載於無聲無臭者 誠固爲天地之德 然在道而可名
言之曰誠 在德則不可斥言誠而但曰大 則誠爲心德 而天固無心也 乃
天地之德 雖不可名之曰誠 而仲尼配天之德 則可曰所以行之者一 而
亦可曰誠 故下又以唯天下至誠爲言 合離之際 微矣哉)

435

오직 천하의 지극한 성인(聖人)이어야 총명하고 지혜로워 족히 임할 수 있다. 관대하고 여유있고 온화하고 부드러움은 족히 포용함이 있으며, 발분하고 강하고 굳세며 꿋꿋함은 족히 집행함이 있으며, 재계하고 장중하고 중도에 맞고 정직함은 족히 공경함이 있으며, 주밀하고 밝게 살핌은 족히 분별함이 있는 것이다. 보편적이고 광활하고 깊고 연원이 있어서 수시로 발현된다. 보편적이고 광활함은 하늘과 같고 깊고 연원이 있음은 못과 같으니, 나타남에 백성들이 공경하지 않음이 없고, 말함에 백성들이 믿지 않음이 없고, 행함에 백성들이 기뻐하지 않음이 없다. 그러므로 명성이 중국에 넘쳐 오랑캐 땅에 뻗쳐나가 배와 수레가 이르는 곳과 인력이 통하는 곳과 하늘이 덮어주는 곳과 땅이 실어주는 곳과 해와 달이 비지는 곳과 서리와 이슬이 내리는 곳에 모든 혈기를 지닌 생명체들은 존경하고 친애하지 않음이 없는 것이다. 그러므로 '하늘을 배합한다'고 말하는 것이다.

唯天下至聖 爲能聰明睿知 足以有臨也 寬裕溫柔足以有容也 發强剛毅 足以有執也 齊莊中正 足以有敬也 文理密察 足以有別也 溥博淵泉 而時出也 溥博如天 淵泉如淵 見而民莫不敬 言而民莫不信 行而民莫不說 是以聲名洋溢乎中國 施及蠻貊 舟車所至 人力所通 天之所覆 地之所載 日月所照 霜露所隊 凡有血氣者 莫不尊親 故曰配天

1

　'총명예지(聰明睿智)'는 지성(至誠)의 본체로써 말한 것이다. "성하면 밝아진다.[誠則明矣]"⁹²⁵⁾에서 '명(明)'은 지(知)만을 말한 것이 아니다. 『중용혹문』에서는 '총명예지'를 언급하면서 '안이행지(安而行之)'⁹²⁶⁾를 겸하여 말했으니⁹²⁷⁾, 그 의미를 극진히 표현한 것이다. 예컨대, 『대학』의 '명덕(明德)'은 "〈선왕의 도를〉 이어서 밝히고 자신을 공경히 하여 지선에 그쳤다.[緝熙敬止]"⁹²⁸⁾, "내적으로 두려워하고 외적으로 위엄 있고 의젓해졌다.[恂慄威儀]"⁹²⁹⁾, "온갖 이치를 갖추고 온갖

---

925) 성하면 밝아진다 : 이 문구는 『중용장구』제21장에 보인다.

926) 안이행지(安而行之) : 『중용장구』제20장에 보인다. 성인의 경지에서 실천하는 것을 말한다.

927) 『중용혹문』에서는……말했으니 : 『중용혹문』제31장에 "蓋聰明睿智者 生知安行而首出庶物之資也"라고 한 것을 가리킨다.

928) 이어서……그쳤다 : 이 문구는 『대학장구』전 제3장에 보인다.

929) 내적으로……의젓해졌다 : 이 문구는 『대학장구』전 제3장에 보인다.

일에 응한다.[具衆理應萬事]"930)는 것을 모두 갖추어 하나의 명(明)자로 통합한 것이니, '치지(致知)'의 지(知)와는 치우치고 온전한 점이 뚜렷이 구별된다. 귀가 듣는 바를 가리는 것이 없는 것을 총(聰)이라 하고, 눈이 보는 것을 가리는 바가 없는 것을 명(明)이라 하고, 생각이 지각하는 것을 가리는 바가 없는 것을 예(睿)라 하고, 마음이 아는 바를 가리는 것이 없는 것을 지(知)931)라 한다. 인욕이 말끔히 다 없어지고 천리가 유행하면, 그런 상태로써 이치를 알아 곤이학지(困而學之)를 기다리지 않으며, 그런 상태로써 자신을 실천해 면강이행지(勉强而行之)를 기다리지 않는다.

아래의 네 가지 덕은 일에 따라 쓰는 것이다. 인(仁)으로써 포용해 주길 기다리는 대중들을 포용하고, 의(義)로써 반드시 집행해야 하는 마땅한 일을 집행하고, 예(禮)로써 공경해야 하는 일이나 사람을 공경하고, 지(智)로써 분별해야 하는 시비(是非)를 분별한다. '문리가 주밀하고 밝게 살핀다.[文理密察]'는 것은 원래 일을 분석하는 지혜로써 말한 것이니, 저절로 '예지(睿知)'의 지(知) 자와는 같지 않다. '예지'의 지는 고요한 가운데에서 이치를 보고 감응하면 능히 통하는 것이니, 그 분변이 밝고 어두운 데에 있지 옳고 그른 데에 있지 않다.

소주에 실린 주자의 설932)은 『중용혹문』의 설933)과 어긋난다. 소주

---

930) 온갖……응한다 : 이 문구는 『대학장구』 경1장의 주에 보이는 말로, '명덕(明德)'을 풀이한 것이다.

931) 지(知) : 여기서의 지(知)는 지(智)를 가리킨다.

932) 소주에……설 : 『중용장구대전』 제31장 제1절 소주에 실린 주자의 설은 다음과 같다. "朱子曰 仁義禮知之知 與聰明睿知 便是這一箇 禮知是通上下而言 睿知是擴充得較大 睿只訓通對知而言 知是體睿 是深通處 文理密察 此是聖人於至纖至悉處 無不詳審 且如一物 初破作兩箇 又破作四片 若未恰好 又破作八片 只管詳密 文是文章 如物之文縷 理是條理 每事詳密審察 故曰 足以有別"

에 "쪼개 네 조각이 된다.[破作四片]", "쪼개 여덟 조각이 된다.[破作八片]"고 한 말934)은 이불을 뒤집어쓰고 귀를 막고 한 말로 전혀 단서가 없으니, 문인들이 잘못 전한 말이지 주자의 말이 아니다.(聰明睿知 以至誠之本體言 誠則明矣 明非但知之謂也 或問兼安行言之 爲盡其義 如大學之言明德 該盡緝熙敬止恂慄威儀具衆理應萬事者 統以一明 與致知之知 偏全逈別 耳無所蔽其聞之謂聰 目無所蔽其見之謂明 思無所蔽其覺之謂睿 心無所蔽其知之謂知 人欲淨盡 天理流行 則以之知 不待困學 以之行 不待勉強也 若下四德 則因事而用 仁以容其所待 容之衆 義以執其所必執之宜 禮以敬其所用敬之事物 知以別其所當 別之是非 其云文理密察 原以晰事之知言 自與睿知之知不同 睿知之知 乃靜中見理 感則能通 其辨在昭昏 而不在是非也 小註所載朱子之說 顯與或問相悖 至所云破作四片 破作八片 蒙頭塞耳 全無端緒 必其門人之傳訛 非朱子之言也)

---

933) 『중용혹문』의 설 : 『중용혹문』 제31장에서 주자가 "蓋聰明睿知者 生知安行 而首出庶物之資也 容執敬別 則仁義禮智之事也"라고 한 것을 말한다.

934) 소주에서……말 : 『중용장구대전』 제31장 제1절 소주 주자의 설에 본문의 '문리밀찰(文理密察)'을 설명하면서 "且如一物 初破作兩箇 又破作四片 若未恰好 又破作八片 只管詳密……"이라고 한 것을 가리킨다.

제32장

오직 천하의 지극히 성실한 분이어야 천하의 대경(大經)을 경륜(經綸)하며 천하의 대본(大本)을 세우며 천지의 화육(化育)을 알 수 있으니, 어찌 다른 것에 의지하는 것이 있겠는가. 간절하고 지극하구나, 그 인(仁)이여! 연못처럼 깊은 본체여! 넓고 넓은 하늘이로다. 만일 진실로 총명하고 지혜로워 하늘의 덕을 통달한 자가 아니면 그 누가 이것을 알겠는가.

唯天下至誠 爲能經綸天下之大經 立天下之大本 知天地之化育 夫焉有所倚 肫肫其仁 淵淵其淵 浩浩其天 苟不固聰明聖知達天德者 其孰能知之

1

『중용장구』의 주에 "어찌 다른 물체에 의지한 뒤에야 능하겠는가?[夫豈有所倚著於物而後能哉]"[935]라고 하였는데, 이 구의 '물(物)'이 가리키는 바는 무엇일까? 소주에 두 가지 설이 있는데, "인(仁)을 행하는 것은 나를 말미암는 것이지 남을 말미암는 것이겠는가?[爲仁繇己而繇人乎哉]"[936]라고 한 것은 이 물이 나[己]와 상대가 되는 남이고, "심력(心力)에 의지해 생각하거나 힘쓰는 것이 아니다.[不靠心力去思勉]"[937]라고 한 것은 이 물이 일[事]을 가리킨다. 따라서 두 설은 서로 통하기 어려운 듯하다. 맹자가 "외물이 물에 교접하면[物交物]"[938]이라고 하였으니, 외부의 물체와 자기 몸의 귀·눈의 힘을 모두

---

935) 어찌……능하겠는가 : 이 문구는 『중용장구』 제32장 제1절의 주에 보인다.

936) 인(仁)을……것이겠는가 : 이 문구는 『중용장구대전』 제32장 제1절 소주 주자의 설에 보인다.

937) 심력(心力)에……아니다 : 이 문구도 『중용장구대전』 제32장 제1절 소주 주자의 설에 보인다.

938) 외물이……교접하면 : 이 문구는 『맹자』 「고자 상」 제15장에 보인다.

물(物)이라고 말한 것이다. 대체로 이 물(物)은 형체(形體)와 기물(器物) 이하를 통칭하는 말이다.

본문의 3구[939] 가운데 이치와 일은 이루어짐이 다르니, 각자 의지하는 바가 있으면 각자 의지하지 않는 바도 있다. 이른바 '의(倚)'란 통칭하는 말이다. 모든 의지하는 것은 물(物)이라 한다. 『중용장구』의 주에 '물에 의지하다.[倚著於物]'라고 한 것은 통칭하는 말이다.

'천하의 대경(大經)을 경륜한다.[經綸天下之大經]'는 측면으로 말하면, 의지하지 않는 것은 외물(外物)에 의지하지 않는 것이니 심력(心力)에 의지하지 않는다는 것을 말한 것은 아니다. 그런 까닭은 인륜의 일은 사람이 서로 더불어 인륜을 행해 도가 세워지는 것이니, 자기에게 그 점을 극진히 할 뿐만이 아니라 반드시 남을 감동시키는 것도 있어야 하기 때문이다. 자기에게 극진히 하는 것은 자기가 믿을 만한 것이다. 남을 감동시키는 것은 자기가 믿을 만한 것이 아닌 듯하다. 스스로 천하의 지극히 성실한 사람이 아니라면, 아버지의 자애에 의지하면 어버이의 뜻에 순응할 수 있고, 임금의 인정(仁政)에 의지하면 윗사람에게 신임을 얻기가 쉽다. 자신에게 닦은 것이 이미 그러하다면, 천하의 가르침을 세울 적에도 순응에 처한 것은 따르고 말미암을 수 있는 것이 되지만 변란에 처한 것은 이루어짐을 달리한다. 오직 천하의 지극히 성한 분이어야 '그의 어진 마음을 정성스럽고 정성스럽게 하여[肫肫其仁]' 극에 이르더라도 통할 수 없는 것이 없게 될 것이다. 순임금이 아비가 되고 문왕이 임금이 될지라도 내가 그 분들을 섬기는 것은 한결같이 천하 사람들과 함께 보고 함께 말미암지 아

---

939) 3구 : 『중용장구』 제32장 제1절의 '爲能經綸天下之大經 立天下之大本 知天地之化育'을 가리킨다.

니할 수 없는 것이니, 애초 순응하기 쉬운 아버지와 신임을 얻기 쉬운 임금에 의지해서 서로 전해 드러내는 것은 아니다. 심력을 극진히 하면 순임금과 같이 되고 문왕과 같이 될 것이다. 그러나 순임금이 자신을 원망하고 아버지를 사모하는 일을 하고 힘을 다해 어버이 섬기는 일을 한 것과 문왕이 마음을 작게 하고 신하로 복종해 섬기는 일을 한 점은 곤궁해져서 부지런히 힘쓰는 자가 독실하게 행하는 것과 같으니, 생각하지도 않고 힘쓰지 않으면서 심력에 기다림이 없는 것은 아니다. 이는 지(知)로써 말한 것이다. 소주에 '물(物)'을 외물로 삼고서 〈인(仁)을 행하는 것은 자기를 말미암지〉 남을 말미암는 것이 아니다.[不繇人]"라고 말한 것은, '대경(大經)'을 위해 말한 것이다.

'천하의 대본을 세우다.[立天下之大本]'에 이르면, 애초 남을 인하는 바가 없으니, 그것에 의지하고자 하더라도 그렇게 할 수가 없다. 그 '미리 소문이 나지 않았지만 법도에 맞았으며, 간언하는 말이 없었으나 선으로 들어갔다.[不聞亦式 不諫亦入]'[940]고 하는 탁월한 정신으로 희로애락의 감정이 발하지 않은 가운데에서 그 마음을 보존함이 있어야 '고요하고 깊은 그 연못[淵淵其淵]'과 같은 지성(至誠)이 고요하고 깊은 곳에서 천하의 만사·만물의 절도를 함양할 것이다. 이는 학문의 일이 눈·귀에 의지하는 바가 없을 뿐만이 아니고, 경각시키는 기미 또한 성찰하는 데 근거하는 바가 없는 것이다. 이치는 망령되지 않음으로써 보존되니 이치를 택해 굳게 잡는 것이 아니다. 욕심이 마음을 따르되 법도에서 벗어나지 않으니 이치를 잡고서 욕심을 막는 것이 아니다. 기뻐하고 즐거워할 바가 있지 않은데 천하 사람들이

---

940) 미리……들어갔다 : 이 문구는 『시경』 대아(大雅) 「사제(思齊)」에 보이는데, 문왕의 덕을 칭송한 내용이다.

기쁨과 즐거움을 기다리는 경우는 더함을 수용하고, 노여워하고 슬퍼할 일이 있지 않은데 천하 사람들이 노여움과 슬픔을 기다리는 경우는 재단을 받아들인다. 요컨대, 모두 은밀함을 간직하고서 도의(道義)의 문을 세워 택하여 잡는 심력이 거기에 간여하지 않는 것이다. 이것이 '심력에 의지하지 않는다.[不靠心力]'는 설이니, '대본(大本)'을 위해 말한 것이다.

"천지의 화육을 안다.[知天地之化育]"는 것은 지성(至誠)의 도가 '넓고 넓어 하늘과 같다.[浩浩其天]'는 것이니, 그 마음의 정직함이 곧 천지의 마음이며 그 기(氣)의 순조로움이 곧 만물의 기다. 반드시 화생(化生)할 바에 대해서는 그 화생을 알고, 반드시 육성(育成)시킬 것에 대해서는 그 육성을 아니, 심력으로 미루어 헤아릴 뿐만이 아니다. 그러니 잠시 천지의 정에 통하거나 만물의 감응을 아는 것과는 같지 않다. 천지가 드러내 보이는 것과 만물이 왕래하는 바에 의지하여 그것을 아는 지름길로 삼는 것이다. 이는 인(仁)·서(恕)의 구분과 같다. 서(恕)에는 미루어나감이 있고 비유함이 있으니, 곧 정(情)에 의지한 것이다. 인(仁)은 자기가 서고 싶을 적에 남을 세워주고, 자기가 도달하고 싶을 적에 남을 도달하게 해주는 것이니, 감응에 의지하는 바가 없다. 화육을 아는 일은 그 작용이 매우 주밀하며 관계된 바도 가장 크니, 의지하는 바가 있느냐 없느냐 하는 구분은 관련성이 매우 미미하다. 이에 대해 주자는 "스스로 배부른 줄 아는 것이니 어찌 남에게 의지해서 아는 것이겠는가?[是自知得飽相似 何用靠他物去]"[941]라고 하였는데, 여기서의 물(物) 자의 뜻은 천지가 화육을 절제하는 이치와

941) 스스로……것이겠는가 : 이 문구는 『중용장구대전』 제32장 제1절 소주 주자의 설에 보인다.

만물이 화육을 받아들이는 자취로써 말한 것이다. 그러니 자기[己]와 상대가 되는 남[物]으로 물(物) 자를 해석한 것이 아닐 뿐만 아니라, 또한 자기에게 있는 귀·눈과 심력(心力)으로 말한 것도 아니다.

'경륜(經綸)'은 자취가 있는 것이고, '입본(立本)'은 주인이 있는 것이고, '지화(知化)'는 틈[間]—본래의 글자로 해석함.—이 없는 것이다. 그 공을 드러냄이 더욱 미미하면 의지하는 바는 더욱 미미하니, 물(物)이라는 것도 더욱 미세하게 된다. 근본을 세우는 데 있어서의 물(物)은 성(性)으로써 주인을 삼고 형체로써 나그네를 삼는다. 화육을 아는 데 있어서의 물은 나의 성(誠)에 응집하는 것으로 주인을 삼고, 성(誠)이 천지의 만물을 살피고 나와 더불어 서로 감응하는 것으로 나그네를 삼는다. 그러니 근본을 세우는 데 있어서 물을 말한 경우는 자기의 마음을 오로지 하고, 화육을 아는 데 있어서 물을 말한 경우는 자기의 바깥까지 통한다. 이 또한 거두어들이느냐[翕] 열어놓느냐[闢]에 따라 표리를 나눈 것이다.

면재(勉齋)[942]가 "바로 생각하지 않아도 터득하고 힘쓰지 않아도 들어맞는 의사다.[便是不思不勉意思]"[943]라고 한 설은, 근본을 세우는 것을 위한 말이 될 수는 있지만 경륜(經綸)과 화육을 아는[知化] 데에는 통할 수 없다. 그러니 주자가 말한 바와 합한 뒤에야 그 뜻을 극진히 하게 된다. 균일하게 '의(倚)'를 말하고 '물(物)'을 말하면 같은 것 속의 다른 점이 분명치 않으니, 한 마디 말로 압축해 표현하려고 하면 구애되지 않는 경우가 드물 것이다.(章句云夫豈有所倚著於

---

942) 면재(勉齋) : 주자의 문인 황간(黃榦 1152-1221)의 호다.

943) 바로……의사다 : 이 설은 『중용장구대전』 제31장 제1절 소주 주자의 설에 인용된 "黃直卿云 便是不思不勉意思"를 가리킨다.

物 一物字 定何所指 小註中自有兩說 其云爲仁縣己而縣人乎哉 則是
物者 與己對者也 其云不靠心力去思勉 則是物者 事也 兩說似乎難通
乃孟子曰物交物 則外物與己耳目之力而皆謂之物 蓋形器以下之統稱
也 本文三句之中 理事異致 各有其倚 則各有其不倚 所云倚者 統詞也
凡其所倚 卽謂之物 則章句所云物者 亦統詞也 以經綸天下之大經言
之 則其所不倚者 不倚於外物 而非不倚於心力之謂 所以然者 人倫之
事 以人相與爲倫而道立焉 則不特盡之於己 而必有以動乎物也 盡乎
己者 己之可恃也 動乎物者 疑非己之可恃也 自非天下之至誠 則倚父
之慈而親始可順 倚君之仁而上以易獲 其脩之於己者旣然 則以立天
下之敎 亦但可爲處順者之所可率縣 而處變則已異致 唯夫天下之至
誠 肫肫其仁 極至而無不可通 則雖如舜之父文王之君 而我所以事之
者 一無不可與天下共見而共縣之 初不倚君父之易順易獲而相得以章
也 乃若心力之必盡 則如舜 如文 其爲怨慕 爲竭力 爲小心 爲服事 則
固同於困勉者之篤行 非不思不勉而無待於心力 此以知 以物爲外物
而云不縣人者 爲大經言也 至於立天下之大本 則初無所因於人 卽欲
倚之而固不得 特其不聞亦式 不諫亦入之卓然 有以存之於喜怒哀樂
未發之中 斯至誠之淵淵其淵者 涵天下萬事萬物之節於靜深之地 不
但學問之事無所藉於耳目 而警覺之幾亦無所資於省察 理以不妄而存
而非擇理以固執 欲以從心而不踰 而非執理以拒欲 未有所喜樂 而天
下之待喜待樂者受益焉 未有所怒哀 而天下之待怒待哀者聽裁焉 要
皆藏密以立道義之門 而擇執之心力不與焉 此不靠心力之說 爲大本
言也 若夫知天地之化育 則至誠之浩浩其天者 其心之正 卽天地之心
其氣之順 卽萬物之氣 於其所必化而知其化 於其所必育而知其育 不
但非恃心力以推測 而亦不知介然通天地之情介然知萬物之感者 倚天
地之所著見萬物之所往來者以爲知之之逕 此如仁恕之分 恕有推有譬

而卽倚於情 仁之欲立欲達 無所倚於感也 知化之事 其爲用最密 而所
攝最大 則其有倚無倚之分 爲際尤微 此朱子所云自知得飽 何用靠他
物去 此物字之義 又卽以天地制化育之理萬物受化育之迹而言也 則
不但不以對己之物爲物 並不但以在己之耳目心力爲言矣 經綸 有迹
者也 立本 有主者也 知化 則無閒 (如字) 者也 其見功愈微 則其所倚
者愈微 而其所謂物者益愈細 乃在立本之所謂物 以性爲主 而以形爲
客 知化之所謂物 則凝於我之誠爲主 而誠之察於天地萬物與我相爲
動者爲客 則在立本而言物者 專於己之中 在知化而言物者 通於己之
外 此又以翕闢而分表裏也 勉齋不思不勉之說 亦止可爲立本言 而不
能通於經綸知化 合朱子所言而後盡其旨 均云倚 均云物 同中之異不
明 欲以一語煞盡之 鮮不泥矣)

2

앞에서 "지성(至誠)의 도는 지극히 성스러운 분이 아니면 알 수 없
고, 지극히 성스러운 분의 덕은 지성이 아니면 할 수 없다."고 말하고,
여기서 또 "연못처럼 고요하고 깊으며, 하늘처럼 넓고 넓으니, 이와 같
을 뿐만이 아니다.[其淵其天 非特如之而已]"[944]라고 하였으니, 지성
(至誠)의 덕은 지성(至聖)이 능히 비의(比擬)할 바가 아닌 듯하다. 잠

---

944) 연못처럼……아니다 : 이 문구는 『중용장구』 제32장 제2절의 주에 보인다.

실 진씨(潛室陳氏)[945]와 쌍봉 요씨(雙峯饒氏)는 이 말을 고달프게 붙잡고서 억지로 분석하여 마치 꿈속에서 꿈을 다투듯이 허공을 분석하여 경계를 만들 듯이 하였는데[946], 한갓 구설(口舌)만 허비하였을 뿐이다.

주자도 "〈덕으로써 말하면〉 바깥의 다른 사람이 그의 겉만 관찰할 경우, 그의 외양이 하늘처럼 넓고 연못처럼 깊은 점만 볼뿐이다. 지성(至誠)은 덕이 되는 것이다. 그러므로 자기 내면의 참된 것이 '그 하늘[其天]', '그 연못[其淵]'이다."[947]라고 하였으니, 잠실 진씨·쌍봉 요씨의 설과 조금 다르기는 하지만 끝내 바람과 그림자를 잡는 것처럼 허황된 말이다. 위의 장에 "툭 트이고 넓은 것은 하늘과 같고, 고요하고 깊은 것은 연못과 같다.[溥博如天 淵泉如淵]"고 하고서 "수시로 그것을 표출한다.[時出之]"는 1구 위에 그런 의미를 언급해 놓았으니[948], 그것을 표출하느냐 표출하지 못하느냐 하는 점으로 언급한 것이다. 『중용장구』의 주에 "다섯 가지 덕[949]이 안에 충만하게 쌓여[五者之德

---

945) 잠실 진씨(潛室陳氏) : 남송 때의 학자 진식(陳埴 ? - ?)을 말한다. 자는 기지(器之), 호는 잠실이며 절강성 영가(永嘉) 사람이다. 섭적(葉適)·주희(朱熹)에게 수학하였다. 저술로『우공변(禹貢辨)』·『홍범해(洪範解)』 등이 있다.

946) 잠실 진씨(潛室陳氏)와……하였는데 : 잠실 진씨와 쌍봉 요씨의 설은『중용장구대전』제32장 제2절 소주에 보인다.

947) 덕으로써……연못이다 : 이 문구는『중용장구대전』제32장 장하주 아래의 소주에 실린 주자의 설에 보이는데, 원문은 다음과 같다. "……以德而言 則外人觀其表 但見其如天如淵 誠所以爲德 故自家裏面 却眞箇 是其天其淵……"

948) 위의……놓았으니 :『중용장구』제31장 제2절에 "溥博淵泉 而時出之"라 하여, '時出之' 앞에 '溥博淵泉'을 말한 것을 가리킨다.

949) 다섯 가지 덕 : 인(仁)·의(義)·예(禮)·지(智)·신(信)을 가리킨다.『중용장구』제31장에는 인·의·예·지, 네 가지만 말했는데, 주자는 신(信)까지 포함하여 언급한 것이다.

充積於中]"[950]라고 하였으니, 이는 자기 내면만을 비유한 것으로, 바깥의 다른 사람이 능히 엿볼 수 있는 바가 아님을 알 수 있다.

동양 허씨(東陽許氏)는 미혹되고 잘못되고 구애되어 "성인은 성인의 참된 모습이 하늘이고 성인의 참된 모습이 연못인 것을 보지만, 일반인들은 그것이 하늘처럼 넓고 연못처럼 깊은 것을 본다."[951]라고 하였으니, 이는 장난삼아 논한 듯하여 더욱 미워할 만한 설이 된다. 『능엄경(楞嚴經)』에 비구가 선정(禪定)에 들었을 때 옆에 있던 승려가 그를 보니 오직 물만 보이고 사람은 보이지 않았다고 하였다. 이와 같아야 바야흐로 성인이 성인의 천진(天眞)을 보는 것이니, 이것이 하늘과 같고 연못과 같은 실제의 증거인 것이다. 그렇지 않으면 그와 같을 따름이다. 성덕(聖德)은 알기 어려운 것인데, 글자의 그림자를 잡고 희롱하여 억측을 마구 만들어냈으니, 그 망령됨은 치유할 수 없을 것이다.

실제로 그것을 생각하면서 '같다[如]'[952]고 말하거나 '그것[其]'[953]이라고 말하는 것이 과연 구별이 있는 것일까? 앞장에서 '하늘과 같다.[如天]', '연못과 같다.[如淵]'고 한 하늘[天]과 연못[淵]은 덕과 형체를 겸해 말한 것이다. 하늘[天]은 푸른 하늘을 말하고, 연못[淵]은 깊은 못을 말한다. 하늘과 연못의 형체를 가리켜 그 덕이 서로 같음을 비의한 것이다. 이 장에서 '그 연못[其淵]', '그 하늘[其天]'이라고 한

---

950) 다섯……쌓여 : 이 문구는 『중용장구』 제31장 제2절의 주에 보인다.

951) 성인은……본다 : 동양 허씨의 설은 『중용장구대전』 소주에 보이지 않고, 그의 저술 『독중용총설(讀中庸叢說)』 제32장 해석에 보인다.

952) 같다[如] : 『중용장구』 제31장 '부박여천(溥博如天)'·'연천여연(淵泉如淵)'의 여(如)를 말한다.

953) 그것[其] : 『중용장구』 제32장 '연연기연(淵淵其淵)'·'호호기천(浩浩其天)'의 기(其)를 말한다.

하늘과 연못은 덕으로써 말한 것이다. 화육(化育)이 넓고 큰 것을 하늘[天]이라 하고, 근본이 있는 것이 고요하고 깊은 것을 연못[淵]이라 한다. 따라서 푸른 하늘과 깊은 연못을 가리켜 말한 것은 아니다. 앞 장에서 '툭 트이고 넓다.[溥博]'고 한 것은 이 장의 '그 하늘[其天]'을 말하고, 앞 장에서 '고요하고 깊다.[淵泉]'고 한 것은 이 장의 '그 연못[其淵]'을 말한다. 이 장에서 '고요하고 깊다.[淵淵]'고 한 것은 앞 장의 '연못과 같다.[如淵]'는 것을 말하고, 이 장에서 '넓고 넓다.[浩浩]'고 한 것은 앞 장의 '하늘과 같다.[如天]'는 것을 말한다. 이 말에는 한편으로 순응하고 한편으로 역행하는 다른 점이 있지만 문장의 뜻은 마찬가지다.

'총명하고 성스럽고 지혜로워 하늘의 덕에 통달한 자[聰明聖知達天德者]'가 아니면, 그 천하의 대경(大經)을 경륜(經綸)하고 천하의 대본을 세우고 천지의 화육을 아는 것이 성(誠)에 통합되어 교화를 두터이 하는 줄 모를 뿐만이 아니다. 경륜이 돈독하고 두터우며, 대본을 세우는 것이 고요하고 깊으며, 화육을 아는 것이 넓고 큰 것에 대해 모든 사람들이 안다고 말할 수는 없지만, 지성(至聖)한 분을 기다려서 아는 것은 아니다. 혈기를 가진 자들이 어버이를 존경하는 것은 그 분이 나타나면 백성들이 공경하고, 그 분이 말을 하면 백성들이 믿고, 그 분이 행하면 백성들이 기뻐하는 것일 따름이다. 아랫사람들에게 임하고[臨] 아랫사람을 포용하고[容] 일을 집행하고[執] 공경하게 하고[敬] 시비를 구별하는[別] 덕이 마음속에 충만히 쌓여 툭 트이고 넓고 고요하고 깊어서 하늘이나 연못과 합하게 되는 점에 있어서는 지성(至聖)한 분의 절로 아는 바가 아니면 누가 능히 그것을 알겠는가?

주자는 이 장 3개의 '기(其)' 자를 잘못 인식하였으니, 그의 잘못된 설은 유씨(游氏)의 설[954]에 근본을 한 것이다. 유씨의 설은 지리한 점이 많은데다 불교·노장의 설을 끌어다 고명한 이치를 화려하게 언급했기 때문에 주자가 자주 비판을 했다. 그런데 주자는 이 대목에 이르러 그의 설이 신기한 것을 기뻐하여 왜곡되게 그의 설을 따랐으니, 이미 불교의 설에 빠지고 만 것이다. 주자는 불교에서 이른바 이(理)·사(事)가 하나의 상(相)이라고 하는 설과 지(地)·수(水)·화(火)·풍(風)이 모두 여래(如來)의 가슴속으로부터 그림자를 따라 출현한다는 설을 모른 것이니, 그가 "자기 내면의 진정이 '그 하늘[其天]', '그 연못[其淵]'이다."[955]라고 한 것이 바로 그런 뜻이다. 성인의 교화는 이치는 하나지만 개체로 나뉘면 각각 다르니[理一分殊], 하늘은 저절로 하늘이고 연못은 저절로 연못이며 지성(至誠)은 저절로 지성이다. 그러니 어찌 연못과 같고[如淵] 하늘과 같은[如天] 위에 '그 연못[其淵]', '그 하늘[其天]'과 같이 본체와 구별이 없는 한 지경이 다시 있겠는가?(旣云至誠之道非至聖不能知 至聖之德非至誠不能爲 又云其淵其天 非特如之而已 則似至誠之德非至聖所能比擬 潛室雙峰苦執此語 強爲分析 如夢中爭夢 析空立界 徒費口舌 乃朱子又謂外人觀其表 但見其如天如淵 至誠所以爲德 自家裏面眞是其天其淵 雖小異前說 終是捕風捉影 上章云溥博如天 淵泉如淵 繫之時出之上 則固自其足出未出者言之 章句固曰五者之德充積於中 則亦自家裏面之獨喩者

954) 유씨(游氏)의 설: 『중용혹문』 제32장 해석 소주에 인용된 광평 유씨(廣平游氏), 즉 유작(游酢)의 설을 가리킨다. 유작의 설은 다음과 같다. "聰明睿知 聖德也 寬裕溫柔 仁德也 發强剛毅 義德也 齊莊中正 禮德也 文理密察 智德也 溥博者 其大無方 淵泉者 其深不測 或容以爲仁 或執以爲義 或敬以爲禮 或別以爲智 惟其時而已 此所謂時出之也……立天下之大本者 建中于民也 淵淵其淵 非特如淵而已 浩浩其天 非特如天而已 此至誠之道也"

955) 자기……연못이다: 이 문구는 『중용장구대전』 제32장 장하주 아래에 실린 소주 주자의 설에 보인다.

而非外人之所能見 可知已 東陽迷謬執泥 乃謂聖人見得聖人眞是天
眞是淵 衆人見其如天如淵 似此戲論 尤爲可惡 楞嚴經言比丘入定 鄰
僧窺之 唯見水而不見人 如此 方是聖人見聖人眞是天淵之的實證據
不然則亦如之而已爾 聖德旣不易知 而又撮弄字影 橫生億計 其妄更
無瘳矣 如實思之 言如言其 果有別耶 前章所云如天如淵之天淵 兼德
與形體而言 天者靑霄之謂也 淵者深澤之謂也 指天淵之形體以擬其
德之相肖也 此云其淵其天之天淵 則以德言耳 化育之廣大卽謂之天
有本之靜深卽謂之淵 非指靑霄深澤而爲言也 前章云溥博 卽此其天者
也 云淵泉 卽此其淵者也 此所云淵淵 卽如淵之謂也 浩浩 卽如天之謂
也 是詞有一順一逆之別 而文義一也 非聰明聖知達天德者 但不知其
經綸立本知化之統於誠以敦化 而經綸之篤厚立本之靜深知化之廣大
卽不謂盡人知之 而亦弗待於至聖 凡有血氣者之尊親 亦但於其見而
敬之 言而信之 行而說之 至於足以有臨足以容執敬別之德 充積在中
溥博淵泉 與天淵合撰者 自非至聖之自知 亦孰能知之 朱子煞認三其
字 其說本於游氏 游氏之言 多所支離 或借逕佛老以侈高明 朱子固嘗
屢闢之矣 至此 復喜其新奇而曲從之 則已浸淫於釋氏 而不知釋氏所
謂理事一相 地水火風皆從如來藏中隨影出現 正自家裏面眞是天淵之
旨 若聖人之敎 理一分殊 天自天也 淵自淵也 至誠自至誠也 豈能於如
淵如天之上 更有其淵其天當體無別之一境哉)

3

광평 유씨(廣平游氏)는 제31장을 지성(至聖)의 덕으로 여기고, 이

장을 지성(至誠)의 도로 생각하였으니[956], 말에 본디 병폐가 있다. 주자가 "성(誠)은 곧 덕이 되는 것이다.[誠卽所以爲德]"[957]라고 한 말을 얻어서 그 병폐를 구제한 뒤에야 그 설이 통할 수 있다. 그렇게 하지 않으면 "간절하고 지극한 그의 인(仁)이며, 고요하고 깊은 그의 연못 같음이며, 넓고 큰 그 하늘 같음이여.[肫肫其仁 淵淵其淵 浩浩其天]"[958]라고 한 것을 덕이라고 하지 않고 도라고 말할 수 있을까? 천하의 대경을 경륜하고, 천하의 대본을 세우고, 천지의 화육을 아는 것은 도의 큰 것이다. 이는 천하의 지성(至誠)한 분이어야 능히 할 수 있다. 이 세 가지를 갖춘 자가 지성(至誠)이 되는 것이 아니고, 지성한 분이 능히 이 세 가지를 행하는 것이다. 그러므로 주자가 "성(誠)은 곧 덕이 되는 것이다."라고 말한 것이니, 덕이 커서 교화를 돈독히 하면 도가 이에 커진다.

위의 장에서는 성(聖)을 인하여 지성(至聖)한 분이 간직하고 있는 바를 미루었기 때문에 다섯 가지 덕이 반드시 드러나게 된다. 그러나 말이 "수시로 그것을 표출한다.[時出之]"[959]고 하는 데 이르면 또한 도이다. 대체로 성(聖)을 말하면 이미 도에 속하여 아래로 임해[臨] 아랫사람들을 포용하고[容] 일을 집행하고[執] 자기를 공경하게 하고[敬] 시비를 구별하니[別], 이는 모두 도다. 그러므로 '족이(足以)'라

956) 광평 유씨(廣平游氏)는……생각하였으니 : 광평 유씨는 북송 때 학자 유작(游酢)을 말한다. 『중용혹문』에 주자가 광평 유씨의 설에 대해 "游氏以上章爲言至聖之德 下章爲至聖之道者 得之"라고 하였는데, 여기서는 이를 가리킨다.

957) 성(誠)은……것이다 : 이 문구는 『중용장구대전』 제32장 소주 주자의 설에 보인다.

958) 간절하고……같음이여 : 이 문구는 『중용장구』 제32장 제2절에 보인다.

959) 수시로 그것을 표출한다 : 이 문구는 『중용장구』 제31장 제2절에 보인다.

는 말에 냇물처럼 갈라져서 흐르는 덕[川流之德]이 있음을 미루어서 그 도가 모두 덕에 갖추어져 있는 것에 근본을 한 것이다.

이 장에서 도를 말한 것은 대경(大經)·대본(大本)·화육(化育)일 뿐이니, 그것이 곧 도다. 대경을 경륜하고, 대본을 세우고, 화육을 아는 것은 덕이다. 간절하고 지극하며[肫肫], 고요하고 깊으며[淵淵], 넓고 커서[浩浩] 의지함이 없는 것은 모두 그 덕을 형상한 것이다. 대체로 성(誠)을 말하면 이미 덕에 속하니, '인(仁)하다', '연못 같다[淵]', '하늘 같다[天]'라고 한 것들은 모두 그 덕이다. 그러므로 천하에 드러나 보이게 되는 것을 미루었으니, 도의 큰 것이 아닌 바가 없다.

이로써 말한다면, 광평 유씨가 말한 도(道)와 덕(德)의 구분⁹⁶⁰⁾은 대의에 합당함이 없으니, 그의 설을 세상에 전하지 않을 수 있다. 그러므로 주자가 그의 설을 취하였으나, 반드시 "두 가지가 아니다.[非二]"라고 하여 그 잘못을 구제해 바로잡았다.⁹⁶¹⁾ 주자가 광평 유씨의 설을 따르지 않고 독자적으로 해석을 하였다면, '이 장은 위의 장을 이어 '대덕의 교화를 돈독히 함[大德敦化]'을 말한 것이다.'라고 하였을 것이며, 그 내용이 덕을 말한 것이지 도를 말한 것이 아님을 밝혔을 것이다.⁹⁶²⁾

---

960) 광평 유씨가……구분 : 광평 유씨가 도와 덕을 구분한 설은 『중용혹문』 제32장 소주에 보이는데, 그 원문은 다음과 같다. "廣平游氏曰 德者 其用也 有目者 所共見 有心者 所共知 故凡有血氣者 莫不親 道者 其本也 非道同志一 莫窺其奧 故曰 苟不固聰明聖知達天德者 其孰能知之 蓋至誠之道 非至聖 不能知 至聖之德 非至誠 不能爲 故其言之序相因 如此"

961) 주자가……바로잡았다 : 『중용장구』 제32장 장하주에 주자가 광평 유씨의 설을 취하여 "前章 言至聖之德 此章言至誠之道 然至誠之道 非至聖 不能知 至聖之德 非至誠 不能爲 則非二物矣"라고 한 것을 가리킨다.

962) 주자가……것이다 : 『중용장구』 제32장 장하주에서 주자는 "右 第三十二章 承上

그러나 주자가 광평 유씨의 의논을 보존해 둔 것은, 이 장의 마지막 1절에 대해 혹 정 강성(鄭康成)[963]의 설[964]을 따라 지성(至誠)과 지성(至聖)이 두 사람이 되는 것으로 의심할까봐 그렇게 한 것이다. 그러므로 대경(大經)·대본(大本)·화육(化育)은 도가 되고, 총명예지(聰明睿知)·인의예지(仁義禮智)는 덕이 되는 것을 분별하였다. 망령되지 않고 하나의 성(誠)으로 통달한 자가 대덕(大德)이 되고, 그 대덕을 소유해 성덕(聖德)이 온전해지며, 그 성덕을 소유해 지성(至誠)이 대도(大道)의 온축된 것을 체득함을 알 수 있다. 성(誠)하면 명(明)해지고, 명해진 뒤에는 성(誠)이 지극하지 아니함이 없다. 그러므로 주자는 "이는 두 가지 물체가 아니다.[此非二物]"[965]라고 하였으며, 또 "이는 두 사람의 일이 아니다.[此不是兩人事]"[966]라고 한 것이다. 그는 지성(至誠)의 몸소 체득한 점을 말하여 스스로 그 점을 비유하였으니, 그 뜻이 매우 분명하다.

그러나 주자는 이 점에 대해 많은 공력을 허비하면서 논의를 전개하여 후인들의 의문을 열어놓았다. 이런 그의 설이 하자가 되는 것은 광평 유씨가 도(道)·덕(德)을 나누어 놓은 설을 보전한 데 있는 것이 아니라, 정 강성(鄭康成)의 "성인만이 성인을 능히 안다.[唯聖人乃能

章而言大德之敦化 亦天道也"라고 하였다. 저자는 주자의 이런 설을 못마땅하게 생각하여 이런 말을 한 것인데, 특히 이 장을 덕을 말한 것으로만 보지 않고 '亦天道也'라고 한 것에 대해 비판한 것이다.

963) 정 강성(鄭康成) : 후한 말의 경학가 정현(鄭玄)을 말한다. 강성은 그의 자이다.

964) 정 강성(鄭康成)의 설 : 십삼경주소본(十三經注疏本)『예기』「중용」의 정현의 주를 말한다.

965) 이는……아니다 : 아 문구는『중용장구』제32장 장하주에 보인다.

966) 이는……아니다 : 이 문구는『중용장구대전』장하주 아래 소주 주자의 설에 보인다.

知聖人]"[967]는 피상적 해석을 가벼이 따른 데 있다. 정강성이 예에 대해 그 합당함을 터득한 것이 적지 않지만, 말이 도·덕에 미치면 어찌 그가 아는 바이겠는가? 문구만을 따라 '성인만이 성인을 능히 안다.'고 하였으니, 그가 훈고한 일은 여기서 끝이 난 것이다. 주자는 그의 설을 가벼이 따르고, 또 그 설을 왜곡하여 이리저리 논하였다. 그리하여 천하의 대경을 경륜하고[經綸] 천하의 대본을 세우고[立本] 천지의 화육을 아는[知化] 것으로 성인의 교화를 삼고, 지성(至誠)이 의지함이 있기를 기다리지 않고서 간절하고 지극하며[肫肫] 고요하고 깊으며[淵淵] 넓고 큰[浩浩] 것으로 돈화(敦化)의 덕을 삼는 것을 편안히 여긴 것이 어찌 아니겠는가?

의지함이 없는 인(仁), 의지함이 없는 연못[淵], 의지함이 없는 하늘[天]만이 간절하고 지극하며[肫肫], 고요하고 깊으며[淵淵], 넓고 크다[浩浩]. 그러므로 근본이 성대하면 겉으로 표출하는 것이 다하지 않는다. 대덕(大德)이 드러내는 바와 간직한 바는 지극히 깊고 두터우니, 몸소 소덕(小德)을 갖춘 자가 아니면 알 수가 없다. 자신이 그런 덕을 가지고 있어야 능히 그 덕을 알 수 있다. 그에게 교화를 두터이 하는 덕이 있음을 인한 뒤에 냇물처럼 갈라져 흐르며 쉬지 않는다. 이미 냇물처럼 갈라져 흐르는 성대한 덕을 지극히 하면, 그 교화가 저절로 두터운 바를 스스로 깨닫게 될 것이다. 이 점을 알면, 분명히 꿰뚫어 보아 『중용』의 조리가 관통되어 어긋나지 않음을 극진히 함이 어찌 있지 않겠는가?

『중용장구』의 주는 어디에 근거하였기에 정강성의 말을 보존하여

---

967) 성인만이……안다 : 이 문구는 십삼경주소본 『예기』 「중용」의 정현의 주에 보인다.

의문덩어리를 만들어 놓았으며, 다시 광평 유씨의 설을 빌어 더 헝클어 놓았단 말인가? 정강성의 설을 없애면 광평 유씨의 설도 남겨두지 않을 수 있다. 정강성이 남긴 즙을 빨아먹은 경우로는, '요·순을 안 사람은 공자일 뿐이다.'[968]라고 한 신안 진씨(新安陳氏)의 설이 있으니, 한 번 웃음거리를 제공하는 데 족할 따름이다.(廣平以上章爲至聖之德 此爲至誠之道 語本有病 必得朱子誠卽所以爲德一語以挽救之 而後說亦可通 使其不然 則肫肫其仁 淵淵其淵 浩浩其天 可不謂之德而謂之道乎 經綸立本知化 道之大者也 乃唯天下至誠爲能之 則非備三者之乃爲至誠 而至誠之能爲三者 故曰誠卽所以爲德 德大以敦化而道乃大也 上章因聖而推其藏 故五德必顯 然至於言及時出 則亦道矣 蓋言聖則已屬道 有臨而容執敎別 皆道也 故推其足以者有川流之德 以原本其道之咸具於德也 此章之言道者 唯大經大本化育 則道也所以經綸之立之知之者 固德也 肫肫淵淵浩浩之無倚者 皆以狀其德矣 蓋言誠則已屬德 仁也淵也天也 皆其德也 故推其所爲顯見於天下者 而莫非道之大也 以此言之 則廣平道德之分 亦無當於大義 而可以不立矣 是以朱子雖取其說 而必曰非二以救正之 乃朱子之自爲釋也則固曰承上章而言大德敦化 又已明其言德而非言道矣 然其所爲存游氏之論者 則以末一節 或執鄭康成之說 將疑夫至誠至聖之爲兩人 故必分別大經大本化育之爲道 而聰明睿知仁義禮知之爲德 固有不妄達以一誠者之爲大德 有其大德而聖德乃全 有其聖德而至誠之所以能體夫大道之蘊奧可得而知 誠則明 明而後誠無不至也 故朱子曰此非二

968) 요……뿐이다 : 『중용장구대전』 제32장 제3절 아래의 소주에 실린 신안 진씨의 설에 보이는데, 그 원문은 다음과 같다. "以唯聖人能知聖人 結之 可以當此者 其唯以孔子而知堯舜乎"

物 又云此不是兩人事 其以言至聖之躬體而自喻之 固已明矣 然朱子
於此 則已多費轉折 而啓後人之疑 是其爲疵 不在存游氏瓜分道德之
說 而在輕用康成唯聖知聖之膚解 康成之於禮 其得當者不少 而語及
道德之際 則豈彼所能知者哉 因仍文句 而曰唯聖知聖 則其訓詁之事
畢矣 朱子輕用其說 而又曲爲斡旋之 則胡不直以經綸立本知化爲聖
人之化 而以至誠之不待有倚而自肫肫淵淵浩浩者爲敦化之德之爲安
乎 惟無倚之仁無倚之淵無倚之天 肫肫淵淵而浩浩 故根本盛大而出不
窮 而大德之所顯所藏 極爲深厚 自非躬備小德者不足以知之 唯其有
之 乃能知之 因有其敦化者 而後川流不息 旣極乎川流之盛 自有以喩
其化之所自敦矣 如此 則豈不曉了串徹 有以盡夫中庸之條貫而不爽
夫章句之支節 何居乎又存康成之言以爲疑府 而復假廣平之說以理亂
絲耶 鄭說汰 則游說亦可不留矣 至有吮康成之餘瀋 如新安所云知堯
舜唯孔子者 則適足以供一哂而已）

제33장

『시경』에 이르기를 "비단옷을 입고 그 위에 겉옷을 걸치네."라고 하였으니, 그 문채가 너무 드러남을 싫어한 것이다. 그러므로 군자의 도는 은은하나 날마다 드러나고, 소인의 도는 선명하나 날마다 없어지는 것이다. 군자의 도는 담박하되 싫증나지 않으며, 간결하되 문채가 나며, 온화하되 조리가 있다. 멂이 가까운 데로부터 시작함을 알며, 바람이 붙어 일어남을 알며, 은미함이 드러남을 안다면 더불어 덕의 경지에 들어갈 수 있을 것이다. 『시경』에 이르기를 "물속에 잠긴 것이 비록 엎드려 있으나 또한 심히 밝게 드러난다."라고 하였다. 그러므로 군자는 안으로 살펴보아 하자가 없어서 마음에 부끄러움이 없다. 군자의 경지에 미칠 수 없는 점은 남들이 보지 못하는 곳에 있도다. 『시경』에 이르기를 "네가 홀로 방안에 있을 때를 살펴보니, 오히려 방 귀퉁이에서도 부끄러운 짓을 하지 않네."라고 하였다. 그러므로 군자는 움직이지 않더라도 공경하며, 말하지 않더라도 믿는다. 『시경』에 이르기를 "신명의 앞에 나아가 강림하게 할 때에 말이 없어도 이에 다투는 이가 있지 않다."라고 하였다. 이 때문에 군자는 상주지 않더라도 백성들이 권면하며, 노여워하지 않더라도 백성들이 작도와 도끼보다 더 두려워한다. 『시경』에 이르기를 "드러나지 않는 덕을 제후들이 본받네."라고 하였다. 그러므로 군자는 공손함을 돈독히 함에 천하가 태평해지는 것이다. 『시경』에 이르기를 "나는 명덕(明德)의 음성과 얼굴빛을 대단찮게 여김을 생각한다."라고 하였는데, 공자께서 말씀하셨다. "목소리와 안색이 백성을 교화하는 데에는 말단적인 것이다."라고 하셨다. 『시경』에 이르기를 "덕은 가볍기가 새털과 같다."라고 하였는데, 새털은 오히려 비교할 만한 것이 있으니, 『시경』에 "상천(上天)의 일은 소리도 없고 냄새도 없다."라고 한 데에 이르러서야 지극한 것이다.

詩曰 衣錦尙絅 惡其文之著也 故君子之道 闇然而日章 小人之道 的然而日亡 君子之道 淡而不厭 簡而文 溫而理 知遠之近 知風之自 知微之顯 可與入德矣 詩云 潛雖伏矣 亦孔之昭 故君子 內省不疚 無惡於志 君子之

所不可及者 其唯人之所不見乎 詩云 相在爾室 尙不愧于屋漏 故君子不動
而敬 不言而信 詩曰 奏假無言 時靡有爭 是故 君子不賞而民勸 不怒而民
威於鈇鉞 詩曰 不顯惟德 百辟其刑之 是故 君子篤恭而天下平 詩云 予懷
明德 不大聲以色 子曰 聲色之於以化民 末也 詩云 德輶如毛 毛猶有倫 上
天之載 無聲無臭 至矣

1

마지막 장에는 덕만 말하고, 도에 대해서는 언급하지 않았다. 귀결처로 삼아 군자가 중용을 체득한 것을 드러낸 것은 실로 덕으로써 그 본체를 삼음이 있다. 상을 주지 않아도 백성들이 권면하고[不賞而民勸], 노여워하지 않아도 백성들이 도끼보다 두려워하여[不怒而民威於鈇鉞] 천하가 태평하니, 그 도는 또한 큰 것이다. 그런데 이는 도를 따라 행해 이룩할 수 있는 것이 아니다. 군자의 도는 모두 군자의 덕이 이룩하는 것이니, 앞에서 상세히 해석하였다.(末章唯言德而更不及道 所以爲歸宿之地 而見君子之得體夫中庸者 實有德以爲之體也 民勸民威而天下平 道亦大矣 而非遵道而行之可致也 君子之道 皆君子之德成之 前已詳釋)

2

'군자의 도[君子之道]'는 군자가 학문을 하여 가르침[敎][969]을 닦는
방법이 된다. 이 한 단락은 스스로 마음을 세우는 시초를 통합해 말한
것으로, 덕이 이루어지고 도가 성대한 날에 이르면 '어두운 듯하지만
날로 드러난다.[闇然而日章]'[970]고 한 것과 마찬가지가 된다. 따라서
제12장 비은장(費隱章) 등에서 '군자의 도[君子之道]'를 말한 것과
는 구별된다. 그러나 '어두운 듯하다.[闇然]'고 말하면 거기에는 어두
운 듯한 실상이 있는 것이다.─존양(存養)·성찰(省察)이 그것이다.─ 그리고 '날
로 드러난다.[日章]'고 하면, 거기에는 날로 드러나는 일이 있는 것이
다.─순순히 평천하에 이른다.─

운봉 호씨(雲峯胡氏)는 『중용장구』의 주에 "아래의 쉬운 것부터 배
우는 사람들이 마음을 세우는[下學立心]"이라고 한 4자를 잘못 보아,
마침내 군자와 소인은 마음을 세우는 것이 같지 않다는 것으로 제2장
과 다르게 해석하였는데[971], 이는 전혀 살피지 못한 것이다. 소인은 알
지 못하면서도 함부로 행하는 자이니 숙손통(叔孫通)[972]과 같은 유형

---

969) 가르침[敎] : 『중용장구』 제1장에 보이는 '수도지위교(修道之謂敎)'를 가리킨다.

970) 어두운……드러난다 : 이 문구는 『중용장구』 제33장 제1절에 보인다.

971) 운봉 호씨(雲峯胡氏)는……하였는데 : 운봉 호씨의 설은 『중용장구대전』 제33장
제2절 소주에 보이는데, 그 원문은 다음과 같다. "雲峯胡氏曰 中庸分君子小人而言者 凡
二 第二章言君子中庸 小人反中庸 是其爲君子小人者 可見於行事之際 此則言其所以爲
君子小人者 已見於立心之始 淡而無味 其味最長 簡而無文 其文自章 溫不求其理 而無
有不合於條理者 此君子爲己之學也……"

972) 숙손통(叔孫通) : 전한 초기의 학자로 태자태부 등을 지냈다. 노나라 지역의 학
자들을 불러 조정의 의례(儀禮)를 제정하였는데, 고례(古禮)와 진(秦)나라 때의 의례를
혼용하였다.

이다. 그런 데에도 도가 있으니 이는 함부로 행하는 바의 도다. 함부로 행하였기 때문에 분명히 볼 만한 점이 있으나 뒤에는 그것을 계승할 수 없다. 그가 마음을 세운 것일 뿐이라면 어찌 분명하게 볼 만한 것이 있겠는가? ─'적연(的然)'이라는 말은 화살을 쏘는 표적을 볼 수 있는 것과 같다는 뜻이다.─ 본말이 있는데, 어찌 이를 무시하겠는가?(君子之道 言君子爲學脩敎之方 此一段且統說自立心之始 至德成道盛之日 一闇然而日章也 固與費隱諸章言君子之道者別 然曰闇然 則有其闇然之實矣 (存養省察是) 曰日章 則有其日章之事矣 (馴至於天下平) 雲峰誤看章句下學立心四字 遂以君子小人立心之不同 求異於第二章 殊爲不審 小人是不知而妄作者 如叔孫通之類 其亦有道 則所妄作之道也 旣已妄作 故的然可觀 而後不可繼 若但其立心也 則何的然之可見 (的然者 如射的之可見也) 且本未嘗有 而又何亡哉)

3

자기를 위한 실질적인 학문[爲己]은 마음을 세우는 시작이니, 규모와 계획이 구별된다. 군자와 소인은 이르는 곳마다 분별이 되는데, 곧 이 점[973]으로부터 차이가 나는 것이다. "먼 곳에 가려면 가까운 곳으로부터 시작해야 함을 알고[知遠之近]" 이하 3구는 덕에 들어가는 처음의 기미로, 택하여 공부를 착수하는 것이다. 『시경』의 시를 가지고 그

---

973) 이 점 : 마음을 세우는 시초를 말한다.

점을 증명하였는데 자기를 위한 실질적인 공부를 하는 자는 문채가 드러나는 것을 싫어하여 비단옷을 입지 않는다. '먼 곳에 가려면 가까운 곳으로부터 시작해야 함을 알고 바람이 어디로부터 불어오는지를 알고 은미한 것이 드러나게 되는 것을 아는[知遠之近 知風之自 知微之顯]' 경지에 이르면, 비단이 좋은 것인 줄 알아서 비단으로 옷을 지어 입는다. 이 단계에 이르면 도리어 겉옷 입는 일을 말할 필요가 없다.

『중용혹문』에 "안으로 마음을 쓰며 남이 알아주기를 구하지 않은 뒤에야 혼자만 아는 바를 삼갈 수 있다."라고 하였는데, 한번 전환시킨 말이 매우 절실하다. 이는 자기를 위한 실질적인 학문이 크게 내딛는 걸음이니, 처음부터 끝까지 모든 과정이 다 그렇다. 먼 곳에 가려면 가까운 곳으로부터 시작해야 함을 알고, 바람이 어디로부터 불어오는지를 알고, 은미한 것이 드러나게 되는 것을 아는 것은 혼자만 아는 바를 삼가는 초입의 공이다. 안으로 자신을 성찰하여 뜻한 바에 부끄러움이 없도록 하는 것이 이로부터 일어난다. 진씨(陳氏)는 '우능(又能)' 2자를 써서 문장을 전환했는데, 자기를 위한 실질적인 학문[爲己]과 혼자만 아는 것을 삼가는[愼獨] 2건의 일로 공평히 나누었으니[974] 학문을 아는 자가 아니다. 혼자만 아는 것을 삼가는 것은 자기를 위한 실질적인 공부의 한 가지 큰 단서다.(爲己是立心之始 規畫得別 君子小人到底分別 卽從此差異 知遠之近三句 乃入德之初幾 方是

---

974) 진씨(陳氏)는……나누었으니 : 진씨는 구체적으로 누구를 가리키는지 분명치 않다. 진씨의 설은 『중용장구대전』 제33장 제1절 아래의 소주에 보이는데, 그 원문은 다음과 같다. "陳氏曰 君子立心 只是爲己 又能知道理之見於遠者 自近始 故自近而謹之 著見於風化者 由身始 故自身而謹之 有諸內者 甚微而見於外者 甚顯 故自微而謹之 知此三者 而致其謹 則可與之入德矣"

揀着下手工夫 以詩證之 爲己者 惡文著而不尚錦也 知遠之近 知風之
自 知微之顯 則知錦而衣之也 到此 卻不更說尚絅事 或問用心於內 不
求人知 然後可以愼獨 一轉甚淸切 爲己是大架步 始終皆然 知近知自
知微 是愼獨入手工夫 內省無惡 從此而起 陳氏用又能二字轉下 則爲
己愼獨 平分兩事 非知學者也 愼獨固爲己之一大端也)

4

'아는[知]' 것은 그것이 그러한 줄을 아는 것이지 반드시 그가 능히
그러한 것은 아니다. 능히 그러한 것은 그것이 그러한 것을 아는 데에
서 말미암는다. 그러므로 "먼 곳에 가려면 가까운 곳으로부터 시작해
야 함을 알고, 바람이 어디로부터 불어오는지를 알고, 은미한 것이 드
러나게 되는 것을 안다.[知遠之近 知風之自 知微之顯]"고 하면, 성찰
(省察)·존양(存養)과 더불어 '말이 없고[無言]'975), '드러남이 없는[不
顯]'976)는 덕에 들어갈 수 있다.

저기에 나타나는 것이 여기에서 말미암는 줄을 알면, 상을 주지 않
아도 백성들이 권면하고 노여워하지 않아도 백성들이 두려워하여 천
하가 평치되는 것이 상벌을 시행하는 데 있지 않고 덕이 드러나는 데

975) 말이 없고[無言] :『중용장구』제33장 제4절 '주격무언(奏假無言)'의 무언(無言)
을 말한다.

976) 드러남이 없는[不顯] :『중용장구』제33장 제5절 '불현유덕(不顯惟德)'의 불현
(不顯)을 말한다.

있다는 것을 알게 될 것이다. 밖으로 드러나는 것이 안에 근본을 함을 알면, 행동하는 데에 공경심이 드러나고 말하는 데에 믿음이 드러나는 것이 그 분의 행동과 말에 있지 않고, 행동하지 않고 말하지 않는 것이 보존된 바에 있다는 것을 알게 될 것이다. 안에 있는 것이 밖으로 나타나는 것을 알면, 잠겨 있는 것이 엎드려 있으나 매우 밝게 드러나며, 안으로 성찰하여 자신이 뜻한 바에 부끄러움이 없어서 미칠 수 없는 덕이 이루어지는 것을 알게 될 것이다.

　세 마디 말[977]이 한 걸음씩 점점 긴절해졌으니 자신의 생각[意]으로 덕에 들어가는 문을 삼은 것이다. 이 세 가지 앎[知]은 서로 차례가 있지만, 덕으로 들어가는 문은 혼자만 아는 것을 삼가는 데 달려있다. 선유들이 성의(誠意)를 옥으로 만든 자물쇠나 숟가락처럼 귀중하게 생각했던 것은 대체로 이에 근본을 한 것이다. 여러 설 가운데 하잠재(何潛齋)[978]의 설만이 올바른데, 안타깝게도 "먼 곳으로 가려면 가까운 곳으로부터 시작해야 함을 알고[知遠之近]"라고 1구에 대해서는 분명하게 언급하지 못하였다. 하잠재의 생각은 대체로 '주격무언(奏假無言)' 이하 2절은 덕을 완성한 공효가 되지 덕으로 들어가는 일은 아니라고 의심한 듯하다. 그러나 덕이 완성된 바를 알면 덕으로 들어가는 공효를 아는 것은 원래 서로 준거한다는 사실을 모른 것이다.(知者 知其然而未必其能然 乃能然者 必繇於知其然 故知遠之近 知風之自 知微之顯 則可與省察存養而入無言不顯之德矣 知見於彼者繇於

977) 세 마디 말 : 『중용장구』 제33장 제1절에 보이는 '知遠之近 知風之自 知微之顯'을 가리킨다.

978) 하잠재(何潛齋) : 송나라 학자 하몽계(何夢桂 ? - ?)를 말한다. 자는 암수(巖叟), 호는 잠재이며, 엄주(嚴州) 순안(淳安) 사람이다. 저술로 『잠재집(潛齋集)』이 있다.

此 則知民勸民威而天下平之不在賞罰之施 而在德之顯也 知著乎外
者之本乎內 則知敬之著於動信之著於言者不在其動與言 而在不動不
言之存也 知有諸內者之形諸外 則知潛雖伏而孔昭 內省無惡 而不可
及之德成也 三語一步漸緊一步 而以意爲入德之門 是三知相爲次 而
入德之門唯在愼獨 先儒謂誠意爲玉鑰匙 蓋本於此 諸說唯何潛齋得
之 惜於知遠之近句未與貼明 何意蓋疑奏假無言二段爲成德之效 非
入德之事 不知知德之所成 則知所以入之功效 原相準也)

5

존양·성찰의 선후에 대해, 사백선(史伯璿)의 논의는 그 대의를 보
았다고 할 수 있다. 그는 "효험이 있으면 공부도 함께 있는 것이다.[有
則俱有]"[979]라고 하였으니, 성인이 되는 공부가 쉬지 않음을 살핌이
있었던 것이다. 그는 또 "동정에 단서가 없다.[動靜無端]"[980]고 하였
으니, 이치[理]와 일[事]이 절로 그러한 것을 본 것이다. 그런데 그가
"말을 한 차서에 상호 선후가 있다.[立言之序 互有先後]"[981]고 하고,

---

979) 효험이……것이다 : 이 문구는 사백선(史伯璿)의 『사서관규(四書管窺)』 권8,「중
용」 제33장을 해석한 대목에 보인다.

980) 동정에 단서가 없다 : 이 문구도 사백선의 『사서관규』 권8 「중용」 제33장을 해석
한 대목에 보인다.

981) 말을……있다 : 이 문구도 사백선의 『사서관규』 권8 「중용」 제33장 해석에 보인
다.

"불가한 바가 없다.[無所不可]"⁹⁸²⁾고 한 대목에 대해서는 내가 할 말이 있다.

『중용』첫 장에 존양을 말한 것은『대학』의 정심(正心)에 해당하고,『중용』첫 장에 성찰을 말한 것은『대학』의 성의(誠意)에 해당한다.『대학』에 "자기 마음을 바르게 하고자 하는 자는 먼저 자기 생각을 진실하게 한다.[欲正其心者 先誠其意]"⁹⁸³⁾고 하였으니, 이는 학자들이 명덕을 밝히는 공부다. 정심으로 주를 삼되 성의는 정심에 신독을 더하는 일이 된다. 반드시 자기 마음을 바르게 하고자 한 뒤에 성의로 급무를 삼는다. 마음이 바르지 않으면 다시 성의를 언급할 것이 못된다. 이것이 존양의 공부가 성찰의 공부보다 앞에 있는 까닭이다. 대체로 그 마음을 바르게 하지 않으면, 남들이 알지 못하는 곳에서 자기도 어느 것이 선이 되고 어느 것이 악이 되는지 스스로 분변할 길이 없게 된다. 또한 혼매하고 광란·미혹하면, 이른바 '혼자만 아는[獨]' 것조차도 없어지게 된다. 이는『중용장구』제1장의 주에 '일찍이 계신하고 공구하였다.[旣嘗戒懼]'⁹⁸⁴⁾라는 설이 있고,『대학』에 "자신을 속이지 말라.[毋自欺]"고 한 것은 반드시 속일 수 없는 마음을 소유한 것이다. 그러니 이 장에서 말한 "자기의 지향에 부끄러움이 없다.[無惡於志]"는 것은, 반드시 하자를 미워하는 의지가 있는 것이다. 하루라도 존양하는 데 힘을 쓴 적이 없다면, 오늘날의 사람들처럼 이욕(利欲)에 빠

⁹⁸²⁾ 불가한 바가 없다 : 이 문구도 사백선의『사서관규』권8「중용」제33장 해석에 보인다.

⁹⁸³⁾ 자기⋯⋯한다 : 이 문구는『대학장구』경1장 제4절에 보인다.

⁹⁸⁴⁾ 일찍이 계신하고 공구하였다 : 이 문구는『중용장구』제1장 제3절의 주에 보이는데, '상(嘗)' 자가 '상(常)' 자로 되어 있다. 아마도 저자의 착오인 듯하다.

져서 자신을 속이는 것조차 무시하고 도리어 만족하게 여길 것이며, 부끄럽게 여기는 것조차 무시하고 도리어 자신의 지향을 이루었다고 생각할 것이다. 그러므로 『대학』에서 정심(正心)을 수신(修身) 앞에 둔 것이니, 성의(誠意)의 학문은 정심을 위해 베풀어 놓은 것이다. 『중용』에서는 "도는 잠시도 벗어날 수 없다.[道不可須臾離]"는 것으로써 군자의 고요할 때 존양은 잠시도 벗어나서는 안 되는 공부가 된다는 점을 먼저 드러내고, 신독(愼獨)으로 삼감[謹]을 더하는 일을 삼은 것이다. 따라서 『중용』에서는 존양이 먼저이고 성찰이 뒤이니, 그 차서가 참으로 문란하지 않다.

『대학』에는 "생각이 진실한 뒤에 마음이 바르게 된다.[意誠而后心正]"[985]라고 하였다. 요컨대, 학문이 얻은 바로 말하면 고요히 존양할 적에는 일이 아직 발생하지 않고 생각이 일어나지 않으니, 바르게 된 것을 스스로 보는 것은 있지만 바르게 하기를 기필하는 것은 아니다. 움직여서 생각[意]으로 나아갈 적에 선(善)에 진실한 것은 그 마음이 바른 것을 속이지 않으니, 고요한 것은 움직일 수 있지만 그 고요함을 어기지는 않는다. 그렇게 해서 그 마음의 바름을 완성하는 것이다. 그러나 혼자만 아는 때 한결같이 생각[意]을 경책하는 데에 마음을 쓰지 않으면, 끊어짐이 없는 존양에 대해 소원해지게 된다. 또한 『대학』에 "집안사람들이 균평히 다스려진 뒤에 나라가 잘 다스려진다.[家齊而后國治]"[986]라고 한 것과도 같다. 자기 나라를 잘 다스리고자 하는 마음이 처음부터 끝까지 이어지되, 집안사람들이 균평히 다스려진 뒤

---

985) 생각이……된다 : 이 문구는 『대학장구』 경일장에 보인다.

986) 집안사람들이……다스려진다 : 이 문구는 『대학장구』 경1장에 보인다.

에 나라를 다스리는 공이 크게 행해지면, 군자의 교화는 더욱 원대해지게 된다. 움직임[動]이 고요함[靜]에 연관될 수 있음을 알면, 고요함이 얻은 바에 근본을 해서 움직임을 다스리게 된다. 움직임에는 숨을 쉬는 기미가 있지만 고요함에는 틈이 없다. 움직임에는 고요함이 있지만 고요함에는 움직임이 없다. 움직임은 고요함을 포함할 수 없지만 고요함은 움직임을 포함할 수 있다. 그렇다면 덕이 완성된 것을 논할 적에는 반드시 고요함이 틈이 없는 것으로 순일(純一)의 효험을 삼아야 할 것이다. 대체로 덕이 이루어지면 늘 성찰하지 않더라도 일에 따라 공효가 나타나고, 존양하기를 기약하지 않더라도 자신과 시종 함께 하게 된다. 그러므로 『대학』에서 심정(心正)이 반드시 의성(意誠) 뒤에 있는 것이다. 말하지 않아도 사람들이 믿고 행동하지 않아도 사람들이 공경하는 단계에 이르면[987], '자신의 지향에 부끄러움이 없는[無惡於志]' 것에 비해 더욱 주밀한 것이다. 이 경우는 성찰이 먼저이고 존양이 뒤이니, 그 차서가 문란하지 않다.

대개 학문적으로 말한다면, 반드시 존양으로써 먼저 그 근본을 세우고, 성찰이 그로 인해 받아들여져야 한다. 『중용장구』 제1장에서 계구(戒懼)를 먼저 말하고 뒤에 신독(愼獨)을 언급한 것은 도의 본연을 인하여 학문을 책임지고 성취하라는 말이다. 이는 『대학』에서 '그 마음을 바르게 하고자 하는[欲正其心]' 것이 '자기 생각을 성실하게 하고자 하는[欲誠其意]' 것보다 앞에 나오는 의미이다.

덕의 측면으로 말하면, 성찰하여 부끄러움이 없는 것은 인욕을 막은 공이 움직임[動]에서 징험된 것인데, 움직임에는 참으로 틈이 있

---

987) 말하지……이르면 : 『중용장구』 제33장 제3절에 보이는 '不動而敬 不言而信'을 풀이한 말이다.

다. 존양하여 항상 공경하고 미덥게 하는 것은 이치를 보존한 공이 고요함[靜]에서 효험을 보인 것인데 고요함에는 쉽이 없다. 『중용장구』의 마지막 장은 '덕에 들어가는[入德]' 것을 말미암아 '안으로 살펴 하자가 없다.[內省不疚]'고 하였으며, '지향에 부끄러움이 없음[無惡於志]'을 말미암아 '행동하지 않아도 사람들이 공경하고[不動而敬]', '말하지 않아도 사람들이 믿는다.[不言而信]'고 한 것이다. 이는 학문이 순순히 지극해짐을 인하여 그 덕을 하나하나 세운 말이다. 이는 『대학』에 "생각이 진실해진 뒤에 마음이 바르게 된다.[意誠而后心正]"고 한 의미이다.

공부에 삼감[謹]을 더하는 것은 노력함이 일상을 따라 갑절을 더하는 것이고, 덕에 주밀함을 더하는 것은 얻음이 있는 것이 근면함을 말미암아 편안한 데로 나아가는 것이다. 이 점을 살피면 선후의 차서에 각각 타당한 바가 있게 된다. 사백선(史伯璿)의 말처럼 "불가한 바가 없다.[無所不可]"는 것뿐만이 아니라, 반드시 거역할 수 없는 점이 실제로 있다.(存養省察之先後 史伯璿之論 可謂能見其大者矣 其云有則俱有 誠有以察夫聖功之不息 其云動靜無端 則又以見夫理事之自然而立言之序 互有先後 所以無不可者 則抑有說 中庸之言存養者 卽大學之正心也 其言省察者 卽大學之誠意也 大學云 欲正其心者先誠其意 是學者明明德之功 以正心爲主 而誠意爲正心加愼之事 則必欲正其心 而後以誠意爲務 若心之未正 則更不足與言誠意 此存養之功 所以得居省察之先 蓋不正其心 則人所不知之處 己亦無以自辨其孰爲善而孰爲惡 且昏瞽狂迷 並所謂獨者而無之矣 此章句於首章有旣嘗戒懼之說 而大學所謂毋自欺者 必有其不可欺之心 此云無惡於志者 必有其惡疢之志 如其未嘗一日用力於存養 則凡今之人 醉夢於利欲之中 直無所欺而反得慊 無所惡而反邃其志矣 故大學以正心次脩身 而

誠意之學則爲正心者設 中庸以道不可離 蚤著君子之靜存爲須臾不離
之功 而以愼獨爲加謹之事 此存養先而省察後 其序固不紊也 大學云
意誠而后心正 要其學之所得 則當其靜存 事未兆而念未起 且有自見
爲正而非必正者矣 動而之於意焉 所以誠乎善者不欺其心之正也 則
靜者可以動而不爽其靜 夫乃以成其心之正矣 然非用意於獨之時一責
乎意 而於其存養之無閒斷者爲邃疎焉 亦猶家齊而后國治 欲治其國
之心始終以之 而治國之功大行於家齊之後 則君子之化爲尤遠也 知
動之足以累靜 而本靜之所得以治動 乃動有息機 而靜無閒隙 動有靜
而靜無動 動不能該靜 而靜可以該動 則論其德之成也 必以靜之無閒
爲純一之效 蓋省察不恆 而隨事報功 存養無期 而與身終始 故心正必
在意誠之后 而不言之信不動之敬 較無惡之志而益密也 此省察先而
存養後 其序亦不紊也 蓋於學言之 則必存養以先立乎其本 而省察因
之以受 則首章之先言戒懼以及愼獨者 因道之本然以責成於學之詞也
卽大學欲正其心先於欲誠其意之旨 於德言之 則省察之無惡者 遏欲之
功徵於動 而動固有閒 存養之恆敬恆信者 存理之功效於靜 而靜則無
息 此章之繇入德而內省不疚 繇無惡於志而不動而敬不言而信 因學
之馴至以紀其德之詞也 卽大學意誠而后心正之旨 功加謹者 用力之
循常而益倍 德加密者 有得之繇勉以趨安 審乎此 則先後之序 各有攸
當 不但如伯璿所云無不可 而實有其必不可逆者矣)

6

쌍봉 요씨(雙峯饒氏)는 제4절 '시왈주격무언(詩曰奏假無言)' 이하

2절과 앞의 2절을 두 단락으로 나누어 제4절은 위의 제2절의 뜻을 계승하고 제5절은 제3절의 뜻을 계승한 것으로 보았는데[988], 그 조리가 절로 말끔하다. 사백선(史伯璿)은 『중용장구』의 주에 "더욱 정밀함을 더한 것이다.[益加密矣]"[989]라고 한 것과 "그 덕이 깊어지면 질수록 그 효험은 더욱더 원대해진다.[其德愈深而效愈遠矣]"[990]고 한 말을 가지고 그 점을 증명하였는데[991], 참으로 근거가 있게 된다.

또한 행동할 적에 살피는 것은 생각[意]이다. 생각은 반드시 일에 드러난다. 생각이 발하여 기쁨[喜]이 되는 것은 백성들을 권면하는 것이고, 생각이 발하여 노여움[怒]이 되는 것은 백성들을 두렵게 하는 것이다. 백성들이 군자에 대해, 군자의 고요할 때 존양하는 덕에 대해서는 능히 알 수가 없고, 단지 움직여 드러내는 기미에 감응하여 통할 따름이다. 기쁨과 노여움이 절도에 어긋나지 않아 바르게 한 바의 뜻에 만족하면, 좋아하고 싫어함의 공정함을 밝게 드러내 서로 믿어서 상을 남발하거나 형벌을 지나치게 하지 않을 것이다. 따라서 군자의 권면과 위엄에 백성들이 변하는 것은 틀림없다.

공경하고 믿는 것이 마음에 보존되어 아직 기쁨이 있지 않고 노여

988) 쌍봉 요씨(雙峯饒氏)는……보았는데 : 쌍봉 요씨의 설은 『중용장구대전』 소주에는 보이지 않고, 사백선(史伯璿)의 『사서관규(四書管窺)』 권8 「중용」 제33장 해석에 "按 章句於此四節 皆以承上文言之 則似饒氏前節效驗承前節工夫 後節效驗承後節工夫之說"이라 한 데서 확인할 수 있다. 즉 쌍봉 요씨는 제33장 제4절은 제2절을 계승하고, 제5절은 제3절을 계승한 것으로 본 것이다.

989) 더욱……것이다 : 이 문구는 『중용장구』 제33장 제3절의 주에 보인다.

990) 그……원대해진다 : 이 문구는 『중용장구』 제33장 제5절의 주에 보인다.

991) 사백선(史伯璿)은……증명하였는데 : 사백선은 그의 『사서관규』 권8 「중용」 제33장 해석에서 "但章句於相在爾室節云 則其爲己之功 益加密也矣 則是潛伏孔昭之詩 爲己之功 猶未如此之密也 於不顯篤恭節云 則其德愈深而效愈遠矣 則似奏假無言之詩 德猶未如此之深 效猶未如此之遠也"라고 하였다.

움도 있지 않은 상태는 욕심이 단서에 나타나지 않고 이치가 일에 나타나지 않는다. 따라서 '드러나지 않았다.[不顯]'는 것은 백성들이 알지 못하는 것이다. 여러 제후들이 군자에 대한 관계는, 법도를 받고 살펴 군자의 덕을 바라보는 자들이니, 군자가 기뻐하고 노여워하는 것이 사특하지 않음에 감응하여 권면과 두려움을 삼을 뿐만은 아니다. 그들은 앞으로 나아가서는 군자의 덕스러운 용모가 성대함을 살피고, 평소에도 그런 점을 구해 성인의 공덕이 주밀함을 앎이 있다. 그러니 서로 살펴보고 교화되어 자기 나라를 바르게 하는 것처럼 받드는 자들은 바르지 않음이 없는 것이다.

그러므로 '주격무언(奏假無言)'은 성찰의 지극한 공으로 움직일 때 성실함의 지극함이고, '불현유덕(不顯惟德)'은 존양의 지극한 공으로 고요할 때 바르게 함의 지극함이다. 그렇다면 "하늘의 일은 소리도 없고 냄새도 없다.[上天之載 無聲無臭]"고 한 것은 '군자가 행동하지 않아도 백성들이 공경하고 말하지 않아도 백성들이 믿는다.[不動而敬 不言而信]'는 덕을 한 마디로 말한 것일 따름이다.

하늘[天]은 공경[敬]을 말할 수 없으니, '망령됨이 없어 둘이 아닌 것[無妄不貳]'이 공경에 해당된다. 하늘은 믿음[信]을 말할 수 없으니, '망령됨이 없어 어긋나지 않는 것[無妄不爽]'이 믿음에 해당된다. 하늘은 말하지 않고 행동하지 않으니 소리·냄새가 모두 없어진 상태에 이르는 것은 참으로 그러하다. 그런데 소리와 냄새가 모두 없어진 가운데 저절로 망령됨이 없는 것이 있어서 그 일이 되니, 그러므로 "심원하여 그치지 않는다.[於穆不已]"[992]고 한 것이다. 그렇다면 군자

---

992) 심원하여 그치지 않는다 : 이 문구는 『시경』 주송(周頌) 「청묘(清廟)」에 보인다. 「청묘」는 주나라 문왕의 덕을 칭송하는 종묘제례악이다.

의 덕에 짝하여 주밀하게 보존해 드러내지 않고서 말과 행동이 나타나지 않은 가운데에서 사유와 권면이 모두 교화되는 데에 이른 것이다. 또한 말과 행동이 아직 나타나지 않은 가운데에 저절로 그 독실하고 박후(博厚)한 공경심이 있어 그의 성(誠)을 보존하니, 그러므로 교화를 돈독하게 하여 그치지 않는 것이다. 요컨대, 성을 보존하고 그치지 않아서 하늘과 일을 함께 하는 것은—'재(載)' 자는 본래의 뜻으로 사(事)다.—희로애락이 아직 발하지 않은 상태에서 중(中)을 이룩하는 것이 그것이다. 계신(戒愼)·공구(恐懼)로부터 그 점을 요약하여 지극히 고요한 가운데 치우치거나 의지함이 없는 데까지 이르렀으니, 자신을 잃지 않고 지키는 것이 그것이다. 그 실상을 드러내게 되면 공경하고 믿을 따름이다.

이 장은 고요할 때의 존양하는 덕을 기록하였을 뿐, 다시는 움직일 때의 성찰하는 것을 언급하지 않았으니, 신독(愼獨)의 일로써 그 공부가 인욕을 막는 데 있다. 그러므로 덕을 닦는 초기에는 이치를 보존한 가운데에서 더욱 성찰을 더하는 것이다. 생각이 진실하지 않음이 없는 데 이르러 사욕이 행하지 않으면, 발하더라도 모두 절도에 들어맞으며 한결같이 크고 중도에 맞는 본성을 따라 통달로 화(和)를 삼아서 절도에 맞지 않음이 없다. 그러면 이른바 '의로움이 정밀해지고 어짊이 익숙해져서 용기를 기다리지 않고서도 저절로 넉넉해진다.'라고 하는 경지가 되니, 어찌 움직일 때와 고요할 때에 공부를 달리함이 있겠는가?

요약하여 말하자면, 이는 덕이 공경하고 믿는 데에 이른 것이다. 군자의 덕이 "행동하지 않아도 백성들이 공경하고 말하지 않아도 백성들이 믿는다.[不動而敬 不言而信]"[993]고 하는 단계에 이르면, 성(誠)이 그침이 없어서 사람[人]이 하늘[天]에 합한다. 그리하여 천명(天

命)이 이로써 이르고, 성(性)이 이로써 극진하게 되고, 도(道)가 이로써 닦여지고, 교(敎)가 이로써 밝혀져 행하게 된다. 그러므로 정자(程子)는 경(敬)으로써 그것을 모두 통합하였고, 선유들은 주경(主敬)이 성(誠)을 보존하는 근본이 된다고 생각하였다. ─ 행동에 있어서는 경(敬)이라 하고, 말에 있어서는 신(信)이라 하는데 한 가지이다. ─ 이 장에서는 성(誠) 위에 다시 '공경함을 돈독히 하여[篤恭]'를 드러내, 위·아래를 관통하면서 덕에 거처하는 근본이 되게 하였다. 유씨(游氏)가 "일반인들에게서 떠나 혼자만 아는 경지에 섰다.[離人而立於獨]"고 한 설[994]은 경(敬)을 해치는 적이고 성(誠)을 해치는 좀이다. 그는 은미한 것만 찾아 진실을 잃어버린 지 오래되었구나!(雙峰分奏假無言二段 各承上一節 其條理自淸 史伯璿以章句所云加密及愈深愈遠之言證之 誠爲有據 且動之所省者意也 意則必著乎事矣 意之發爲喜也 勸民者也 發爲怒也 威民者也 民之於君子也 不能喩其靜存之德 而感通於動發之幾 喜怒不爽於節以慊其所正之志 則早已昭著其好惡之公 而可相信以濫賞淫刑之不作 其勸其威 民之變焉必也 若敬信之存於心也 未有喜也 未有怒也 欲未見端而理未著於事也 不顯者也 民之所不能與知也 唯百辟之於君子也 受侯度而觀德者也 固不但感於其喜怒之不忒而以爲勸威矣 進前而窺其德容之盛 求之於素而有以知其聖功之密 則相觀以化而奉若以正其家邦者 無不正矣 故奏假無言者 省察之極功 而動誠之至也 不顯惟德者 存養之極功 而靜正之至也 然則所云上天之載 無聲

----

993) 행동하지……믿는다 : 이 문구는 『중용장구』 제33장 제3절에 보인다.

994) 유씨(游氏)가……설 : 유씨는 광평 유씨(廣平游氏) 즉 유작(游酢)을 말한다. 유씨의 설은 『중용혹문』 제33장 소주에 보이는데, 그 원문은 다음과 같다. "無藏於中 無交於物 泊然純素 獨與神明居此淡也 因性而已 故曰不厭 ○無聲無臭 則離人而立於獨"

無臭者 一言其不動而敬 不言而信之德而已矣 天不可謂之敬 而其无
妄不貳者敬之屬 天不可謂之信 而其无妄不爽者信之屬 而天之不言
不動 乃至聲臭之俱泯 其固然已 而抑於聲臭俱泯之中 自有其无妄者
以爲之載 是以於穆而不已 則以配君子之德 密存而不顯於言動未形
之中 乃至思勉之俱化 而抑於言動不形之地 自有其篤厚之恭 以存其
誠 是以敦化而不息 乃要其存誠不息而與天同載 (如字 事也) 者 則於
喜怒哀樂之未發 致中者是也 自戒愼恐懼而約之 以至於至靜之中無
所偏倚 其守不失者是也 而爲顯其實 則亦敬信而已矣 乃此專紀靜存
之德而不復及動察者 則以愼獨之事 功在遏欲 故唯脩德之始 於存理
之中 尤加省察 及乎意無不誠而私欲不行矣 則發皆中節 一率其性之
大中 以達爲和而節無不中 則所謂義精仁熟 不待勇而自裕如者 又何
動靜之殊功哉 約而言之 德至於敬信 德至於不動而敬 不言而信 則誠
無息矣 人合天矣 命以此至 性以此盡 道以此脩 敎以此明而行矣 故
程子統之以敬 而先儒謂主敬爲存誠之本 (在動曰敬 在言曰信 一也) 則此
章於誠之上更顯一篤恭 以爲徹上徹下居德之本 若游氏離人立獨之云
蓋敬之賊也 誠之蠹也 久矣其索隱而亡實矣)

7

　성(誠)은 덕을 행하는 방법이고, 경(敬)은 덕에 거처하는 방법이다.
소리도 없고 냄새도 없는[無聲無臭] 것은 덕에 거처하는 땅이다. 따
라서 이를 버리고서 경(敬)이라고 하지 않는다. 교화가 돈독한 것은
덕을 행하는 주인이니, 망령됨이 없는[無妄] 것을 성(誠)이라 한다.─

진실로써 자신을 극진히 하는 것이 망령됨이 없는 것이다.— 망령됨이 없는 자는 그것

을 행하면서 망령됨이 없음을 본다. 소리도 없고 냄새도 없으면 망령

됨이 있다고 이름을 할 만한 것이 없다. 망령됨이 없으면 또한 망령됨

이 없는 것도 없다. 그러므로 성(誠)은 하늘이 운행하는 것이고 하늘

의 도다. 경(敬)은 하늘의 일이고 하늘의 덕이다. 군자가 성(誠)으로

써 지(智)·인(仁)·용(勇)을 행하고, 경(敬)으로써 성(誠)에 거처하면

성인의 공부가 지극해진다. 『중용』은 마지막 장에 이르러 비로소 '공

경함을 돈독히 하여[篤恭]'라고 말했으니, 심하구나! 이 책을 만든 사

람이 그 말을 무겁게 함이여.(誠者所以行德 敬者所以居德 無聲無臭

居德之地也 不舍斯謂敬矣 化之所敦 行德之主也 无妄之謂誠矣 (盡己

以實則无妄) 无妄者 行焉而見其无妄也 無聲無臭 無有妄之可名也 無

有妄 則亦無无妄 故誠 天行也 天道也 敬 天載也 天德也 君子以誠行

知仁勇 而以敬居誠 聖功極矣 中庸至末章而始言篤恭 甚矣其重言之

也)

왕부지의 중용 읽기

초판 1쇄 인쇄 2016년 8월 25일
초판 1쇄 발행 2016년 8월 31일

지은이 왕부지
옮긴이 최석기 · 이영호
편집인 마인섭(동아시아학술원)
　　　　성균관대학교 동아시아학술원 02)760-0781~4
펴낸이 정규상
펴낸곳 성균관대학교 출판부 02)760-1252~4
등 록 1975년 5월 21일 제1975-9호
주 소 03063 서울특별시 종로구 성균관로 25-2

ISBN 979-11-5550-184-9 94150
　　　 978-89-7986-833-3 (세트)

• 본 출판물은 2007년 정부(교육과학기술부)의 재원으로
　한국연구재단(구 학술진흥재단)의 지원을 받아
　수행된 연구임(NRF-2007-361-AL0014).